Rumor Psychology

루머 심리학

니콜라스 디폰조 & 프라샨트 보르디아 지음 | 신영환 옮김

KITI 한국산업훈련연구소

| 차례 |

감사의 글　이 책의 출간에 도움을 주신 분들께 특별한 감사의 말씀을 전하고 싶다. 템플 대학교의 랄프 로즈노우 (Ralph L. Rosnow)는 우리의 영원한 조력자이면서 충실한 조언자 역할을 해주었다. 그는 루머 전파 연구에 관한 선구자이기도 하다. 세인트 보나벤추어 대학교의 찰스 워커(Charles Walker)에게도 고마움을 표하고 싶다. 그는 이 책의 제1장에 대해 통찰력 있는 조언을 아끼지 않았다. 이 책의 제2장과 8장은 추적조사에 대한 것이다. 이 설문조사를 위해 기꺼이 참여해 준 익명의 여러 기업 조직들에게도 고마운 마음을 전하고 싶다. 여기에는 수많은 기업의 종사원과 설문조사 관리자 및 설문기관도 포함된다. 특히 이 프로젝트를 위해서 롭 윈터콘(Rob Winterkorn)은 탁월한 판단력을 발휘하여 성공적으로 데이터를 수집해주었다. 제6장과 7장에 대해 코멘트를 아끼지 않은 테일러 버크너 (Taylor Buckner)와 프레드릭 코우니그(Frederick Koenig)에게도 감사의 말을 전한다. 제8장 초안에 대해서 코멘트를 해주었던 커트 더크스(Kurt Dirks), 취프 히스(Chip Heath), 랄프 로즈노우에게 감사한다. 전자우편(Rumor-GossipResearch@listserver.rit.edu)을 통한 온라인 토론 그룹에서 루머와 가십에 대한 우리의 사고에 촉매제 역할을 해주었던 에릭 포스터(Eric K. Foster), 홀 리 홈(Holly Hom), 프레드릭 코우니그, 마크 페쪼(Mark Pezzo), 찰스 워커, 사라 워트(Sarah Wert), 존 요스트(John Yost)에게도 감사의 말을 전한다. 이 책의 저자이기도 한 디폰조 (DiFonzo)는 로체스터 기술연구소에서 두 가지 방식으로 이 책의 준비를 위한 지원금을 약속받았다. 문과 대학 학부 교육 및 개발 기금과 교원 퇴직기금을 통해서였다. 제9장의 연구는 오스트레일리아 연구위원회와 퀸스랜드 대학 재단의 지원으로 이루어졌다. 또한 우리는 과거에도 현재에도 우리의 연구에 협조를 아끼지 않았던 수많은 사람들에 대해서 고마운 마음을 남기고 싶다. 이 책의 원고를 준비하는 데 여러 방면으로 도움을 주었던 사이먼 로이드 레스투복(Simon Lloyd Restubog)과 버언드 어머(Bernd Irmer)에게 감사한다. 미국 심리학 협회 출판부의 개발편집자인 에밀리 레오나드(Emily Leonard)와 제작편집자인 티파니 클래프(Tiffany Klaff)에게도 감사의 말을 전한다. 또한 이 책의 초안에 대해서 코멘트를 해주었던 익명의 두 동료에 대해서도 고마움을 표하고 싶다. 그들의 코멘트는 큰 도움이 되었다.

일상생활에서 매일 우리는 루머와 사실을 구분해내기 위한 노력을 하고 있다. 뉴올랜드에서 허리케인 카트리나가 발생했을 때 과연 미국 정부가 제방을 폭파시켰을까? 이라크전쟁 중에 팔루자에서 미국 병사들이 이라크 여성들에 대해서 야간 명시 장치를 사용했을까? 이와 같은 이야기들은 국내 및 국제 미디어의 설명을 고려할 때 모두 허위였음이 밝혀졌다. ≪루머 심리학 – 사회적, 조직적 접근≫에서 루머 연구의 대가인 니콜라스 디폰조와 프라샨트 보르디아는 어떻게 루머가 시작되고 확산되는지, 어떻게 루머의 정확성이 결정되는지, 그리고 루머가 각종 미디어를 통해서 전파되고 조직 내에서 유포될 때 어떻게 이를 통제할 수 있는지에 대해서 논의하고 있다.

루머란 정확히 무엇인가? 그리고 루머가 가십과는 어떤 차이를 가지는가? 이 두 가지 용어는 일반적으로 종종 혼용되고 있다. 그러나 루머와 가십은 기능과 내용에서 상당한 차이를 가진다. 가십은 사회적 네트워크를 평가하고 형성하기 위해서 사용되는 반면, 루머의 기능은 불확실한 상황을 인식함으로써 잠재적이거나 실질적 위협에 사람들이 대비할 수 있도록 하는 것이다.

그렇다면 사람들은 왜 루머를 믿고 유포하게 되는 것일까? 루머는 관심을 끌고, 감정을 불러일으키며, 참여를 유도하면서 태도와 행동에 영향을 미친다. 루머 전파는 세 가지 광범위한 심리적 동기에 의해서 이루어진다. 즉 사실 확인, 관계 확장 및 자기 확장의 동기이다. 이 세 가지는 모두 개인과 집단이 불확실성에 직면해서 상황을 인식할 수 있도록 해준다.

루머는 수많은 사회적, 조직적 현상들과 밀접한 연관을 가지고 있다. 여기에는 사회적 인식, 편견과 고정관념, 개인 및 집단 간의 관계, 사회적 영향력, 조직의 신뢰 및 커뮤니케이션 등이 포함된다.

이 책의 출간은 매우 시의 적절하다고 하겠다. 오늘날 세계 지성계에서는 루머의 정확성, 전파 및 유포에 대한 연구를 매우 중요한 주제로 요구하는 사회정치학적 시대정신이 팽배해있기 때문이다. 뿐만 아니라 이 책은 사회심리학자들, 조직심리학자들, 조직 커뮤니케이션, 조직 행동 및 인력관리를 연구하는 학자들, 그리고 일상적으로 루머를 접하게 되는 대외 홍보담당자들의 관심과 필요에도 부응할 것이다.

니콜라스 디폰조 & 프라샨트 보르디아

우리는 루머 한가운데에서 헤엄치고 있다.
_대폭적인 인력 삭감을 경험하고 있는 어느 중소기업의 관리자

트로피컬 판타지 프루트 펀치에는 흑인들의 불임을
유발하는 성분이 함유되어 있다.
_뉴욕시에 떠돌던 판매량 30퍼센트를 폭락시킨 거짓 루머 (Freedman, 1991)

2001년 9월 11일, 이스라엘은 세계무역센터에서 일하
는 4000명의 유대인들에게 출근하지 말 것을 경고했다.
_반 시오니즘 집단에 떠도는 거짓 루머 (Hari, 2002; 미국무성, 2005)

인간 사회 및 조직에서 루머는 끊이지 않는다. 이는 지속적인 현상이
다. 루머는 사람들의 이목을 집중시키고 감정을 부채질하면서 참여를
유발한다. 그럼으로써 인간의 태도와 행동에 영향을 미치는 것이다.
루머는 도처에 만연해 있다. 한 가지 작은 사례를 들어보면, 맥도날드
가 아틀란타에서 판매하는 햄버거에 벌레를 원료로 사용한다는 근거
없는 루머가 있다(Goggins, 1979). 또한 폴 매카트니(Paul McCartney)가 사
망했다는 이야기가 있은 지 얼마 뒤, 라이프(LIFE) 지에 살아있는 매카
트니의 사진과 인터뷰 기사가 실렸던 적도 있다(Rosnow, 1991). 어떤 조
직 내에서 떠돌아다니는 풍문은 조직 구성원들의 믿음을 게걸스럽게
먹고 자란다. 뿐만 아니라 불신 또한 풍문의 자양분이 되기도 한다
(DiFonzo, Bordia, & Rosnow, 1994). 아이티의 쿠데타 지도자가 석방되었다

는 잘못된 루머가 퍼지자 폭동이 일어나 10명의 사상자가 발생하였다("아이티의 10인의 사상자", 1991). 그리고 누구든지 한번쯤은 코카콜라에 발암물질이 함유되어 있다는 근거 없는 주장을 들었던 적이 있을 것이다(Kapferer, 1989). 아프리카 지역에 널러 퍼져 있는 근거도 없고 당혹스러운 루머를 두 가지 들어보자. 하나는 에이즈(AIDS) 바이러스가 서구의 한 연구실에서 개발되었다는 이야기이고, 또 다른 하나는 세계보건기구(WTO) 팀이 아직 검증되지 않은 백신을 10만여 아프리카인들에게 접종시키는 바람에 아프리카 전역에 에이즈가 확산되었다는 이야기이다(Lynch, 1989). 공보담당 고위 관료들은 이처럼 무익한데다 해롭기까지 한 루머를 평균적으로 매주 한 번가량 접하고 있다(DiFonzo & Bordia, 2000). 이메일을 통해서 컴퓨터에 전송되는 각종 바이러스, 예를 들어 하드 디스크의 기록된 내용을 모두 무용지물로 만들어버리는 "굿 타임즈" 바이러스나 컴퓨터 시스템 전체를 파괴해버리는 "테디 베어" 아이콘 등과 같은 악성 바이러스들은 초보 인터넷 사용자들을 경악케 만들고 있다(Bordia & DiFonzo, 2004; "JDBGMBR.EXE," 2002). 오늘날 우리는 루머의 홍수 속에 살고 있으며 이런 현실은 당혹스러움을 넘어서고 있다.

루머의 심리학에 관한 학술적 연구들은 상당히 오래 전부터 진행되어 왔으며, 그 성과도 적지 않다. 약 70년 넘게 심리학 및 사회학 학자들은 루머에 대한 연구를 계속해오고 있다. 여기에서 한 가지 주목할 만한 연구 성과로 1935년 자무나 프라사드(Jamuna Prasad)의 초기 연구를 들 수 있다. 그는 인도에 지진으로 인한 재난이 발생한 뒤 루머가 유포되는 현상을 연구했다. 루머 심리학에 대한 관심은 제2차 세계대전 기간 중에 최고조에 달했는데, 플로이드 앨포트(Floyd H. Allport), 커트 백(Curt Back), 더윈 카트라이트(Dorwin Cartwright), 레온 페스틴저(Leon

Festinger), 스탠리 스캐취터(Stanley Schachter), 존 타이보트(John Thibaut) 등과 같은 저명한 사회 심리학자들이 이 연구에 참여하였다(F. H. Allport & Sepkin, 1945; Back et al., 1950; Festinger et al., 1948; Schachter & Burdick, 1955). 이 시기의 표준이 될 만한 연구 성과로, 1947년에 출간된 앨포트와 레오 포스트먼(Leo J. Postman)의 "루머의 심리학"(The Psychology of Rumor)을 들 수 있다. 그리고 1966년 타모츠 시부타니(Tamotsu Shibutani)가 발표한 사회학 논문 "속보: 루머에 대한 사회학적 연구" (Improvised News: A Sociological Study of Rumor)는 이 분야 연구에서 괄목할 만한 성과로 기록된다.

20세기 후반에 이르러 로즈노우를 비롯한 동료 학자들은 루머에 대한 개념적 이해를 더욱 세련되게 다졌으며, 루머 확산의 역동성에 대해 체계적인 연구를 진행했다(예를 들면, Jaeger, Anthony, & Fosnow, 1980; Fosnow, 1974, 1980, 1988, 1991; Rosnow, Esposito, & Gibney, 1988; Rosnow & Fine, 1976; Rosnow & Georgoudi, 1985; Rosnow, Yost, & Esposito, 1986). 그 밖에도 여러 사회심리학자와 조직심리학자, 사회학자들이 루머의 연구가 발전하는데 큰 힘을 기울였다(예를 들면, K. Davis, 1972; Fine, 1992; Kapferer, 1987/1990; Knopf, 1975; Koenig, 1985; Morin, 1971; Pratkanis ∧ Aronson, 1991; P. A. Turner, 1993; R. H. Turner & Killian, 1972). 특히 지난 10년 동안 사회심리학 및 조직심리학은 이 문제에 대해 매우 큰 관심을 보이고 있다(예를 들면, R. S. Baron, David, Brunsman, & Inman, 1997; Bordia & DiFonzo, 2002, 2004, 2005; Bordia, Difonza, & Schulz, 2000; Bordia & Rosnow, 1998; DiFonzo & Bordia, 1997, 2002b, 2006, in press; DiFonzo, Bordia, & Winterkorn, 2003; DiFonzo et al., 1994; Fine, Heath, & Campion-Vincent, 2005; Fiske, 2004; Heath, Bell & Sternberg, 2001; Houmanfar & Johnson, 2003; Kimmel, 2004a, 2004b; Michelson & Mouly, 2004; Pendleton, 1998; Pratkanis & Aronson, 2001; Rosnow,

2001; Rosnow & Foster, 2005). 실제로 2003년에는 루머와 가십 연구에 관심을 가진 학자들 간에 온라인 토론 그룹이 만들어지기도 했다(Rumor-GossipResearch@listserver.rit.edu).[1]

이렇듯, 루머에 관한 연구는 오랜 시간이 지난 것도 있고 최근의 새로운 성과도 있다. 루머 이론은 새로운 연구 성과를 통해 업데이트됨으로써 하나의 통합을 이루게 되었다. 이것이 이 책을 쓰게 된 첫 번째 목적이다. 우리는 오랜 기간에 걸쳐 이루어진 루머에 대한 연구 성과를 통합하고 업데이트하는 데 온 힘을 기울였다. 이러한 작업에 대한 필요성은 매우 컸다. 최근 사회 심리학들 사이에 온라인 토론이 벌어지는 가운데 9 · 11 이후의 루머에 대한 문제가 제기되었다. 이는 매우 통찰력 있는 토론이었으나 대부분 1947년 앨포트와 포스트먼의 "루머의 심리학"에서 이미 다루었던 내용이었다. 통합은 다른 방식으로 이루어져야 할 필요가 있다. 루머에 관한 오늘날의 학술적 · 현실적 지식들은 사회심리학적 이론과는 동떨어진 모습을 보여주고 있는 것이다. 루머 연구는 주류에서 벗어난 이단적 연구가 되어버렸으며, 루머 연구는 사회심리학 교과서에 더 이상 실리지도 않는다(그러나 이런 현상은 변하고 있다. 예를 들어 Fiske, 2004, p517). 이처럼 사회심리학의 매력적인 주제인 루머 연구가 주류에서 벗어난 현실은 크나큰 불행이 아닐 수 없다. 루머는 사회 및 조직의 여러 가지 주요한 현상들과 밀접한 관련성을 가지고 있다. 즉 사회적 인지, 태도의 형성 및 유지, 편견과 고정관념, 집단의 역동성, 개인과 개인 및 집단과 집단과의 관계, 사회적 영향력, 그리고 조직적 신뢰 및 커뮤니케이션 등의 현상들이 모두 루머와 연관되어 있다. 이와 같은 연관성들은 지금까지 명백

---

1) 이 리스트에 등록하길 원하는 학자가 있다면 listserver@listserver.rit.edu로 이메일을 보내되, 제목에는 SUBscribe Rumor-Gossip Research라 쓰고 그 옆에 당신의 이름을 기입하면 된다.

하게 밝혀지지 못했다. 이것이 바로 우리가 이 책을 집필하게 된 두 번째 이유이다.

이 책에서 우리는 루머에 관한 여러 가지 질문을 제기할 텐데, 기존의 오래된 질문과 새로운 질문이 함께 포함될 것이다. 그리고 오늘날의 사회심리학 및 조직심리학 이론에 비추어서 루머에 관한 질문의 해답을 찾아낼 것이다. 이를 위해 우리는 경험적 접근법에 더 큰 비중을 둘 것이다. 그러면 지금부터 질문을 제기하도록 하겠다.

루머란 무엇인가?

긴 세월에 걸쳐 루머에 대한 질문이 제기되어 왔다. 그러나 루머라는 개념이 갖는 특성으로 인하여 명확한 정의가 이루어지지 못했다. 우리는 제1장에서 루머의 명확한 개념을 정립할 것이다. 이를 위해서 루머, 가십, 도회 전설(urban legend) 등의 내용과 배경 및 기능을 고려하여 새로운 정의를 내릴 것이다. 우리는 이러한 측면들을 개발하고 경험적 증거들을 제시함으로써 루머, 가십, 도회전설이 제각기 다른 정보 측면의 패턴을 가지고 있음을 보여줄 것이다.

루머의 범주에는 어떤 것들이 있으며, 각각의 빈도와 영향력은 어떠한가?

제2장에서는 서술적 질문들을 제시하게 될 것이다. 그리고 루머의 범주를 나누기 위한 분류 도식을 살펴보면서, 다양한 형태의 루머가 발

생하는 빈도와 관련된 증거들을 제시할 것이다. 뿐만 아니라 이 장에서는 기본적인 질문 한 가지를 제시할 텐데, 그것은 루머가 다양한 이익의 결과에 미치는 영향과 효과이다. 지금까지 이 질문에 대해서는 체계적인 검토가 이루어지지 못했다. 이 장에서는 루머 활동의 상호연관성과 결과에 대한 기존 연구들의 검토가 이루어질 것이다. 특히 우리가 주목하는 점은, 조직이라는 상황에서 루머가 갖는 영향력이다.

왜 사람들은 루머를 퍼뜨리는가?

루머 전파는 루머 연구 중에서도 가장 많은 연구가 진행된 분야이다. 이 연구에는 몇몇 선구적 학자들도 포함된다(Rosnow, 1991). 제3장에서는 선행 학자들의 연구를 검토하고, 태도의 형성 및 유지 연구에 사용되는 최신의 사회심리학적 분석틀 속에서 개념적인 통합을 꾀할 것이다. 그 결과 루머 전송에 관한 원인(외부적 선례)과 이유(내부적 동기)를 확실히 이해할 수 있게 될 것이다. 또한 서로 다른 사회적 환경에서 나타나는 동기의 패턴이 어떻게 다른지에 대해서도 검토할 것이다. 이 장에서는 사회심리학자들이 익히 잘 알고 있는 동기 합리화 분석틀을 활용하여 로즈노우와 동료 학자들의 루머 전파에 관한 연구들을 통합하게 될 것이다.

왜 사람들은 루머를 믿는가?

이는 곤혹스러운 질문인데다가 꿈 같은 이야기이다. 제4장에서는 에건 브룬스위크(Egon Brunswik)의 렌즈 모델을 활용하여 이 질문의 해답을 모색할 것이다. 렌즈 모델이란 판단에 관한 이론적 모델로 중심부의 신호를 통해서 말단부의 특성을 추론해내는 방법이다. 우리는 이 질문과 관련된 연구를 검토하고 메타분석적으로 조합함으로써 사람들이 루머의 진실성을 추론해내기 위해 사용하는 신호들을 확인할 것이다. 또한 이를 통해 주식중개인들을 대상으로 한 현장조사에서 얻은 증거들을 토대로 이와 같은 믿음의 신호가 존재한다는 사실을 보여줄 것이다. 우리가 알고 있는 한, 이 주제는 지금까지 체계적인 연구가 이루어지지 못했다.

사람들이 불확실성을 인식하는 데 루머는 어떤 유용성을 갖는가?

일반적으로 루머는 모호한 상황을 인식하는 데 도움을 준다. 제5장에서는 이 과정에 관한 개인 및 개인간 수준에서의 심리학적 메커니즘을 탐구할 것이다. 개인적 수준에서는 사회적 인식 속에서 분석틀을 사용하여 루머 인식이 만들어지는 과정을 자세하게 살펴볼 것이다. 이때 설명 이론, 가공의 상호연관성, 인과적 속성 및 반회귀 예측 기법 등이 사용될 것이다. 개인간 수준에서는 인터넷상의 루머 토론에서 찾아볼 수 있는 루머의 내용, 기능 및 흐름을 분석함으로써 집단적 루머 인식이 만들어지는 현상에 대해 자세히 살펴볼 것이다.

루머를 인식 형성의 과정으로 여기는 경우가 많은데, 여기서는 이에 대한 이해를 더욱 발전시켜 나갈 것이다. 그러기 위해서는 기존의 루머 이론 및 사회적 인식의 통합이 절대적으로 필요하며, 이를 통해 사

회학자 시부타니(1966)와 랄프 터너(Turner & Killian, 1972)가 제시한 생산
적 집단인식 형성 이론을 발전시켜 나갈 것이다.

루머는 얼마나 정확한가? 그리고 루머가 보다 정확해질 수 있는 방법은 무엇인가?

루머라는 말은 대체로 잘못된 내용이라는 오명을 갖게 마련이다. 이
와 같은 루머의 오명도 가치가 있는 것일까? 제6장과 제7장에서는 이
에 대한 질문과 함께 정확성 측면에서 루머의 내용 변화와 관련된 몇
가지 다른 질문을 제기할 것이다. 제6장에서는 루머의 내용 변화와 관
련된 과거의 연구들을 검토한 뒤 서로 다른 두 가지 결과를 분석할 것
이다. 즉, 어떤 루머는 보다 세분화되면서 확장되어 가는 반면 또 다
른 어떤 루머는 구체적으로 발현되지 못하고 생명력을 잃는 이유를
살펴보는 것이다. 또한 '정확성'(accuracy)의 개념화가 필요함을 지적
하는 한편 정확성을 측정할 수 있는 방법을 모색할 것이다. 그리고 지
금까지 다루어진 적은 없지만 인식론적으로 매우 중요한 질문을 제시
할 것이다. 그것은 "루머는 얼마나 정확한가?"이다. 우리는 루머 정확
성 연구를 검토하고, 조직에서 나타나는 루머 정확성에 대한 세 가지
연구 결과를 보고할 것이다. 제7장에서는 루머가 더욱 정확해지거나
혹은 덜 정확해지는 과정을 파악하기 위하여 기존의 연구들을 살펴볼
것이다. 여기에서는 인식, 동기, 상황, 그룹, 네트워크 메커니즘이 제
시될 예정이다. 우리는 정확성 연구를 통해 도출된 데이터를 활용함
으로써 이 과정들을 살펴볼 것이다. 이 장에서는 정확성과 관련된 이
론의 실질적인 발전을 도모하고, 이 주제와 관련이 있는 사회학자 테

일러 버크너(T. Taylor Buckner, 1965)의 비교적 알려지지 않은 연구를 살펴볼 것이다.

신뢰는 루머 전송에 어떤 영향력을 미치는가?

루머를 연구하는 동안 자주 접하게 된 사실이 하나 있다. 루머는 불신이 커지는 곳에서 흘러나온다는 사실이다. 그러나 지금까지의 루머 연구는 이 둘의 연관성에 대해서 체계적인 조사를 하지 못했다. 제8장에서 우리는 대규모 인원삭감을 경험하고 있는 조직의 사례를 통해서 루머와 신뢰와의 관계에 대한 장기간의 추적 연구를 실시할 것이다. 여기에서는 조직 신뢰 연구가 커트 더크스와 도날드 페린(Curt Dirks & DonaldFerrin, 2001)이 제시한 분석틀을 활용한다. 이 분석틀을 보면 신뢰가 직접적이면서 조절적인 효과를 갖는 것으로 나타난다. 이 장은 개인간 신뢰라는 유리한 조건으로부터 루머의 전송이 이루어지는 역동성을 이해하는 새로운 길을 마련하게 될 것이다.

유해한 루머를 관리할 수 있는 방법은 무엇인가?

루머를 다루는 방법에 대한 일반적이고 대중적인 저술은 셀 수 없이 많다. 그러나 경험적 근거를 갖지 못한 채 직관이나 개인적인 경험을 토대로 쓰인 것이 대부분이다. 제9장에서 우리는 루머 관리 전략에 관한 경험적 연구들을 요약, 종합하고 루머 거부의 효과를 완화시키는 요소에 대해서 자세히 알아볼 것이다. 이와 더불어 한 가지 문제를 제기할 것이다. "노코멘트 전략을 사용할 것인가?" 하는 것이다. 다시 말해 "루머를 반박할 때, 그 루머를 다시 한 번 되풀이해서 말해야 하는가?" 라는 질문이다. 이에 대한 해답 찾기에는 설득과 인과적 속성에 관한 연구가 적용하게 될 것이다.

향후 루머 연구는 어떤 방향으로 진행되어야 하는가?

끝으로 제10장에서는 앞에서 살펴본 주요 논의들을 요약하고 루머 과정의 통합 모델을 제안하며 미래 연구를 위한 포괄적 주제를 제시할 것이다. 이 책을 통한 우리의 노력으로 앞으로도 루머에 관한 사회심리학 및 조직심리학 분야에 새로운 관심과 주목이 집중되기를 바란다.

Introduction | 01

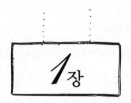

루머란 무엇인가?

2001년 9월 11일 테러가 발생한 이후에 미국에 거주한 사람이라면 누구나 두 가지 사실을 기억할 것이다. 왜 이처럼 무분별한 행위가 벌어졌는지 이해하기 힘들었던 것은 물론 공포심마저 느꼈을 것이다. 사람들이 모인 자리에는 온갖 루머가 난무했다.

9월 22일 어떤 술집에서 술에 취한 아랍인들이 제2의 공격이 있을 것이라는 말을 흘리자 그날 보스톤을 빠져나가라는 루머가 출현했다.

- Marks, 2001

납치된 비행기가 시카고의 시어스 타워로 향하고 있다.

- Deener, 2001

오사마 빈 라덴은 스내플과 시티뱅크를 소유하고 있으며 유타에서 목격되기도 했다.

- Mikkelson, 2001

연방긴급재난관리청(FEMA) 직원들이 9 · 11사태가 일어나기 하루 전 뉴욕시에 배치되었다. 이것은 정부가 이 사태의 발생을 이미 알고 있었음을 보여준다.

- "Monday, Monday," 2002

이 모든 루머들은 거짓이었다.

내가 루머에 대해 연구 중이라고 말하자 익살맞은 몇몇 친구들은 이렇게 말했다. "그래, 그렇다면 벤(Ben)과 제이로(JLo)에 관한 가장 최신 소식으로는 뭐가 있지?" 헐리우드 스타 벤 에플릭과 제니퍼 로페즈의 파경 소식이 언제쯤 공론화될 것인지를 묻는 것이었다. 나는 이 질문에 이렇게 대답했다. "글쎄, 사실 그것은 가십이지 루머가 아니라네." 내 대답에 그들은 더 크게 떠들면서 저마다의 이야기에 열을 올렸다. 내가 그들의 유머감각을 살짝 긁어 주었다는 사실을 나도 잘 알고 있었다. 그들은 공허하면서도 우스꽝스러운 주제에 불과한 루머가 진지한 학술적 연구대상이 될 수 있다는 사실을 흥미로워했다. 유쾌하게 이야기하는 가운데 그 대화는 일종의 교육적인 전환점 역할을 했다. 소크라테스의 방법론을 사용하면서, 가십은 사교적인 대화와 더 많은 관련성을 갖지만 루머는 상황 인식과 밀접한 관련성을 갖는다는 사실을 그들 스스로가 깨달았다. 우리는 이 장에서 이와 같은 작업을 하게 될 것이다. 물론 유머도 잃지 않으면서 말이다.

친구들의 반응은 충분히 이해할 만하다. 루머는 다른 종류의 비공식적 커뮤니케이션과 혼동되는 경우가 많다. 가십이나 풍자, 도회전설(urban legend), 한담(idle chitchat) 등과 혼용되고 있는 것이다. 만일 "최근에 들었던 루머가 있나요?"라고 질문한다면 사무실 내에 떠도는 은밀한 잡담들이 술술 흘러나올 것이다. 이때의 이야기들은 근거 없는 잘못된 풍문일 수도 있고 경멸적 고정관념이나 윤리적 험담, 혹은 인력감축에 대한 불안감 등일 수도 있다.

루머와 가십을 구별하지 못하는 현상은 심리학 분야에서도 나타난다. 미국심리학협회의 심리학정보서비스(PsycINFO) 용어사전에서도 '루머'라는 용어를 '가십'이라는 용어의 범주에 포함시켜 놓고 있다. 또 이러한 형태의 커뮤니케이션에 관한 학술적 연구에서도 루머를 구성하는 것이 무엇인지에 대한 의견 일치가 이루어지지 못하고 있는 실정이다.

이와 같은 개념적 모호성은 새로운 현상이 아니다. 인도의 심리학자 오즈하(A B. Ojha)가 루머에 대한 학술적 정의가 매우 다양하다는 사실을 지적하자 독자들은 "혼동에 빠진다"고 말했다(1973). 그 후 얼마간의 개선이 이루어졌으나(Rosnow & Georgoudi, 1985), 모호성은 어떤 측면에서 여전히 해소되지 못하고 있다.

최근 사회심리학자들과의 학회 만찬 중, 루머와 가십 연구자들이 합의를 이루지 못하고 저녁 내내 논쟁을 벌였던 일이 있었다. 그것은 다름 아닌, 루머와 가십이 서로 완전히 구분되는 것인지에 관한 문제였다. 또 최근에는 루머와 전설에 관한 학계간 교류학회에서 루머와 도회전설의 핵심적 성격이 과연 다른 것인지를 놓고 논쟁을 벌이기도 했다. 이 또한 음식을 먹는 자리에서였다. 먹은 음식을 소화시킬 틈도 없이 논쟁을 벌였던 이 모호성이 과연 그렇게 큰 문제가 되는 것일까?

그렇다. 그것은 중요한 문제이다. 개념적 모호성으로 인하여 루머 이론 및 연구 방법론은 많은 문제점을 안게 되었다. 예를 들면 첫째, 실험 참석자에게 루머를 생각해보라고 요구했을 때, 그들이 말하는 내용은 가십인 경우가 많았다. 그 결과 이때의 연구 결과는 루머에 관한 이론적 일반화를 불가능하게 만들었다. 둘째, 오스트레일리아에서 기절한 듯 누워있던 캥거루가 갑자기 일어나더니 한 관광객의 지갑을 낚아채서 멀리 달아나버렸다는 도회전설을 생각해보자. 이 이야기가 갖는 사회적 기능을 생각해볼 때, 인력감축이 임박했다는 식의 루머와는 전혀 다르다는 것을 알 수 있다.

불륜을 저지른 친구에 관한 가십이 떠돈다고 가정해보자. 이때의 해결책은 소다수가 나쁜 성분으로 오염되었다는 식의 루머가 확산되지 않도록 발 빠르게 움직이는 것과는 다를 수밖에 없다.

이와 같이 비공식적 커뮤니케이션의 서로 다른 부류들을 얼버무려 놓으면 명확한 개념화가 이루어질 수 없다. 이는 곧 그것들이 어떻게 작동하는지에 대한 정확한 이해를 불가능하게 만들 뿐만 아니라, 이 문제를 어떻게 연구하고 효과적으로 관리, 예방할 수 있는지에 대한 해답 찾기를 어렵게 한다.

루머를 다른 종류의 비공식적 커뮤니케이션과 구분하고자 했던 시도는 과거에도 있었다(Rosnow & Georgoudi, 1985; Rosnow & Kimmel, 2000). 그러나 안타깝게도 경험적 조사를 통해 이루어지지 못했다. 이 장에서 우리는 루머에 대한 개념 정의를 한층 더 명확하고 예리하게 만들기 위해 루머를 가십 또는 도회전설과 비교 대조해 나갈 것이다. 물론, 이 과정에서 각각의 비공식적 커뮤니케이션의 측면들을 조사하는데 필요한 경험적 증거도 제시하게 될 것이다. 특히 우리는 각각의 커뮤니케이션 형태에 관한 상황, 내용 및 기능적 요소들에 초점을 맞추려고 한다. 그러면 루머에 대한 정의부터 논의해보자.

루머

우리는 루머를 다음과 같이 정의한다. 상황적으로는 모호함과 위험 및 잠재적 위협이 도사리고 있는 경우에 만들어지고, 기능적으로는 상황을 인식하고 위기를 관리하는 가운데 아직 검증되지는 않았지만 유용한 수단이 될 가능성이 높은 떠돌아다니는 정보. 이것을 일컬어 루머라 하겠다. 이처럼 루머를 정의할 때, 우리는 루머가 발생하는 상황과 루머의 내용 및 전체에 영향을 미치는 루머의 기능에 초점을 맞춘다. 이는 표1.1에 요약해 놓았다. 표1.1은 루머, 가십 및 도회전설을 상황, 내용, 기능의 세 가지 차원에서 각각의 특성을 정리해놓은 것이다.

루머의 상황과 기능

루머는 모호하거나 잠재적 위협이 될 수 있는 상황에서 발생한다(G. W. Allport & Postman, 1947b; Rosnow, 1991; Shibutani, 1966). 모호한 상황이란, 사건이 지니는 의미가 뚜렷하지 않고 중요성이 명확하지 않거나 그 사건이 어떤 효과를 미칠지 확실하지 않음을 말한다.

모호성은 골치 아픈 문제이다. 왜 그럴까? 인간이라면 어떤 경우에든 상황을 이해하고 효과적으로 행동하고자 하는 사회적 동기를 가지고 있기 때문이다(Fiske, 2004). 대표적이고 문화적으로 정의된 규범은 인간이 이처럼 행동할 수 있도록 해준다(R. H. Turner, 1964). 그러나 실제로 발생하는 여러 사건들은 명쾌하게 맞아떨어지지 못하거나 그 의미가 불분명한 경우가 많다. 이때 개인은 집단 속에서 상황을 이해하고 행동하게 되는데(Asch, 1955; Sherif, 1936), 개인이 집단 속에서 이해한다는 것은 곧 '집단사고'(group thinking)로서, 이는 루머 논의(rumor discussion)가 된다. 이렇게 볼 때, 루머는 어떤 집단이 모호하고 불확실하며 혼란스러운 상황을 이해하려고 할 때 발생하는 것이라 말할 수 있다. 사회학자 타모츠 시부타니(1966)에 따르면, 공식적 정보가 없는 상황에서 사람들은 그 상황을 비공식적으로 해석함으로써 모호함을 극복하려고 한다(Bauer & Gleicher, 1953; R. H. Turner& Killan, 1972 참고). 루머 논의는 어떤 상황에 대해 해석하는 과정이며, 루머는 그 과정의 산물이다(Rosnow, 1974).

루머 활동은 모호한 상황을 인식하는 기능을 갖는다. 이는 상황을 이해하고자 하는 인간의 핵심적 동기를 충족시키기 위한 하나의 방식이라고 하겠다(Fiske, 2004). 모호함을 해결하는 것은 한 집단이나 공동체가 불분명하게 여기는 사건을 인지할 수 있는 설명 방식이 된다. 앨포트와 포스트먼이 "루머의 심리학"에서 말했던 것처럼, "일반적인 루머에서 발견할 수 있는 것은, 그 루머를 말하는 사람이 사건의 원인과

표1-1

루머와 가십과 도회전설

	상황	내용	기능
루머	모호하거나 위협이 되는 사건이나 성황	검증되지 않은 수단적으로 유용한 정보	모호성에 대한 인식 위협과 잠재적 위협의 관리
가십	사회적 네트워크 형성 및 유지	개인의 사생활에 관한 왈가왈부	재미 사회적 정보 제공 집단의 멤버십, 집단의 권력 구조, 혹은 집단의 규범을 수립, 변화 및 유지
도회전설	이야기	흥미로운 이야기	재미 문화적 규범 및 가치의 수립, 유지 및 교육

주)위에 제시한 커뮤니케이션의 방식들은 표에 나타난 것처럼 상황, 내용 및 기능이 명확히 구분되는 것은 아니다. 즉, 모든 상황, 내용, 기능을 다 말할 수 있는 것이다. (예를 들어, 루머도 문화적 규범을 교육하는 기능을 할 수 있고, 가십도 인간 집단이 모호성을 인식하도록 기능할 수 있다.) 다만 이 표에서는 각각의 유형이 갖는 핵심적인 상황, 내용 및 기능을 표현한 것이다.

등장인물의 동기 및 이야기의 존재 이유를 모두 규정해버린다는 사실이다"(1947). 설명의 주된 목적은 현실을 인식하고 그 현실의 의미를 명확히 하는 것이다(Antaki, 1988). 이와 마찬가지로 루머 역시 어떤 집단이 모호한 상황에 빠졌을 때 그 상황을 설명하려는 집단적인 노력이라 할 수 있다(DiFonzo & Bordia, 1998).

그런데 중요한 것은 어느 정도까지는 이와 같은 설명들을 그럴 듯하다고 판단하는 집단의 규칙을 통과해야 한다는 점이다. 어떤 집단의 '그럴듯함'에 관한 판단 기준이 높은 수준이라면 루머 논의는 전염병이나 공황적 상황과 별반 다르지 않을 것이다. 그러므로 루머는 "정상적인 집단의 정보 추구"의 한 부분이라 할 수 있다(R. H. Turner, 1994). 모호한 상황 속에서 집단은 "상대적으로 낮은 수준의 정보"만을 활용하여 더 많은 요소들이 복잡하게 얽혀 있는 상황에 대해 정의하려고 노력하는 것이다(Shibutani, 1966). 검증 법칙, 정보 출처 및 진상 조사의 여러 다른 측면들이 기본적으로 엄밀하지 못한데도 여전히 집단은 이런 방식으로 의식을 형성하고 있다.

또한 루머는 위험을 관리하는 기능을 수행한다. 루머는 주변 환경을 통제하거나 자신의 자아 이미지를 보호하려는 핵심 동기에 의해 나타난다(Fiske, 2004). 여기에서 위협적 상황이란, 인간이 자신의 안위나 자아 인식이 손상 받을 수 있다고 느끼는 상황을 일컫는다.

위협적 상황은 실제로 인간의 안위를 위태롭게 할 수 있다. 대표적인 사례로 인력구조조정을 겪고 있는 기업을 들 수 있다. 지진, 홍수, 핵물질 누출 사고 등과 같은 재앙적 상황은 인간의 건강이나 생명을 위태롭게 한다. 프라사드(Prasad)는 1934년 인도에서 대지진이 발생한 이후에, 재앙을 초래할 만한 루머가 출현했던 점을 지적했다. 1986년 체르노빌 원자력 발전소 사고가 있은 뒤에도 여러 수많은 루머들이 떠돌았다(Peters, Albrecht, Hennen, & Stegelmann, 1990).

안위에 대한 위협에 직면했을 때, 집단은 루머를 통해 상황을 인식하고 그 위협에 대한 효과적인 대응을 준비할 수 있다. 위협에 대한 대비는 "제2의 통제력"이란 형태로 인간이 인식한 틀 속에서 상황을 해석하고 그에 필요한 통제력을 갖게 해 준다(Walker, 1996). 위협적 상황 속에서 인간은 자신이 위험에 처해 있다는 감정적 인식을 갖게 되어 본능적인 보호 대상인 자기 자신이 위협받고 있음을 알게 된다.

흑인 하인이 여주인의 빗을 쓰다가 들켰다는 "엘레너 클럽"이란 루머는 미국 역사상 인종적 혼란기에 등장했다(이 루머의 명칭은 엘레너 루즈벨트가 붙였다. G. W. Allport & Postman, 1947). 이 루머가 발생한 상황을 보면, 백인으로서의 정체성이 공격받고 있다는 점을 고려해야 한다.

마찬가지로, 다른 집단이나 다른 계급의 사람들을 나쁘게 말하는 이간질 루머(wedge-driving rumor)는 방어적 성격을 갖는다. 자신이 위협받고 있다고 느끼기 때문이다. 이러한 감정에 대응하기 위해서 이간질 루머를 퍼뜨리는 사람은 다른 사람을 낮추어 이야기함으로써 자신을 보다 돋보이게 하려고 애쓴다. 이렇게 볼 때, 자신에게 위협이 되는 상황에서 다른 집단을 부정적으로 표현하는 루머를 통해 말하는 자신을 좀 더 추켜세우는 것이다.

루머는 재미, 소망실현, 동맹 형성 및 유지, 집단 규범의 강제 등과 같은 기능을 할 수 있다. 그러나 이들은 모두 부차적 기능이다. 예를 들어, 유모를 살해한 이의 정체성에 관한 루머가 있다고 하자. 이 루머는 어떤 점에서는 단순한 재미일 수 있다. 그러나 이 루머가 갖는 재미 기능은 "추리소설"을 확인하려는 노력에 따라오는 부차적인 기능일 뿐이다. 즉, 이 사회에서 어떻게 이런 범죄가 발생할 수 있었는지, 그리고 향후 안전을 위해서 이 사건이 갖는 의미가 무엇인지에 대한 루머의 기능이 우선인 것이다. 요컨대 루머의 핵심은 불확실성 속에서 상황에 대한 인식을 인식하고 위협을 관리하는 데 있다.

루머의 내용

루머의 내용은 루머의 실질에 관한 것이다. 다시 말해 어떠한 말들이 루머를 구성하는가에 대한 이야기이다. 루머는 사람들 사이에 떠돌아다니는 정보에 대한 진술로서, 도구적 유용성은 갖지만 검증되지 못한 정보이다.

도구적 유용성 및 정보전달 진술

첫째, 루머는 정보에 관한 진술이다. 루머는 심문하거나 명령하는 것이 아니라 그저 말하는 것이다. 물론 루머가 질문을 제시한다든지 직접적 행동을 유발하는 때도 있다. 루머의 핵심은 의미 있는 일련의 진술을 통해 전달하고자 하는 생각에 있다. "카터 하우레이는 파산했다."(Lev, 1991), "아이티의 쿠데타 지도자가 곧 석방될 것이다."("아이티의 10인의 사상자들" 1991), "폴 매카트니가 죽었다."(Rosnow, 1991) 등은 기본적으로 주어와 동사로 이루어져 있다.

둘째, 루머는 정보를 전달한다. 루머는 한 사람에게만 머무르지 않고, 사람과 사람 사이를 돌아다니며, 사람들에 의해 멀리 전파된다. 루머는 단순히 한 사람의 개인적인 생각이 아니다. 복잡하게 직조된 섬유처럼 사회적 상호작용에서 발생되는 산물이다. 마치 상인들이 상품을 서로 교환하듯이 루머도 상호 교환되는 정보라는 상품이라 말할 수 있다.(Rosnow, 2001). 이렇게 볼 때, 자연적 선택 및 도태와 유사한 과정을 거치면서 살아남게 되는 개념으로서 밈(meme)의 하위분류에 루머가 포함된다고 할 수 있다. 즉, "부적절한" 루머는 더 이상 떠돌지 못하고 생명을 다하게 되지만, "적절한" 루머는 계속 살아남게 되는 것이다(Heath, Bell, & Sternberg, 2001).

셋째, 루머는 떠돌아다니는 정보이다. 루머가 떠돌아다니는 이유는 루머 당사자들에게 도구적 유용성의 가치가 있기 때문이다. 즉, 해당 루머에 담긴 정보는 어떤 방식으로든 당사자들과 관련되어 있어, 그들에게 영향을 미치고 얽히고설킨 이해관계 속에서 위협이 되기도 한다. 여기에서 '도구적'(iunstrumental)이라는 말을 사용한 것은 과거의 듀이(Dewey)와 같은 의도에서이다. 단순한 재미나 사교적 목적, 혹은 별다른 목적 없이 가볍게 루머가 입에 오르내리는 것이 아니라 루머에는 몇 가지 중요한 목적과 의도가 들어있는 것이다. 말하자면, 루머는 당사자들에게 매우 중요한 토픽이 되는 것이다(Rosnow & Kimmel, 2000). 도구적 유용성은 현재적 속성을 갖는다. 즉, 지금 일어나는 사건에 관련되어 있다는 의미이다. 이러한 점에서 루머는 뉴스와 유사하다. 새로운 일들에 관한 정보이기 때문이다.

유용성은 잠재적인 중요성을 가질 때 나타나는데(Rosnow & Fine, 1976), 로즈노우는 이를 '결과적 유용성'(outcome relevance)이라 불렀다. 예를 들어 조직의 루머에 관한 과거의 연구를 살펴보면, 공동의 관심사가 루머의 주된 내용임을 알 수 있다. 직무나 승진기회(이직루머), 고용보장 및 보상(실업루머), 건강에 유해한 현상(오염루머) 등과 같이 공통적인 관심사가 조직 내에서는 루머가 된다. 또한 유용성은 만성적 속성을 가지기도 한다. 오랜 시간 관심거리였던, 신을 달래기 위한 인간 살생이나 비행접시 같은 것들이 여전히 루머의 화두가 되고 있는 것이다(Rosnow & Kimmel, 2000).

당사자들이 어떤 문제에 대해 연관이 있다고 생각하거나 그 문제로 자신이 영향을 받든지 위협을 느끼게 되면, 그것은 루머가 된다. 달리 말하면, 폭소를 터뜨릴 때도 있지만 루머는 기본적으로 단순한 농담이 아니라는 말이다. 루머는 사람들 사이에서 사교적인 용도로 이용되기도 하지만 시간 때우기가 루머의 주된 기능은 아니다. 요컨대 긴급하고 중요하고 중대한 문제가 루머의 주제가 되는 것이다.

검증되지 않은 진술

넷째, 루머는 검증되지 않은 중요한 정보를 전달한다. 가장 핵심적인 문제이다. 검증을 한다는 것은 "사실임을 확인하기 위한 논증이나 증거 등을 통해서 진실임을 증명하는 것"을 의미한다(Agnes, 1996). 여기에서 검증되지 않은 진술이라 함은, 아직 증명되지 않았고 진실임이 입증되지 않았으며 "증거의 확고한 기준"이 마련되어 있지 않은 진술을 말한다(G. W. Allport & Postman, 1947). 로즈노우가 말했던 것처럼, 루머는 "확증되지 않은 정보"에 관한 것이다(1974). 그러나 루머가 아무런 근거가 없다는 이야기는 아니다. 루머는 나름의 근거를 갖는 경우가 종종 있다. 다만 그 근거가 취약하거나 결여된 까닭에 확고한 증거가 없다는 말이다. 확고한 증거는 본질적으로 경험적 속성을 가지며, 신뢰할 만한 정보 출처를 통한 진술에 입각한 것이다. 이런 종류의 증거는 조사와 검토 및 질의응답 등의 과정을 거치는데, 뉴스와 루머의 차이점이 여기에서 드러난다. 뉴스는 언제나 확인된 사실이지만, 루머는 확인되지 않은 정보이다(Shibutani, 1966).

어떤 진술들에 대해서 사람들은 확고한 증거가 있는 것으로 판단하여 더 이상 조사가 필요치 않다는 생각을 한다. 사례를 하나 들어보겠다. 1981년 프록터 앤 갬블 사(Procter & Gamble Corporation, P&G)의 사장이 전국 방송 토크쇼에 출현하여 사탄을 신봉하는 교회에 피엔지사가 기부를 한다고 말했다는 루머가 나돌았다. 물론 거짓 루머였다. 이 루머는 전단지를 통해 곳곳으로 퍼져나갔으며(Koenig, 1985), 전단지에는 확실한 증거가 있다고 했다. 많은 사람들이 토크쇼 프로그램에 전화를 걸어서 해당 방송분의 스크립트를 3달러에 구매하였다. 그런데 스크립트를 구매한 사람들은 누구나 루머와 다르게 이런 사건이 일어났던 적이 없었다는 사실을 깨닫게 되었다. 실제로 P&G사의 사장은 토크쇼에 출현했던 일조차 없었다. 이렇게 볼 때, 루머에는 '허위정보' (misinformation)도 포함될 수 있으며, 잘못된 진술조차 사실로 인정될 수 있음을 알 수 있다. 이 사건을 통해서 사람들은 '제정신을 차려야 한다'고 반성하게 되었으며, 들리는 풍문은 너무 쉽게 믿지 말고 주의해야 한다는 사실을 깨닫게 되었다. 요컨대, 처음에는 굳건해 보이는 증거도 시간이 지남에 따라 쉽게 무너져버릴 수 있는 것이다.

이처럼 검증되지 않았다는 속성으로 인해, 어떤 루머는 현실의 진실에 비추어 볼 때 크나큰 취약성을 보이기도 한다.[2] 저명한 과학 철학자 칼 포퍼(Karl R. Popper)에 따르면, 과학적 이론은 반증에 취약하다. 그의 논리에 따르면 비과학적이론은 그렇지 않다고 할 수 있는데, 이것이 반증가능성의 원칙이다. 과학적 이론과 같이 어떤 루머들은 관찰가능하면서도 구체적인 속성을 갖는다.

한 가지 예를 들어보자. "아틀란타 본사의 샘 딕슨은 뉴욕의 모든 지사에 사무직 직원의 20퍼센트 감축을 지시했다"라는 명제는 반박할

---

2) 이 문단의 기본적인 내용과 첫 번째 사례는 찰스 워커(Charles Walker)의 연구에서 인용한 것이다.

수 있다. 이는 매우 위험한 루머이기도 하다. 이때 딕슨은 이 루머를 반박할 수 있고, 사무직 직원 명부를 철저히 조사할 수도 있으며, 인사 담당자는 인력삭감 지시를 받은 적이 없다고 부인할 수도 있다. 이와 반대로, "경영진들은 외계인이다!"라는 식의 루머는 반증하기 어려운 주장이다. 비과학적 이론들처럼 그다지 위험하지도 않은 이런 종류의 루머는 반증하기 어렵다. 왜냐하면 관찰할 수 없는 현상을 주장하는 것이기 때문이다. 루머에 대해 포퍼와 같은 시각을 갖게 되면, 왜 어떤 루머들은 그토록 긴 생명력을 갖는 것인지 알 수 있다.

루머 전파의 방식과 구조

전파의 메커니즘에 근거하여 루머를 정의하려는 시도들도 있었다. 앨포트와 포스트먼(Allport & Postman, 1947)에 따르면, 루머는 "사람에게서 사람으로 전달되며 그 방식은 구전이다." 로즈노우는 루머에 대한 이런 식의 정의는 시대에 뒤떨어진다고 주장했다(1988, 2001). 오늘날에는 과거의 구전 방식에다가 인쇄, 전자 미디어 및 인터넷을 통한 커뮤니케이션 통로가 추가되었다. 루머는 이 새로운 통로를 통해 흘러 다닌다.

구조적 측면에서 루머를 정의하고자 했던 노력도 있었다. 한 예로, 루머를 이야기할 때 검증되지 못했다는 사실에 주의하며 이야기를 시작하는 경우를 흔히 볼 수 있다. 이를테면, "이 이야기가 사실인지는 모르지만……"하면서 말을 시작한다든가 아니면 "내가 들은 바로는……" 하면서 말을 시작하는 것이다. 이와 같은 식으로 말을 꺼내는 것은 내용이 검증되지 않았다는 뜻이다. 전달하는 사람이 상대에게 전달할 내용이 루머라고 인식할 때, 이런 식으로 이야기를 시작하게 된다. 이런 식의 서두는 루머에 관한 전체 진술 중 일부분에 지나지 않는다. 확신하지 못하는 이야기라는 사실을 말해주는 것이기 때문이다.

또 어떤 연구자들은 루머는 그저 짧은 말로 표현될 뿐이라고 주장한다. 루머는 구조상으로 볼 때 이야기체가 아니다. 다시 말해 일련의 사건이 연속되는 줄거리를 갖고 있지 않다. 루머는 그저 짤막한 농담에 지나지 않는다. 반면 긴 이야기는 전설, 허풍담, 우화, 신화 등으로 분류할 수 있다. 이야기와 유사한 루머가 매우 다양한데, 이처럼 구분하면 몇 가지 편리한 점이 있다. 예를 들어 한 문장으로 요약할 수 있는 수많은 루머들을 수집해 보았다(표 4.3, 4.4, 6.3, 6.4를 참조). 그런데 캡로우(Caplow, 1947)에 따르면, 군사 루머는 하나가 아닌 세 개의 진술로 이루진다. 또 피터슨과 기스트는 보모 살해 사건과 관련된 루머에 대해 이야기했는데, 이들 루머는 눈덩이가 불어나듯이 커지고 점점 정교해지면서 마치 하나의 긴 이야기와 같은 모습을 갖게 되었다.

구조에 따른 구분은 각각의 진술이 갖는 서로 다른 기능을 통해서 이루어진다. 루머는 모호한 상황에 대한 정보와 연관되어 있으며, 이미 알고 있는 사건에 관련된 것일 수도 있다. 아니면, 어떤 사실을 알아내려 할 때 이에 관련된 루머가 출현한다. 전설과 신화는 모두 배경, 줄거리 및 주석을 포함하고 있다. 이와 같은 점을 감안할 때, 루머는 처음부터 일관된 이야기로 구성되었다기보다 시간이 경과함에 따라 꼬여 있는 줄거리가 조금씩 풀리는 방식으로 구성되었다고 볼 수 있다. 이에 대한 문제는 루머와 전설을 비교하는 자리에서 다시 논의하게 될 것이다. 지금부터 루머의 사촌이라 할 수 있는 가십에 대해서 살펴보자.

가십

가십은 개인에 대해 평가하는 내용을 담은 사교적 이야기이다. 이때 화제의 대상이 되는 개인은 이야기 자리에 없다. 가십이 나타나는 배경에는 사교적 네트워크의 형성, 변화 및 유지가 있다. 말하자면, 집단의 결속을 공고히 하려는 배경을 가지고 있는 것이다. 가십은 다양한 사교적 네트워크의 기능을 갖는다. 이를테면 재미, 집단의 응집력 유지, 집단 규범과 집단의 권력구조 및 집단의 멤버십의 수립, 변화 및 유지 등의 핵심 기능을 갖는다.

배경과 기능

가십이 나타나게 되는 배경에는 사교적 네트워크의 형성, 변화 및 유지가 있다(L. C. Smith, Lucas, & Latkin, 1999). 말하자면, 집단의 결속을 공고화하기 위한 것과 관련되어 있는 것이다(Foster, 2004). 인간이 가지고 있는 핵심 동기 가운데 집단의 일원이 되고 또 소속되고자 하는 동기를 들 수 있다(Fiske, 2004). 가십은 집단에 소속되고자 할 때 유용하다. 그 집단과 소속원에 대한 정보를 제공해주기 때문이다. 또한 가십을 통해서 사교적 네트워크 속에서 상대방의 이력을 확인할 수 있고, 다른 사람에게 자신을 잠재적인 친구 혹은 동반자로 소개할 수도 있으며, 소속원들이 집단의 규범을 따르도록 영향력을 행사할 수 있을 뿐만 아니라 재미있는 이야깃거리로 즐길 수도 있다(Dunbar, 2004; Foster & Rosnow, 2006; Rosnow & Georgoudi, 1985).

영장류에서 볼 수 있는 그루밍처럼 인간 상호간의 유대를 증진시키는 행동은 집단의 결속을 위해 매우 중요하다. 여기에서 가십 또한 중요

한 한 가지 행위인데, 가십이 없다면 사회는 온전히 유지되지 못할 것
이다(Dunbar, 1996, 2004).

가십은 사교적 네트워크 형성 및 유지에 필요한 몇 가지 핵심 기능을
수행한다(Foster, 2004). 첫째, 복잡한 사회 환경에 대한 정보 제공이다.
즉, 가십은 해당 집단의 여러 가지 측면에 필요한 정보를 제공한다
(Levin & Arluke, 1987). 조직의 신참자에게 가십은 유용한 정보를 제공한
다. 예를 들어, "그런데, 보스는 정말이지 파시스트야"[3]라는 가십은
신참자에게 도움이 되는 정보이다. 워트와 샐로베이(Wert & Salovey,
2004)는 모든 가십이 다른 사람들과의 사회적 비교를 통해서 획득한
정보라고 주장했다. 가십은 주어진 사회적 환경에서 어떤 일을 해야
하고 어떤 일을 하지 말아야 하는지에 대한 정보를 제공한다. ("크리스
마스 파티에서 취하도록 마시지 말라!") 또 사교 집단에서 누가 포함되어야
하고 누가 배제되어야 하는지에 대해 말하기도 한다. ("조니는 멋진 녀석
이야"라든가 "제이슨은 얼간이야.")

일반적으로 가십은 "좋은 일이든 나쁜 일이든 다른 사람에 관한 사건"
을 관찰하면서 얻게 된 정보이다. 따라서 나중에 가십은 문화적 정보
도 제공한다(Baumeister, Ahang, & Vohs, 2004). 문화적 정보에 관한 몇 가
지 예를 들어 보면, "'공짜 술은 마시지 마'라든가 '진정한 친구를 잊
어서는 안돼'라든가 '배신에 대해서는 결국 책임을 져야 해'" 등의 정
보가 있다(Baumeister et al., 2004).

둘째, 가십은 집단의 결속력을 강화시켜준다. 예를 들어 사교적인 재
미 제공이다(Litman & Pezzo, 2005; Rosnow Y Fine, 1976). 가십은 분위기를
한층 고조시킨다. 사람들은 타인의 작은 실수나 과오에 대해 말하면
서 웃고 좋아한다. 남의 사생활을 놓고 이러쿵저러쿵 말하기를 즐기
는 것이다(Rosnow & Georgoudim, 1985). 이런 대화를 나누다 보면 어느

---

3) 이 예는 가십의 정보제공 기능을 적절하게 묘사하고 있다. 이는 애릭 포스터가 제시해 준 예로, 이 자리
를 빌어 그에게 감사한다.

새 시간이 흘러가버린다. 사무실 직원 돈 주앙이 벌인 작은 일탈에 대한 화제는 여러 사람을 즐겁게 해준다. 이와 같이 가십은 재미라는 기능을 수행한다(Gluckman, 1963).

셋째, 가십은 친분의 경계를 설정하고 그룹의 멤버십에 대한 정의를 내려준다. 다른 사람과 가십을 나누는 행위는 화자 상호간의 친밀성(L. C. Smith et al., 1999)과 유대감을 단단하게 만들어준다(Hom & Haidt, 2002). 가십은 사회적 유대를 강화하고 친목집단의 구성원을 확대하기 위한 효과적인 수단이다(Dunbar, 2004). 가십은 사교적 네트워크 속에서 상대의 이력을 추적할 수 있도록 도와준다. 뿐만 아니라 친구나 동료가 되고자 하는 바람을 다른 사람들에게 알림으로써 집단에 속하도록 해준다.(Dunbar, 2004). 또한 다른 사람이 흥미로운 내부 정보에 대해 귀띔해줄 때 비로소 그 집단에 대한 소속감을 느끼게 된다. 즉, 이방인이 아닌 구성원으로서의 확신을 갖게 되는 것이다. 적과는 가십을 나누지 않는다. 오로지 친구나 혹은 친한 유대관계를 맺고자 하는 사람들과 가십을 주고받으면서 우정과 친분을 쌓고 우호적 관계를 다진다. 물론 친분의 경계를 설정하는 데 어두운 측면이 뒤따르기도 한다. 바로 배제이다. 사람들은 가십을 통해서 타인을 배척하기도 한다(L. C. Smith et at., 1999). 이와 같이 가십은 어떤 사람을 놓고 그가 없는 자리에서 왈가왈부하는 것이다(Foster 2004; Sabini & Silver, 1982). 가십은 어떤 사람의 행동에 대해 평가하는 경우가 많다. 이때 가십을 나누는 사람들은 사교적 네트워크에 소속되어 있으며, 화제의 대상자는 다들 잘 아는 인물로, 그가 앞에 없을 때 이러쿵저러쿵 말한다(Eder & Enke, 1991). 가십은 "친분 공격"(relational aggression)의 중요한 무기이다(Crick et al., 2001). 어린 시절 가십을 경험하게 되면, 배제에 대한 뼈아픈 기억이 쉽게 지워지지 않는다. 다른 사람을 배제하기 위한 가십의 유용성으로 인하여, 부정적인 가십을 퍼뜨린 이후에 때로는 죄책감을 가지기도 한다(Hom & Haidt, 2002).

넷째, 가십은 누가 집단의 일원인지 아닌지를 정의할 뿐만 아니라 그룹 내부의 권력 관계를 명확히 해준다(Kurland & Pelled, 2000; L. C. Smith et al., 1999). 가십을 이야기하는 사람은 교묘하게 다른 사람을 깎아내리고 자신을 추켜세우면서 자신의 사회적 위치를 굳게 다진다. 홈과 하이트(Hom & Haidt, 2002)는 사교적인 "사람 이야기" 에피소드와 관련된 요소들을 분석했다. 이를테면, 가십을 나눔으로써 당사자들은 보다 큰 권력을 갖게 되었다고 느끼는 동시에 자신의 인지도가 높아졌다고 생각한다. 사람들은 결정적인 가십을 이야기할 때 자신의 지위가 상승되었다고 느낀다.

다섯째, 가십은 집단의 기능에 핵심이 되는 규범을 보급하고 강화시킨다. 가십은 무임승차한 사람을 감시하고 처벌하는 데 매우 유용하다. 여기에서 무임승차자란 특별히 조직에 기여하는 것 없이 조직의 수혜를 받는 자를 말한다. 너무 많은 무임 승차자가 발생하면 조직의 기능 수행을 저해할 우려가 있으므로 가십은 매우 중요한 적응 기능을 수행하게 된다(Dunbar, 2004; Foster & Rosnow, 2006). 가십은 "집단 내의 어떤 구성원들에게 가치가 개입된 정보를 비공식적으로 전달"하는 방법으로 이 기능을 수행한다(Noon & Delbridge, 1993, p24).

규범에 대한 의사소통은 개인적으로 알고 있는 사람이나 개인적으로는 알지 못하지만 사회적으로 저명한 사람들(예를 들어, 벤과 제이로), 혹은 정치적 유명인사(말초적 가십)에 대해 이야기함으로써 이루어진다. 이런 점에서 볼 때, 가십은 도덕적 성향을 갖는다고 할 수 있다. 즉, 가치 판단이 개입되어 있는 것이다.

가십은 집단의 규범을 형성하고 유지하며 강화시키고 보급하는 역할을 담당한다. 이와 같이 가십은 태도와 행동에 영향력을 미치면서 통제력을 갖는다(Rosenow & Georgoudi, 1985). 더 넓게 말해서, 가십은 복잡한 사회환경 속에서 어떻게 행동하는 것이 효과적인지를 가르쳐 준다(Foster, 2004). 이를 위해서 실제 인물 및 가상의 인물과 특정 부분에 대해 비교하는 방법을 사용하는 경우가 많다(Wert & Salovey, 2004).

내용

가십은 중요하다. 그러나 가십의 내용은 당사자가 비수단적 방식으로 표현하는 경우가 대부분이다. 아무런 목적이 없거나 하찮은 목적 혹은 단순히 시간을 보내기 위해서 가십을 이용하는 경우가 많은 것이다(Rosnow & Georgoudi, 1985). 실제로는 가십이 진지한 목적(설득, 포섭, 배제 등)을 가졌는데 무관심한 말투로 포장되는 경우도 있다.

가십은 긴급하거나 중대하지 않은 주제에 관한 이야기이다. 그 내용은 "교환이라는 맥락에서 볼 때 필수적이지는 않다"(Rosnow & Georgoudi, 1985, p62; Michelson & Mouly, 2000). 진지한 의도가 없는 사무실 내의 로맨스, 급우의 작은 실수, 가족 일원의 개인적 성향 등에 대한 이야기가 가십이다. 학술회의에서 사회심리학자가 같은 주제를 가지고 이야기한다면 이것은 가십이 되지 않는다. 왜냐하면 이 경우의 이야기는 교류라는 목적에 집중되어 있기 때문이다. 다시 말해, 사교 생활에서 가십은 중심적이면서도 중요한 기능을 담당한다. 그러나 가십의 내용은 그 기능과는 달리, 가십을 나누는 사람들 간에 중요한 문제도 아니고 또 그들이 직접 관련되어 있지도 않다.

또한 가십은 평가에 관한 이야기이다. 어떤 경우에는 긍정적인 내용을 담지만, 또 다른 어떤 경우에는 부정적인 결론을 내리기도 하는 것이다(Foster, 2004). 물론 부정적이고 비방적이며 경멸적인 내용이 지배적이기는 하다(Wert & Salvoy, 2004). 예를 들어 북동부지역 대학에서 학생들이 들었던 가십의 내용을 분석해보면, 그 중 61퍼센트가 가십 대상을 수치스럽게 만드는 것이었다. 우호적이고 칭송하는 내용은 단지 2퍼센트에 불과했다(Walker & Struzyk, 1998).

가십은 상대방의 비밀을 누설하기도 하다. 상대방의 행동이나 태도를 칭찬하거나 비판하는 것이다(Michelson & Mouly, 2000). 크리스마스 파티에서 조의 행동에 관한 화제가 오간다면, 십중팔구 그의 행동이 칭찬받을 만하다거나 아니면 우스꽝스러웠다는 내용일 것이다. 가십은 어떤 집단이나 사건에 대해서라기보다는 한 개인의 사생활에 관한 평가를 담은 이야기이다(Foster, 2004). 예를 들어, 학교에서 떠도는 가십의 내용은 대부분 학교 내 커플("조니와 자스민이 커플이래"), 개인의 성격("잭슨은 정말 착해"), 성적 취향("프랭크는 동성연애자야"), 가족문제("브리타니의 어머니가 바람을 피운다더라"), 개인의 이력("조지는 작년에 코카인 때문에 체포된 적이 있었다더군") 등과 같은 내용이다.

루머와 가십

일반적으로 루머와 가십은 종종 혼용된다(Rosnow, 1974: Rosnow & Fine, 1976). 앞에서도 말한 것처럼 심리학정보서비스(Psyc-INFO) 용어사전에서도 '루머'를 '가십'의 하위에 두어 설명하고 있다. 루머처럼 가십도 서로 주고받는 일종의 거래이다(Rosnow & Fine, 1976). 이 둘은 "비공식적 의사소통"(Kapferer, 1987/1990), "비격식 의사소통"(Michelson & Mouly, 2000), "풍문"(Fine, 1985)이라 불리기도 한다.

그러나 루머와 가십은 동일한 개념이 아니다. 따라서 각각의 기능과 내용 면에서 차이를 보인다. 루머의 기능은 모호한 상황을 인식하거나 잠재적 위협에 대응하기 위한 것이다. 반면 가십은 사교적 네트워크 형성과 유지가 주된 기능이다. 다시 말해, 루머의 목적에는 불확실한 상황을 인식하기 위한 가정이 전제되지만, 가십은 집단의 구성원들에게 재미를 주고 서로의 유대관계를 강화시키면서 규범적 영향력을 갖는다.

루머는 세 가지 측면에서 가십과 구별된다(Rosnow, 1974; Rosnow & Georgoudi, 1985; Rosnow & Kimmel, 2000).

첫째, 루머는 확실한 증거를 가지고 있지 않다. 즉, 입증되지 않았다는 것이다. 반면, 가십은 확실한 증거가 있을 수도 있고 없을 수도 있다. 둘째, 루머는 당사자들에게 중요한 문제가 되는 이야기이지만, 가십은 루머에 비해 크게 중요하지 않다. 사비니와 실버(1982)가 말했던 것처럼, "어떤 이야기를 가십이라 부르는 것과 또 루머라 부르는 것은 그다지 중요치 않을 수도 있다. 그러나 그 둘은 다른 방식으로 나타난다. '루머'는 말하는 사람의 주장을 공격하는 반면, '가십'은 자체의 무용성을 공격한다."

셋째, 루머는 개인의 사생활에 관한 것일 수도 있고 아닐 수도 있지만, 가십은 항상 이 문제가 중요한 주제가 된다. 앰브로시니(1983)의 표현을 빌면, "가십은 개인의 사생활에 초점을 맞추지만, 루머는 인간사의 보다 광범위한 영역에 관한 것이다." 물론 가십은 특정인물을 칭송하지만, 대개는 경멸하고 모욕한다(Walker, 2003; Walker & Struzyk, 1998; Wert & Salovey, 2004; 그러나 던바(Dunbar 2004)의 연구는 전혀 다른 현상을 보여준다. 즉 공공장소에서 들을 수 있는 가십의 5퍼센트 미만이 모욕적인 내용이라는 사실이다).

루머와 가십은 다른 것이다. 그러나 이 둘을 명확하게 구별해내기 어려운 "불분명한 형태들"이 존재한다(Rosnow, 2001, p211). 예를 들어 상사가 노름빚을 갚기 위해 회사 자금을 유용했다는 이야기가 있다고 하자. 이는 입증되지 않았으며 도구적 유용성을 가지고 잠재적 위협의 상황에서 나타난다. 자금 유용은 회사의 사활에 영향을 미치기 때문이다. 그러나 이 이야기는 단순히 의미 없는 잡담이 될 수도 있다. 사회적 위계질서 속에서 자신의 입장과 이기적 필요를 충족시키기 위해 누군가가 퍼뜨린 망발일 수도 있기 때문이다.

루머와 같이 가십도 유용한 사회적 정보를 담아낼 수 있다(Rosnow &

Georgoudi, 1985). 예를 들어, 직원들 사이에서 상사의 동기를 보다 잘 이해하게 해준다. 이를 테면 "그녀는 멍청할 정도로 권력욕이 강해. 그러니까 그녀 앞에 갈 때는 그녀를 돋보이게 해줄 만한 요구사항이 있을 때에만 가는 게 좋을 거야"라는 이야기이다. 이것은 다른 사람에 대한 개인적 정보이다. 또한 이것은 단순한 홍밋거리이며, 중요한 사교적 네트워크 형성의 기능을 갖고 있다. 그러나 한편으로는 모호한 상황을 인식하고 잠재적 위협을 관리할 수 있도록 해준다.

도회전설

도회전설은 현대 세계와 관련된 테마를 담고 있는 기이하고 유머러스하거나 공포스러운 사건에 관한 이야기이다. 또한 이미 일어났거나 일어났을 법한 사건에 대한 이야기이며, 다양한 시간과 장소에서 벌어지는 천차만별의 이야기이다. 도회전설은 때로는 도덕적 의미를 담기도한다(Cornwell & Hobbs, 1992; Fine 1992; Kapferer, 1987/1990). '도회전설' (urban legend)라는 말은 잘못된 명칭이라 할 수 있다. 도회전설은 도시에서 벌어진 일은 물론 장소를 불문하고 모든 곳에서 일어난 일을 다루기 때문이다. 따라서 근대전설(modern legend)이나 현대전설 (contemporary legend)이라 부르는 것이 보다 타당하다(P. B. Mullen, 1972). 여기에서는 도회전설, 근대전설, 현대전설이라는 용어들이 동일한 의미를 지닌 것으로 보고 논의하기로 한다.

배경과 기능

도회전설은 어떤 이야기를 풀어나간다는 배경을 가지고 있다. 여기에
는 때와 장소, 줄거리, 클라이맥스 및 에필로그가 있다. 예를 들어, 오
스트레일리아의 여행자에 대한 이야기를 생각해보자. 그들은 밴을 타
고 여행하던 중, 갑자기 나타난 캥거루를 차로 치었다. 그들은 캥거루
가 당연히 죽었을 것이라고 생각하며 밴에서 내렸다. 그리고 관광객
중 한 명이 자신의 자켓을 벗어서 캥거루에게 입힌 뒤 기념으로 자켓
입은 캥거루의 모습을 사진에 담았다. 이 부분에서 웃음을 자아낼 것
이다. 그러나 이야기는 여기에서 끝나지 않는다. 캥거루는 죽지 않고
잠깐 기절했을 뿐이었다. 깨어난 캥거루는 관광객의 자켓을 입은 채
멀리 달아나버렸다. 물론 그 자켓 속에는 지갑이며 여권이 들어 있었
다. 이 이야기에는 야생동물을 보호하라는 도덕적 교훈을 담고 있다.
야생동물을 보호하라는 것이다. 도회전설은 일상적인 대화나 인터넷
채팅 및 사교적 모임 등 흥미로운 이야기가 필요할 때에 주로 회자된
다. 이때 도회전설의 기능은 흥미를 유발하고, 문화공동체 내의 도덕
적 가치를 전파하는 데 있다.

첫째, 도회전설은 흥미로운 이야기이며, 이야기의 과장된 성격 때문
에 허풍과 비슷한 데가 있다(Bennett, 1985). 들으면 재미있다. 사라져버
린 어느 히치하이커의 이야기를 생각해보자(Brunvand, 1981). 한 아버지
와 딸이 시골길을 따라 차를 타고 가고 있었다. 그러던 중 젊은 여성
히치하이커를 태우게 되었다. 그녀가 뒷좌석에 앉아서 하는 말이 여
기서 5마일 떨어진 곳에 살고 있다고 했다. 그런데 도착해서 뒷좌석을
돌아다보았더니 방금 전까지 앉아있었던 여자의 모습이 온데간데없
이 사라지고 없었다. 그들은 도착한 집의 문을 두드린 다음에야 차에
태워주었던 여자가 몇 년 전에 실종되었다는 사실과 마지막 모습이
그 시골길에서 히치하이크 하던 모습과 똑같았다는 사실을 알게 되었

다. 게다가 그날은 그녀의 생일이었다.

둘째, 도회전설은 규범과 가치를 전파한다. 아름다운 이야기는 모두 주제와 의미를 가지고 있다. 바꾸어 말하면, 도덕적 교훈이 이야기에 담겨 있는 것이다. 캡퍼러(1987/1990, p123)의 말처럼, 도회전설은 "예시적 이야기로서, 우화처럼 도덕적 의미를 도출할 수 있는 사례를 제시한다." 윌키(Wilkie)는 1970년대에 미국에서 떠돌던 유명한 도회전설을 세 가지 제시했다. 이들은 모두 "다른 미국인들의 행동을 비판하고 규제하기 위한 이야기였다"(Wilkie, 1986, p5), '섹스 후에 위 아래로 뛰게 되면 임신하지 않는다(임신하지 말라!), 유명한 텔레비전 시리즈 "비버에게 맡겨둬"에서 비버역을 맡았던 아역배우 제리 매더스가 베트남전쟁으로 죽었다(베트남으로부터 철수하라!), 환각재 LSD에 중독된 여섯 명의 학생이 태양을 똑바로 쳐다보는 바람에 실명해버렸다(마약금지!)' 등의 이야기가 있었다. "후크"라는 제목의 이야기는 10대의 방탕함을 비판하는 내용이다. 이 도회전설을 보면, 한 10대 커플이 밤중에 차를 세워 놓고 서로 애정표현을 하고 있었는데 갑자기 무엇인가를 긁는 소리에 놀라서 하던 짓을 그만두고 집으로 돌아왔다. 집에 도착해서 보니 웬 보철 후크가 자동차문 손잡이에 걸려 있었다(Brunvand, 1981).

도회전설은 "두려움, 경고, 위협 및 예견"에 초점을 맞춘 우화와도 같다(Bennett, 1985, p223). 도회전설은 종종 우스꽝스럽거나 공포스러운 내용을 담기도 하는데, 이때 "공포스러운 이야기는 사회의 전통을 모욕하는 누군가를 '벌하는' 내용을 담고 있다"(Van der Linden & Chan, 2003). 한 여행자가 매혹적인 여성의 유혹에 빠져 그녀를 아파트로 불러 들였다. 그리고 밤을 보낸 뒤 잠에서 깨어났을 때, 자신의 신장 한 쪽이 없어진 것을 알게 되었다. 불법 장기 거래로 팔려나간 것이었다. 이 이야기는 원나잇스탠드에 관한 도덕적 교훈을 준다(Mikkelson, 2002). 전통적인 전설처럼 근대의 도회전설도 지속적인 생명력을 갖는다. 왜냐하면 오랜 질문들에 대한 해답을 제시하면서 세상을 인식하

게 해주기 때문이다. 이와 같이 도회전설은 숨겨진 진실과 가치를 상
징한다. 예를 들어, 조지 워싱턴과 체리나무에 관한 도회전설은 정직
함의 미덕을 상징하면서 이를 북돋아 준다(G. W. Allport & Postman,
1947b).

내용

첫째, 캥거루 이야기에서 볼 수 있는 것처럼 도회전설은 이야기체로
구성되어 있으며, 완전한 시간과 장소, 줄거리, 클라이막스 및 비판을
담고 있다. 둘째, 도회전설에서 다루어지는 이야기는 평범하지 않아
서 공포스럽거나 우스꽝스러운 내용을 담고 있다. 이는 "'기이하지만
사실인' 이야기로서 특별히 주목할 만한 사건에 관한"것이다(Fine,
1994, p2). 도회전설은 별난 이야기이기도 하다. 말하자면, 도베르만이
강도의 손가락을 물어 뜯어버렸다는 이야기는 흔하지는 않지만 충분
히 일어날 수 있는 일이다(Brunvand, 1984). 셋째, 도회전설은 전통적인
주제와 사건과는 반대되는 현재의 사건에 대한 내용을 담고 있다. 도
회전설의 주제는 "현대 사회에서 일어난 사건 및 현재의 인물, 관계,
조직, 제도에 관한 이야기이며, 이야기의 화자 및 청자 모두 이를 통
해서 현재의 세상을 인식한다"(Fine, 1992, p2; 반대 의견에 대해서는 Nennett,
1985를 참조). 이때 이야기의 주제로 등장하는 것은 자동차, 히치하이
커, 발암물질, 성희롱, 사진, 데이트, 장기 적출 등이다.

루머와 도회전설

루머와 도회전설은 양쪽 다 믿음, 집단적 절차와 거래, 구두 표현 및

비공식적 뉴스에 관한 것이다. 뿐만 아니라 믿음, 진술 혹은 구두적 표현이 핵심을 이룬다(P. B. Mullen, 1972). 이때 이야기를 보다 그럴듯하게 만들기 위해서 구체적인 사항에 대한 설명이 추가되면서 루머와 도회전설은 왜곡을 겪게 된다(G. W. Allport & Postman, 1947b; P. B. Mullen, 1972).

루머와 도회전설은 각각의 주요한 배경, 기능, 내용, 고유한 구조 및 확산 범위에서 차이점을 갖는다. 첫째, 일반적으로 도회전설은 세계를 인식하는데 유용하지만(P. B. Mullen, 1972), 특정 상황에서는 더 이상 지속되지 못하는 경우가 많다. 예를 들어, 기업이 조직 축소를 단행하고 있는 동안에 도회전설은 떠돌지 않는다. 왜냐하면 사실을 확인해내고 미래를 준비하는 데에는 제한적 가치밖에 가지지 못하기 때문이다. 이와는 달리 루머의 주요한 기능은 재미를 제공하는 것도 아니며 도덕적 가치를 진작시키는 것도 아니다. 낮은 평가를 받은 4/4분기 회사 매출에 관한 루머는 재미있지도 않으며 도덕적 교훈을 주지도 않는다. 루머는 현재의 사건이나 주제에 관한 내용일 때가 많으며 (Rosnow, 1974), 이를 통해 어떻게 미래를 예측할 수 있는지를 이야기한다. 반면, 도회전설은 이미 발생한 일련의 사건들을 이야기처럼 풀어나간다.

둘째, 루머와 도회전설은 구조적인 측면에서 차이점을 갖는다. 도회전설은 루머보다 길며 서술적 성격이 강하다(P. B. Mullen, 1972). 루머는 "믿음에 관한 짧으면서도 비서술적 표현이다"(P. A. Turner, 1993, p5; Bird, 1979; Caplow, 1947; Fine, 1985). 앞서 말했던 것처럼, 이와 같은 구조적 차이는 이들 둘의 주요한 기능적 차이에서 발생한다. 도회전설은 흥미와 재미를 추구한다. 따라서 이야기 속에 배경이 되는 때와 장소, 줄거리, 클라이막스 및 가치평가가 들어있다. 이와는 달리, 루머의 기능은 사실을 확인하고 인식하며 위기를 관리하는 것이다. 따라서 특정 상황에 적합할 정도의 짧은 형태로 정보가 전달된다. 루머는 이야기체로 서술되지 않는다. 그것은 상황에 대한 인식, 즉 과거가 아닌 당면한 현재의 문제이기 때문이다.

끝으로, 도회전설은 방랑의 성격을 가진 루머이다. 도회전설은 "최신의 정보를 제공"하고, 지역적으로 한정된 곳에 머물러 있어(Kapferer, 1987/ 1990), 세부 내용에 어마어마한 버전들이 존재한다. 예를 들어, '케이마트 뱀 루머'(한 여성이 케이마트에서 옷을 입어보던 중 뱀에 물렸다는 거짓 루머)는 이곳 저곳을 떠돌다가 케이마트에서 월마트로 내용이 바뀌었다. 도회전설은 시간과 공간을 이리저리 떠돌아다닌다. 이것이 루머와 다른 점이다(Kapferer, 1987/1990). 실제로 도회전설은 시간이 지나면서 루머가 되기도 하고, 또 루머는 도회전설에서 출현하기도 한다. 즉, 이 둘은 "쌍생관계"에 있는 것이다(P. B. Mullen, 1972). "어떤 도회전설은 루머의 모습으로 다시 출현하기도 한다"(Rosnow & Fine, 1976, p11). 다시 말해 "도회전설은 고착화된 루머로 간주될 수 있다"(D. L. Miller, 1985, p162). 따라서 도회전설은 몇 차례의 왜곡을 거치면서 장기간 지속될 수 있는 루머가 된다(G. W. Allport & Postman, 1947b). 이와 같은 도회전설은 특정한 시간에 특정 지역에서 루머가 되어 나타나는데 사라졌나 싶으면 얼마간의 시간이 지난 뒤 다른 지역에서 다른 성격을 가지고 다시 출현한다.

경험적 증거 : 정보 측면

지금까지 루머, 가십, 도회전설에 대해 각각의 배경과 기능 및 내용을 분석함으로써 그 의미를 정의하고 각각의 차이점을 살펴보았다. 지금

까지의 논의에 대한 방법론적 근거 및 실제적 근거에 대해서는 각별히
유념해야 한다. 루머의 개념을 정확하고 예리하게 정의해놓으면 이에
대한 연구와 검토가 용이할 뿐만 아니라 이에 대처하는 적절한 방안도
얻을 수 있다. 이와 같은 목적을 가지고 우리는 다음과 같은 질문을 검
토했다. "과연 사람들이 순수한 형태의 루머, 가십 및 도회전설의 차
이점을 각각 구분해내는가? 만일 그렇다면, 우리와 같은 방식으로 구
분하고 있는가?" 지금까지 이 질문에 대한 답변은 "긍정적"인 것으로
판명되었다. 이제부터 기존의 연구가 이 질문들을 검토하면서 밝혀낸
결과에 대해서 논의해보자.

앞에서 살펴보았듯이 우리는 고전적 형태의 루머, 뉴스, 가십 및 도회
전설이 정보의 여섯 가지 측면에 따라 제각기 다른 모습으로 구분된다
고 가정하였다. 이를테면 입증 근거, 중요성, 개인 관련 내용의 정도,
중상비방적 내용의 정도, 정보의 재미 그리고 정보의 유용성 등의 여
섯 가지이다. 구체적으로 말하면, 루머는 입증 근거의 측면에서는 낮
은 점수를 줄 수밖에 없지만, 중요성과 유용성에서는 높은 점수를 줄
수 있다. 뉴스의 점수도 이와 유사하지만 입증 근거에서 루머와 달리
높은 점수를 매길 수 있다. 반대로, 가십은 중요성과 유용성 측면에서
낮게 평가되는 반면 개인에 대한 중상비방적 내용의 정도나 재미라는
측면에서는 높은 점수를 줄 수 있다. 끝으로, 도회전설은 입증 근거,
중요성 및 유용성에서는 낮게 평가되지만, 재미 측면에서는 높게 평가
된다. 이 내용은 표 1.2에 정리되어 있다.

위의 평가를 위해서 우리는 정보측면척도(Information Dimensions Scale,
IDS)를 만들어낸 뒤, 이를 통해서 각각의 정보 측면을 측정하였다. 우
리는 각각의 정보에 관한 전형적 사례를 제시하고 이에 대해 9단계의
척도에 따라 점수를 매기도록 했다. 우리는 내용과 관련된 4개의 정보
측면에 대한 점수를 매겼는데, 정보가 "입증될 수 있는 것인지", "입

증될 수 없는 것인지", 혹은 "자신이 정말로 진실이라고 믿는 정보인지" 아니면 "강력한 증거를 가지고 있는 정보인지" 등에 따라 입증 근거에 대한 점수를 측정하였다. 또 중요한 정보인지, 진지하게 논의되는 정보인지를 고려하여 내용의 중요성을 측정했다. 개인관련 내용의

표1.2

루머, 뉴스, 가십, 도회전설에 대한 여섯 가지 정보 측면 평가

	입증 근거	중요성	개인 관련 내용	중상비방적 내용	재미	유용성
루머	저	고	저/중/고	저/중/고	저/중/고	고
뉴스	고	고	저/중/고	저/중/고	저/중/고	고
가십	저/중/고	저	고	고	고	저
도회전설	저	저	저/중/고	저/중/고	고	저

측면을 측정하기 위해 특정 정보가 어느 정도 한 개인의 사생활을 담고 있는지, 어느 정도 집단이나 조직과 관련된 것인지를 살펴보고 그 정도를 기준으로 삼았다. 중상비방적 내용의 측면은 정보의 내용이 특정인에 대한 모략과 비방 정도에 따라 점수를 매겼다. 조사 참가자들에게는 루머나 가십 혹은 도회전설 중 한 가지 예시만 제시하여 점수를 매기도록 했다. 각각의 정보 타입에 대해서는 두 가지 버전을 만들었다(제시 1.1 참고). 로체스터 기술 연구소의 대학원생 59명에게 작업 중에 동료로부터 이야기를 듣게 되는 상황을 상상해보라고 요구했다. 동시에 뉴스의 조건을 위해 회사 사장으로부터 전달된 메모를 읽은 뒤 정보를 얻게 된 상황을 가정해보도록 했다. 그런 다음, 참석자들에게 입증 근거, 중요성, 개인에 관한 내용 및 중상비방적 내용 등에 대해 점수를 매기도록 했다.[4]

루머, 뉴스, 가십 및 도회전설에서 내용정보 측면이 갖는 평균값은 그림 1.1에 나타나 있다. 두 가지 버전을 함께 살펴보면, 각각의 진술 유

형에 대한 정보 측면의 평균값들은 유사하게 나타났으며 하나로 정리
할 수 있었다. 루머와 뉴스는 입증 근거에 관해서만 서로 다른 값으로
나타났고, 중요하기는 하지만 개인에 관한 내용도 중상비방적 내용도
아닌 것으로 나타났다. 이는 처음에 우리가 세웠던 가정과 일치된 것
이다. 그러나 루머와 가십은 입증 근거를 제외한 다른 측면에서는 모
두 다르게 나타났다. 가십에 대한 평가를 살펴보면 중요성은 떨어지
고 개인에 관한 것이면서 중상비방적 내용이 있는 것으로 판단되었
다. 그리고 도회전설은 입증 근거와 중요성에서 낮은 점수를 받았다.
이를 근거로 루머, 가십, 뉴스 및 도회전설에 대해 제시했던 범례들을
살펴보면, 처음에 가정했던 각각의 정보 측면에 따라서 내용상 의미
있는 분류가 가능했음을 알 수 있다.

참가자들은 기능적 정보 측면에 대해서도 점수를 매겼으며, 정보의
재미와 유용성의 정도에 대해서 평가했다. 루머와 뉴스의 주요 기능
은 모호한 상황을 인식하거나 위협적 상황에 대응하는 것이다. 따라
서 루머와 뉴스는 재미있을 수도 그렇지 않을 수도 있지만 유용한 정
보는 담고 있어야 한다. 이러한 정보는 가벼운 파티 석상에서보다 상
사나 동료직원들과의 심각한 대화에서 논의되는 경우가 많다. 반면,
가십은 사교 네트워크 형성, 재미, 사회적 규범의 전달 등에 관한 것
이다. 마찬가지로, 도회전설의 주된 목적 또한 재미와 규범 전달이
다. 따라서 가십과 도회전설은 재미 측면에서는 높은 점수를 받지만,
유용성 측면에서는 낮은 점수를 받는다. 가십은 상사와의 진지한 대
화에서보다 가벼운 파티에서 오가는 경우가 많다.

이들 정보 측면을 측정하기 위해서, 우리는 추가적으로 양극적 IDS 시
스템을 수립하였는데, 어떤 진술이 얼마나 흥미롭고, 재미있는지 그
정도를 평가하여 '재미'(entertaining)를 측정해냈다. 또한 어떤 진술이

---

4) 표준알파계수는 다음과 같다. 입증근거, .91; 중요성, .87; 개인에 관한 정보, .70; 중상비방적 내용, .79.
이 연구는 교차집단 디자인을 사용하였다(ns=7 또는 8).

제시1.1

루머, 가십, 뉴스 및 도회전설에 관한 진술

루머1 : '우리 부서를 축소할 것이라는 이야기를 들었어.'
당신의 관리자는 이에 대한 어떤 이야기도 듣지 못했다. 그러나 최근 회사의 경제 사정이 그다지 좋지 못하다는 사실을 당신은 알고 있다.
루머2 : '우리 부서를 다른 건물로 이전하면서 다른 부서와 통합할 것이라는 이야기를 들었어.'
당신의 관리자는 이에 대해 어떤 이야기도 듣지 못했다. 그러나 최근에 다른 부서가 조직개편으로 다른 부서에 통합되었던 선례를 당신은 알고 있다.

가십1 : '이건 들은 이야기인데, 매니저 중 한 사람이 자기 비서와 불륜에 빠졌다고 하더군.'
당신의 관리자는 이에 대해 어떠한 이야기도 듣지 못했다. 그러나 당신은 최근 매니저가 부부동반으로 있는 모습을 본 적이 없다.
가십2 : '샐리는 성격이 괴팍하고 거칠다고들 말하더군.'
(샐리는 같은 건물에서 일하고 있지만 당신은 그녀에 대해서 잘 알지 못한다.) 당신의 관리자는 이에 대해 어떠한 이야기도 듣지 못했다. 그러나 당신은 샐리를 보고 어느 정도 매력적인 여성이라고 생각했던 적은 있다.

뉴스1 : '우리 회사는 생존을 위해서 어려운 경제 현실에 대응해야만 한다. 우리는 개발 부서를 축소하게 될 것이다.'
(당신은 개발부에서 일하고 있다.) 당신의 관리자는 이 사실을 확인시켜주었다. 그리고 당신은 최근 회사의 경제 상황이 좋지 않다는 사실을 알고 있다.
뉴스2 : '개발부 부장 짐 존스가 대고객부문 수석 부사장으로 승진할 것이다.'
(당신은 개발부에서 일하고 있으며 짐 존스는 당신의 관리자이다.) 당신의 관리자는 이 사실을 확인해주었다. 그리고 당신은 존스 부장이 지난 2년 동안 지속적인 성공을 보여주었음을 알고 있다.

도회전설1 : '내 친구의 친구로부터 들은 이야기인데, 한 사내가 다른 여행자들과 함께 오스트레일리아에서 숲속을 드라이브하고 있었다더군. 그런데 그 때 큰 캥거루 한 마리를 그만 치어버렸던 거야. 그 때 그 사내는 생각했지. 정말이지 사진 찍기 좋은 기회인걸! 이 캥거루는 키가 6피트나 되는군. 집에 돌아가서 찍은 사진을 보여주면 친구들도 놀랄 거야. 그래서 캥거루를 일으켜 세우고는, 약간 익살스럽게 보이도록 하기 위해 사내는 자신의 재킷을 캥거루에게 입혔다는군. 그런데 말이야, 글쎄 캥거루가 죽은 것이 아니었어! 잠깐 기절만 했었던 거야. 갑자기 캥거루가 벌떡 일어나더니 멀리 달아나버렸다더군. 물론 재킷을 입은 채였어. 그런데 그 재킷 안에는 지갑이랑 여권도 들어 있었단 말이지.'
도회전설2 : '내 친구의 친구로부터 들은 이야기인데, 한 스위스 커플이 홍콩 집을 거의 도망치다시피 빠져나왔던 일이 있었다더군. 한 중국식당에서 자기들이 키우던 애완견 푸들 로사가 죽순으로 장신되어 후추 소스가 끼얹어진 요리로 둔갑해서 테이블에 올라온 것을 보고서는 도저히 그곳에 머무를 수 없었겠지. 그 커플이 말하길, 애완견 로사와 함께 레스토랑에 갔다더군. 그리고는 웨이터에게 로사에게도 먹을 것을 좀 달라고 부탁했겠지. 아마도 그 웨이터는 스위스 커플이 했던 말을 제대로 이해하지 못했던 모양이야. 웨이터는 결국 강아지를 데리고는 부엌으로 들어가 버렸지. 커플은 부엌에서 로사에게 먹이를 주는가보다고 생각했겠지. 그런데 얼마 뒤 웨이터가 커다란 접시를 들고 나타났다. 커플이 은쟁반의 뚜껑을 열었을 때, 그 접시 위에는 요리가 되어버린 로사가 있었던 거야.'

"자신에게 얼마나 유용한지" 그 정도와 정보가 갖는 필요성의 정도를 평가하는 방법으로 '유용성'(useful)을 측정했다. 로체스터 기술 연구소의 대학원생들로 구성된 두 번째 실험 참가 집단은 동일한 8개의 진술에 대한 재미와 유용성을 평가했다.[5] 참가자들에게는 세 가지 상황이 주어졌다. "상급자와의 진지한 대화", "친구들과의 즐거운 파티", "이야기를 들은 지 한 시간 이내에 다른 동료 직원과의 대화"이다. 그리고 각각의 상황에서 진술을 하게 될 가능성과 빈도에 따라 점수를 매기도록 했다.

재미와 유용성에 관한 평균값들은 그림 1.2에 나타나 있다. 평균값은 여러 버전에서 유사하게 나타났으며 정보 타입에서 수렴하는 결과를 보여주었다. 루머와 뉴스의 범례는 유사한 기능을 보였는데, 이는 우리의 가정과도 일치하는 모습이다. 루머와 뉴스는 유용성에서 모두 높게 평가되었으나 재미에서는 낮게 평가되었다. 또 가십과 도회전설은 재미에서는 높은 점수를 받은 반면 유용성은 그에 미치지 못했다. 따라서, 루머는 이들 측면에서 가십 및 도회전설과 구분된다. 루머, 가십, 뉴스 및 도회전설에 관한 우리의 범례는 각각의 정보 측면에 따라 기능적으로 구분되었다.

루머, 가십 및 뉴스의 범례에 대한 전달 가능성의 평균값 역시 처음에 가정한 기능들을 반영했다. 그림 1.3은 다양한 상황에서 각각의 정보 유형들이 전달될 가능성의 평균값을 나타낸 것이다. 루머와 뉴스의 전달 가능성은 상황이 변해도 크게 달라지지 않았다. 즐거운 파티에서 친구들과 대화를 나누는 상황에서보다 상사와 진지하게 대화하거나 정보를 들은 지 1시간 이내에 동료직원들과 대화하는 상황에서 전달될 가능성이 높은 것으로 나타났다. 이 결과를 통해 상황 인식 기능을 알 수 있다. 반대로, 가십과 도회전설은 상사와의 진지한 대화에서

---

5) 각각에 대한 표준알파계수는 .83이었다; 교차집단 디자인에서 N=50이었다(ns=5, 6, or 8).

그림1.1

정보 유형　● 루머　● 가십　● 뉴스　● 도화전설

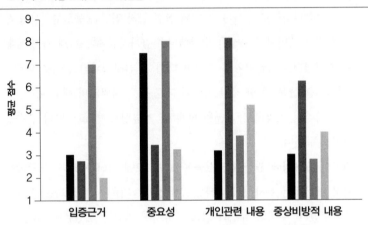

루머, 가십, 뉴스 및 도회전설의 범례에 관한 각각의 정보 측면에 대한 평균 점수: 입증 근거, 중요성, 개인관련 내용 및 중상비방적 내용

그림1.2

정보 유형　● 루머　● 가십　● 뉴스　● 도화전설

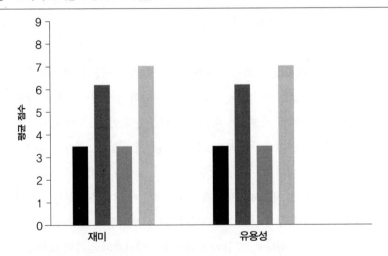

루머, 가십, 뉴스 및 도회전설에 대한 각각의 정보 측면에 대한 평균 점수 : 재미와 유용성

그림1.3

정보 유형 ● 루머 ● 가십 ● 뉴스 ● 도회전설

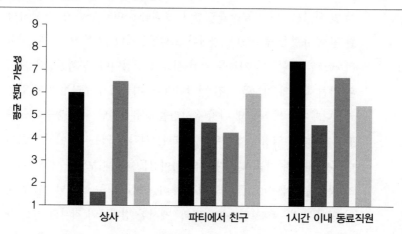

루머, 가십, 뉴스 및 도회전설이 각각 서로 다른 상황에서 전파될 가능성의 평균값. 측정값은 1(매우 낮음)에서부터 9(매우 높음)까지 설정. '상사' 는 "상사와의 진지한 대화", '파티에서 친구' 는 "즐거운 파티에서 친구와 나누는 대화", '1시간 내 직장동료' 는 "어떤 정보를 들은 지 1시간 이내에 다른 직장동료와 나누는 대화"를 의미함.

보다 정보를 들은 지 1시간 이내에 이루어지는 동료직원들과의 대화에서 전달될 가능성이 높은 것으로 나타났다. 이는 재미의 기능을 보여주는 것이다. 참가자들의 평가는 루머, 가십, 뉴스 및 도회전설이 갖는 범례의 기능에 대해 의미 있는 구분을 가능하게 해주었다.

결론 및 함의, 그리고 향후 연구 방향

제1장에서 우리는 루머에 대한 정의를 내렸다. 루머는 모호함, 위험,

혹은 잠재적 위협이 존재하는 상황에서 출현한다. 사람들 사이에 떠돌아다니는 입증되지 않은 수단적 유용성을 가진 정보로서, 상황 인식 및 위기관리의 기능을 수행한다. 우리는 루머와 다른 두 가지 유사한 정보 유형을 구분했다. 가십과 도회전설이다. 가십은 재미와 사회적 네트워크 형성의 기능을 가진 사교적 잡담이며, 도회전설은 재미와 가치 확립의 기능을 가진 이야기이다. 지금까지 우리는 이와 같은 커뮤니케이션 방식이 몇 가지 유사점을 공유하지만 서로 충분히 구분될 수 있다는 입장을 취해왔다. 우리는 각각의 커뮤니케이션 방식에 대해서 배경과 기능 및 내용상의 차이점들을 살펴보았다. 뿐만 아니라 정보측면척도(IDS)를 만들어서 루머, 가십 및 뉴스의 범례들에 대한 인식 또한 살펴보았다. 그 결과, 제시한 범례들이 각각의 정보 유형에 따라 적절히 구분되어 그 내용과 기능적 차이점을 끌어낼 수 있었다.

루머, 가십 및 도회전설 간의 차이점 구분이 어떤 의미가 있을까? 첫째, 이 책에서 논의하려는 것이 루머에 관한 것임을 명확히 해두는 것이다. 이 책에서 가십과 도회전설에 대해서도 많은 논의가 있을 테지만, 이것은 모두 루머 연구를 위한 것이다. 둘째, 루머 연구자들에게 루머에 관한 범례나 시나리오를 제공하는 것은, 가십이나 도회전설이 아닌 루머에 관한 답을 제시하는 것과 같다. 이 사실은 특히 루머와 가십에 대해 중요성을 갖는다. 출판되지 않은 데이터에서 우리는 사람들이 루머와 가십을 구별하지 않는다는 사실을 발견했다. 말하자면 가십에 대해 점수 매기는 방식을 루머에도 적용하여 중요성, 중상비방, 개인관련 내용 등의 항목에 같은 점수를 주었던 것이다. 따라서 루머 연구자는 참석자들에게 루머를 한 가지 생각해보라는 요구를 할 수 없다. 연구자가 할 수 있는 방법은 가십과 구분되도록 루머를 정의하는 한편 적절한 루머의 범례를 피실험자에게 제시하는 것이다. 예

---

6) 이 방법을 우리에게 제시해 준 찰스 워커에게 감사를 표한다.

를 들어 실험 참가자들에게 몇 가지 범례를 제시한 후, 추가적인 예를 더 제시해보라고 요구하는 것도 한 가지 방법이다.[6] 정보측면척도 (IDS)를 통해 얻은 프로파일은 가십이나 도회전설과 구분되는 루머의 내용분석에 효과적으로 사용될 수 있다. 이런 식으로 해나가면, 고려 대상은 루머에 국한된다는 사실을 발견할 수 있다.

여기서 제시한 연구에서는 순수한 진술 유형을 사용했음을 분명히 밝혀둔다. 이들 유형을 통해서 실제로는 연속적인 정보측면 유형을 나타냈다. 연속적인 측정값 사용은 어떤 진술을 단절적으로 범주화하는 것보다 진보한 형태이다. 왜냐하면 진술의 내용과 배경 및 기능의 비교 강조점을 볼 수 있기 때문이다. 예를 들어 루머는 가십과 구분 지을 수 있는데, 이것은 이분법(루머는 중요한 것으로 판단되지만 가십은 그렇지 않다)이 아닌 비교(루머는 가십과 비교했을 때 중요성 측면에서 보다 높게 평가할 수 있다)를 통해서 가능하다. 사실 우리의 접근법에는 '불분명한 유형'의 개념이 포함되기 쉽다. 루머나 가십, 도회전설 등으로 분류하기 어려운 진술들이 포함된다는 말이다. 불분명한 유형의 정보 측면을 측정하고 그것이 루머, 가십 및 도회전설의 원형 중 어디에 더 근접하는지 그 정도를 평가하기 위해서 향후 연구는 정보측면척도를 사용하게 될 것이다. 사장의 자금 유용에 관한 입증되지 않은 진술은 루머의 원형에 매우 높은 점수를 받지만 가십의 원형에는 중간치의 평가를 받을 것이다. 이와 같은 접근법은 어떤 진술을 특정한 유형으로 분류하는 것보다 더 유용하긴 하지만 루머, 가십 및 도회전설 간의 구분을 최소화시켜버리는 바람직하지 못한 대안이 될 수도 있다.

루머에 대한 명확한 개념의 이해는 반드시 필요하다. 그런 다음 현상에 대한 면밀한 이해와 해석이 이루어져야 한다. 불확실하고 위협적인 상황에서 어떤 유형의 루머가 타당성을 가질 수 있을까? 루머는 인간의 태도와 행동에 유용한 촉매제가 될 수 있는가? 다음 장에서는 이러한 질문에 대한 답을 모색하게 될 것이다.

Forms, Frequency, and
Fallout of Rumors

02

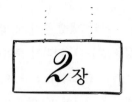

루머의 형태, 빈도 및 영향

2005년 8월 말, 950명의 사람들이 루머로 인해 목숨을 잃었다. 10만 여 명의 시아파 성지 순례자들은 이맘 무사 알카짐의 장례식에 참석하기 위해서 바그다드에 모여 들었다. 순례자들이 바그다드 북쪽의 다리를 건너고 있을 때 자살폭탄테러에 대한 루머가 전해지면서 순례자의 행렬은 아수라장으로 변했다. "우리는 모두 이맘 무사를 추모하는 구호를 외쳤답니다. 그런 다음 사람들은 자살폭탄테러를 자행한 자에 대해 소리 높여 규탄했습니다." 부상을 입은 한 목격자가 말했다. "그들은 갑자기 서로서로 마구 떠밀기 시작했어요. 어느 누구도 뒤돌아볼 수도 없었고 다리에서 떨어지는 사람을 구하려고 손을 뻗을 수도 없었지요. 사람들은 우왕좌왕 서로를 떠밀면서 내달렸어요. 모두가 자기만 살려고 했답니다."

– 워스(Worth), 2005

우리는 루머에 대해 정의했다. 루머는 불확실성과 위협에 직면하여 주어진 상황을 인식하기 위한 집단적 대응이다. 루머와 연관된 사회적 조직적 과정에 접근하기에 앞서 루머를 둘러싼 환경에 대해 자세히 알아보자. 지금까지 학자들은 세 가지 질문에 대한 해답을 찾기 위해 노력해왔다. 첫째, 루머의 상황 인식 과정은 어떤 방식으로 밝혀지

는가? 루머는 내용, 스타일, 발생 주기 및 발생 목적 등 여러 가지 면
에서 분명한 차별성을 갖는다. 따라서 루머에는 어떤 유형이나 범주
가 있는지 살펴보는 것이 필요하다. 둘째, 이와 같은 집단적 상황인식
과정이 발생하는 빈도는 어떠한가? 언젠가 어느 대기업의 기업홍보
담당 수석 부사장과 이야기를 나누었던 적이 있다. 그가 말하길, "나
는 항상 루머를 다루고 있답니다"라고 했다. 사람들의 이야기 속에 루
머가 얼마나 만연해있는지, 루머가 얼마나 빈번히 등장하는지를 파악
하는 것은 중요하다. 셋째, 과연 루머는 중요한 문제인가? 다시 말해
루머는 인간의 행동이나 태도에 중대한 영향을 미치는가? 놀랍게도
지금껏 이 질문에 대한 진지한 검토가 이루어지지 못하고 있다. 지금
까지 루머가 인간에게 영향을 끼친다는 사실은 당연하게 받아들여졌
다. 그러나 이에 의문을 갖지 않을 수 없다. 과연 루머의 영향력은 중
요한 것인가? 만일 그렇다면, 그 영향력은 얼마나 강력하며 그 목적은
무엇인가? 요컨대 루머의 영향 및 결과에 대한 체계적인 평가가 필요
하다는 것이다. 앞 장에서 우리는 루머를 정의했다. 여기에서는 루머
에 대해 좀더 자세히 알아보자..

루머의 형태

앨포트와 포스트먼(G. W. Allport & Postman, 1947b)에 따르면, 분석가의
관심에 따라 루머를 분류할 수 있는 방법은 여러 가지이다. 다시 말
해, "루머라는 파이는 여러 방법으로 조각을 낼 수 있다"(p170). 발생
주기와 같은 시간적 관점에 따라 이야기가 펼쳐지는 루머도 있으며,

제1장에서 살펴본 바와 같이 지속적으로 이따금씩 출현하면서 당시의 시간 및 장소에 들어맞게 내용이 구체적으로 변화하는 장기적 도회전 설 같은 루머도 존재한다. 예를 들어 한 쇼핑몰 주차장에 주차되어 있 던 어떤 여성의 차 밑에 숨어있던 도둑이, 여성의 발목을 잘라버리고 는 차를 훔쳐 달아났다는 루머는 각 지역 쇼핑몰에 단골처럼 주기적 으로 나타난다(Mikkelson, 1999).

루머는 소재에 따라서도 분류할 수 있다. 밀러(D. L. Miller, 1985)는 생산 품과 관련된 루머(체스터필드 담배 공장에서는 문둥이가 일하고 있다), 재앙 루 머(스웨덴 원자력 발전소에서 방사능이 유출되었다) 및 잔혹 루머(한 전쟁 포로는 한 장의 우표를 통해 자신의 고통을 전달했다) 등의 사례를 조사했다.

또한 루머는 내용과 주제에 따라 분류할 수도 있다. 크노프(Knopf, 1975)와 터너(P. A. Turner 1993)는 인종과 관련된 루머를 분류했고, 파인 (Fine 1992)과 코우니그(Koenig, 1985)는 상거래와 관련된 루머를 하나의 그룹으로 묶었다(Bird, 1979 참조).

루머를 둘러싼 집단적 논의의 패턴에 따라서도 루머를 분류할 수 있 다. 시부타니(Shibutani, 1966)는 불안도가 낮은 신중한 상황 인식 논의 로부터 출현하는 루머와, 불안도가 높은 즉각적 논의로부터 출현하는 루머로 구분하였다. 즉각적 루머 논의는 윌케(Wilke)가 말한 위기 루머 와 유사하다. 이들은 어떤 중요한 문제에 대한 정보가 부족하거나 모 호한 상황에서 출현하는 특징이 있다. 캡퍼러(Kapferer, 1987/1990)는 모 호한 사건, 지금까지 알려지지 않은 세부 진상 또는 아무런 일도 없었 다는 등의 루머의 기원 및 자발적이었는지 아니면 누군가의 의도로 나타나게 되었는지 등의 루머의 출현 과정에 근거하여 루머의 인과관 계 매트릭스를 제시했다.

루머의 성격을 규정지을 수 있는 발생 동기에 따라 루머를 분류할 수 도 있다. 내프(R. H. Knapp, 1944)는 전쟁 기간에 떠돌던 루머 1,000개를 부정적 사건에 대한 두려움을 담은 '공포 루머'(dread rumors), 긍정적 사건에 대한 희망을 담은 '희망 루머'(wish rumors) 및 다른 집단에 대한 적개심을 표현한 '이간질 루머'(wedge-driving rumors)로 나누었다. 내프의 동기에 따른 분류법에 앨포트와 포스트먼은 호기심 루머라는 범주를 추가했다. 이것은 곤혹스럽고 헷갈리는 지적 상황을 담고 있다. 내프의 분류 방식은 가장 널리 알려진 것으로, 많은 사람들이 사용하면서 다양한 상황에 따라 확장되었다(Gordia & DiFonzo, 2004; Hellweg, 1987; Hershey, 1956). 미 공군 대위 스테파니 켈리(Stephanie R. Kelley)는 전쟁 중에 바그다드 지역을 떠돌던 루머를 내프의 방식에 따라 분류했다(S. R. Kelley, 2004). 다른 흥미로운 발견들 중에서도, 켈리는 적대 루머의 비중이 낮고 공포 루머의 비중이 높은 현상에 주목했다. 이것은 내프가 발견했던 것과 달랐다. 켈리는 적개심의 대상에 따라 적대 루머를 다시 분류하였다. 여기에는 미 연합군, 이라크 임시정부, 사담 후세인, 쿠르드족, 시아파 및 수니파 등이 포함되었다. 켈리는 이라크인들의 집단적 관심에 따라서 루머를 분류했다. 루머의 4분의 1은 새로운 정부의 출현과 이라크로의 권력 이양 과정 등에 관한 관심을 반영했으며, 시온주의자와 미국으로 대별되는 이라크에 대한 국제사회의 지배 구상 및 계략에 관한 내용 및 분리주의자들로 인한 내전의 가능성을 담은 것도 있었다. 그 외에도 생활의 질이나 폭동 및 안보 등에 대한 관심을 담은 루머도 있었다.

랄프 로즈노우와 함께 우리는 우선 기업의 관리자들이 생각해 낸 조직 내의 루머들을 그 내용과 집단적 관심 및 이해에 따라서 분류했다. 여기에는 루머가 발생하는 모호하고 위협적인 배경 및 상황 인식 기능에 대한 우리의 관심과 입장을 반영했다. 이직 루머는 회사를 떠나는 사람들에 대한 것이었으며, 이직이 직무, 승진 및 근무환경에 어떤 영향을 미칠 것인지에 대한 직원들의 관심을 반영했다. 서열 루머는 경영상 위계의 변화에 관한 것이었으며 이러한 변화가 직업 안정성 및 주가에 어떤 영향을 미칠 것인지에 대한 관심을 반영했다. 직업 안정 및 직업 특성에 관한 루머는 고용 수명, 직무 및 보상에 관한 관심을 반영했다. 중과실 루머는 실수에 대한 내용이었으며, 주가, 회사의 명성 및 직업 안정성에 대한 관심을 반영했다. 소비자 관심 루머는 소비자의 견해에 관한 것이었으며, 판매, 환경적 위험 및 건강에 미치는 영향 등에 대한 관심을 반영했다.

또한 루머가 어떤 부류의 사람들 사이에서 존재하는지, 그 범위라 할 루머계(界)에 따라서 조직 내에 떠도는 루머를 분류했다. 어떤 루머들은 주로 내부 문제에 관한 것이다. 즉, 회사의 내부 직원 및 공급업자와 하도급업자(회사의 상품과 서비스의 생산 및 분배에 연관된 사람들) 등의 주요 관심사와 관련된 루머이다(DiFonzo & Bordia, 2000, p176). 발령, 서열, 직업 안정성 및 직무 성격 등에 관한 루머는 내부 인사들이 루머계를 이룬다. 또 다른 루머들은 주로 외부에 관한 것이다. 고객, 언론, 주주, 일반여론이 관심의 대상이 되며, 그 회사의 생산품, 서비스 및 주식을 구매하거나 사용하는, 혹은 앞으로 구매하거나 사용할 수 있는 사람들 사이에 떠도는 루머이다. 중과실, 고객의 관심 및 주식시장과 관련된 루머는 외부 루머에 해당된다. 이처럼 분류하면, 회사 및 조직 구성원 사이에서 떠돌아다니는 루머를 통해 집단적 관심의 내용 및 목적의 차이점들을 살펴볼 수 있다.

기업 및 기타 조직 내에서 발생하는 루머는 변화의 시기에 가장 많이 발생한다. 그리고 이때 많은 문제점을 야기한다. 종합병원에서 인력 감축이 진행되던 기간 동안에 직원이 나타내는 집단적 관심의 목적 및 내용에 따라 내부 루머를 분류했다. 우리는 총 네 가지 유형으로 변화와 관련하여 조직 내에서 발생하는 루머들을 구분했는데, 직무나 업무 조건의 변화에 관련된 루머들은 실직, 업무수행 변경, 직업이력에 미치는 영향, 설비 철거 및 인력 감축 등에 관한 것이었다. 조직 변화의 본질에 관한 루머는 조직의 구조 및 성질의 변화에 대한 관심을 반영한다(예를 들어 "정신건강부가 노인병리학부와 같은 사무실을 쓰게 될 것이다"). 부적절한 변화 관리에 대한 루머는 변화가 적절하게 이루어지지 못한 사실에 대한 불만을 반영한다. 예를 들어 낭비에 관한 루머로 "건물 인테리어를 꾸미는 데 무려 백만 달러를 추가로 지출했다"는 등의 이야기를 들 수 있다. 끝으로, 기업 및 조직의 업무 성과에 관한 결과를 다루는 루머도 있다. 이러한 분류법은 기업 조직 변화의 상이한 면들을 반영한다. 변화 관리가 잘 이루어지고 있는지, 직무, 조직의 구조 및 실적에 미치는 영향은 어떠한지에 관한 것이다.

이처럼 루머에 대한 다양한 분석법을 통해서 얻을 수 있는 것은 무엇일까? 루머를 분류하는 것은 모호한 상황에 대한 인간의 집단적 인식 및 위기관리라는 루머의 기능을 이해하기 위함이다. 즉, 사람들의 관심사가 무엇인지 파악할 수 있는 것이다. 기업 및 조직의 일원들은 자신의 일, 직무 환경 및 재정적 안정성에 영향을 끼칠 수 있는 변화를 언제나 염려한다. 이는 명백한 사실이다. 따라서 이에 대한 확신이 없을 때 사람들은 루머를 만들어내고 유포하게 된다. 뿐만 아니라 루머의 분류는 잠재되어 있는 태도와 믿음을 파악할 수 있게 해준다(G. W. Allport & Postman, 1947b; R. H. Knapp, 1944). 공포 루머는 내재된 두려움을 나타내며, 적대 루머는 집단 간 갈등을 나타낸다. 켈리(S. R. Kelley, 2004)의 연구 결과에 따르면, 미국과 시오니스트가 결탁하여 이라크를 복속시키려는 음모를 꾸미고 있다는 내용의 여러 루머들은 결국 이스라엘에 대한 깊은 불신과 반목을 보여주는 것이다. 현실적인 측면에서 본다면 기업의 관리자, 홍보담당자 및 여론 주도자들은 루머의 분류법을 통해서 현실에서 접하게 되는 루머의 유형 및 본질에 보다 용이하게 대비할 수 있을 것이다.

빈도

루머의 발생 빈도는 어떠한가? 우리는 12년 동안 발생했던 조직 내의 루머에 관하여 조사했다. 여기에는 인터뷰와 설문조사 및 실험 연구 방법이 포함되었는데, 기업의 관리자와 언론 기관 종사자의 경우 매우 빈번하게 루머를 접하고 있었다. 인력감축 과정에 있는 한 소프트웨어 개발 기업의 관리자는 "우리는 루머의 바다에서 헤엄치고 있다"라고 말하기도 했다(DiFonzo & Bordia, 2006). 어떤 관리자는 "나는 항상 루머를 처리해야만 한다!"는 불평을 털어놓기도 했다. 이 문제에 대한 연구는 충분하지 않지만, 루머라고 할 수 있는 것이 다른 형태의 커뮤니케이션만큼 빈번하게 발생하지 않는다는 사실을 인식할 필요가 있다. 홈과 하이트(Hom & Haidt, 2003)에 따르면, 대학생들 사이에서 루머는 가십보다 발생 빈도가 훨씬 낮게 나타난다. 헬웨그(Hellweg, 1987)의 유언비어에 대한 연구에 따르면, 비공식적 네트워크 정보 중에서 루머가 차지하는 비중은 극히 일부분에 지나지 않는다. 제2차 세계대전 중 1,700명 병력의 연대에서 2년 간 복무를 하던 중, 캡로우(Caplow, 1947)는 루머의 빈도가 상당히 낮다는 사실을 인식하였다. 캡로우에 따르면 가장 높은 빈도를 보인 경우, 한 달에 17건의 루머가 발생했다. 물론 루머는 본질적으로 일시적 에피소드와 같은 성질을 갖는다. 우리는 급속한 인력 감축을 단행하고 있는 기업 조직을 장기간 추적 연구했다. 그랬더니 인력감축 계획을 공식적으로 발표하자 불확실성과 불안이 최고조에 달했던 달에 직원 1인이 접했던 루머는 7건으로 가장 많았고, 그 다음 달에는 2건으로 급격히 하락했다. 불확실성과 불안이 가득한 상황, 그리고 친밀한 네트워크가 형성되는 조건은 루머의 빈도를 증가시킨다.

조직의 관리자들은 루머의 발생 빈도에 매우 민감한 태도를 보인다.

특히 루머가 해로운 것일 때 민감하게 반응한다. 우리는 중견 기업의 홍보 담당자 74명의 표본을 통해서 기업 내 해로운 루머의 발생 빈도를 조사했다(DiFonzo & Bordia, 2000). 조사 참가자들은 유명한 홍보 전문가 집단인 아서 W. 페이지 소사이어티의 멤버와 플로리다의 게인스빌에 있는 공공 관계 연구소와 관련된 인물들이었다. 표본은 포춘지가 선정한 500대 기업의 홍보담당 최고 책임자 및 저명한 홍보 담당 컨설턴트로 구성되었다. 조사의 표본에 참가한 기업의 홍보 담당 전문가 집단은 다양한 분야에서 적어도 26년 이상의 경험을 가진 사람들이었다. 참가자들은 평균적으로 일주일에 한 번 꼴로 관심을 가질 만한 루머를 접했다고 말했으며[7] 참가자 가운데 90퍼센트는 적어도 한 달에 한 번 이상 루머를 들었다고 보고했다. 이렇게 볼 때, 홍보 전문가들은 유해하거나 잠재적인 유해성을 가진 기업 내 루머를 매우 빈번하게 접하고 있음을 알 수 있다.

우리는 참가자들에게 한 가지 더 질문했는데, 앞서 제시한 내적-외적 분류법을 통해서 전체에서 차지하는 유해한 루머의 비중을 평가하도록 했다(DiFonzo & Bordia, 2000). 주요한 내부 루머가 차지하는 비중의 평균값은 50퍼센트, 외부 루머의 평균값은 30퍼센트였다. 이렇게 볼 때, 홍보 전문가들이 듣게 되는 기업에 관련된 루머의 다수는 외부가 아닌 내부 직원들 사이에서 떠도는 것임을 알 수 있었다. 내부 루머 중, 발령, 직무 안정 및 직업 만족에 대한 루머가 차지하는 비중의 평균은 각각 30퍼센트, 20퍼센트, 10퍼센트였다. 이와는 대조적으로, 가십이 차지하는 비중의 평균은 15퍼센트였다.[8] 우리는 참가자들에게 자신이 들었던 내부 루머의 사례를 들어보도록 했다. 이때 가장 두드러진 점은, 대부분이 회사의 중대한 변화에 관한 사안들, 이를테면 인력감축, 합병, 아웃소싱, 이사회 교체, 조직개편, 사업장 폐쇄 등에 관

---

7) "M=5.68, SD=1.15, n=74, 빈도로 5=1개월, 6=1주일, 7=매일" (DiFonzo & Bordia, 2000, p177; 조사기법의 전체를 위해서는 부록 2.1을 참조하라.)
8) 분포가 양의 곡선을 취할 때, 평균값의 합이 100퍼센트에 미치지 못하는 경우가 빈번히 발생한다.

한 것이었다. 조직 축소 및 조직 합리화는 수익 감소 및 직무 변경에 관한 루머를 만들어내었다. 외부 루머를 보면 기업의 명성, 주식시장, 서비스와 품질에 관련된 루머 비중의 평균은 각각 30퍼센트, 18퍼센트, 10퍼센트로 나타났다. 내부 루머와 함께 이들 루머 사례의 내용을 면밀히 검토해보면, 무엇보다 기업의 변화와 가장 큰 관련성을 가지고 있었다. 기업 합병이 임박했다는 사실은 주식 시장에서 루머를 만들어내었고, 특정 생산품의 생산 중단에 관한 루머도 만들어냈다. 기업이라는 배경을 고려할 때 내부 루머 및 외부 루머 모두 변화의 시기에 발생 빈도가 높아진다는 것을 잘 알 수 있다.

최근의 연구는 조직 변화에 관한 내부 루머의 발생빈도 및 특징에 초점을 맞추고 있다. 우리는 조직 변화에 관한 내부 루머의 상대적 발생 빈도를 평가하기 위해서 조직 변화를 겪고 있는 병원을 조사 대상으로 삼았다(Bordia et al., in press). 그 병원은 수년째 중대한 많은 변화를 겪고 있었다. 새로운 병원 설립, 새로운 치료 기술, 조직 합리화, 부분적 민영화, 병실 축소, 서로 다른 분과와 합동 진료팀 구성, 시설이전 등 주요한 변화를 계속해서 겪고 있었다. 병원에서 일하는 3,200명의 의료진 및 직원들에게 설문지를 우편으로 발송했으며, 그 중 1,610명(50.3%)이 응답했다. "병원에서 진행 중인 변화에 관해서 당신이 들은 가장 최근의 루머를 말해보시오"라는 질문을 제시했다. 776명의 응답자 중 368명(47%)이 직무 및 작업 조건의 변화에 대한 루머를 말했으며, 147명(19%)이 조직 변화의 본질에 관한 루머를 제시했다. 그리고 89명(11%)은 변화 관리에 관한 내용을, 53명(7%)은 변화가 업무 성과에 미치는 영향에 관한 내용을 말했다. 그리고 10명(1%)은 가십성 답변을 했다. 나머지 109명(14%)은 기타 의견으로 분류되었다. 이에 덧붙여 한 가지 알아두어야 할 점은, 이들 루머 전체에 두려움이 내포되어 있었다는 사실이다. 긍정적 루머와 부정적 루머로 분류할 수 있는 510개 루머 중에서 479개는 공포 루머였고, 나머지 31개만이 희망 루머였다.

다시 말해 변화는 루머의 촉매제였다. 조직에서 이들 루머의 본질은, 조직의 변화가 직무 및 작업 조건에 부정적인 영향을 미칠지도 모른다는 불안한 상황을 인식하는 과정이었다. 뿐만 아니라 변화가 직원들에게 부정적인 결과를 미칠 것(예를 들어, 해고 등)으로 염려하는 내용의 루머가 가장 많았다. 요컨대 루머 가담자들은 변화로 인하여 자신에게 일어날 수 있는 해로운 일들을 인식함으로써 각자의 상황에 도움이 될 수 있는 통제력을 갖기 위해 노력하는 것이다.

루머의 영향

루머는 중요한가? 다시 말해, 루머는 인간의 행동과 정신적 과정에 영향을 미치는가? 이 질문에 대한 답변은 분명히 '그렇다'이다. 대중적 저작물을 비롯하여 비즈니스 및 과학 관련 문건에서도 루머가 강력한 영향력을 행사하는 사례는 흔히 찾아볼 수 있다. 이를테면 자연 재해 중에 나타난 루머는 여러 가지 결과를 낳았다(Prasad, 1935; Shibutani, 1966). 한 예로, 중국 지진의 루머는 "적극적 정보 탐색 행위"뿐만 아니라 "가축을 살상하고 잡아먹고, 예금 잔고를 다 써 버리고, 식료품을 사재기하는가 하면 지역을 떠나거나 일터에도 나가지 않고 적시의 농사일도 하지 않는" 등의 공황적 행동을 야기했다(R. H. Turner, 1994, p252). 또한 시골 지방에서는 주술을 통한 보호 의식이 재현되기도 했다. 이와 같은 루머의 경제적인 영향에는 식량 공급의 감소 및 단기적 인플레이션 등이 포함된다.

루머가 인종 폭동을 조장하고 인종적 갈등을 고조시킨 역사적 사례

또한 어렵지 않게 찾아볼 수 있다. "사회 무질서에 관한 미국 국가자
문위원회의 보고서"를 보면, 루머로 인하여 폭발한 인종적 갈등은 "위
원회가 검토한 사회적 혼란의 65퍼센트 이상을 차지한다"고 했다
(Kerner et al., 1968, p173).

한편, 의학적 루머는 보건 행동에 영향을 미치는 것으로 알려져 있다
(Suls & Goodkin, 1994). 예를 들어, 피임약을 사용하면 쇠약해진다는 루
머는 이집트 여성들 사이에서 피임약 사용을 감소시켰다(DeClerque,
Tsui, Abul-Ata, & Barcelona, 1986). 한 가지 예를 더 들어보자. 홍콩이 중증
급성호흡기 증후군(SARS) 발생 지역으로 선포되었다는 잘못된 루머는
이 지역을 공항 상태에 빠뜨렸다. 통신 네트워크는 수많은 사람들이
루머를 유포하느라 마비되었고, 이는 은행 및 슈퍼마켓의 영업을 불
가능하게 했다. 루머는 인구 증가율에도 영향을 미칠 수 있다. 정부가
지원하는 사회보장제도는 노령인구로 인하여 실패할 수 있다는 루머
는 미래에 대한 기대감을 축소시킴으로써 출산율의 저하를 가져올 수
있다(Van Groezen, Leers, & Meijdam, 2002).

사람들이 루머를 믿지 않는 상황에서도 루머는 영향력을 발휘한다.
프라사드(Prasad, 1935)에 따르면, 1934년 인도에서 대지진이 일어났을
때, 사람들은 떠돌던 루머를 신뢰하지 않았지만 루머에 따라 행동했
다. 한 예로, 파트나가 멸망할 것이라는 루머가 발생하던 날, 파트나
행 여행은 모두 취소되었다. 사람들이 안전을 원하는 것은 당연한 사
실이다. 루머가 예견하는 바가 일어날 가능성이 전혀 없는데도 루머
에 반하는 행동을 자제하는 것이다. 우리는 1993년에 접했던 한 가지
루머 에피소드에도 같은 상황이 일어났음을 추론해낼 수 있었다. 이
른바 '헤드라이트 장난'이다. 이 루머는 안전지침 메모와 유사한 전단
지를 매개로 유포되었다. 메모는 팩스를 통해서 마치 전염성 바이러
스처럼 미국 전역으로 퍼져나갔다(Mikkelson, 2004b). 제시 2.1에는 우리
가 템플 대학의 대학원 우편함을 통해 받았던 팩스로 전송된 내용의

'헤드라이트 장난' 전단

안전지침 뉴스

날짜 : 1993년 10월 15일
발신 : 안전관리부 관리자, 패트 더피
수신 : 모든 교직원 및 교직원 가족

버지니아의 노포크 남부 경찰서로부터 다음과 같은 지침서가 전달되었기에 이를 알려드립니다. 동일한 사건이 로스앤젤레스, 시카고 및 발티모어에서 수차례 발생되었음을 뉴캐슬 카운티와 윌링턴 경찰국으로부터 확인했습니다. 이 문서 내용을 숙지하시고 가족과 친지들에게도 알려주시기 바랍니다. 언제 어디서든 자동차를 운전할 때나 보행할 때에는 다음에 안내드리는 사항을 숙지하시어 항상 주의하시기 바랍니다. 이는 매우 중대한 사안입니다.

!!! 갱단의 새로운 신고식에 관한 보고 !!!

갱단이 신고식의 하나로 신종 "살인"을 저지르기 시작했다. 그들은 야간에 자동차의 불을 끈 채 도로를 주행하면서 범행 대상을 노린다. 만일 당신이 마주오는 차의 불이 꺼져 있음을 알려주기 위해서 헤드라이트를 깜빡이는 신호를 보내면, 갱단은 말 그대로 "죽음"(lights out, 역자 주 : 'light out' 은 불이 꺼졌다는 의미 외에 '죽음'이라는 관용적 의미를 가지고 있다)의 의미로 해석해서, 당신을 따라와 결국 당신을 살해하는 것이다. 이것이 그들의 새로운 신고식이다.
세인트 루이스와 시카고 지역에서 이미 두 가족이 희생되었다.
이 사건에 대한 정보를 각 지역에 널리 배포하여, 각종 알림판에 게시할 것을 당부한다. 그리고 모든 가족과 친지들에게 이 사건을 전하여 또 다른 희생자가 나오지 않도록 각별히 유념해야 할 것이다.
절대 다른 사람을 향해 자동차 전조등을 깜빡이지 않도록 하라.

※ 위 내용은 일리노이 주 경찰국에서 제공되었음.

복사본이다. 당시 직원 중 한 명이 팩스의 내용을 보고 깜짝 놀라 심리학과 건물에 있는 전원에게 서둘러 메모를 배포했다.

팩스의 내용은 자동차 헤드라이트를 깜빡이지 말라는 경고였다. 그런 행동이 치명적인 재앙을 초래할 수 있기 때문이라는 것이다. 한밤중에 도로를 달리던 운전자가 헤드라이트를 켜지 않고 달리고 있는 맞은편 자동차를 향해 헤드라이트를 깜빡거렸다. 맞은편 운전자에게 헤드라이트를 켜라는 신호를 보내기 위해서였다. 그의 우호적인 행동이 낳은 결과는 참혹했다. 갑자기 맞은편 차량이 선회하더니 헤드라이트 신호를 보냈던 운전자의 차량을 추적하기 시작했다. 그리고는 결국 그 운전자를 살해했다는 것이다. 이 모든 것이 갱단의 새로운 신고식이라고 했다.

전해진 바에 따르면, 이 팩스 내용은 일리노이 주립 경찰로부터 나왔다고 한다. 우리가 일리노이에 이 루머에 대한 입증을 요구했을 때, 경찰관은 피곤한 목소리로 말했다. "우리는 지난 2주 동안 이 루머에 대한 전화를 수도 없이 받았어요. 그렇지만 아무 일도 없었어요. 그건 그저 장난이었단 말입니다!" 심리학 건물에 있는 36명과 인터뷰를 했다. 그들 모두로 운전 중 헤드라이트를 깜빡거리는 행동을 자제할 것이라고 말했다.

물론 팩스의 내용이 거짓으로 판명되었다는 사실을 알려줘도 그들의 생각에는 변함이 없었다. 왜 그럴까? 루머의 효과 중 기대이론을 들 수 있다. 기대이론에 따르면, 누구에게나 손실을 회피하려는 경향이 있다. 똑같은 것을 얻는다 하더라도 잃는 것에 대해 더 민감하게 반응하는 것이다(Kahneman & Tversky, 1979). 사람은 불가능한 부정적 사건의 발생 가능성을 과대평가하는 경향이 있다. 이는 부정적 정보가 긍정적 정보에 비해 더욱 철저하게 검토되기 때문이다(Baumeister, Bratslavsky, Finkenauer, & Bohs, 2001). 그러므로 이를 회피하기 위한 조치를 취하게 된다. 자동차 헤드라이트를 깜빡이는 행동이 현실적으로는 아무런 문제를 초래하지 않았어도 루머에 의한 결과는 치명적이다. 잘못된 루머는 타인에 대한 우호적 행동을 감소시킨다.

루머가 미치는 영향은 행동 혹은 태도의 측면에서 분류할 수 있다. 비즈니스의 상황에서 루머의 영향은 구매 행위에 영향을 미친다. 음료수 트로피컬 판타지에 대한 루머가 대표적인 사례이다. 즉, 트로피컬 판타지의 소유주가 큐클럭스클랜(백인지상주의자)이고 음료수에는 흑인 남성을 불임으로 만드는 물질이 함유되어 있다는 잘못된 루머로 인하여 판매량이 70퍼센트 급감하였을 뿐만 아니라 운송 트럭이 습격당하는 사건까지 발생했던 것이다(Freedman, 1991). 엉거(Unger, 1979)도 거짓 루머로 야기된 판매량 급감의 사례를 보고하고 있다. 버블융 풍선껌이 거미알로 오염되었다는 루머도 있었고, 팝록스 캔디를 소다수와 함께 먹으면 위장에서 폭발이 일어난다는 루머도 있었다. 루머는 주식매매 행위에도 영향을 미쳐 주가에까지 그 효과가 반영되기도 한다(Lazar, 1973; Rose, 1951). 예를 들면, 월스트리트 저널의 "허드 온 더 스트리트"(Heard on the Street) 컬럼에 경영권 이양에 대한 루머가 실리기도 전에 해당 기업의 주가가 급상승했다. 이는 곧 경영권 이양 루머가 금융계에 유포되어 주가의 상승 요인으로 작용했음을 의미하는 것이었다(Pound & Zeckhauser, 1990). 이와 같이 투자자는 "루머에 따라 주식을 구매한다."

작업장의 생산성 또한 조직 내부의 루머에 영향을 받는다. 이때의 영향은 주로 부정적이다(DiFonzo & Bordia, 2000). 이에 대한 가시적 영향력은 루머가 태도에 미치는 충격을 통해서 전달되는 경우가 많다. 한 가지 태도로서 명성을 생각해보자. 루머는 회사의 사회적 명성에 심각한 타격을 가할 수 있다(Zingales, 1998). 이에 대해 코우니그(Koenig, 1985)는 한 가지 사례를 보여준다. 이는 컨티넨털 은행에 대한 것인데, 은행이 곧 파산할 것이라는 루머로 인하여 은행의 사회적 명성이 크게 훼손되었던 일이다.

기업이나 여타 조직이 구조조정이나 조직개편 등의 변화를 겪고 있을 때 발생하는 루머는 조직 구성원의 사기나 신뢰와 같은 조직의 태도를 손상시키기도 한다(DiFonzo & Bordia, 1998; DiFonzo et. al., 1994; Smeltzer & Zener, 1992). 그 밖에도 루머가 초래할 수 있는 긍정적 혹은 부정적 영향에는 여러 가지가 있다. 그러면 조직의 루머가 미치는 영향의 범위와 속성에 관한 기존 연구들의 내용을 간략히 살펴보자.

주식거래 행동에 미치는 루머의 영향

우리는 몇 가지 실험을 실시했다(DiFonzo & Bordia, 1997, 2002b). 실험 결과, 루머가 개인의 주식거래 행동에 대해 루머가 미치는 영향력이 매우 크다는 사실이 밝혀졌다. 이 연구에서 "투자자"는 컴퓨터로 주식시장 게임을 수행했다. 여기에서 그들은 굿이어사의 주식을 사거나 팔수 있었다. 컴퓨터상에서 만들어진 시뮬레이션을 통해서 총 60일 동안 거래가 이루어졌다. 그리고 하루는 20초의 시간을 갖는 것으로 정했다(DiFonzo, Hantula, & Bordia, 1998). 주식 1주의 가격은 35달러에서 시작되었고 같은 가격에 마감되었다. 그리고 하루하루의 가격 변동은 다음 날의 가격 변동과 아무런 관련이 없도록 했다. 주가는 총 60일 중 절반인 30일은 상승하고, 나머지 30일은 하락하도록 했다. 다음 날 주가의 향방은 실제 주식 시장처럼 객관적인 예측이 불가능하도록 했다(Fama, Fisher, Jensen, & Roll, 1969; Malkiel, 1985). 주식거래가 일어나는 날이면, 실험 참가자들에게 그 날의 주가를 알려 주었다. 여기에는 전날과 비교한 주가 변동 내용 및 참가자 각자의 주식 및 현금 보유 현황이 포함되어 있었다. 그림 2.1에 한 가지 샘플이 나와 있다. 실험 참가자 중 일부에게는 주가와 관련된 루머를 알려주었고, 나머지 참가자들은 이 내용을 모르도록 했다. 이때 루머는 월스트리트 저널의 "히어 온 더 스트리트" 컬럼에 실린 것도 있었고, 공개적으로 발표되지 않은 사적인 것도 있었다. 예를 들어, "당신의 매형인 해리가 말하길, 굿이어사의 이익이 상승중이라고 하더군요"라는 식의 루머였다. 참가자들이 루머를 듣게 되는 조건도 다양하게 만들었다. 이를테면 한 연구에서는 해당 일자의 주가 변동, 0%, 25%, 75%, 100% 등과 정비례해서 루머의 수를 조정하였다. 그리고 다음 날 주가 변동에 대한 루머의 예상 타당도 역시 다양하게 했다. 한 번의 연구에서는 오늘의 루머가 다음날 주가 변동의 방향을 점치는 것으로 했던 반면(긍정적인 루머 뒤에 다

72

그림 2.1

제13일 남은 시간 : 1초

"허드 온 더 스트리트" 컬럼에 실린 오늘의 루머 :
굿이어사는 정부와의 대규모 계약 건을 성사시키지 못했다

당신의 보유량
현금 ==〉 $ 245.00 [6주 추가 매수 가능]
당신의 소유주 ==〉 7주
가치 ==〉 $277.55
총자산 ==〉 522.55 [최초 자산 $490.00]

오늘의 주가
$39.65

오늘의 주가 변화
$ +4.49

매입은 "b", 매도는 "s"를 누르시오

출처 : N. DiFonzo and P. Bordia, 2002b, "Rumors and Stable Cause Attribution in Prediction and Behavior," in Organizational Behavior and Human Decision Processes, 88, p. 787. Copyright 2002 by Elsevier. 저자의 허락으로 재수록함.

음 날의 주가 상승이 이어지도록 했다), 대부분의 조사에서는 루머와 주가 변동 사이에 아무런 연관성이 없도록 했다.

이와 같이 연구한 바에 따르면, 루머가 실험 참가자들의 거래 패턴에 포괄적인 영향력을 발휘했음이 밝혀졌다. 저가구매-고가판매라는 거래 전략으로부터 점점 멀어지는 경향을 보인 것이다. 가격이 상대적으로 낮을 때 구매하고 상대적으로 높을 때 판매하는 것은 최적의 트래킹전략이자 이익을 실현하기 위한 핵심 방식이다. 이 전략으로부터 멀어진다는 것은 곧 실험 참가자들이 가격이 오를 때 구매하고 하락할 때 판매한다는 것을 의미한다. 이와 같은 매매 방식은 경제적으로 현명하지 못하다. 그렇다면 왜 이런 현상이 나타나는 것일까? 제5장에서 이 연구에 개입된 사회적 인지 과정에 대해 자세하게 논의하기

로 하고, 여기에서는 루머로 인하여 투자자들이 가격 변화의 원인에
지속적인 힘이 작용한다는 생각을 갖게 되었다는 사실만 밝혀두기로
한다. 말하자면 지속적 요인으로의 귀속(stable-cause attributions)이라 하
겠다. 루머에 노출된 참가자들은 자신이 들은 루머를 신뢰하지 않았
을 뿐만 아니라 가치가 없으며 위험을 유발할 수 있다고 생각했음에
도 불구하고, 현재의 주가 흐름이 지속될 것이라고 생각했다. 그 결과
재정적 파탄이 야기되었다. 루머에 노출된 참가자들은 트래킹전략으
로부터 점점 멀어졌고, 결국 시뮬레이션이 진행되는 동안 루머에 노
출되지 않은 실험 참가자들보다 훨씬 더 낮은 수익을 올리는데 그친
것이다.

최근 수행한 대부분의 시뮬레이션 연구에서(DiFonzo & Bordia, 2002b) 우
리는 훈련 과정을 통해 지속적 요인으로의 귀속이 루머로 인해 형성
되는 것을 막을 수 있었다. 참가자들로 하여금 비지속적 요인에 대한
훈련을 통해 주식시장의 주가 변동이 임의적이며 예측불가능하다는
사실을 알게 했다. 또 참가자들은 루머에 포함된 정보가 이미 그 날의
주식 가격에 포함되었다는 사실을 인식하도록 했다. 주가가 시장의
집합적 여론을 유효하게 반영한다는 사실을 인지하도록 했던 것이다.
유효시장이론(Fama et al., 1969)은 지금까지도 주식 시장을 이해하는 가
장 보편적인 원칙이다. 지속적 요인의 훈련을 통해서, 참가자들은 루
머가 등장한 지 2-3일 이후에 주가 변동이 영향을 받게 된다는 사실을
알게 되었다. 따라서 내일의 주가 변동 방향은 오늘의 루머를 통해 어
느 정도 예측할 수 있다. 루머에 노출시키지 않은 통제집단의 참가자
들은 아무런 훈련도 받지 않았다. 그 결과, 주가 변동의 요인이 비지
속적이라는 사실을 인식한 투자자들은 지속적 요인을 인식한 실험 참
가자에 비해서 트래킹전략(저가매입, 고가매도)에서 이탈하는 정도가 낮
게 나타났다. 다시 말해, 무작위 변동을 인식하도록 훈련받은 투자자
는 루머로 인한 지속적 요인의 귀속에 덜 편향되는 것으로 나타났다.

이 연구는 루머가 일련의 사건 예측에 미치는 영향 및 관련된 사람들의 행동에 미치는 영향의 이면에 존재하는 지속적 요인으로의 귀속 메커니즘에 관한 것이다. 즉, 이들 메커니즘은 주식시장에서 감지되는 루머의 영향력과 관련된 것이기도 하다.

기업 루머의 영향력

기업 루머의 영향력에 관한 기존의 연구에서(DiFonzo & Bordia, 2000) 우리는 총 74명의 PR담당 전문가에게 루머의 영향에 관한 17개의 리스트를 제시했다. 이 루머들은 기존 우리 연구 및 여타 문헌에서 발췌한 것이다(DiFonzo et al., 1994; DiFonzo & Bordia, 1998). 실험 참가자들에게는 각자 개인적으로 접했던 루머가 영향을 끼쳤던 적이 있었는지의 여부를 표시한 뒤 각각의 루머가 갖는 영향력의 평균 강도를 소, 중, 대로 나누어 점수를 매기도록 했다. 그리고 루머가 가장 심각하게 영향력을 발휘했던 최근의 사례를 하나씩 제시하도록 했다.

루머 영향력의 평균 강도 점수 및 지금까지 영향력을 발견했던 사례의 비율은 그림 2.2에 제시되어 있다. 실험에 참가한 대상은 경험이 풍부한 전문가들이었기에 대다수의 루머가 끼쳤던 영향에 대해서 겪었던 적이 있었다고 응답했다. 영향력 측면에서 상위 11개에 꼽힌 루머에 대해서는 응답자의 78퍼센트가 접했던 것으로 나타났다. 가장 많이 경험했던 루머의 영향력에는 직원의 사기, 언론 보도, 생산성, 스트레스 수준, 직원 및 고객의 신뢰 등에 악영향을 미칠 수 있는 내용이 포함되었다. 전체적으로 영향력의 점수는 다소 높게 나타났다. 17개 중 13개의 영향력은 1.50과 2.50 사이 점수에서 평균적인 강도를 갖는 것으로 평가되었다. 가장 강도가 높은 1.75이상으로 평가된 것으로는 빈번히 접하게 되는 항목을 비롯하여 "기업의 훼손된 명성" 항목도 포함되었다.

루머가 어떻게 영향력을 미치는지에 대한 사례도 설명에 도움이 된다. 예를 들어 회사가 "경매에 붙여졌다"는 루머는 "사기 저하"를 불러일으켜 "방향을 상실한 직원의 판매력을 떨어뜨리고 직업 안정성에 대해 불안감을 갖게 할 것이다", "멀리 떨어진 도시의 공장 두 기를 폐쇄함에 따라 4,000명의 직원이 해고될 것이다"라는 루머는 해당 공장에서 일하는 노무자들의 사기를 저하시킴으로써 10퍼센트의 생산성하락을 초래했다. 회사가 "아시아 사업의 손실로 인하여 1998년 1/4분기 수익을 방출하게 될 것이다"라는 루머는 "하루 만에 해당 기업의 주식을 2포인트 급락시켰으며, 그날 장 마감 직전 다시 주가를 회복하는 결과를 낳았다." 이와 같은 사례들을 통해서 기업의 홍보 담당자들이 겪어왔던 루머의 다양한 영향력과 그 결과를 살펴볼 수 있다.

루머 영향력의 보다 넓은 범주는 없는 것일까? 우리는 17개의 루머 영향력을 관리하기 쉬운 형태로 해서 그 개수를 줄이고 싶었다. 그래서 각각의 영향력에 대한 강도 평가에 대해 주성분 분석(principal components analysis, PCA)을 하였다. 주성분 분석은 주로 데이터 단순화 기법이 활용되는데, 상호 연관된 아이템을 하나의 성분으로 집합시킨다는 점에서 팩터 분석과 유사하다. 우리는 가장 의미 있는 방법으로 3대 성분 솔루션을 채택하였다. 이를 통해 전체 변이의 58%를 설명할 수 있었다. 루머 영향력 및 각각의 성분은 표 2.1에, 성분 영향력은 그림 2.2에 제시되어 있다.

3대 성분은 각각 외부 요인(언론 혹평, 기업의 실추된 명성, 판매 부진 등), 내부 태도(직원 상호간의 신뢰 상실, 경영진과 직원들 간의 신뢰 상실, 사기 저하 등) 및 내부 행동(생산력 저하, 태업이나 계획적 결근의 증가 등)이다. 이와 같은 성분 분석은 내부 - 외부 범주화 방법과 상응하는 것으로, 영향력의 성격이 부분적으로 공론화된 루머에서 비롯된다는 점을 나타낸다.[9]

그림 2.2

루머의 영향력

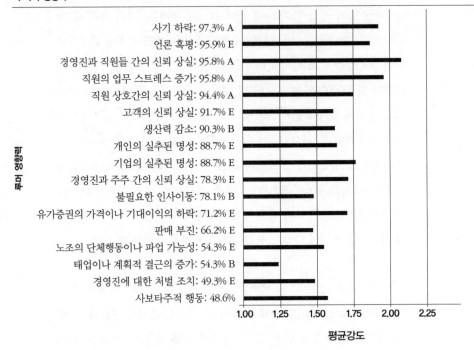

루머의 영향력 및 평균강도에 대한 평가. 영향력은 응답자(n의 범위는 66-73)의 비율에 따라 감소하는 순서로 배열되어 있으며, 응답자는 자신의 전반적 경험을 통해 목격한 루머 영향력에 대해 평가했다. 평균 강도에 대한 평가는 1, 2, 3으로 각각 소, 중, 대의 영향력을 가리킨다. "E"는 외부적 결과를, "A"는 내부적 태도와 관련된 영향력을, "B"는 내부적 행동과 연관된 영향력을 나타낸 것이다. 출처는 "Hot Top PR Professionals Handle Hearsay: Corporate Rumors, Their Effects, and Strategies to Manage Them," by N. DiFonzo and P. Bordia, 2000, Public Relations Reviews, 26, p. 180. Copyright 2000 by Elsevier. 저작권자와의 협의로 재수록.

그리고 각 성분의 아이템 강도에 대한 평가값의 평균을 구하여 세 가지 성분의 점수를 산출했다. 또 실험 참가자들은 외부 요인 성분 점

---

9) 우리는 3대 성분 각각의 아이템에 대해서 아이템 분석을 수행했다. 그리고 모두 신뢰성을 가짐을 발견했다.(9개 외부 요인 아이템들에 대한 알파 계수는 .89이며, 4개 내부 태도 아이템들은 .78, 세 개 내부 행동 아이템들은 .69로 나왔다.)

10) 외부 요인의 경우, M=1.58, SD=.54, n=73(이때, 1, 2, 3은 각각 소, 중, 대의 평균 영향력을 나타낸다.)이며, 내부 행동의 경우, M=1.90, SD=.58, n=73이고, 내부 행동의 경우, M=1.45, SD=.52, n=70이었다.

수, 내부 태도 성분 점수 및 내부 행동 성분 점수를 갖도록 했다. 이 성분 점수들의 평균을 통해서 외부 효과는 다소 강도가 높고, 내부 태도 효과는 중간 수준의 강도를 보이며, 내부 행동 역시 다소 높은 강도를 보인다는 사실을 발견할 수 있었다.[10] PR담당 전문가들이 경험했던 루머는 다소 강도가 높은 외부 요인과 중간 강도의 내부 태도에 대한 영향력 및 다소 강한 내부 행동에 대한 영향력을 갖는 것으로 나타났다.

표 2.1

루머 영향력 아이템의 강도에 대한 평가: 주성분 분석을 통해 도출한 순환 팩터 패턴 및 최초 수렴 평가값

| | 성분 | | | |
수렴평가값	외부요인	내부태도	내부행동	루머 영향력
77*	18	32	72	경영진에 대한 처벌 조치
76*	1	11	59	고객의 신뢰 상실
73*	33	3	64	개인의 실추된 명성
73*	15	6	55	유가증권의 가격이나 기대이익의 하락
72*	21	-9	57	경영진과 주주 간의 신뢰 상실
72*	-8	15	55	언론 혹평
69*	-9	48	71	판매부진
61*	22	-4	42	노조의 단체행동이나 파업 가능성
57*	29	23	46	개인의 실추된 명성
8	81*	34	78	사기 저하
2	76*	9	59	직원 상호간의 신뢰 상실
23	66*	7	49	경영진과 직원들 간의 신뢰 상실
19	65*	18	48	직원의 업무 스트레스 증가
41	44	8	37	사보타주적 행동
17	11	85*	76	불필요한 인사이동
8	34	74*	67	태업이나 계획적 결근의 증가
5	44	54*	49	생산력 감소

주) N=63. 제시된 값에 100을 곱하고 반올림하여 가장 가까운 정수값을 취했다. 성분값이 .50보다 큰 것에는 별표(*)를 붙였다. 출처는, "Hot Top PR Professionals Handle Hearsay: Corporate Rumors, Their Effects, and Strategies to Manage Them," by N. DiFonzo andP. Bordia, 2000, Public Relations Review, 26, p. 181. Copyright 2000 by Elsevier. 저작권자와의 협의로 재수록.

부정적 변화에 대한 루머가 직원 스트레스에 미치는 영향

기업 PR 담당자에 대한 조사 연구를 통해서, 직원들의 행동에 부정적 영향을 미치는 루머가 매우 심각한 결과를 초래한다는 것을 그들도 알고 있다는 사실을 발견했다. 우리는 이 발견을 더욱 확장시켜서 루머를 들은 사람의 스트레스 수준과 루머를 듣지 않은 사람의 스트레스 수준을 비교했다. 앞에서 설명했던 변화 관련 루머에 관한 병원 연구에서(Bordia et al., in press) 우리는 이 연구를 할 수 있는 광범위한 기회를 갖게 되었다.

이 연구는 조직 변화의 역동적 관계 및 영향에 대한 광범위한 조사의 한 부분을 차지했다. 응답자에게는 조직 변화가 얼마나 스트레스를 주는지 점수를 매기도록 했다. 평가는 테리, 통즈, 캘런의 연구(Terry, Tonge, & Callan, 1995)에서 사용된 네 가지 측면에 따르기로 했다. 네 가지 측면은 다음과 같다. (1)전혀 스트레스 없음에서부터 극도의 스트레스까지, (2)전혀 파괴적이지 않음에서부터 극도로 파괴적임까지, (3)전혀 동요를 일으키지 않음에서부터 극도의 동요를 일으킴까지, (4)전혀 어렵지 않음에서부터 극도로 어려움까지. 이렇게 매겨진 점수들을 수합하여 단일한 변화 관련 스트레스 평가를 도출해내었다. 조사한 내용은 다음과 같다. 1,610명의 응답자 중 776명은 가장 최근의 변화 관련 루머를 들은 적이 있다고 응답했으며, 834명은 루머를 들은 적이 없다고 했다. 루머를 들은 776명 중에서 479명은 부정적인 루머를 들었고, 31명만이 긍정적인 루머를 들었다고 대답했다. 나머지 루머들("정신건강부서가 노인병리학부와 같은 사무실을 사용하게 될 것이다"라는 루머)은 긍정과 부정의 잣대로 분류할 수 없었다. 따라서 이 분석에서 제외시키도록 했다.

루머와 스트레스 사이의 관계를 평가하기 위해서 우리는 부정적 루머 그룹(n=479)과 긍정적 루머 그룹(n=31) 및 어떤 루머도 보고하지 않은 그룹(n=834)들 간의 변화 관련 스트레스 점수를 비교했다. 변화 관련 스트레스는 긍정적 루머 그룹보다 부정적 루머 그룹에서 더 높게 나타났다. 이것은 충분히 예상할 수 있는 결과였다. 두려운 사건에 대한 기대는 당연히 희망적인 사건에 대한 기대보다 더 큰 스트레스를 낳기 때문이다.

그런데 여기에서 한 가지 짚고 넘어가야 할 것이 있다. 부정적 루머 그룹이 어떤 루머도 보고하지 않은 그룹보다 더 높은 스트레스를 보였다는 사실이다. 다시 말해 최근 부정적인 루머를 들었다고 말한 직원이 아무런 루머도 듣지 못했다고 말한 직원보다 더 높은 스트레스에 시달린다는 것이다. 무지로 인한 행복을 보여주는 것이라 할 수 있으며, 적어도 무지로 인해 스트레스에 시달리지 않는다고도 말할 수 있겠다. 물론 이 결과는 서로 연관되어 있다. 더 많은 스트레스에 시달리는 사람은 최근 부정적인 루머를 들었거나 기억하고 있는 사람이라고 말할 수 있는 것이다. 불확실하고 불안한 상황이 루머의 전파와 관련 있다는 사실에서 본다면 이러한 설명은 충분히 가능하다. 이 결과를 통해서 조직에 관련된 부정적인 루머는 종사원들의 스트레스와 상당한 연관성을 가지고 있음을 알 수 있다.

부정적인 루머가 직원의 태도, 생산성 및 잔류 의지에 미치는 영향

다시 기업 PR 담당 전문가의 조사 사례로 돌아가보자. 그들은 루머가 초래하는 가장 심각한 결과로 직원들의 태도에 미치는 악영향을 꼽았다. 앞에서 논의했던 조직의 표본조사 연구를 보면, 루머를 듣는 것과 스트레스 사이에 연관성이 있음을 알 수 있다. 우리는 이 문제에 대해

보다 포괄적이고 장기간에 걸친 추적방식으로 조사했는데, 변화의 상황에서 시간이 경과함에 따라 직원들이 보이는 몇 가지 태도와 행동 가운데 잘 알려져 있는 것들을 측정했다. 예를 들어, 부정적인 루머를 들었을 경우 시간이 경과함에 따라 직업에 대한 만족도가 감소하는 것은 아닌지 하는 문제이다.

이번 연구에서 우리는 부정적인 루머를 듣는 것과 관련하여 불확실성, 불안, 공식적 조직 커뮤니케이션에 대한 인식, 직업 만족도, 조직에 대한 헌신도, 회사에 대한 신뢰, 생산성 및 조직에 잔류하겠다는 의지 등의 관계를 장기간에 걸쳐서 평가했다. 조사대상은 급진적으로 조직 축소를 단행하고 있는 뉴욕 로체스터에 있는 한 기업의 어느 부서로 정했다. 제8장에서 이 연구에 사용된 방법론을 자세하게 다룰 텐데, 루머 전파의 가능성에 대해 신뢰가 미치는 직접적이며 온건한 영향력에 대해서 검토할 것이다. 이 장에서는 이러한 태도와 행동들이 루머를 듣는 것과 어떤 관련성을 갖는지에 초점을 맞추어 설명하겠다.

루머를 듣는 것이 직원들의 불확실성, 불안, 태도, 의지 및 생산성 등에 어떻게 영향력을 행사할 수 있을까? 앞서 논의했던 조직 변화에 관한 루머 연구 때와 마찬가지로 이번 연구에서도 루머는 대부분 두려움을 갖게 만들거나(부서가 축소될 것이다) 적대감을 조장하는(경영진들이 예산 편성시 잘못을 저질렀다) 속성을 가지고 있었다.

그러면 불확실성, 불안 및 공식적 커뮤니케이션에 대해 생각해보기로 하자. 이 책의 제3장에서 살펴본 바와 같이 많은 연구가 불안과 불확실성을 루머와 연관시키고 있다. 우리도 불확실성과 불안이 루머를 듣는 것과 관련이 있다는 생각을 가지고 있다. 그런데 인과 관계는 양방향으로 모두 성립된다. 즉, 불안하고 확신을 갖지 못한 사람은 루머를 쉽게 받아들이며, 통제할 수 없는 사건에 대한 공포와 적개심을 부추기는 루머는 불확신과 불안을 조장한다.

한편, 공식적 커뮤니케이션은 루머를 듣는 것과 반비례 관계에 놓여 있다. 여기에서도 인과관계는 양방향으로 성립하며 불확실성이 개입하기도 한다. 공식적 커뮤니케이션이 충분하지 않으면 불확실성이 높아져서 루머에 대한 수용성 또한 높아지게 된다(DiFonzo & Bordia, 1998). 그러나 루머를 듣는 것은 공식적 커뮤니케이션이 충분히 이루어지지 못했다는 결론을 내리게 할 수도 있다.

긍정적인 직원의 태도(직업 만족도, 조직에 대한 헌신 및 회사에 대한 신뢰)와 회사에 잔류하려는 의지는 부정적 루머를 듣는 것과 반비례적 관계에 놓일 가능성이 높다. 여기에서 반비례적 관계는 다음과 같은 세 가지 방식으로 발생한다.

첫째, 부정적 루머를 통한 사회적 학습 및 사회적 정보 처리 과정으로 인하여 직원들은 다른 동료도 회사에 대해 부정적인 생각을 갖고 있을 것이라 믿으며 자신의 일터가 좋은 직장이 아니라는 생각을 갖는다. 사실 루머는 사회적 학습을 유발시키는 본질적인 장치이다. 둘째, 형평성 이론에 따르면 직원들은 자신이 직업에 쏟아 부은 것과 직업으로부터 얻을 수 있는 것 간의 균형을 정확하게 유지하려고 한다. 그리고 직원들은 이 비율을 회사 내 다른 직원의 것과 비교한다. 이때 이간질 루머는 불공평함을 인식하도록 만들며 직업 만족도와 헌신도 및 신뢰를 떨어뜨린다. 그 결과 직원들은 현재 몸담고 있는 조직을 떠나야겠다는 생각을 점점 더 많이 하게 된다. 실제로 직원들은 회사로부터 부당한 처우를 받는다고 느낄 때 회사에 대한 부정적 루머를 유포시킨다(Skarlicki & Folger, 1997).

셋째, 인지구조활성화의 법칙을 보면, 모호한 자극은 가장 인식하기 쉬운 도식(schema)으로 부호화되어 판단과 행동에 영향을 미친다 (Sedikides & Skowronski, 1991; 그리고 이 책 5장을 참조). 부정적 루머는 모호한 상황을 부정적으로 해석하도록 만든다. 이때 부정적인 인지 스키마가 만들어지면서 만족도, 헌신도 및 신뢰가 하락하게 된다. 마찬가지로 이들의 인과관계도 양방향으로 성립한다. 예를 들어 부정적 루머는 경영진에 대한 신뢰를 하락시키고, 경영진에 대한 낮은 신뢰도는 직원들로 하여금 더욱 부정적인 루머를 들으려고 하는 의식적 경향을 갖게 만든다.

생산성과 관련된 직원들의 긍정적인 행동은 부정적인 루머에 의해 증가 또는 감소할 수 있다. 과거 우리의 연구를 보면, 어떤 공장의 영업 중단에 관한 루머는 직원들의 생산성을 향상시키는 결과를 낳았다 (DiFonzo et al., 1994). 데이비스(K. Davis, 1975)도 이와 비슷한 연구 결과를 발표했는데, 루머로 인하여 생산성이 8퍼센트나 향상되었다는 것이다. 그러나 대부분의 경우 루머는 시간을 낭비하게 만들고 혼란을 야기해 생산성 저하를 불러일으킨다(Weiss, 1982, chap16).

우리는 조직에 관한 부정적 루머를 듣는 것이 불확실성과 불안감이 높은 상황과 관련이 있다고 가정했다. 뿐만 아니라 낮은 수준의 공식적 커뮤니케이션, 직업 만족도, 회사에 대한 헌신, 경영진에 대한 신뢰, 현재 직장에 잔류하고자 하는 의지 등과도 관련되어 있다고 판단했다. 따라서 우리는 생산성에 관해서는 예측하지 않기로 했다. 이 연구의 결과 역시 기본적인 생각과 일치하기 때문이다.

75명의 직원들에 대한 표본조사는 한 달에 한 번 총 4개월 동안 이루어졌다. 응답률은 각각의 조사 시점에서 높게 나왔다. 1회째와 2회째의 조사가 이루어지기 이전에 조사 대상 부서는 작업장 태업과 구조조정을 겪었다. 이 기간 동안 부정적인 루머가 넘쳐났다. 불안을 조성하는 해고에 관련된 루머들이 많았는데, 2회째 조사가 이루어지고 난 뒤 해고에 관한 공식적인 발표가 있었다. 그리고 부서의 50퍼센트가 3회와 4회째의 조사가 이루어지는 기간 중에 정리해고를 당했다. 그래서 직원들의 태도와 함께 불확실성 및 불안에 대해 조사했다. 공식적 조직 커뮤니케이션에 대한 인식, 직업 만족도, 조직에 대한 헌신, 노동복지 및 신뢰성과 관련된 경영진에 대한 인식 등에 대한 조사이다.

물론 직원들은 자신이 기록한 최근의 생산성 및 현 직장에 잔류하고
자 하는 의지에 관해 스스로 평가했다. 모든 항목은 리커트척도(Likert-
type scale)에 따라 총 7점으로 평가되었으며, 이는 제시 2.2에 나타나
있다. 이와 함께 조사 참가자들은 해당 기간동안 자신이 들었던 루머
의 개수를 기록하고, 긍정적 루머와 부정적 루머로 구분하여 평가했
다. 급속한 조직축소 시기에서 예상할 수 있는 것처럼 부정적 루머의
비율이 앞도적으로 높았다.[11]

먼저 각각의 변수들에 대해 시간이 경과함에 따라 변하는 평균값의
패턴을 살펴보도록 하자. 직원들이 들었던 루머의 평균 개수는 그림
2.3과 2.4에 나타나 있다. 이 루머들은 모두불확실성, 불안, 커뮤니케
이션 수준, 직업만족도, 조직 헌신, 신뢰, 생산성, 잔류 의지 등과 관
련된 것이다. 루머의 숫자는 1회째 조사에서부터 2회째 조사 때까지
는 증가하는 모습을 보였으나 3회째 조사(T3)와 4회째 조사(T4)에서는
줄어들었다. 루머의 숫자가 증가함에 따라 불확실성과 불안은 증가하
였지만, 직업만족도나 조직 헌신 및 신뢰는 감소하였다. 직원 스스로
평가한 생산성과 직업 잔류 의지 역시 감소하는 것으로 나타났다. 이
러한 모습은 직원들이 들었던 루머의 수가 감소함에 따라 함께 하락
하는 모습을 보였다. 뿐만 아니라 공식적 커뮤니케이션 신뢰 수준에
대한 평가도 증가되었다. 종합해보면, 부정적 루머 수의 증가는 불확
실성과 불안을 증폭시키며, 직원들의 부정적인 태도와 행동, 그리고
의지 감소를 불러일으킨다.

이와 같은 유형이 개인 수준에서도 동일하게 적용될 수 있을까? 다시
말해, 어떤 개인이 루머를 듣는 것과 이로 인한 결과의 인과관계는 얼
마나 단단하게 형성되어 있을까? 표 2.2에서 표 2.5까지는 T1, T2, T3,
T4, T5 각각의 시간 동안 개인이 들었던 루머의 수와 그로 인한 결과

---

11) 평균점수=2.02, SD=1.19, n=169(1=매우 부정적, 7=매우 긍정적).

변수들 간의 상관관계를 표현한 것이다. 이 관계의 인과적 강도를 평
가하기 위해서 우리는 평균 인과관계를 계산해냈다.[12] 예상했던 대로
패턴이 분명하게 나타났다. 첫째, 어떤 특정 기간 동안 들었던 루머의
개수는 불확실성과 강한 인과관계를 형성하고 있으며(20개 인과관계에
대한 ravg=.42), 불안과는 중간 정도의 인과관계를 형성하고 있었다
(ravg=.35). 부정적인 루머를 듣는 것은 상당한 수준의 불확실성과 불안
과 연관을 맺고 있었다. 둘째, 루머의 수와 직원들의 태도 사이에는
다음과 같이 중간 크기의 부정적 인과관계가 발견되었다. 회사에 대
한 신뢰(ravg=-.29), 직업만족도(ravg=-.26), 공식적 커뮤니케이션 신뢰 수
준에 대한 평가(ravg=-.26), 그리고 (낮게 나타나기는 했지만)조직에 대한 헌
신(ravg=-.18) 등이다. 예상했던 대로 루머를 듣는 것은 직원들의 중요
한 태도와 부정적인 연관관계를 가지고 있었다. 셋째, 루머를 듣는 것
과 직장 잔류 의지는 중간 정도의 부정적 관계를 가지고 있었다(ravg=-.
30). 역시 부정적 루머를 듣는 것은 회사를 떠나려는 생각과 관련이 있
었다. 끝으로, 부정적 루머를 듣는 것은 생산성과 중간 정도의 부정적
관계를 가지고 있었다(ravg=-.22). 물론 이 연관관계는 매달 상당한 격
차를 보이면서 변동했다(T2와 T4에서의 결과는 ravg=-.32, T1과 T3에서의 결과
는 ravg=-.03). 즉, 부정적 루머를 듣는 것은 때로는 생산성과 중간 정도
의 부정적 인과관계를, 때로는 별다른 관계를 형성하지 않았다.

한 가지 짚고 넘어가야 할 중요한 사실이 있다. 결과 변수들과 동일한
시기와 조사 전반에 걸친 시기 동안에 루머를 들었을 때 이와 같은 상
호 인과관계가 나타났다는 사실이다. 말하자면 특정 시기 들었던 루
머의 수는 미래의 어느 시기의 결과와 연관되어 있었다는 것이다. 이
렇게 볼 때 한 가지 의문이 생겼다. 몇 달을 계속해서 부정적인 루머

---

12) 보다 정교한 신뢰구간 및 메타분석적 조합은 여기에서 적절하지 못했다. 왜냐하면 인과관계가 독립적
이지 않기 때문이었다. 우리는 단지 20가지 인과관계 각각의 모집단의 지배적 성향을 계산해내려고 했
을 뿐이다. 앞에서 논의했던 생산성은 제외하고, 각 유형들은 모두 동질적인 것으로 보였다. 이 문제에
대해서, 약(0<r<.20), 중(.20<r<.40), 강(.40<r<.60)의 방식으로 정리했던 것은 코헨(J. Cohen, 1988, pp. 79-81.)
의 연구를 따랐다.

를 듣는 것이 보다 강한 영향력을 갖는 것은 아닌지, 그리고 부정적 루머를 듣는 효과를 점증시키는 결과를 가져오는 것은 아닌지 하는 것이었다. 여기서 가장 최근에 직원들이 들었던 부정적인 루머의 개수가 갖는 연관성과 비교해볼 때, 해당 기간을 아울러서 직원들이 들었던 부정적 루머의 누적 개수가 불확실성 및 불안과 갖는 연관성이 더 크다는 사실을 알 수 있었다. 직업 만족도, 조직에 대한 헌신, 신뢰, 생산성 및 잔류 의지 등과 더 높은 연관성을 보인 것이다. 표 2.4에 나타나 있는 T3기간의 결과 변수들에 관한 인과관계를 살펴보도록 하자. 3개월 째 조사 참가자들이 들었던 루머의 누적 개수는, 3개월 동안 들었던 루머의 개수만 놓고 비교할 때 각각 변수들과 더 깊은 관련성을 보여주었다. (T1+T2+T3행의 인과관계는 각 열의 T3 단독의 연관성과 높게 나타난다.) 뿐만 아니라 이러한 현상은 T2에서 시작할 때도 나타난다. T2에서 T3까지 루머의 누적 개수는 각각 단독 기간의 개수보다 모든 변수들과 더 깊은 관련성을 갖는 것으로 나타났다. (T2+T3열이 모든 행에서 T3열의 값보다 높게 나타난다.) 유사한 현상은 T2와 T4의 상관관계 결과에서도 관찰할 수 있었다.

루머의 누적 영향력에 대한 보다 강력한 테스트로서 우리는 위계적 회귀법을 수행했다. 결과는 대체로 상관적 비교를 반영하는 것이었다. 이 분석에서 해당 기간 동안 각각의 결과 변수들에 대한 평방편차 (R2)을 계산했다. 제1단계에서 우리는 같은 시기 동안 들었던 루머의 개수를 사용했다. 그리고 제2단계에서는 들었던 루머의 누진 개수를 사용했다. 각 회귀 단계에서 들었던 루머의 누진 개수는 거의 항상 추가적 평방편차의 원인이 되었다. 그리고 이 추가적 평방편차는 때에 따라서 매우 크게 나타났다. 예를 들어 표 2.6에는 T4 결과에 대한 위계적 회귀법의 결과가 나타나 있는데, 제1단계는 T4에서 들었던 루머의 개수를 사용했고, 제2단계에서는 4개월 모든 기간 동안 들었던 루머의 누적 개수를 사용하였다. 이와 같은 회귀 현상 속에서 루머의 누적 개수는 해당 기간동안만 집계한 루머의 개수보다 불확실성, 불안, 커뮤니케이션 신뢰 수준, 직업 만족도 및 생산성 등에서 훨씬 더 나은 예측을 가능하게 했다. 마찬가지로 약하기는 했지만 이러한 현상은 T2와 T3의 결과에도 나타났으며, 조직에 대한 헌신, 신뢰 및 잔류 의지 등에 영향력을 미치는 것을 볼 수 있었다.

이와 같은 결과를 통해서 해당 기간동안 들었던 루머의 누진적 효과가 존재한다는 사실을 알 수 있다. 다시 말해 들었던 루머의 총 개수는 지난달에 들었던 루머의 개수에 비해서 현재의 불확실성 및 불안에 보다 깊은 연관을 가지고 있다는 것이다. 현재의 불확실성과 불안은 지난 달에 들었던 루머의 개수에 영향을 미칠 수 없다. 따라서 이 결과는 부정적 루머가 불확실성과 불안을 실제로 증가시킨다는 사실을 말해준다. 이를테면 자신이 몸담고 있는 부서에서 인원 삭감이 일어날 것이라는 루머를 듣는 것은 격심한 동요와 혼란을 일으킨다. 뿐만 아니라 루머의 누적 개수는 공식적 커뮤니케이션의 신뢰 수준, 직업 만족도, 조직에 대한 헌신, 신뢰, 생산성 및 잔류 가능성에 대한 직원의 현재 시각과 밀접한 관련성을 갖는다. 물론 지난 달로 한정된 루머의 개수가 갖는 관련성보다 월등히 높다. 이 결과를 통해서 우리는 부정적 루머가 직업에 대한 태도, 의지 및 행동에 대해 부정적인 영향을 미친다는 사실을 알 수 있다.

요약

이 장에서 우리는 루머의 유형, 빈도 및 영향에 대해서 검토해보았다.

제시 2.2

조직축소 중에 있는 회사에 대하여 4차례의 웨이브가 일어나는 동안의 추적조사를 통해 살펴본 측정 변수

커뮤니케이션 신뢰 수준 (.66, .91, .88, .84)[a]

지난 달 전체적으로,
1. 회사가 당신에게 향후 변화에 대해서 얼마나 신뢰할 만한 정보를 주었는가? 7=완벽한 정보 제공, 1=정보 제공이 전혀 없었음.
2. 당신이 회사로부터 받았던 커뮤니케이션의 충분성에 대해서 어떻게 느끼는가? 7=매우 충분, 1=전혀 충분하지 않음.

불확실성 (.77, .84, .81, .83)

지난 달 평균적으로,
1. 나는 지금 다니고 있는 회사에서 일어나고 있는 일들이 무엇을 의미하는지에 대해 많은 의문을 가지고 있었다.
2. 나의 친구나 동료가 일자리를 잃게 되지 않을 거라고 확신할 수 없었다.
3. 우리 회사가 일하기 좋은 직장인지에 대해서 확신할 수 없었다.
4. 내 직업의 전체적인 성격과 수준이 변화할지에 대해서 확신할 수 없었다.
5. 내가 정리대상이 되지 않을 거라고 확신할 수 없었다.
6. 내 안에 나의 직업과 회사에 대한 불확실성이 가득 차 있었다.

불안 (.87, .96, .88, .84)

지난달 평균적으로,
1. 나는 이 회사에서 발생할 수도 있는 변화에 대해서 불안감을 느꼈다.
2. 이 회사에서 일어나게 될 변화에 대한 생각이 나를 두렵게 했다.

당신이 들었던 루머

지난달에, 회사와 관련하여 당신이 들었던 루머는 몇 개인가?
(대략적인 숫자를 말하라.)

당신이 전달한 루머

위에서 말한 루머들 중에서, 당신이 회사 내 다른 직원들에게 전달했던 루머는 몇 개인가?
(대략적인 숫자를 말하라.)

직업 만족도 (.86, .84, .88, .89)

1. 지난달에 대체로, 당신이 지금의 직업을 갖게 되었을 때 바랐던 것처럼 지금도 직업에 대해서 똑같이 만족한다고 느끼는 정도는? 7=거의 똑같음, 4=어느 정도 비슷함, 1=거의 같지 않음.
2. 지난 달에 대체로, 당신이 지금의 직업에 대해서 얼마나 만족한다고 생각했는가? 7=매우 만족, 4=대체로 만족, 1=전혀 만족하지 못함.
3. 만일 친한 친구 한 명이 당신에게, 지금의 당신의 직장에서 당신과 같이 일하고 싶다는 이야기를 했다면, 지난 달 평균적으로 당신은 그 친구에게 무엇이라 말하겠는가? 7=적극 추천, 1=전혀 추천하지 않음.
4. 당신이 지금 알고 있는 사실을 고려할 때, 당신이 지금 가지고 있는 직업을 선택해야 할지의 여부를 결정해야 한다면, 다음 달에는 어떤 결정을 내리게 될 것으로 보는가? 7=똑같은 직업을 선택함, 1=동일한 직업은 절대 선택하지 않음.

제시 2.2

조직축소 중에 있는 회사에 대한 4시기 추적조사를 통해 살펴본 측정 변수

조직에 대한 헌신(.82, .82, .84, .93)

지난 달 평균적으로,
1. 나는 우리 회사에 대해서 강한 소속감을 느끼지 못했다. (r)
2. 이 회사는 나에게 상당한 개인적인 의미를 가지고 있다고 생각했다.
3. 나는 앞으로도 이 회사에서 종사할 수 있다면 매우 행복할 것이라 생각했다.
4. 나는 회사 밖에서도 우리 회사에 대해서 사람들과 이야기를 나누는 것을 즐긴다고 생각했다.
5. 나는 이 회사에 대해 "가족의 일원"이라는 생각을 갖지 못했다. (r)
6. 나는 이 회사에 대해 "감정적으로 소속되어 있다"는 생각을 갖지 못했다. (r)

신뢰(.86, .87, .94, .93)

지난 달 평균적으로,
1. 나는 우리 회사가 직원들을 이용한다고 느꼈다. (r)
2. 나는 경영진이 직원들의 잠재력과 자기개발에 관심을 가지고 있다고 느꼈다.
3. 나는 회사가 직원 문제에 대해서 정직하다고 느꼈다.
4. 나는 회사가 직원들에게 발생할 수 있는 문제에 대해 관심을 갖는다고 느꼈다.
5. 나는 회사가 직원들의 목소리에 귀를 기울인다고 느꼈다.

잔류 의지(.79, .86, .91, .96)

지난 달 평균적으로,
1. 나는 종종 지금의 직장을 그만두는 것에 대해서 심각하게 생각했다. (r)
2. 나는 종종 이 회사를 떠나려는 의지가 있었다. (r)

생산성(.96, .97, .95, .95)

지난 달,
1. 당신의 평균적 생산성 수준과 비교했을 때, 지난 달 당신의 생산성은 어떠했는가? 7=평균보다 매우 높음, 4=평균과 비슷함, 1=평균보다 매우 낮음.
2. 당신의 평균적인 작업량과 비교했을 때, 당신은 지난 달 얼마나 많은 업무를 처리했는가? 7=매우 많은 업무를 처리함, 4=평균적인 업무를 처리함, 1=매우 적은 업무를 처리함.

주) 다른 경우에 측정하지 않았다면, 7개 척도로 측정된 각각의 문항에 대해 조사 참가자들의 동의 여부를 주문했을 것이다(1=매우 반대, 4=반대도 찬성도 아님, 7=매우 찬성). 불확실성, 직업 만족도, 잔류 의지의 측정은 슈와이저와 드니시(Schweiger & DeNisi, 1991) 및 앞의 불확실성의 개념을 참고하였다. 커뮤니케이션 신뢰 수준, 불안, 당신이 들었던 루머, 당신이 전달한 루머 및 생산성에 관한 아이템들은 새롭게 만들어내었다. 신뢰에 관해서는 멩글리노, 드니시, 영블러드, 윌리암스의 연구를 참고하여 아이템을 만들었다(Schweiger & DeNisi, 1991에 언급된 것과 같음). 조직에의 헌신은 맥기와 포드(McGee & Ford, 1987)의 '효과적인 헌신도 측정 척도'를 참고하였다.
a제1시기부터 제4시기까지의 표준 알파값을 시기에 따라 열거해보면, N=61, 48, 40, 29이다. (r)이 붙은 아이템들은 '역평가'(reverse-scored)를 의미한다.

그림 2.3

━ 당신이 들었던 루머   ●●● 불확실성   ■ ■ 불안   ── 잔류의지   --- 생산성

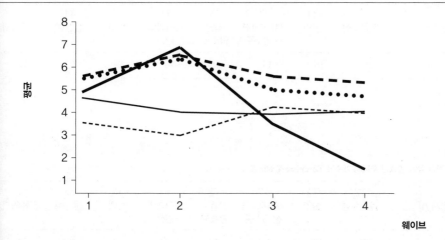

조직축소 기간 동안 당신이 들었던 루머, 직원들이 갖는 불확실성, 불안, 자기가 평가한 생산성 및 잔류 의지 등의 평균값.

그림 2.4

━ 당신이 들었던 루머   ●●● 커뮤니케이션 신뢰 수준   ■ ■ 신뢰   ── 직업만족도   --- 조직에 대한 헌신

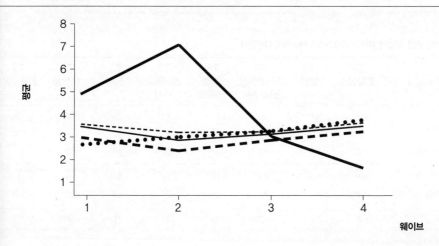

조직축소 기간 동안 당신이 들었던 루머, 커뮤니케이션 신뢰수준의 인식, 경영진의 관심과 신뢰에 대한 인식, 직업 만족도, 조직에 대한 헌신 등의 평균값.

표 2.2

다양한 기간 동안 들었던 루머의 개수와 T1 변수와의 상관관계

기간 (상관관계 n)	T1 불확실성	T1 불안	T1 커뮤니케이션 신뢰수준	T1 직업 만족도	T1 조직에의 헌신	T1 신뢰	T1 생산성	T1 잔류의지
T1(60)	.20	.18	-.14	-.09	-.14	-.23^	.002	-.16

주) ^p<.10.

표 2.3

다양한 기간 동안 들었던 루머의 개수가 T2 변수와의 상관관계

기간 (상관관계 n)	T2 불확실성	T2 불안	T2 커뮤니케이션 신뢰수준	T2 직업 만족도	T2 조직에의 헌신	T2 신뢰	T2 생산성	T2 잔류의지
T1(47)	.37*	.29*	-.20	-.28^	-.36*	-.33*	-.35*	-.37*
T2+T2(48)	.45**	.27^	-.18	-.18	-.26^	-.33*	-.34*	-.34*
T2(48)	.43**	.22	-.15	-.10	-.17	-.28^	-.25^	-.27^

주) ^p<.10. *p<.05. **p<.01.

표 2.4

다양한 기간 동안 들었던 루머의 개수가 T3 변수와의 상관관계

기간 (상관관계 n)	T3 불확실성	T3 불안	T3 커뮤니케이션 신뢰수준	T3 직업 만족도	T3 조직에의 헌신	T3 신뢰	T3 생산성	T3 잔류의지
T1(39)	.35*	.32*	-.20	-.22	-.32*	-.29^	-.08^	-.22
T1+T2(36)	.46**	.37*	-.38*	-.27	-.27	-.41	-.06	-.35*
T1+T2+T3(36)	.50**	.38*	-.40*	-.31^	-.30^	-.39*	-.05	-.37*
T2(36)	.40*	.30^	-.38*	-.20	-.18	-.36*	-.01	-.31^
T2+T3(36)	.47**	.33*	-.40*	-.28^	-.25	-.35*	-.02	-.34*
T3(40)	.36*	.25	-.27^	-.24	-.24	-.21	-.005	-.23

주) ^p<.10. *p<.05. **p<.01.

표 2.5

다양한 기간 동안 들었던 루머의 개수와 T4 변수와의 상관관계

기간 (상관관계 n)	T4 불확실성	T4 불안	T4 커뮤니케이션 신뢰수준	T4 직업 만족도	T4 조직에의 헌신	T4 신뢰	T4 생산성	T4 잔류의지
T1(29)	.18	.13	-.19	-.19	-.07	-.13	-.22	-.16
T1+T2(25)	.46*	.60**	-.36^	-.35^	-.10	-.30	-.36^	-.30
T1+T2+T3(20)	.53*	.51*	-.40^	-.43^	-.14	-.32	-.48*	-.40^
T1+T2+T3+T4(20)	.51*	.46*	-.33	-.40^	-.18	-.34	-.41^	-.36
T2(25)	.48*	.67**	-.30	-.28	-.04	-.29	-.28	-.30
T2+T3(20)	.51*	.53*	-.36	-.38^	-.12	-.31	-.43^	-.40^
T2+T3+T4(20)	.48*	.45*	-.27	-.35	-.17	-.32	-.35	-.34
T3(23)	.34	.27	-.12	-.17	.05	-.06	-.26	-.24
T3+T4(23)	.40^	.24	-.09	-.25	-.18	-.25	-.22	-.22
T4(29)	.42*	.32^	-.09	-.32^	-.15	-.32^	-.26	-.24

주) $^p<.10.$ *$p<.05.$ **$p<.01.$

표 2.6

T4 변수에 대해 동시기에 들었던 루머와 모든 시기에 들었던 루머의 위계적 회귀 테스트의 예측 능력

기간	T4 불확실성	T4 불안	T4 커뮤니케이션 신뢰수준	T4 직업 만족도	T4 조직에의 헌신	T4 신뢰	T4 생산성	T4 잔류의지
T4	.08	.04	.00	.04	.06	.07	.01	.02
T4+T1+T2+T3	.28^	.28^	.23^	.19	.06	.11	.30*	.17
R2 변화	.20*	.25*	.23*	.15^	.00	.04	.29*	.14

주) $^p<.10.$ *$p<.05.$

루머를 분류할 수 있는 방법은 무수히 많다. 이 중에서도 우리는 집단적 상황 인식으로서 루머의 주요 기능에 따라 분류하는 최근의 분류법을 소개했다. 따라서 우리가 제시했던 최근의 분류법은 주제의 내용, 집단적 관심의 목적 및 대중적인 루머의 추적이라는 면에서 좋은

평가를 받을 만한 것이다. 우리는 조직 변화와 관련된 루머의 분류법도 소개했다. 대개 루머가 자주 발생하지 않는다고 하지만 우리의 최근 연구는 루머가 본질적으로 이야기적 성격을 가지며 조직의 변화와 밀접한 관계를 갖는다는 사실을 보여주었다. 부정적인 루머가 긍정적인 루머에 비해 더 많이 떠돌아다닌다. 그리고 잠재적 위험성을 가진 루머는 거의 평균적으로 1주일에 한 번 회사의 홍보담당 전문가의 귀에까지 도달하고 있다.

루머는 중요하다. 루머는 여러 가지 중요한 결과들을 야기한다. 뿐만 아니라 이와 같은 현상은 루머를 믿고 안 믿고의 여부와 상관이 없다는 사실도 밝혀내었다. 루머의 영향력은 구체적으로 볼 수도 있고 추상적인 무형의 것일 수도 있다. 우리는 최근의 수많은 실험 연구들을 요약함으로써 루머로 인하여 투자자들이 트래킹 전략으로부터 이탈하는 현상을 밝혀냈다. 이와 함께 우리는 다양한 현장 연구도 다루었다. 다양한 분야에 걸친 교차 분야 조사도 있었고, 장기간을 추적한 연구도 있었다. 이들 연구는 루머가 조직에서 중요한 태도와 행동에 부정적인 영향을 끼친다는 사실을 증명해주었다. 즉, 스트레스, 직업 만족도, 조직에대한 헌신, 신뢰, 생산성, 잔류 의지 등에 미치는 루머의 부정적 영향을 볼 수 있었다.

제1장에서 말했던 것처럼 루머는 단순히 개인의 생각이 아니다. 루머는 사회적 커뮤니케이션이다. 루머를 듣게 되면 단순히 듣는 데서 그치는 것이 아니라 타인에게 전달하는 것이다. 어떤 루머들은 다른 루머에 비해 사회적 커뮤니케이션을 통해 빈번하고 광범위하게 전달된다. 왜 그럴까? 다음 장에서는 루머 전파와 관련된 심리적 요소들에 대해서 살펴보자.

Psychological Factors
in Rumor Spread

03

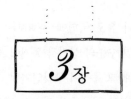

루머 유포의 심리적 요소

2004년 미국 대통령 선거 이전 적대심이 만연했던 몇 개월 동안, 우리들 중 한 사람이 전자우편을 통해서 존 케리 상원에 관한 거짓 루머를 받은 적이 있다.

문제 : 케리와 요한복음 16:3. 상원의원은 진정 그를 아는 사람이 우리들 중에서 누구인지를 밝혀내는 법을 안다. 이 점을 생각해보자! 케리는 지난주에 그의 신념이 자신에게 얼마나 "중요한" 것인지에 대해서 장황한 연설을 했다. 미국 국민들에게 자신이 대통령이 되어야 한다는 당위성을 설득하는 자리에서, 그는 자신이 가장 좋아하는 성경 구절이 요한복음 16:3이라고 말했다. 물론 연설문 작성가는 요한복음 3:16을 생각했을 것이다. 그러나 케리 진영의 어느 누구도 잘못을 발견해낼 만큼 성서에 정통한 사람이 없었다. 당신은 요한복음 16:3이 무슨 내용인지 아는가? 요한복음 16:3을 인용하면, "그들은 아버지 하나님이나 나를 알지 못하기에, 그러한 일들을 하게 될 지어다." 속마음은 예기치 못한 이상한 방법으로 전달되는 법이다.

마찬가지로 같은 시기에 조지 부시 대통령에 대한 거짓 루머도 인터넷상에서 떠돌고 있었음이 드러났다.

– Mikkelson ahd Mikkelson, 2004

이 장에서는 루머의 유포 이면에 존재하는 심리적 요소들을 살펴볼
것이다. 우리는 개인 수준의 심리적 동기에 초점을 맞출 텐데, 타인에
게 루머를 전파할 때 그 목적이 무엇인가에 대한 문제이다. 루머에 관
한 기존의 심리학적 연구는 루머 전파와 관련된 다섯 가지 변수들을
확인했다. 불확실성, 중요성 또는 결과와 연관된 개입, 통제의 결여,
불안, 믿음이다(Bordia & DiFonzo, 2002; Rosnow, 1991; Walker & Blaine,
1991).

우리는 각각의 변수들을 다루었던 기존 연구들을 검토할 것이다. 이
와 함께 다음과 같은 질문을 던질 것이다. "이 변수들이 루머 전파에
영향을 미치는 이유는 무엇인가?" 우리는 이 변수들이 사회적 인지와
행동에서 근본적인 목적을 대표한다는 사실을 주장할 것이다. 말하자
면 이러한 목적들을 실현하기 위해서 루머를 전파한다는 것이다.

우리는 왜 루머의 유포를 조장하는 지 그 목적을 이해하기 위해 사회
적 행동에서 볼 수 있는 동기들에 관한 기존 연구를 적용할 것이다.
아울러 동기를 이루는 기본적 내용을 증명할 수 있는 경험적 증거도
제시하게 될 것이다.

동기 접근법(motivational approcay)은 세 가지 이유에서 유용성을 갖는
다. 첫째, 과거의 연구는 루머 전파와 관련된 여러 가지 변수들을 찾
아내는 일에 주력했기에, 상대적으로 이 변수들이 루머 전파를 불러
일으키는 이유에 관한 이론화에는 크게 주목하지 못했다. 둘째, 동기
접근법을 통해서 루머 연구와 보다 광범위한 사회 심리학 연구를 접
목시킬 수 있다. 예를 들어 루머 전파를 자아 확대 활동으로 간주함으
로써 사회 정체성 연구와의 관련성을 찾을 수 있으며, 외(外)집단
(outgroup)을 경멸하는 루머가 내(內)집단(ingroup)에 대한 평가를 상승
시킬 수 있는 방법들을 고려할 수 있다. 셋째, 핵심 동기 접근법은 루
머 유포를 일으키는 다양한 영향력들을 밝혀내어 오늘날의 연구에서
찾을 수 있는 연구의 갭을 확인하도록 해준다. 한 예로, 루머 전파가

갖는 관계 확장 기능은 지금까지 그 중요성이 간과되었던 문제이다. 특정한 사회적 상호작용을 유발하는 동기는 무엇인가? 일반적으로 사람들은 다음에 제시하는 세 가지 목적 중 한 가지 이상을 성취하기 위해서 사회라는 세계와 상호 작용한다.

세 가지 목적이란, 효과적인 활동, 관계의 형성 및 유지, 자신에 대한 호감의 유지이다(Cialdini & Trost, 1998; Wood, 1999, 2000).

효과적인 활동이라는 목적을 달성하기 위하여 사람들은 사회적 상호작용을 통해서 사회적으로 용인된 방식을 통해 현실을 인식하고 환경에 효과적으로 대응한다.

또 관계의 형성 및 유지라는 목적을 달성하기 위해서 사회적 상호작용을 통해 사회적 동물로서 인간의 지속적 생존에 필수적인 관계를 형성하고 유지해나간다.

마지막으로, 이기적인 목적의 자기 확장이다. 이는 자칫 정보 처리 과정에서 몇 가지 편견을 만들어낼 수도 있다. 사회적 상호작용의 상황에서, 사람들은 자아에 대한 인식을 강조하려고 노력하며 각자의 자존심을 한층 높이기 위해 다양한 방법으로 사회적 환경을 활용하는 것이다.

루머 전파가 발생하는 상황에서 이러한 목적 속에는 세 가지 동기가 존재한다. 사실확인, 관계확장, 자아확장이 그것이다. 지금부터 우리는 각각의 동기들과 관련하여 루머 확장에 관한 기존 연구들을 검토할 것이다. 이를 위해서 기본적 목적이 사회적 상호작용에 활용되는 방식을 살펴볼 것이며, 그런 다음 루머의 상황에 동기 변수를 적용해볼 것이다. 그리고 루머 전파에 대한 이들 동기의 선례와 결과들에 대해 논의할 것이다. 끝으로, 경험적 연구로부터 얻은 결과를 활용하여 루머 전파를 위해 이들 동기가 차지하는 역할을 설명할 것이다.

사실확인 동기

효과적으로 행동하기 위한 목적은 사회라는 환경 속에서 사실확인으로 이어지는 경우가 많다. 물리적, 사회적 환경에 대해 효과적으로 대응하는 것은 인간의 생존을 위해 필수적이다. 이러한 목적은 사람들이 필요로 하는 통제(Bandura, 2001), 능력(White, 1959), 이해(Fiske, 2003; Fiske, Lin, & Neuberg, 1999) 등과 같은 다양한 요소 속에서 명백하게 나타난다. 효과적으로 행동하기 위해서는 주위를 둘러싼 환경에 대한 정확하고도 타당한 지식이 필요하다.

이 목적으로 인해 사람들은 정확한 정보를 찾고 또 이를 퍼뜨리려는 동기를 갖게 된다. 정확한 정보는 상황에 효과적으로 대응하기 위해 필수적이기 때문이다. 효과적으로 행동하기 위한 목적을 갖게 되면 정확한 정보를 원하게 될 뿐만 아니라 적절한 전략을 사용하여 그 정보의 정확성을 평가하게 된다. 이미 갖고 있는 지식과 비교를 한다든지 정보 출처의 신뢰성을 평가하는 것이다.

이 정보는 사회적 상황에서 흔히 찾아볼 수 있다(Fiske et al., 1999). 어떤 경우에는 노골적으로 다른 사람을 통해서 수동적이거나 우회적인 방식으로 정보를 구하기도 한다. 다른 사람의 사례를 따른다거나, 집단의 규범을 따른다거나, 다른 사람의 설득에 응하는 것이다.

또 주위의 사회적 환경으로부터 얻은 정보를 통해 다양한 각도에서 영향을 받는다(Cialdini & Trost, 1998). 실제로 객관적 현실을 수립하기 위해 행동하는 과정에서 가장 두드러진 현상은, 다른 유명인들의 경험과 비교함으로써 자신의 경험이 타당한지의 여부를 판가름하는 것이다.

사실확인 동기와 루머 유포

기존의 루머 연구들은 루머 유포와 관련된 여러 가지 변수들을 밝혀
내었다. 그 중에서도 사실확인 동기는 불확실성, 중요성, 통제력 상
실, 불안 등을 가장 잘 반영하고 있다. 불확실성이란 현재 발생하고
있는 사건이 무엇을 의미하는지 혹은 미래에는 어떤 사건이 발생할
것인지에 대한 심리학적 의심의 상태이다(DiFonzo & Bordia, 1998). 개인
적으로 중요한 문제에 대한 불확실성은 통제력을 상실했다는 불안감
을 갖게 한다. 예를 들어 회사의 구조조정과 그로 인해 자신의 직업에
파급될 결과를 정확하게 예측하지 못하다면, 이러한 변화에 어떻게
대처해야 할지 통제력을 상실했다고 느낄 것이다. 뿐만 아니라 거기
서 오는 불안감을 피할 수 없다(Blake & Mouton, 1983; Hunsaker & Coombs,
1988; Mirvis, 1985). 사람에게는 불확실성과 불안감을 줄이려는 동기가
있다. 그리고 환경에 대한 통제력을 복구하려는 의지 또한 갖고 있다
(Ashford & Black, 1996; Berger, 1987; Berger & Bradac, 1982). 다시 말해 불확
실성, 중요성, 통제력 상실, 불안감이 혼재된 상황은 앎에 대한 필요
성을 낳는다. 공식적 채널(경영진, 행정기관, 뉴스 미디어 등)을 통한 뉴스가
없다면 비공식적 네트워크(사무실 내 비밀정보망, 친구, 사교집단 등)를 통해
서 정보를 구하게 된다. 이와 같은 집단적 과정을 통해서 출현하는 상
황을 비공식적으로 해석한 것이 루머가 되는 것이다.
루머 유포에 있어서 불확실성이 갖는 역할에 대해서는 루머 유포에
관한 초기의 이론적 연구에서도 찾아볼 수 있었다. 벨지온(Belgion,
1939, p12)이 말했던 것처럼, "루머는 불확실성에 좌우된다." 프라사드
(Prasad, 1935)에 따르면, "드물고 생소한" 상황이 루머를 만들어낸다.
앨포트와 포스트먼(G. W. Allport & Postman, 1947b)은 루머 유포가 그 주
제의 중요성으로 배가 된 모호성과 정비례 관계에 있다고 말했다. 캡
로우(Caplow, 1947)가 관찰한 바에 따르면, 루머는 대체로 불확실성과

함께 증가한다. 페스틴저와 동료 학자들(Festinger et al., 1948)은 인지적 불명확성에 숨겨져 있는 문제들이 루머와 관련되어 있다고 지적했다. 새슈터와 버어딕(Schachter & Burdick, 1955)은 현장조사를 통해 불확실성의 영향력을 밝혀냈다. 그들은 한 사립여자고등학교에 루머를 한 가지 퍼뜨렸다. 그리고 학생 몇 명에게 불확실성을 만들어내는 가공된 상황을 만들어 주었다. 높은 불확실성 그룹은 가공된 불확실성 상황에 노출되지 않는 학생들(낮은 불확실성 그룹)에 비해 두 배나 높은 루머 유포 현상을 보여 주었다. 마찬가지로 파업으로 붕괴 위험에 직면해 있는 교외교통을 이용하는 사람들 사이에서도 불확실성이 루머 전파와 정비례 관계를 가지고 있었다(Esposito, 1986/1987).

제1장에서 논의했던 것처럼 루머에 대한 사회학 연구는 불확실한 상황에서 집단적 인식이 갖는 역할을 강조했다(Shibutani, 1966). 공식적 채널이 모호한 상황을 설명해 줄 정보를 제공하지 않을 때, 집단의 구성원들은 집단적 문제해결 과정에 참여하게 된다. 구성원들은 모호한 상황을 설명할 수 있는 정보를 공유하고 평가하는 것이다. 루머 유포를 동반하는 집단 문제해결에 관한 연구에서 우리는 인터넷상에서 떠도는 루머를 분석했다(Bordia & DiFonzo, 2004). 인터넷 토론 그룹에 포스팅된 루머 관련 280개 게시물의 내용을 분석한 결과, 상당 부분의 상호작용이 사실 확인을 위한 것이었음을 알 수 있었다. 집단의 구성원들은 루머와 관련된 정보를 찾고 공유했다. 그리고 그 정보를 평가하고 루머의 진실성에 대해서 판단을 내렸다. 루머의 상호작용을 통해서 불확실성을 경감시키고 불안한 상황을 인식했던 것이다.

루머 유포에서 주제의 중요성이 갖는 역할에 대해서도 경험적 연구가 이루어졌다. 로즈노우, 에스포지토, 기브니(Rosnow, Esposito, & Gibney, 1988)는 대학 캠퍼스 내의 살인 사건 이후에 발생한 루머 전파를 연구했다. 살인사건과 관련된 루머를 전파했다고 말했던 사람들의 비율은 같은 도시 다른 대학(낮은 중요성)에 있는 사람보다 해당 대학 캠퍼스(높은 중요성)에 있는 사람들이 두 배 더 높게 나타났다. 마찬가지로 교외 교통 이용자들에 대한 에스포지토(Esposito, 1986/1987)의 연구를 보면, 루머 내용의 중요성과 루머 전파 간에는 양의관계가 성립된다는 사실을 확인할 수 있다. 이와 같은 연구 결과를 볼 때, 사람들이 루머 유포를 하게 된다면 결과와 관련하여 루머를 유포시킬 필요가 있음을 알수 있다. 사람들이 확신을 가지지 못하는 문제는 한두 가지가 아니다. 그러나 사람들은 개인적인 관심 주제나 효과적인 행동 목적에 위협이 될 수 있는 주제에 관해서는 불확실성을 경감시키기 위해서 노력한다.

심리학적 통제는 두 가지 방식에서 루머 전파와 밀접한 관련을 가지고 있었다. 앞에서 살펴본 바와 같이 중요한 문제에 대한 불확실한 상황은 통제력을 상실했다는 생각(Ashford & Black, 1996; Bordia, Hobman, Jones, Gallois, & Callan, 2004)과 불안감을 갖게 한다. 기업의 대외 홍보담당이 루머를 듣게 되는 상황에 대해 연구하면서 불확실성이 불안에 미치는 영향 사이에는 통제력 상실이라는 감정이 개입된다는 사실을 발견했다(DiFonzo & Bordia, 2002a). 또한 동료 학자들과 함께 했던 연구(Bordia, Hunt, Paulsen, Tourish, & DiFonzo, 2004)에서도 대규모 조직 개편 중의 불확실성과 심리적 긴장 사이의 관계에 통제력 상실의 감정이 개입된다는 사실을 확인할 수 있었다.

둘째, 루머는 일차적인 통제력이 상실된 상황에서 2차적 통제력을 획득하기 위한 노력으로 밝혀졌다(Bordia & DiFonzo, 2002; Walker, 1996; Walker7 Blaine, 1991). 1차 통제력이란 행동이 중심이 되는 대응을 말한다. 즉, 자신이 원하는 방향으로 상황을 관리하고 변화시키는 것이다. 한 가지 예를 들어 보면 '조직 개편의 모호한 상황에 직면해서, 치열한 직업 경쟁에서 살아남으려면 직무 생산성을 높여야 한다'고 생각하는 상황이다.

2차 통제 전략은 1차 통제력이 불가능할 때 찾게 된다. 이는 감정 중심의 대응으로, 기대감을 낮추거나, 최악의 상황을 상정함으로써 실망을 최소화하거나, 상황을 우연의 탓으로 돌리거나, 혹은 주어진 상황의 의미를 이해하고 수용하려는 노력이다(Rothbaum, Weisz, & Snyder, 1982; Walker, 1996; Walker & Blaine, 1991). 예를 들어 정리해고 상황에 직면해서, 왜 그리고 언제 정리해고가 일어날 것인지에 대해 직원들끼리 주고받는 루머에 적극적으로 참여하는 상황이다.

워커(Walker, 1996)는 2차 통제력과 관련된 주제의 포함 여부를 알아내기 위해서 대학 캠퍼스에서 수집한 200개의 루머에 대한 내용을 분석했다. 모든 루머들이 2차 통제력과 관련된 내용을 포함하고 있었는데, 해석적 2차 통제력(사건의 의미를 설명함, n=93)이 가장 많이 발견되었고, 다음으로는 예측적 2차 통제력(향후 사건을 예측함, n=69)이 그 뒤를 이었다. 이 결과를 통해서 루머는 불확실하고 통제 불가능한 상황에서 통제력을 갖기 위한 방법임을 알 수 있다. 루머의 이러한 측면은 아직 충분히 연구되지 못했으며 더 많은 경험적 연구가 필요하다.

끝으로, 성향 불안과 상황 불안은 루머 유포와 관련성이 있다(Anthony, 1973, 1992; Rosnow, 1991). 제이거, 앤서니, 로즈노우(Jaeger, Anthony, & Rosnow, 1980)은 테일러의 표출불안척도(Manifest Anxiety Scale)를 활용하여 학생들의 성향 불안을 측정했다. 그들은 시험 기간 중 마리화나를 흡연한 학생들이 체포되었다는 루머를 퍼뜨렸는데, 높은 성향 불안을 가진 학생들이 낮은 성향 불안을 가진 학생들보다 이 루머를 더 많이 유포시켰다. 워커와 베커얼(Walker & Beckerle, 1987)은 상황 불안을 조작했다. 그들은 학생들을 불러서 시험 문제를 검증하고 개선하기 위해 모의시험에 응해줄 것을 요구했다. 실험에 참가한 학생들이 잠시 기다리는 동안 실험 집단에 심어 놓은 공모자들로 하여금 "이곳에서 실제로 무슨 일이 벌어지는지에 대한 루머 두 가지를 들었지"라고 말하면서 두 가지 루머를 퍼뜨리도록 했다. 불안 증폭을 위한 첫 번째 루머는, 여기에서 모의시험을 보는 진짜 목적은 부정행위자를 적발하기 위함이라는 내용이었다. 그리고 불안 경감을 위한 두 번째 루머는, 교수가 강의실 실연(實演) 효과를 측정하고 싶어 한다는 내용이었다.

높은 상황 불안 조건에 놓인 참가자들은 무엇이 진짜 상황인지를 주의 깊게 지켜보았다. 그러나 실제로는 비디오테이프였다. 공모자들에게는 까다로운 질문이 제기되었다. 이와는 달리 낮은 상황 불안 조건에 놓인 참가자들은 그냥 질문지의 문제를 읽어 내려갔다. 잠시 뒤, 다른 공모자가 참가자에게 질문했다. "오늘 여기에서 무슨 일이 벌어지고 있는 거지?" 여기에서의 종속변수는 참가자들이 루머를 퍼뜨리는데 필요한 자극의 개수였다. 높은 상황 불안 조건에 놓인 참가자들은 루머를 자기 입으로 반복하는데 평균적으로 두 개의 자극만이 필요했다. 이와는 달리 낮은 상황 불안 조건에 놓인 참가자들은 네 개 이상의 자극이 필요했다.[13]

워커와 베커얼(Walker & Beckerle, 1987)은 재미있는 사실을 하나 발견해 냈다. 높은 상황 불안 조건에 처한 참가자들이 낮은 상황 불안 조건의 참가자들보다 루머의 전달이 근소한 정도로 부정확했다는 사실이다. 이와 같은 결과는 한 가지 가능성을 제기하는데, 사실 동기는 매우 중요한 문제에 대한 불확실성 때문에 갖게 되지만 불안은 사실 확인의 정확성을 방해할 수 있다는 것이다. 이 가능성은 정보처리 과정에서 불안의 역할에 대한 연구에서도 나타난다. 불안은 위협적 자극을 탐색하는 인지 수단에 영향을 미침으로써 인간의 시각을 왜곡시킨다(Calvo & Castillo, 1997). 뿐만 아니라 모호한 신호로부터 나오는 위협을 과장하기도 한다(MacLeod & I. L. Cohen, 1993).

사람은 불안에 빠지면 공포의 루머가 말하는 참혹한 운명을 자신의 감정적 상황과 일치시키면서 이들 루머가 설명하는 바를 그대로 수용하기도 한다. 이는 왜 공포 루머가 일반적으로 희망 루머보다 더 널리

---

13) 여기에서의 연구 결과는 주의 깊게 해석해야 한다. 왜냐하면 불안을 조장할 때 영상을 통한 자극은 통제 조건과 견주어 보았을 때, 루머를 보다 진지하게 곱씹어볼 수 있게 만들 수도 있었기 때문이다. 따라서 향후 연구에서 여기에서의 실험을 되풀이한다면 보다 비교 가능한 자극이 필요할 것이다.

유포되는지에 대한 이유를 설명해준다(S. R. Kelley, 2004; R. H. Knapp, 1944). 개인적으로 매우 중요한 문제와 관련하여 불확실한 사건에 대한 불안감은 루머의 내용을 부정적이고 위협적인 것으로 해석하게끔 만든다. 그러므로 루머를 통해 현재 겪고 있는 불안감을 정당화시키는 것이다(Festinger, 1957). 이 문제에 대한 본격적인 논의는 루머가 좀 더 정확해지거나 부정확해지는 방식을 다루게 될 제7장에서 이루어질 것이다.

관계확장 동기

사회적 관계는 인간의 생존에 필수적이다. 인간은 사회적 관계를 통해 배우자 선택, 자녀 부양, 의식주 해결, 침입자로부터의 보호 및 결핍 상황에서의 생존과 같은 중요한 목적들을 실현해나간다(Baumeister & leary, 1995; kenrick et al., 2002). 관계를 형성하고 유지하기 위한 목적은 일상생활의 다양한 대인관계 활동에서 찾아볼 수 있다. 예를 들어 타인과 교제하고, 타인을 위해 그의 설득에 응하거나 규범에 순응하고 (Cialdini & Trost, 1998), 자기 이미지 관리, 그리고 아첨과 같은 자기 피알 전술(Leary, 1995)을 사용하는 등의 행동이다. 또 대화의 주제를 회피함으로써 대화 상대자와 갈등을 일으키거나(Knobloch & Carpenter-Theune, 2004) 상대에게 상처를 주기도 하며(Rawlins, 1983), 재미있고 경외심을 유발하는 주제를 이용함으로써 타인의 이목을 끌기도 하고 (Guerin, 2003), 타인을 기만하기도 한다(Kashy, 1998). 테서와 로젠(Tesser & Rosen, 1975)에 따르면, 사람들은 부정적인 소식을 상대에게 전달하는데 주저한다고 한다. 그것은 상대에게 자칫 자신에 대한 부정적 이미지를 심어줄 수 있기 때문이다. 이처럼 부정적 정보를 숨기는 것을 침묵효과(MUM effect)라 한다(역자주. 여기에서 'MUM'은 침묵이라는 뜻 외에도 불쾌한 메시지를 최소화한다(minimize unpleasant messages)는 본래 의미를 담고 있다).

상대방과의 관계 고려는 목적 표현방식에 영향을 준다. 예를 들어 단기간의 관계에서나 관계형성의 초기에는 상대에게 즐거움을 주고. 자신의 인상을 좋게 심어주기 위해 많은 노력을 한다. 그리고 이때는 정직성이 흐려지기도 한다. 이는 긍정적인 효과를 만들어내기 위한 관계형성의 목적 때문이다. 따라서 상대방의 관심을 끌 수 있는 정보라면 그 진위 여부에 크게 신경 쓰지 않고 발설하게 된다. 그러나 사적이고 장기간 지속되는 관계에서는 정확한 정보의 공유가 강조된다(Stevens & Fiske, 1995). 뿐만 아니라 이야기에 관한 인류학 연구를 보면, 구전되는 이야기의 내용은 개인간의 목적(대상의 주의 끌기), 집단의 목적(차별적 지위의 유지) 및 집단간 목적(일부 청중에게만 유용한 이야기를 함으로써 관계없는 사람들을 배제)을 증진하기 위해서 조작되기도 한다(Sygiyama, 1996).

관계확장 동기와 루머 유포

루머에 관한 기존의 연구들은 관계확장 목적에 대해서는 크게 관심을 갖지 않았다(Guerin, 2003).[14] 한 가지 예외라면, 긍정적 루머와 부정적 루머의 유포에 관한 연구를 들 수 있다. 캐민스와 포크스 그리고 퍼너는 침묵효과를 적용하면서 사람들이 부정적 루머의 전달을 자제할 것

14) 물론 일반적인 수준에서 커뮤니케이션의 사회적 규칙을 따를 때(Higgins, 1981), 사람들은 루머의 주제에 조금의 관심도 없는 다른 사람과는 루머를 공유하려고 하지 않는다. 예를 들어, 사람들은 데이트를 즐기는 저녁 식사 자리에서 업무에 관한 대화를 피하려고 하는 것과 같다.

으로 내다보았다. 그 이유는 부정적 루머로 인하여 상대방에게 부정적 영향을 준다면 이는 관계확장이라는 목적에 어긋나기 때문이다. 연구 결과는 이러한 예측을 뒷받침해 주었다. 실험 참가자들은 부정적 루머보다 긍정적 루머를 더 많이 전파하려고 했던 것이다.

한편 부정적 루머를 전파하는 것도 관계를 유지시키는 주요한 요인이 될 수 있다. 특히 친밀하며 장기간 지속된 관계일수록 그러하다. 왜냐하면 부정적 사건을 예측하는 루머를 통해 그 문제에 대처하도록 도울 수 있기 때문이다. 한 예로, 위니그와 그로에넨붐 그리고 윌크(Weenig, Groenenboo, & Wilke, 2001)는 부정적인 정보를 친구에게 알려주는 것이 위험한 상황을 피하는 데 도움이 된다고 판단될 때, 부정적인 정보의 전파가 더욱 빈번하게 일어난다는 사실을 밝혀냈다. 가까운 친구는 유용한 정보를 공유하는 경향이 있다. 비록 그것이 부정적 정보라 할지라도 위험에 대비하기 위해 친구들 간에 정보를 공유한다. 따라서 부정적인 루머를 공유하는지 긍정적인 루머를 공유하는지의 여부는 관계라는 맥락을 고려해야 판단할 수 있다.

루머에 대한 믿음으로 그것을 전파하는 것이 옳다는 판단을 설명해야 할 때 관계확장 동기는 더욱 두드러지게 나타난다(Rosnow et al., 1988). 사회의 네트워크로 수용되기 위해서는 정보의 출처가 신뢰할만하다는 평가가 무엇보다도 중요하다(Caplow, 1947; Guerin, 2003; Stevens & Fiske, 1995). 이와 같은 평가를 얻을 수 있는 한 가지 방법으로 정확하고 믿을 만한 정보 공유가 있다. 노동분쟁을 겪고 있는 대학의 교직원들 사이에서도 루머에 대한 믿음이 그 전파와 밀접한 관계가 있는 것으로 나타났다(Rosnow et al., 1986). 뿐만 아니라 학생 살해 사건이 발생했던 대학 캠퍼스에서나, 한 학생이 갑작스런 뇌수막염으로 사망한 사건이 발생했던 캠퍼스에서나(Rosnow et al., 1988), 총기사고가 일어났던 워싱턴 D.C. 근처의 대학 캠퍼스 학생들 사이에서도(Pezzo & Beckstead, 2006) 루머에 대한 믿음과 루머의 전파 사이에는 깊은 관련성이 있었다.

킴멜과 키퍼(Kimmer & Keefer, 1991)는 에이즈에 관한 루머가 전파되지 않는 이유가 바로 루머에 대한 불신에 있다고 했으며, 로즈노우(Rosnow, 1991)는 믿음과 전파 사이에 존재하는 온건한 평균 영향력(r=.30)을 보고했다.

가치 있는 정보를 소유하고 공유하는 것은 개인이 속해 있는 사회적 네트워크 속에서 자신의 지위와 명성을 고양시키는 방법이기도 하다(Brock, 1968; Fromkin, 1972; Lynn, 1991). 높은 지위를 가진 사람에게는 더 큰 호감과 가치와 존경심을 갖게 마련이다. 전쟁이나 자연재해와 같은 불확실성과 위험이 충만한 시기에는 그 어느 때보다도 정보의 가치가 높아진다. 사람들은 자신의 사회적 지위를 끌어올리려는 생각에 자신도 모르는 사이에 루머를 전파한다. 앨포트와 포스트먼(G. W. Allport & Postman, 1947b)은 루머 유포에 관한 사례를 하나 제시했다. 제2차 세계대전 기간 중에, 이탈리아계 미국인 공동체 내에서 몇몇 사람들만이 트랜지스터 라디오를 소유하고 있었다. 그들은 "정통한 소식통"으로서의 자신의 지위를 드러내려고 라디오를 통해 방송된 프로파간다를 유포했다. 루머를 유포함으로써 정통한 소식통이 되는 것은 다른 사람들로 하여금 자신에게 더욱 큰 호감과 가치와 존경심을 갖게 만드는 한 가지 방법이었던 것이다.[15]

자아확장 동기

자아확장의 목적은 자신에 대한 호감을 발휘하고자 하는 마음이다.

---

15) 정통한 소식통으로 간주되는 것도 마찬가지로 자기확장이다. 이러한 동기들을 세분하기 위해서는 추가적인 연구가 필요하다(이 책의 10장을 참조).

사람들은 긍정적인 자기 이미지를 유지하려고 하며, 또한 높은 자부심을 가지려 한다(Kunda, 1999; Steele, 1988). 자기확장이 사고와 판단에 편견을 갖게 만든다는 사실은 잘 알려져 있다(Kunda, 1999). 예를 들어 대부분의 사람들은 자신이 평균 이상의 능력을 가지고 있다고 생각한다. 만일 사람들에게 어떤 성격(외향성 등)이나 어떤 능력(운전 등)이 요구되는 상황이라고 믿게 만들면 자신이 이러한 성향을 매우 높게 가지고 있는 것으로 평가하며, 과거의 경험을 들어 자신이 이러한 성향과 능력에 적합한 인물임을 강조하려 한다(Kunda, 1990). 자아확장 편견에 대한 두 번째 예를 들어보겠다. 다른 사람들과 비교 했을 때, 자신의 성격이·보다 바람직한 결과를 이끌어낼 것이라 생각한다. 리더십이 필요한 지위, 행복한 결혼 등있다(Kunda, 1987). 세 번째 예는, 자신의 태도에 반하는 정보로 인해 자기 이미지가 훼손될 것 같다는 생각이 들면 그 정보를 거부한다. 그러나 별다른 관계가 없는 문제에 대해서는 그다지 거부하지 않는다. 즉, 자신의 태도에 반하는 정보를 평가할 때에도 방어적 자세를 취하지 않으며 쉽게 설득되는 모습을 보인다(G. L. Cohen, Aronson, & Steele, 2000)

자기확장 편견은 집단에 속한 구성원에게도 적용된다. 자신에 대해서 가지고 있는 인식 중 일부는 소속된 집단으로부터 나온다. 이를테면 인종이나 성(性) 관련 단체나 학술이나 기술 등의 전문가 집단, 혹은 취미 동호회, 학생회, 영예학생단체 등의 사교 집단 등이 있다. 사람들은 높은 위상과 명성을 가졌다고 생각되는 집단과 자신을 동일시함으로써 자기 가치의 의미와 인식을 이끌어낸다(Hogg & Abrams, 1988). 이러한 자기 동일화는 판단력에 편견으로 작용한다. 그리하여 소속된 집단(내집단)에 대해서는 우호적이지만 아무런 관련 이 없는 집단(외집단)에 대해서는 일절의 책임감도 갖지 않게 만든다. 내집단에 대한 부정적 정보에 매우 비판적인 태도를 보이는 반면, 내집단에 대한 긍정적 정보에 대해서는 그렇지 않다(Dietz-Uhler, 1999). 또한 내집단에 대한 긍정적 정보를 내집단의 전형적 모습으로 수용한다.

한편, 외집단의 성공은 외부적 요인 때문이라고 생각하면서 외집단의 실패는 불안정한 내부적 속성에서 비롯된 것으로 판단한다(Beal, Ruscher, & Schnake, 2001; Pettigrew, 1979). 외집단에 대한 부정적인 반응은 내집단의 이익이 침해당하고 있을 때 더욱 두드러지게 나타난다(Bobo & Kluegel, 1993). 이때 내집단 구성원들은 외집단에 대한 부정적인 말을 하면서 그들보다 자신들이 우월하다는 높은 자부심을 갖게 된다(Fein & Spencer, 1997). 흑인에 대한 부정적인 고정관념("흑인들은 지적 능력이 떨어진다")을 믿는 백인들은 흑인으로부터 위협을 느끼고 있었지만, 그런 위협을 느끼지 않는 백인들은 흑인에 대한 고정관념을 믿지 않았다(Quist & Resendez, 2002). 외집단에 대한 부정적 고정관념은 내집단에 대한 호의적 가치를 유지시키며(Goodwin, Operario, & Fiske, 1998), 외집단에 대한 비호의적 행동을 정당화시킨다(Quist & Resendez, 2002).

자기확장 동기와 루머 유포

자기확장 동기는 자신의 이득을 위해 노골적이면서도 의식적으로 루머를 퍼뜨리게 동시에 무의식적으로 이기적 루머를 선택하고 유포하도록 만든다. 먼저 자신의 이득을 위해서 의식적인 동기를 가지고서 루머를 유포하는 문제에 대해서 논의해보도록 하자. 그런 다음 루머의 인지 과정에서 자기확장이 갖는 역할에 대해서 생각해보자.

이 문제는 지금껏 충분한 주목을 받지 못했다. 그렇지만 기존의 루머 연구는 악의적 동기를 가진 선전 전술의 한 부분으로서 루머가 만들어지고 유포된다는 사실을 보여주었다(G. W. Allport & Postman, 1947b; DiFonzo & Bordia, in press; Kapferer, 1987/1990; Rosnow, 2001; Sinha, 1955; P. A. Turner, 1993). 큰 이익이 걸린 사안이 생기면(국회의원 선거 혹은 고도로 경쟁적인 소비자 시장에서의 상품 판매 등) 루머는 가시적 이득을 만들어낸다. 전쟁 기간에는 적군을 교란시키기 위해 의도적으로 루머를 유포하기도 한다(G. W. Allport & Postman, 1947b; Mihanovic, Jukic, & Milas, 1994). 판매 영업사원들도 루머를 사용하여 고객을 경쟁사 상품으로부터 이탈시켜 교묘하게 자기 상품을 구매하도록 독려한다. 루머는 구전 광고 제조기의 핵심이 되는 것이다(Kapferer, 1987/1990; P. A. Turner, 1993). 선거기간 중에는 상대진영 후보의 위신을 실추시키는 루머가 난무한다(Kapferer, 1987/1990; Sinha, 1952). 이런 루머를 일컬어 "귓속말 선거운동"이라 부르기도 한다(G. W. Allport & Postman, 1947b, p184). 인도 마드야 쁘라데쉬 주의 선거에서 의회당은 당시 상대정당인 바라티야 잔타 정당 소속이었던 인도 수상이 쇠고기를 먹는다는 거짓 루머를 유포했다. 힌두교도에게 소는 신성한 동물이다. 따라서 쇠고기를 먹는 것은 당연히 금기시되고 있다. 이러한 상대 정당의 루머 유포로 인도 수상은 커다란 어려움에 빠지게 되었다. 그는 "쇠고기를 먹느니 차라리 죽음을 택할 것이다"라고 말하면서 공개적인 해명에 나섰다(Verma, 2003). 파인(Fine, 2005)에 따르면, 악의적 루머는 그 루머를 퍼뜨린 사람이 자기 행동의 악의적 속성에 상관없이 거짓을 유포할 수 있는 한 가지 방법이다. 그들은 루머의 불확실성을 낙으로 삼는 것이다.

의식적 루머 유포가 발생하는 상황은 매우 다양하다. 그러나 지금까지 이것이 이익의 한 변수라는 사실이 간과되어 왔다. 한 가지 이유를 들자면, 의식적이고 악의적인 루머 유포는 인간 본성의 적대적 성격을 보여준다. 뿐만 아니라 "삶의 추악한 취약점"을 만들어낸다(Leary, 1995, p9). 물론 루머가 만들어지는 적대적 의도가 루머의 성장을 보장해줄 수는 없다(Horowitz, 2001).

루머가 뿌리를 내리기 위해서는 비옥한 토양이 있어야 하며 몇몇 사람들의 상상력을 자양분으로 삼아야 한다. 루머가 유포되기 위해서는 한 가지 이상의 동기가 필요하다는 것이다. 루머는 장난기 많은 사람이 만들어내기도 하고, 그 장난으로 우연한 자극제를 얻기도 한다. 그러나 루머가 널리 유포되고 떠돌려면 사실확인, 관계확장, 자기확장 등의 동기를 수행해야만 한다. 그럼에도 불구하고 우리는 대중의 정서를 의식적으로 조작함으로써 루머를 사용하는 문제에 더 큰 관심을 가져야 한다고 생각한다(DiFonzo, & Bordia, in press를 참조). 선전을 위해서 루머를 사용한다는 것을 알게 된다면 사람들은 보다 주의깊게 정황을 살피게 될 것이며, 루머꾼들의 책략에 단순한 희생양이 되지는 않을 것이다. 불신을 퍼뜨리는 자들을 불신하는 법을 배워야 하는 것이다.

자기확장 동기가 루머를 유포시키는 두 번째 방법은 다음과 같다. 루머 유포는 한 개인의 사회적 정체성을 고양시킴으로써 그의 자부심을 고취시킨다. 앞에서도 이야기했던 것처럼 집단은 내집단에게는 호의적이면서 외집단은 경멸하는 내용이 담긴 이야기를 선호한다. 이렇게 볼 때 외집단을 경멸하는 루머가 내집단을 부정적으로 이야기하는 루머보다 더 널리 유포되는 현상은 그다지 놀라운 일이 아니다. 예를 들어 내프(R. H. Knapp, 1944)가 제2차 세계대전 중에 수행했던 연구에서, 리더스다이제스트 독자들에게 그들이 들었던 루머에 대해 조사했다. 총 1089개의 루머를 수집할 수 있었는데, 이들 중 60퍼센트가 특정 사회 집단을 경멸하는 내용이었으며, 그것은 이간질 루머로 분류할 만한 수준이었다. 집단 간의 불화를 조장하는 루머였던 것이다.

자기확장 동기는 루머가 자기확장 태도를 합리화하기 위해서 유포될 때에도 나타난다. 루머를 평가할 때 사람들은 현재 가지고 있는 편견을 지지하거나 정당화하는 루머를 보다 선호하는 경향을 보인다. 정당화되지 않은 편견은 불쾌한 생각일 뿐이다. 그러나 편견은 이를 뒷받침하는 루머를 통해서 정당성을 획득한다(Van Dijk, 1987, p62). 다시 말해 루머는 원하는 신념 체계를 위한 "정당성 수립"의 과정에 도움을 주는 것이다(Kunda, 1990, p483). 앨포트와 포스트먼(G. W. Allport &

Postman, 1947b)은 "루머는 유포되면서 스스로를 합리화한다"고 말했다. 이 말은 외집단을 경멸하는 루머는 편견을 표출하는 동시에 그것을 정당화한다는 의미이다. 백인들과 흑인들 사이에 회자되는 루머는 노골적인 적개심과 폭력성을 드러내며 차별을 정당화한다.

똑같이 모호한 사건을 다른 집단의 다른 사람들이 자기 방식대로 다르게 해석할 때 자기확장 편견의 또 다른 극적 양상이 나타난다. 폭력적 행동을 자행한 범법자에 대한 해석은, 이에 대한 루머를 말하는 사람의 인종적 배경에 따라 서로 다르게 나타난다. 이를테면 백인 사회에서 떠도는 흑인 범법자에 대한 이야기와 흑인 사회에서 떠도는 백인 범법자에 대한 이야기를 꼽을 수 있다(Rosnow, 2001). 미국 정보원은 이라크 전쟁 중 바그다드의 어느 호텔이 테러리스트의 폭격으로 파괴되었다고 말했지만, 이라크 현지에서 떠도는 루머는 이와 달랐다. 그것은 궤도를 이탈한 미국의 미사일이 호텔 위에 떨어졌다는 내용이었던 것이다(Shanker, 2004).

루머유포 동기의 맥락적 결정요인

일반적으로 목적을 위협하는 상황은 관련된 동기를 부추기기 마련이다. 주변 환경에 효과적으로 대응할 수 있는 인간의 능력이 위협받을 때, 사실확인 동기가 출현한다. 즉, 정확한 정보를 찾아 나서는 것이다. 예를 들어 자기 회사와 경쟁사 간의 합병 이야기를 듣게 되었을 때 직원들은 합병의 결과로 회사 구조에 어떤 결과가 초래될 것인지 정확한 정보를 얻고자 한다. 마찬가지로 자신이나 내집단이 위협에 노출되었을 때, 자기확장 동기가 나타난다. 요컨대 자신에게 득이 되는 정보에 호감을 갖게 되는 것이다. 이러한 상황에서 루머의 정확성에 대해서는 그다지 큰 관심을 기울이지 않고, 단지 루머의 자기확장 가치에 대해서만 생각한다.

또 어떤 때에는 상황의 성격과 특성이 특정한 목적을 두드러지게 만든다. 예를 들어 로맨틱한 관계로 발전하는 데 관심이 많은 젊은이들은 관계확장 동기에 따라 행동할 가능성이 높으며, 상대방의 관심을 끌고 유지하려는 루머를 공유하려는 성향을 보인다.

어떤 경우에는 두 개 이상의 동기들이 함께 작동하기도 한다. 하나의 루머에서 관계확장 동기와 자기확장 동기가 동시에 발견되는 경우를 흔히 볼 수 있다. 내집단에 긍정적인 루머를 유포하는 것은 자부심을 고양시킨다는 측면에서 자기확장 동기를 가진 것이라 할 수 있다. 뿐만 아니라 내집단의 다른 구성원에게도 좋은 인상을 심어줄 수 있다. 따라서 여기에서는 관계확장의 동기가 발견된다.

마찬가지로 외집단을 경멸하는 루머는 자기확장을 위한 것이면서 동시에 내집단 구성원들 간의 응집력과 유대감을 단단히 다지는 데 도움이 된다. 그러나 각각의 서로 다른 동기가 경쟁적 관계에 놓이는 경우도 있다. 예를 들어 루머를 듣는 사람이 외집단 구성원일 때, 긍정적 내집단 루머를 공유하는 것은 자기확장의 동기를 갖게 된다. 그러나 긍정적 외집단 루머를 공유하는 것만큼 관계확장 동기에는 큰 도움이 되지 못한다.

여기에서 한 가지 사례를 들어보겠다. 한 대학생이 내년에 유에스 뉴스 엔드 월드 리포트(U.S. News & World Report)지에 발표될 대학 순위에서 자신의 학교가 지금보다 하위에 랭크될 것이라는 소문을 들었다. 이 루머는 불안감을 조장하고 그 진위를 확인하고자 하는 필요성을 유발시킬 것이다. 말하자면 사실확인 동기가 시작되는 것으로 내집단 구성원들과 루머를 공유하게 되는 것이다. 그러나 이 루머는 학생의 체면을 손상시킬 것이므로 외집단 구성원들에게 전파될 가능성은 매우 낮다. 만일 외집단의 내년도 대학 순위에 관한 루머를 들었다면 어떠하겠는가? 수위가 상승하리라는 긍정적 루머는 외집단의 친구에게 전파될 가능성이 높다. 왜냐하면 이 루머는 관계확장에 도움이 되기 때문이다. 그러나 순위 하락에 관한 부정적 루머의 경우는 내집단 구성원들에게 전파될 가능성이 더 높을 것이다. 그것은 자기확장 동기 때문이다.

이를 테스트하기 위해서 우리는 한 가지 연구를 수행했다. 이 연구에서 우리는 루머 결합을 조작하고(부정적 혹은 긍정적), 루머의 대상을 정하고(내집단 혹은 외집단), 루머를 듣는 사람(내집단 혹은 외집단으로부터의 지인)을 구성했다. 이 연구는 캐민스(Kamins et al., 1997)가 사용했던 방법론을 차용했는데, 한 가지 중요한 측면의 확장을 꾀하였다. 루머를 듣는 사람이 내집단에 소속되는지 외집단에 소속되는지의 여부를 엄밀하게 구분한 것이다. 루머는 다음 호 유에스 뉴스 앤드 월드 리포트지에 실릴 랭킹별 대학 순위의 상승 혹은 하강에 대한 것이었다. 실험 참가자는 로체스터 공학 연구소(Rochester Institute of Technology, RIT)의 대학원생들로 구성되었다. 따라서 RIT가 내집단이 되었다. 외집단은 같은 도시의 다른 대학인 로체스터 대학(University of Rochester, UofR)으로 했다. 우리 연구는 2(결합: 랭킹의 상승 혹은 하락) x2(대상: RIT 혹은 UofR에 대한 루머) x2(청취자: RIT 혹은 UofR의 지인) 디자인을 이용했다. 실험 참가자들에게는 한 가지 가상의 시나리오를 제공했다. 그것은 RIT의 한 친구가 "사실인지는 잘 모르겠지만, 내년에 유에스 뉴스 앤드 월드 리포트지에서 RIT(혹은 UofR)의 랭킹이 네 등급 떨어질(혹은 올라갈) 것이라는군"하고 말해준 상황이었다.

그런 다음, RIT(혹은 UofR)에 다니는 지인을 만나게 된 상황을 상상해 보라고 했다. 다음 두 가지 항목에 대해서 참가자들에게 자신이 들은 루머를 지인과 공유하게 될 가능성에 대해서 질문했다(루머 전파의 가능성). "대학 랭킹에 관해서 들었던 이야기를 다른 학생들에게 얼마나 말할 것 같은가?" 그리고 "당신은 이 이야기가 다른 지인들에게 이야기할 만큼 중요한 것이라고 생각하는가?"였다. 이 두 문항은 서로 밀접한 관련성을 가지고 있었으며(r=.90), 전파 가능성을 측정하는 척도와도 연관되어 있었다.

전파 의도에 내재된 동기의 역할을 밝혀내기 위해 사실확인 동기도 측정했다. "당신은 들은 이야기가 진실인지의 여부를 밝혀내기 위한 동기를 어느 정도로 가지고 있는가?"라는 질문과 "당신의 이야기를 들었던 지인이 그 이야기의 진위 여부에 대해서 어떻게 생각하는지를 당신은 얼마나 알고 싶은가?"라는 질문을 제시했다(r=-.53).

관계 확장 동기에 대해서는, "당신이 이 이야기를 전달했을 때, 이야기를 들은 지인이 당신에게 어떤 감정을 가질 것이라 생각하는가?"와 "당신이 이야기를 했을 때, 이야기를 들은 지인이 당신에 대해 가지고 있었던 호의적 감정이 어떻게 변할 것이라고 생각하는가?"라는 질문을 제시했다(r=65).

끝으로 자기확장 동기에 관해서는, "당신은 스스로에 대해 좋은 감정을 갖게 해줄 이야기를 다른 사람에게 전달할 동기를 가지고 있다"와 "당신은 스스로에게 호의적 분위기를 만들고자 하는 동기를 가지고 있다"라는 문항을 제시했다(r=71). 모든 문항에 대한 평가는 각각 총 9점으로 이루어졌다.

그림 3.1에서부터 3.3까지는 사실확인, 관계확장, 자기확장 동기들에 대한 결과를 보여준다. 전체적으로 동기는 예상했던 패턴을 보여주었다. 사실확인 동기가 가장 높게 나타난 것은, 내집단에 대한 부정적 루머를 들었을 때와 청취자 또한 내집단의 구성원일 때였다(그림 3.1 참조). 관계확장 동기가 가장 높게 나타난 것은, 외집단에 대한 긍정적 루머를 듣고 청취자 또한 외집단 구성원일 때였다(그림 3.2 참조). 마지막으로 자기확장 동기가 가장 높게 나타난 것은, 내집단에 대한 긍정

그림 3.1

● 루머 청취자, 내집단 구성원(RIT)　　◉ 루머 청취자, 외집단 구성원(UofR)

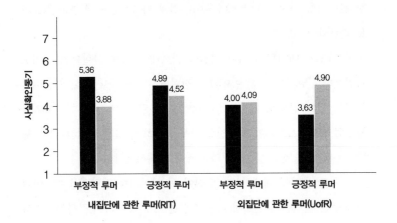

사실확인 동기: 청취자가 내집단 혹은 외집단일 때 내집단 혹은 외집단에 대한 긍정적 루머를 듣는 경우와 부정적 루머를 듣는 경우. RIT=로체스터 공학연구소, UofR=로체스터대학교.

적인 루머를 듣고, 청취자는 외집단 구성원일 때였다(그림 3.3 참조). 동기가 갖는 강도는 루머 결합의 기능, 루머 대상, 루머 청취자 등에 따라서 다양하게 나타났다.

루머 전파 가능성의 결과에 대해서는 그림 3.4에 나타나 있다. 여기에서 몇 가지 흥미로운 패턴을 발견할 수 있다. 첫째, 내집단에 관한 루머는 내집단 청취자에게 전파될 가능성이 더 높았다. 일반적으로 내집단 청중은 모든 조건에서 선호하는 대상이었다. 한 가지 예외라면 루머가 외집단에 대한 긍정적인 것이었을 때였다. 둘째, 침묵효과와는 달리, 루머가 내집단에 관한 것이고 청취자가 내집단의 구성원이었을 때 긍정적 루머와 부정적 루머 모두 전파가 잘 이루어지는 모습

그림 3.2

● 루머 청취자, 내집단 구성원(RIT)　● 루머 청취자, 외집단 구성원(UofR)

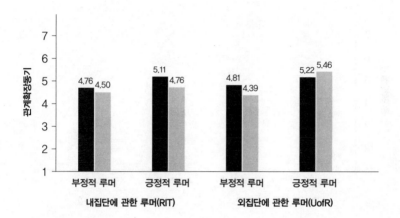

관계확장 동기: 청취자가 내집단 혹은 외집단일 때 내집단 혹은 외집단에 대한 긍정적 루머를 듣는 경우와 부정적 루머를 듣는 경우. RIT=로체스터 공학연구소, UofR=로체스터대학교.

을 보여주었다. 다시 말해 실험 참가자들은 부정적 루머를 내집단 구성원에게 주저없이 전파하는 것이다. 우리는 이러한 효과 이면에 사실확인 동기가 있을 것으로 기대했다. 이를 알아보기 위해서 우리는 매개분석을 실시했다. 이를 통해서 루머를 듣는 사람(내집단과 외집단)이 그 루머가 부정적이고 내집단에 관한 것이었을 때 루머 전파의 가능성에 미치는 영향력을 살펴보았다. 우리는 실험 참가자가 내집단에 관한 부정적인 루머를 (외집단 구성원에 비해) 내집단 구성원들에게 더 많이 전파하게 될 것으로 예측했다. 왜냐하면 그들은 루머의 진위 여부 파악을 원하기 때문이었다. 우리의 예측은 부분적으로 옳았다. 루머를 듣는 사람이 루머 전파 가능성에 미치는 영향력 사이에 사실확인

그림 3.3

● 루머 청취자, 내집단 구성원(RIT)　　● 루머 청취자, 외집단 구성원(UofR)

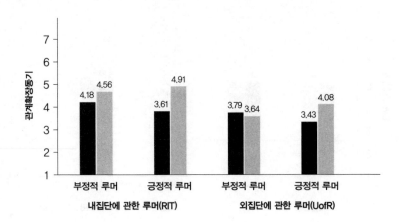

자기확장 동기: 청취자가 내집단 혹은 외집단일 때 내집단 혹은 외집단에 대한 긍정적 루머를 듣는 경우와 부정적 루머를 듣는 경우. RIT=로체스터 공학연구소, UofR=로체스터대학교.

동기가 부분적 매개요인으로 작용했기 때문이다.[16]

셋째, 루머의 청취자가 외집단이었을 때 침묵효과가 작동했다. 다시 말해 부정적 루머보다 긍정적 루머가 외집단 청취자에게 보다 많이 전파되는 것으로 나타났다. 우리는 이러한 현상 이면에 관계확장 동기가 있을 것으로 생각했다. 즉, 부정적인 루머보다 긍정적인 루머를 말하는 것이 자신에 대한 호감을 높여줄 것이라는 생각에서 외집단 청취자에게 전파할 것이라고 예측했던 것이다. 다시 한 번 우리는 루머 결합(긍정적 혹은 부정적)이 외집단 구성원에게 전파될 때 관계확장

16) 루머 청취자와 루머전파 가능성 간 관계의 표준회귀비중은 매개변수를 통제했을 때 -.57에서 -.41로 떨어졌다. 그러나, 그 크기는 여전히 상당했다. 독립변수가 매개변수를 통해서 갖는 간접 효과를 소벨 테스트(Sobel test)로 계산해 보았을 때(R. M. Baron & Kenny, 1986) 그 값도 상당히 컸다(Z=-.205; p=.04).

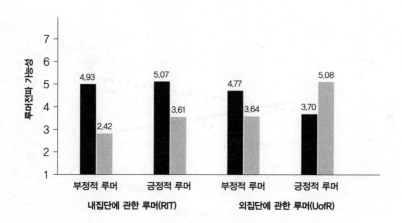

그림 3.4

● 루머 청취자, 내집단 구성원(RIT)   ● 루머 청취자, 외집단 구성원(UofR)

| | 부정적 루머 | 긍정적 루머 | 부정적 루머 | 긍정적 루머 |

내집단에 관한 루머(RIT) / 외집단에 관한 루머(UofR)

(RIT 부정적: 4.93 / 2.42, RIT 긍정적: 5.07 / 3.61, UofR 부정적: 4.77 / 3.64, UofR 긍정적: 3.70 / 5.08)

루머전파 가능성: 청취자가 내집단 혹은 외집단일 때 내집단 혹은 외집단에 대한 긍정적 루머를 듣는 경우와 부정적 루머를 듣는 경우. RIT=로체스터 공학연구소, UofR=로체스터대학교.

동기가 미치는 매개적 영향을 살펴보았다. 그 결과는 우리의 예측과 맞아떨어졌다.[17]

끝으로, 우리는 각각의 동기들이 서로 경쟁하는 상황을 검토했다. 외집단 구성원이 루머의 청취자가 되는 상황을 생각해보자. 내집단에 대한 긍정적인 루머는 자기확장 동기로 인하여 외집단 구성원들에게 전파될 가능성이 높게 나타났다. 그러나 관계확장 동기는 외집단에 대한 긍정적인 루머를 전파할 때 더 크게 작용했다. 두 가지 조건(외집단에 대한 긍정적 루머 및 내집단에 대한 긍정적 루머)에서 청취자가 외집단 소

---

17) 관계확장 동기가 공식에 포함되었을 때, 루머 결합이 전파 가능성에 미치는 영향력(.31)은 값이 크지 않았다(.17). 뿐만 아니라, 매개변수를 통한 간접 영향력을 소벨 테스트로 살펴본 바, 그 결과값은 상당히 크게 나타났다(Z=2.69; p=.007).

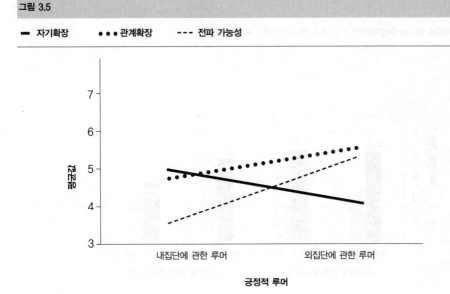

그림 3.5

— 자기확장 ●●● 관계확장 --- 전파 가능성

내집단에 관한 루머　　　　외집단에 관한 루머

긍정적 루머

자기확장 동기, 관계확장 동기 및 루머전파 가능성: 내집단에 대한 긍정적 루머와 외집단에 관한 긍정적 루머를 외집단 구성원들에게 전파할 때.

속일 때의 전파 가능성, 자기확장 동기 및 관계확장 동기의 평균값이 갖는 패턴은 그림 3.5에 나타나 있다. 이 표에서 볼 수 있듯이 자기확장 및 관계확장 패턴은 상반되는 모습을 보여준다. 그러나 전파 가능성의 패턴은 관계확장 동기와 동일한 방향임을 알 수 있다.

연구에서 제시한 맥락을 고려할 때 관계확장 동기가 끼치는 영향력이 보다 크다는 사실을 알 수 있다. 이를 테스트하기 위해서 매개분석을 실시했다. 루머 대상(내집단 혹은 외집단)이 외집단으로의 루머 전파 가능성에 미치는 영향에 대해 관계확장 동기가 실제로 매개적 역할을 하는지 알아보았다.[18]

---

18) 관계확장 동기를 통제했을 때, 루머 대상(내집단과 외집단)과 전파 가능성 간의 관계는 그다지 크게 나타나지 않았다. 물론 간접 영향은 어느 정도 의미있는 수치를 보여주었다(Sobel test Z=1.89; p=.057).

결론

루머는 몇 가지 목적을 달성토록 해준다. 루머는 경우에 따라 타당한 정보 탐색 중 한 부분이 된다. 사람들은 루머를 주고받으며 상대와의 관계를 맺고 강화시켜나간다. 또 다른 경우에 루머는 자기 가치가 위협받고 있다는 생각을 달래주기도 하며, 외집단을 경멸함으로써 편파적 견해를 정당화해주기도 한다. 어떤 동기의 힘과 영향력은 몇 가지 맥락적 성격에 좌우된다. 여기에는 화자와 청취자 개인의 성격, 그들 간의 관계, 루머의 내용 등이 포함된다. 이 장에서 우리는 루머 전파에서 동기가 발생하는 모습과 각각의 동기에 관한 기존 연구들을 검토해보았다. 뿐만 아니라, 루머를 전파하려는 의도 속에서 나타나는 각 동기들의 역할을 이해하기 위해 몇 가지 경험적 증거들을 제시하였다.

우리는 루머와 관련된 개념적 문제 및 설명적 문제에 관한 논의로 이야기를 시작했다. 이 장에서 우리는 루머 전파를 이해하기 위해서 동기라는 측면에서 만들어진 분석틀을 제시하였다. 다음에서는 루머에 대한 믿음에 내재하는 과정들을 살펴볼 것이다.

Factors Associated With Belief in Rumor

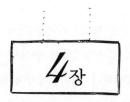

04

루머의 믿음과 관련된 요소

2003년, 이라크의 팔루자에 거주하고 있던 알리 카림과 후세인 알리는 매우 화가 났다. 카림은 "미국 대통령 조지 부시가 미군을 동원해 모든 이라크인을 집에서 끌어낸 뒤 천막에서 생활하게 하려고 한다"는 소문을 들었던 것이다(Slackman, 2003) 뿐만 아니라 팔루자를 군사 작전 지역으로 사용하려고 한다는 말도 들었다. 커피숍을 운영하던 알리는 미국이 이라크 통치를 위해서 국왕을 심어 놓으려 한다는 이야기를 들었다. 다른 팔루자인들도 마찬가지로 미국에 대한 선동적인 부정적 루머를 들었다. 미군들이 야간명시(明視)장치를 쓰고는 이라크 여성들을 몰래 염탐하고 아이들에게는 포르노그래피를 나누어 준다는 이야기였다. 미국인들에게 이와 같은 루머는 낯설기 그지없었다. 그러나 2003년 팔루자 거주민들에게 이러한 루머는 충분히 믿을 만한 것으로 받아들여졌다.

다양한 모습과 크기의 루머들이 귀를 통해 들어오고 입을 통해 나간다. 그 과정에 중대한 정지점이 있는데, 그것은 바로 뇌(腦)이다. 이와 같이 해부학적 기관을 들어 설명한 것은, 루머의 일생에 관련된 세 가지 단계를 쉽게 상징적으로 표현하기 위함이다(DiFonzo, Bordia, & Rosnow, 1994; Rosnow, 1998, 1991). 발생 단계에서 실험 참가자들은 불안을 달래고 불확실성을 불식시키기 위해서 루머를 수용한다. 전파 단계에서 루머는 사회적 상호작용을 통해서 전달된다. 이 두 단계 사이에 평가 단계가 개입된다. 즉, 루머가 진실일 가능성에 대한 평가가 일어나는 단계이다.

평가는 모든 루머의 일생에서 중요한 의미를 갖는다. 앞에서 이야기했던 것처럼 사람들은 진실이라고 판단되는 루머를 타인에게 전달할 가능성이 높다. 반대로 거짓이라고 생각되는 루머를 전달할 가능성은 매우 낮다(Rosnow, Yost, & Esposito, 1986). 거짓으로 인식한 루머를 타인에게 전달할 가능성이 낮은 것은 관계확장 동기 때문이라고 설명한 바 있다. 만일 루머가 허황된 꿈을 담고 있다면(R. H. Knapp, 1944) 루머의 메신저는 상대방에게 실망감을 안겨줄 우려가 있다. 루머가 두려움을 갖게 만드는 것이라면 루머의 메신저는 상대방을 과도한 불안 속으로 빠뜨릴 수 있다. 어떤 경우에든 거짓된 희망이나 거짓된 경고를 말한 사람은 타인의 질타를 피할 수 없다. 따라서 관계확장 동기는 사실확인 동기와 동시에 발생하는 경우가 많다. 따라서 사람들은 루머의 신뢰성과 진실성을 정확하게 평가하려는 욕망을 갖게 된다.

사람들은 진실을 인식하고자 노력하지만 제대로 해내지 못하는 경우가 종종 발생한다. 그리하여 거짓 루머가 여러 사람들에게 퍼지고 수용되는 경우를 어렵지 않게 찾을 수 있다. 다음의 예들을 생각해보자. 이라크인들은 미국이 이라크 통치를 위해서 국왕을 심어 놓으려한다고 믿었다. 그리고 프락터 앤드 갬블사(Procter & Gamble Corporation)는 사탄의 교회에 헌금한다는 거짓 루머로 인하여 한 달에 15,000통의 협박 전화를 받아야 했으며 생산품 불매 운동의 위험도 겪어야 했다(Austin & Brumfield, 1991; Blumenfeld, 1991; Cato, 1982; Marty, 1982). 그런데 중요한 것은 많은 사람들이 이 루머를 믿었다는 사실이다. 아프리카계 미국인 교회 신도를 모집단으로 한 조사에서 약 3분의 2가 "에이즈 바이러스는 흑인 대량살상을 위한 도구로 세균전 실험실에서 생산되었다"는 루머를 믿는 것으로 나타났다. 나머지 사람들은 이 루머를 "확신할 수 없다"고 대답했다("Black Beliefs," 1995).

가능성 사고 모델(mental model):
진위 평가를 위한 신호

사람들이 그럴듯한 루머에 대해 신뢰감을 갖는 모습은 어렵지 않게 찾아볼 수 있다. 그러나 이처럼 그럴듯한 루머를 수많은 사람들이 믿는 현상에 대해서는 설명이 필요하다. 좀더 광범위하게 말하면, 사회적 의사소통의 과정에 참여하면서 어떻게 루머의 진위를 추론해내느냐 하는 것이다. 지금까지 어떠한 연구도 루머의 믿음과 관련한 명시적 이론을 만들어내지 못했을 뿐만 아니라 이 문제에 대한 진지한 검토도 이루어지지 못했다. 그래서 우리는 유사한 실체에 대한 믿음을 연구한 기존 문헌들을 검토했는데, 그 결과 한 가지 적절한 이론을 발견할 수 있었다. 진저렌저, 호프라지, 클라인빌팅(Gingerenzer, Hoffrage, & Kleinbölting, 1991; cf. Day, 1986)이 제시한 이론이다. 이들은 가능성 사고 모델(probabilistic mental models, PMMs)을 제안함으로써 일반적 지식에 관한 진술의 신뢰성을 사람들이 어떻게 판단하는지 설명했다. 신뢰성 판단(confidence judgements)이란 어떤 명제가 진실일 가능성에 대한 주관적 평가이며, 루머의 문제에서는 믿음의 강도와 유사한 개념이다.
가능성 사고모델(PMM) 이론은 에곤 브룬스위크(Egon Brunswik)가 제시한 판단의 '렌즈 모델'(lens model)의 한 형태이다. 브룬스위크의 렌즈 모델은 사람들이 신호에 근거해서 판단을 추론해낸다고 말한다. 예를 들어 사람의 나이는 얼굴에 있는 주름, 수염이나 머리카락 혹은 그 밖의 흔적이 있느냐 없느냐를 기준으로 판단한다. 이처럼 나이의 판단 기준이 되는 신호는 렌즈를 형성하게 되고, 사람들은 그 렌즈를 통해서 겉으로 드러난 속성을 인식한다. PMM 이론에서 신호는 변수가 된다. 그 변수를 통해서 우리는 진술의 진위를 추론할 수 있다. 예를 들어 살충제의 효능에 대한 설득적 메시지를 듣게 된 청취자는 화학 전공 학생보다 화학자의 말에 설득당하기 쉽다(Rajecki, 1990). 여기에서 신호는 설득하는 화자의 전문성이다. 마찬가지로, "버팔로사의 종사원은 백만 이상이다"라는 진술에 대해 사람들은 높은 신뢰감을 나타낸다. 왜냐하면 버팔로사는 내셔널 풋볼 리그(NFL)에서 활약하는 풋볼 팀을 가지고 있으며, NFL 도시의 인구는 대개 백만을 충분히 넘어서기 때문이다. 여기에서 신호가 되는 것은 NFL팀의 존재 여부이다 (Gigerenzer et al., 1991).

특정한 신호들은 특정한 상황에서 보다 큰 효과를 발휘한다. 물론 다른 상황에서는 제대로 작동하지 않을 때도 있다(Gigerenzer et al., 1991). 만일 신문 제1면에 "듀이의 승리"라는 기사가 실린다면, 이를 본 사람은 트루먼이 아닌 듀이가 1948년 대통령 선거에서 승리한 것으로 추론할 것이다. 물론 이것은 틀린 것이다. 여기에서 신호가 되는 것은 "나는 신문에서 그 내용을 읽었다"는 사실이다. 물론 신문을 통해서 읽을 수 있는 모든 것이 진실은 아니다. 기자나 여론조사원도 실수를 한다. 여기에서 기자나 여론조사원의 실수가 "신문에서 그 내용을 읽었다"는 신호를 사용하는 것이 잘못된 추론으로 귀결되는 빈도를 결정한 것이다.

PMM 이론의 일반적인 구조 내에서 루머의 진위를 어떻게 평가할 것인지의 문제는 다음과 같이 정리할 수 있다. 이를테면 '루머를 들은 청취자는 그 진위를 평가하기 위해서 무슨 신호를 사용하는가?' 라는 질문이다. 이 질문에 대한 해답을 구하기 위해서 우리는 우선 루머에 대한 믿음과 연관되어 있는 요소를 다룬 기존 연구들을 검토할 것이다. 그리고 '루머의 어떤 성분 때문에 그 루머를 수용하게 되는가' 라는 명제 속에서 이 요소들을 밝혀낼 것이다. 그런 다음 청취자가 진위성을 평가하기 위해 사용하는 신호로서 이들 성분을 해석하고, 신호의 작용을 조사하기 위해 주식 중개인들과 인터뷰를 통해서 얻게 된 결과들을 제시할 것이다.

기존 연구 검토 및 메타분석법

우선 우리는 20개 주요 대학의 전자 인덱스에서 기존 연구들을 추출해내었다. 루머의 개념적 모호성과 관련해서는, 다음의 검색어를 사용했다. 루머(rumor*, rumour*), 유언비어(grapevine), 퍼뜨리다(bruited about), 가십(gossip*), 풍문(hearsay), 귓속말 캠페인(whispering campaign*), 스캔들(scandal), 소문(scuttlebutt) 등이다(S. D. Knapp, 1993; 여기에서 별표한 단어는 단어의 조합도 포함하는 단어이다. 루머(rumor)의 경우 rumors, rumoring, rumored 등도 검색에 포함했다). 루머라는 주제와 관련된 모든 논문들을 포함시켰으며, 각각의 참고문헌도 추가적 연구를 위해서 추려내었다. 이 과정을 통해서 루머에 관한 170개 이상의 사본이 만들어졌으며, 그 중 37개는 루머의 믿음과 직접적으로 연관된 주제를 다루고 있었다. 또 충분한 통계 정보를 얻을 수 있었는데, 믿음에 영향을 미치는 요소들에 대해서는 효과크기(effect size)에 대해 곱적률 상관(product-moment correlation, rs)값들이 계산되어 있었다(B. Mullen, 1989, chap. 6; R. Rosenthal & Rosnow, 1991, chap. 22; Shadish & Haddock, 1994를 참조). 18개 각각의 효곽크기 곱적률상관(rs)은 10개의 독립된 조사를 통해서 계산해내었다. 이 모두는 믿음을 측정하는 것이었다.[19]

태도의 일관성

많은 연구 결과가 루머 청취자가 현재 가지고 있는 태도와 일치하는 루머의 믿음에 대해 말하고 있다. 이러한 결론은 직관적으로 봐도 호소력을 갖는다. 만일 어떤 루머가 행위자가 진실이라고 생각하는 것과 일치할 때, 그 행위자는 루머의 신뢰성을 높게 평가할 것이다. 이 결론은 기존 연구들이 태도가 결정에 미치는 영향에 대해서 보여주었던 내용들과 같다. 예를 들어 태도는 그 태도에 적합한 정보를 결정하는데 영향을 미친다(Pratkanis & Greenwald, 1989).

이와 마찬가지로 정치적인 문제에 관한 주장을 평가할 때에도 당파성을 확인하게 되면 편견을 갖기 마련이다(Lord, Lepper, & Ross, 1979). 클린턴과 르윈스키 스캔들에서 각자의 주장에 대한 진위의 판단도 사전에 클린턴에 대해 가지고 있었던 신임의 정도가 커다란 영향을 미친다(Fischle, 2000). 따라서 태도가 루머의 믿음을 판단하는데 영향을 미친다는 연구 결과는 작은 성과에 불과하다. 이에 대한 증거를 검토하기 전에, 여기에서 사용되는 '태도'(attitude)라는 용어가 어떤 의미인지 명확히 밝히는 것은 중요한 문제이다.

---

19) 예를 들어, 제이거, 앤서니, 로즈노우(Jaeger, Anthon, & Rosnow, 1980)는 피실험자에게 이식된 루머의 믿음 수준을 4점 척도로 평가하도록 했다. 즉 전혀 믿지 않는다는 '0' 점에서부터 완전히 믿는다는 '3' 점까지 주어졌다. 믿음을 측정하는 척도는 2개(믿는다 혹은 믿지 않는다)에서부터 11개(0=루머의 진위를 절대 믿지 않는다, 11=루머의 진위를 강하게 믿는다; Esposito, 1986/1987; Kimmel & Keefer, 1991)까지 다양했다.

지금까지 '태도'는 세 가지 구성요소를 통해서 개념화되었다. 영향력, 인지 및 행동에 따른 개념화가 이루어졌던 것이다(Rajecki, 1990, chap2 참조). 그러나 태도의 구성요소에 대한 구분이 명시적으로 이루어진 경우는 흔치 않았으며, 감정이나 인지에 관련된 태도의 구성요소도 맥락을 고려할 때 비로소 어렴풋이 알 수 있다. 예를 들어 제1장에서 설명했던 "엘리너 클럽" 루머는 반 아프리카계 미국인 및 반 루즈벨트 정서를 보여준다. 또한 사회적 지위 전복에 대한 두려움을 나타낸다. 따라서 이 엘리너 클럽 루머는 감정적 성격을 가진 것으로 볼 수 있다 (G. W. Allport & Postman, 1947b, p175). 그러나 전쟁 기간 중 배급 프로그램이 공정하지 못하다고 생각했던 사람들은 제2차 세계대전 당시 전쟁이 낭비이며 특권을 위한 것이라는 내용의 루머를 믿었다. 물론 배급 프로그램에 대해 불만이 없었던 사람들은 그러한 루머에 관심을 갖지 않았다(F. H. Allport & Lepkin, 1945). 이렇듯 사고는 인지 행위의 하나이다. 이와 같은 접근법은 일관성 이론으로부터 나왔을 것이다. 심지어 페스틴저(Festinger, 1957)의 "인지 부조화"(cognitive dissonance)에서 "인지"(cognitive)라는 용어에는 감정도 포함하는 것으로 보인다(Rajecki, 1990). 게다가 앨포트와 포스트먼(G. W. Allport & Postman, 1947b)이 루머가 만들어지는 "지적 맥락과 감정적 맥락"을 구분했음에도 불구하고 그들은 이러한 맥락이 완전히 분간해내기 힘들 정도로 서로 섞여 있다고 말했다(p100). 따라서 여기에서 논의할 때, '태도'라는 개념은 주로 그것의 인지적 및 감정적 구성요소들을 고려하여 정의하고자 한다.[20]

서술적 증거는 주로 사례 연구와 루머 수집으로 이루어졌다. 이들 루머는 표 4.1에 나타나 있다. 또한 표 4.1에는 각각의 루머와 상응하는 것으로 추정되는 태도들도 나타나 있다. 가장 모범이 될 만한 결론은

---

20) 제10장에서 우리는 향후 연구를 위해 이들 구성요소를 성공적으로 구분해낼 수 있는 방법을 제안하게 될 것이다.

표 4.1

태도와 일치하는 루머의 믿음에 대한 설명적 증거

참고문헌	루머	루머와 일치된 태도
Abalakina–Paap & Stephan (1999)	음모 루머(예를 들면, 에이즈는 소수집단을 제거하기 위한 음모이다. 정부는 자국 시민 개개인에 대한 정보를 모두 컴퓨터 파일에 저장해놓고 있다. 불소를 함유한 물을 마시면 건강에 해롭다.)	권위주의, 아노미, 무권력
G. W. Allport & Postman (1947a, 1947b)	사건에 관한 루머로 "흑인 범죄와 불충성 경향들…흑인의 우둔함, 범죄가능성 및 게으름…흑인의 성적 호전성에 대한 무수한 이야기"(1947b).	백인 우월주의. 예를 들면, "흑인들고 무슨 일을 하겠는가? 흑인은 나라o 충성심도 없고, 범죄를 저지르고, 칸 뜨기에, 멍청하기까지하며, 위협적o 고 부도덕하다. 지금 우리가 하는 기 처럼 그냥 그들을 자기 지역에서만 ㅈ 내도록 하는 수밖에 없다"(1947b)
G. W. Allport & Postman (1947a, 1947b)	1943년 남부지역 주에서 떠돌던 "엘리너 클럽"[a] 루머. 이 루머의 주제는 수많은 아프리카계 미국인 여성들이 사회 질서를 전복하기 위해서 힘을 결집했다는 이야기였다. (예를 들면, "한 백인 여성이 잠깐 집을 나갔다 다시 들어왔을 때, 흑인 시종이 그녀의 화장대에 앉아서 그녀의 빗으로 머리를 빗고 있는 광경을 보았다" 1947b).	반 아프리카계 미국인 및 반 루즈벨ㅌ 정서와 사회적 지위의 전복에 대한 ㄷ 려움. "루머를 퍼뜨리는 백인들은 ㅈ 신이 느끼는 사회적 경제적 불안감o 이 이야기를 통해서 어느 정도 설명ㄷ 며 걱정을 덜 수 있다고 생각한다 (1947b).
G. W. Allport & Postman (1947a, 1947b)	한 흑인 남자가 백인 여성과 강제로 성관계를 맺었다는 사건의 루머.	성적 도덕성에 관한 자기 변명. 예를 들어, "우리도 결백한 것은 아니지만 그러나 그의 범죄는 명백하고 우리ㅂ 다 더 나쁜 것이다. 우리는 자신의 기 벼운 과오에 대해서 죄책감을 느낄 ㄷ 요는 없다"(1947b).
G. W. Allport & Postman (1947b)	제2차 세계대전의 적개심 루머(예를 들어, "유태인들은 군대에서 편한 일자리를 얻는다").	종교적 편견 및 인종적 편견

표 4.1

태도와 일치하는 루머의 믿음에 대한 설명적 증거

참고문헌	루머	루머와 일치된 태도
Ambrosini (1983) Case 1	한 정신병원 환자가 "병실의 한 남자와 성적 관계를 맺었다….그리고 병원에서 목을 맸다."	내부의 호전적이고 성적인 갈등. 이 루머로 인하여 환자들과 심리학자들은 자신의 성적 호전적 욕망을 합리화하였다.
Ambrosini(1983) Case 2	재발한 루머로, "한 유명대학의 임상심리학과가 곧 폐쇄될 것이다."	분리와 불안에 대한 내부적 인식. 신입 대학원생들이 처음 학위과정에 합격했을 때 의기양양했던 이후에 환상에서 벗어나 의기소침해진 상황과 이 루머는 맞아떨어진다.(예를 들어, "이 대학원의 학위 과정은 생각했던 것보다 별로야.")
Ambrosini(1983) Case 3	치료 그룹의 한 정신과 의사가 "그 그룹을 급히 떠나려고 했다."	분리와 상실에 대한 내부적 인식. 이 루머는 그룹이 결국 폐쇄될 것이라는 그룹 멤버들의 믿음과 맞아떨어진다.
Festinger et al.(1948)	소작인 협회에서 공동체 운동을 독려했던 한 연구자는 공산주의자임이 드러났다.	프로젝트에 대한 반대 및 반공산주의 정서
Hicks(1990)	경찰이 믿고서 유포하는 사탄 루머의 공황적 상황.	"의사, 경찰, 컬트 생존자들의 회의에서 출현했던 사탄 모델은…다양한 전문가들이 장시간 서로 정보를 주고받음으로써 얻을 수 있었다."
Jung(1959)	비행접시 루머의 재발	자아에 대한 집단적 원형, 남성-여성 안티테제, "위, 아래"에 대한 안티테제, "일체와 사위일체"의 안티테제, "불가사의한 고차원적 세계와 일상적인 인간 세계"에 관한 안티테제.
Kelley(2004)	이라크인의 적개심 루머	민족적, 정치적 정서(반 미, 반 연합, 반 이스라엘, 반 수니파, 반 사담, 반 시아파, 반 터키인 등의 태도들).

표 4.1

태도와 일치하는 루머의 믿음에 대한 설명적 증거

참고문헌	루머	루머와 일치된 태도
R. H. Knapp(1944)	이간질 루머	종교적 편견 및 인종적 편견
Knopf(1975)	20세기 인종 폭동 중에 떠돌던 루머	인종적 적개심
London & London(1975)	닉슨의 중국 방문에 얽힌 여러 변형된 내용의 루머. 즉, 닉슨은 마오에게 재선에 대한 덕담을 듣기 위해 중국을 방문했다. 닉슨은 값비싼 "아홉 마리 용" 문양의 찻잔을 훔쳤지만 이 사실을 부인했다. 마술사가 교묘하게 닉슨으로부터 찻잔을 회수했다.	중국 국민성의 요소들. 즉, "우월성과 체면." 예를 들어, "닉슨은 마오의 지지를 얻기 위해 중국을 방문했다"(중국이 우월하다), "우리가 찻잔을 회수했는데"(우월성) "그 과정에서 그를 당황스럽게 만들지 않았다"(체면 세우기)
Nkpa(1977)	나이지리아 내전 기간 중(1967-1970) 비아프라에서 수집된 집단 중독에 대한 루머	독살 당한 사람은 환생할 수 없다는 비아프라인들의 종교적 믿음. 웅크파(Nkpa)에 따르면, 이러한 믿음으로 인하여 다른 유형의 루머에 비해 독약 관련 루머의 비중이 낮게 나타났다고 한다.
Prasad(1950)	인도 대규모 산사태 이후에 수집된 루머로, 강의 소멸, 일식과 유성, 도시의 파멸, 피의 비, 이상한 동물, 세상의 종말 등과 같은 자주 등장하는 주제들이 포함되었다.	신화와 전설. 예를 들어, "피의 비(雨)는 발미키, 라마야나 및 마하바가타 등의 숭고한 서사시에 들어 있는 이야기이다."
M. Rosenthal(1971)	1967년에서 1968년까지 미시간주의 디트로이트에서 떠돌던 인종 루머로, 쇼핑몰에서 화장실을 사용하던 한 아이가 10대 갱단에 의해 거세당했다는 거짓 루머.	인종적 고정관념. 백인 공동체에서 이 루머를 이야기한다면, 갱단은 흑인이고 희생자는 백인이 될 것이다. 흑인 공동체의 경우라면, 갱단은 백인이고 희생자는 흑인이 될 것이다.[b]
Scheper-Hughes(1990)	미국과 일본 중개상들이 브라질 빈민 아이들을 유괴하여 이식에 필요한 장기들을 적출해 간다.	계급 갈등적 태도로서, 가난한 사람은 적절한 의료 서비스를 받을 수 없고, 부당한 대우를 받으며, 가난한 아이들은 파렴치한 "유아 거래"의 희생양이 된다는 등의 생각.

표 4.1

태도와 일치하는 루머의 믿음에 대한 설명적 증거

참고문헌	루머	루머와 일치된 태도
Victor(1989)	위험한 사탄 이교에 대한 루머로, 의례적인 회동에, 동물을 제물로 바치고, 피를 마시고, 금발의 푸른 눈의 젊은 여자를 납치하려고 계획한다는 등의 내용.	사회 가치의 변화에 대한 불만으로, "위험한 새로운 영향력"(p39)이 아이들에게 미치는 결과에 대한 두려움.

주) [a]엘리너 루즈벨트의 이름을 딴, "엘리너 클럽" 루머는 반루즈벨트, 반아프리카계 미국인 정서가 녹아 있다.
[b]여기에서 믿음은 측정하지 않았다. 우리는 루머의 존재가 어떤 믿음을 의미한다고 가정한다. 예를 들면, 백인 공동체 내에서 10대 거세자가 백인이라는 루머가 없다면, 이 루머는 그 공동체가 믿지 않음을 의미하는 것으로 간주할 수 있다.

편파적 루머에 관한 앨포트와 포스트먼의 연구에서 나온다(G. W. Allport & Leo Postman, 1947a, 1947b). 이들은 인종주의 루머가 유포되는 이면에는 인종적 고정관념과 적대감이 존재한다고 주장했다. 마찬가지로 로버트 내프는 일반적인 불편함과 정치적, 당파적 정서는 미국에서 제2차 세계대전 관련 적대감 루머의 상당 부분(65.9%)을 만들어 내었다고 말했다(예를 들어보면, "미국의 천주교도들은 징병을 회피하려 한다"는 루머이다. Knapp, 1944, p24).

어떤 태도들은 사람들이 보다 올바른 문화로 여기는 집단에 깊이 뿌리박고 있다. 일파만파로 퍼지는 루머의 성격에 대해 내프(R. H. Knapp, 1944)가 주장했던 바는 그것이 특정 집단의 문화적 전통과 일치한다는 사실이었다. 프라사드(Prasad, 1935)는 루머가 해당 지역의 신념이나 고정관념과 일치할 때 널리 유포된다고 말했다. 이후의 연구에서 그는 루머를 일컬어 그림을 완성하는 작업이라고 특징지었다. 문화적 전통으로 만들어진 태도가 그림을 색칠해나가는 것이다(Prasad, 1950). 런던도 비슷한 주장을 했다(London & London, 1975). 즉, 닉슨 대통령이 중국을 방문하는 기간 동안 고가의 찻잔을 하나 훔쳤다는 루머가 여기저기로 퍼지면서 변형에 변형을 거듭했던 것은 중국인의 국민성에 기인한 것이었다는 주장이다. 끝으로 중(Jung, 1959)은 루머의 형태가 이루어지는 주조틀로서의 문화 그 이상을 탐구했다. 그는 루머의 생산이 일종의 투영 메커니즘(projective mechanism)이라고 보았다. '집단적 무의식'(collective unconscious)을 통해서 이전 세대로부터 물려받은 가정에 대한 증거를 루머에서 찾는다는 것이다.

루머와 명백한 관련성을 보이는 태도에 대한 인과적 증거는 이러한 생각들과 일치한다. 루머의 믿음이 태도와 관련되어 있다는 연구들은 표 4.2에 나타나 있다. 여기에는 플로이드 앨포트와 밀튼 렙킨(Floyd H. Allport & Milton Lepkin, 1945)이 제2차 세계대전 기간 중에 수행했던 연구 조사도 포함되어 있다. 배급 프로그램이 여러 물품의 부족을 초래했으며, 많은 시민이 불편함을 느꼈다. 배급 물품들이 낭비되고 있으며 고위층들은 원하는 대로 물품을 지급받을 수 있다는 내용의 이간질 루머에 대해 정부 관료들은 심각하게 고려하지 않을 수 없었다. (예를 들어, "어떤 저명한 정부 관료는 3대의 차량을 가지고 있으며 지하 창고에는 엄청난 양의 가솔린을 비축해놓고 있다"는 루머. p5) 이러한 소문들은 거짓이거나 진실이 입증되지 못했다. 따라서 앨포트와 렙킨은 사람들이 이러한 루머를 믿게 된 것이 무엇 때문인지 의문을 갖지 않을 수 없었다. 다른 변수들 중에서도 앨포트와 렙킨은 12개 루머 각각의 믿음의 강도를 측정하고, 믿음을 유발한다고 판단되는 태도를 조사했다.

표 4.1에 나타나 있는 관계는 각 연구에서 강도 순으로 정리한 것이다. 인과관계가 매우 다양하게 나타났기 때문이다. 믿음과 태도 간에 가장 강한 연관성을 보여준 것은 루머와 태도 간에 고도의 구체적인 연관성이 있을 때이다. 예를 들어 배급품의 낭비와 특권에 대한 루머의 믿음은 배급 프로그램을 불신하는 태도와 높은 연관성을 보여주었다. 이에 대해 루즈벨트 행정부에 대한 비호의적인 태도는 상대적으로 낮은 연관성을 보여준 주었다(F. H. Allport & Lepkin, 1945). 다시 말해 "배급 프로그램이 불공정하고 불필요하다"는 태도는 "어떤 고위 정부

관료는 3대의 차량을 가지고 있으며 거대한 지하 창고에 가솔린을 가
득 채워 놓고 있다"는 루머와 고도의 구체적 연관성을 갖는다는 것이
다. 이 관계에 대한 피어슨의 r 상관관계는 약하거나 중간(.19)으로 나
타났다. 이와 유사한 태도와 구체적 관계의 증가 현상은 드클레르크
(DeClerque et al., 1986)의 연구에서도 나타났다. 알약을 먹는 것이 "매우
유해하다"는 태도는 이집트인들 사이에서 떠돌던 루머(경구 피임약을 먹
으면 힘이 없어진다)와 유사한 연관성을 보여주었다(r=.17). 루머와 일치
된 태도를 가진 사람과 그렇지 않은 사람들 사이의 믿음의 수준을 평
가해보면 17%의 상응하는 증가값을 확인할 수 있었다(R. Rosenthal &
Rosnow, 1991). 이는 실제로 적용될 수 있는 효과로 매우 중요하다.[21]
이 결과를 통해서 루머의 믿음과 그 루머와 구체적인 일치점을 가진
태도 사이에 존재하는 관련성을 알 수 있다(명제 1). 대부분의 연구가
그 연관성을 함축하고 있었지만 태도가 특정 루머에 대한 믿음을 유
발한다는 증거를 제시했던 연구는 없었다. 이는 매우 의미 있는 결론
이다. 왜냐하면 여기에서 설명하고 측정한 태도는 루머의 믿음과 비
교할 때 보다 지속적 성격을 가지기 때문이다.
루머가 태도에 영향을 미친다는 사실 또한 중요하다. 이와 같은 연관
성에 대한 가정은 오로지 데클레르크(DeClerque et al., 1986)의 연구에서
만 찾아볼 수 있다. 이 연구에서는 이집트인 사이에서 떠돌던 경구 피
임약의 복용이 힘을 약하게 만든다는 루머가 알약 복용에 대한 부정
적 태도를 불러일으켰다고 주장했다.

---

21) 값이 .17로 나타난 것은 일반적으로 약하거나 중간 정도로 평가할 수 있다(J. Cohen, 1988). 그러나 약한
효과 크기가 중요한 효과를 의미할 수도 있다(R. Rosenthal & Rosnow, 1991; R. Rosenthal, 1991, pp. 132-136도 참
조). 예를 들어, 아스피린이 심장 마비에 미치는 효능의 경우 r=.034이다(Steering Committee of the Physicians
Health Study Research Group, R. Rosenthal & Rosnow, 1991에서 재인용). 이러한 인과관계가 편차의 단 0.11%만을
설명해주지만, 그 결과는 상당한 현실적 중요성을 갖는다.

루머 출처의 신뢰성

설득에 관한 기존의 여러 연구들은 출처의 신뢰성이 태도 형성 및 변화와 관련되어 있음을 보여주었다(Hovland & Weiss, 1951; Petty & Cacioppo, 1981). 신뢰할 만하고 권위 있는 출처로부터 듣게 된 루머는 보다 강한 믿음을 만들어낸다.

예를 들어, 상사로부터 듣게 된 정리해고에 관한 루머가, 동료 직원으로부터 들은 정리해고 루머보다 더 큰 신뢰감을 주는 것이다. 실제로 이를 입증하는 사례가 있다. 루머를 수집한 학자들은 루머의 출처에 신뢰성을 부여하는 것이 전형적인 루머 형성의 한 부분이라는 사실을 발견하였다(Bird, 1979; Blake, McFaul, & Porter, 1974; R. H. Knapp, 1944).

1942년 9월 내프(Knapp, 1944)는 총 1089개의 2차대전 관련 루머를 수집하고 분류한 뒤 다음과 같이 결론내렸다. 그것은 "성공적"인 루머는 권위 있는 출처를 가진다는 것이다. "처음에 루머가 만들어질 당시 상황이 아무리 열악해도 이내 상당히 권위 있는 출처의 후광을 입게 된다. 그리하여 사람들은 그 루머가 진실성을 갖는다고 보는 것이다."

마찬가지로 민속학자 도널드 앨포트 버드(Donald Allport Bird, 1979)는 여러 인쇄 저작물에서 모은 방대한 루머의 문체 성격을 수집하고 분석했다. 그리고, 루머들이 상류 커뮤니티 멤버나 "유명한" 누군가로부터 입수된 정보라고 주장하는 것을 흔히 발견할 수 있었다(chap2).

블레이크(Blake et al., 1974)는, 일반적인 조건에서는(집단적 광기가 낮은 조건) 루머에 관한 권위 있는 인용문이나 그 출처로 미디어를 언급할 때 루머의 신뢰도가 높아지는 현상을 분석하였다. "도끼 살인자가 오하이오의 어느 대학에서 여학생들을 살해할 것이다"라는 루머에 대해 질문했을 때, 응답자 중 94퍼센트가 루머의 출처로 제인 딕슨(Jeane Dixon, 미국의 유명한 예언가)을 지목했고,[22] 51퍼센트가 신문이나 라디오를 통해 이 루머를 들었다고 말했다(Blake et al., 1974).

루머 출처의 신뢰성과 루머의 믿음을 측정하는 직접 조사를 통해서도 같은 결과를 얻을 수 있었다.

포터(Porter, 1984)는 루머를 말하는 사람의 신뢰성이 도미니크 공화국 의 산아 제한 정책에 관한 부정적 루머의 믿음과 높은 관련성이 있다 는 사실을 밝혀냈다. 종합해보면 이러한 연구 결과들은 출처의 신뢰 성과 루머의 믿음 간에 연관성이 있음을 의미하는 것이다(명제 2).

반복 청취

설득력 있는 환경적 증거는, 반복(루머를 듣는 횟수)이 믿음과 관련 있다 는 명제를 뒷받침한다. 일련의 실험을 통해서 반복된 질문의 답변에 대한 확신을 조사했다. 이에 대한 최초의 연구는 해셔, 골드스타인, 토피노(Hasher, Goldstein, & Toppino, 1977)에 의해 이루어졌다. 이들은 세 가지 개별적인 상황을 상정해놓고 피실험자에게 일반 상식 문제에 대 한 진실 혹은 거짓을 답하도록 했다. 그리고 그 답변에 대한 확신을 평가하도록 했다. 몇 가지 문제들은 세 가지 상황 전반에 걸쳐서 반복 되었다. 이 실험을 통하여 피실험자들이 반복된 문제에 대한 자신의 답변에 점점 더 큰 확신을 갖게 된다는 사실을 밝혀냈다. 그리고 이를 근거로 "어떤 문제를 충분히 그리고 자주 들려주면 그것을 믿게 된다" 는 결론을 내렸다.

---

22) 예언적 진술의 영역에서, 예언가 제인 딕슨의 말을 인용함으로써 상당한 권위를 얻을 수 있다고 생각 한다. 그러나 실제 그녀의 정확한 예언 기록을 보면 매우 낮은 적중률을 보여준다(Donnelly, 1983).

이후에 이루어진 연구에서도 이와 같은 현혹적 진실(illusory truth) 효과를 찾아볼 수 있다(Bacon, 1979; Begg, Ana, & Farinacci, 1992; Boehm, 1994). 만일 진실 혹은 거짓에 대한 문제를 제시하고 응답하도록 하는 것이 답변 내용에 대한 확신을 증가시킨다면, 루머를 반복해서 듣는 것은 루머의 믿음을 증가시키는 방법이 될 수 있다.

직접적 증거를 들어보면 이 사실을 잘 알 수 있다. 와인버그(Weinberg et al., 1980)는 대학원생들을 대상으로 한 조사에서, 캠퍼스 내에서 발생한 뺑소니 사고에 대한 같은 루머를 두세 번 이상 듣고 난 뒤에 다른 사람에게 유포하게 되는 현상을 발견했다.

엘포트와 렙킨(F. H. Allport & Lepkin, 1945)은 과거에 들었던 적이 있던 루머를 다시 듣게 된 사람들이 처음으로 그 루머를 들은 사람들보다 루머를 쉽게 믿는 경향이 있음을 밝혀냈다.[23] 이러한 발견은 여론에 미치는 루머의 영향력에 관한 내프(R. H. Knapp, 1944)의 직관과도 일치한다.

"루머는 한번 유포되면, 대중들 속으로 일파만파 퍼져나간다. 점점 더 많은 사람들이 루머를 말하면, 루머의 진실성 또한 높게 평가되는 것이다." 바꾸어 말하면 루머는 반복될 때 더욱 믿을만한 것이 된다. 요컨대 지금까지의 증거들을 통해서 세 번째 명제를 확인할 수 있다. 즉, 루머의 반복(어떤 루머를 듣는 횟수)과 믿음 사이에는 연관성이 있다는 것이다(명제 3).

---

23) t(5216)=21.5, p1-tailed=1.29E-98, r=.29. 표 4.2의 주 b를 참조.

루머 반박

도덕과 명성의 파괴자라는 루머의 오래된 불명예를 생각할 때(Bird, 1979, chap1을 요약) 수많은 연구들이 루머를 효과적으로 제거해낼 수 있는 방법에 초점을 맞추고 있다는 사실은 그다지 놀라운 일이 아니다. 반박이 루머의 믿음에 미치는 영향에 대해 조사했던 연구의 효과 크기는 표 4.3에 나타나 있다. 초기 연구는 교차 집단 디자인을 사용했다. 여기에서는 모든 피실험자에게 루머가 주어졌는데, 그 중 일부에게는 루머의 반박도 주어졌다. 그런 다음 믿음을 측정했으며, 반박 집단과 비반박 집단 간의 값을 비교했다. 우리 연구는 내부 집단 디자인을 사용했다. 같은 모집단에 대해 반박을 듣기 이전과 반박을 들은 이후에 루머의 믿음을 측정하는 방법이다. 6개의 반박 실험 결과[24]를 메타 분석적으로 결합했으며(R. Rosenthal & Rosnow, 1991, p505), N-가중 r_{avg}=.33의 값이 나왔다. 이는 중간 수준의 효과를 나타낸다.[25] 반박의 출처와 연구 방법론이 다양하다는 점을 고려할 때 이질성을 예상할 수 있듯이 여기서 나타낸 8개 효과 크기는 매우 이질적이기 때문에 특히 주의를 기울여야 한다.[26]

지금까지 우리는 전체적인 반박 효과에 대해서 논의했을 뿐 조절변수(moderating variable)는 고려하지 않았다. 이 점을 밝혀두는 것이 중요하다. 왜냐하면 이 사실은 반박이 믿음에 미치는 효과를 확장하거나 부정하는데 매우 중요하기 때문이다. (실제로 우리의 메타분석의 이질성도 이

---

24) 표 4.3의 연구를 사용하였다. 여기에는 앨포트와 렙킨(F. H. Allport & Lapkin, 1945)의 결과값은 제외시켰다. 왜냐하면 그들은 관찰독립성의 가정을 침해했기 때문이다(표 4.2, 주 b를 참조).

25) 반박으로 야기된 BESD(Binomial Effect Size Display)에서 믿음 수준의 하락은 33%이다(R. Rosenthal & Rosnow, 1991, pp. 280-283). 로젠탈(R. Rosenthal, 1979)의 파일서랍을 분석한다면, 무의미한 결과값을 가진 341개의 연구조사들을 통해 종합적 p1-tailed=.0003(zavg.=3.42를 근거로 함)라는 값을 "중대한 의미를 갖는" p=.05수준으로 바꿀 수 있었을 것이다.

26) X2(7)=46.44, p=7.19E-8 (R. Rosenthal & Rosnow, 1991, pp. 500-501 참조).

표 4.3

반박이 믿음 감소에 미치는 영향

참고문헌	루머	반박이 믿음 감소에 미치는 효과크기
Jaeger et al.(1980	학생 몇 명이 기말 시험 중에 마리화나를 피웠다.	r=.28, p=.0007, F(1,146)=11.94 N=148
G. W. Allport & Postman(1947b, p. 5)	제2차 세계대전 중 진주만 폭격으로 입은 실제 피해는 보고된 것보다 훨씬 더 컸다.	r=.19[b], p=.0072, $X^2(1)$=7.22, N=200
Iyer & Debevec(1991)	환경 중 담배연기(environmental tobacco smoke, 역자주: 환경 공기 중에 확산된 담배연기)는 비흡연자에게 해롭다.	r=.15[c], p=.0217, t(175)=2.03 N=187
F. H. Allport & Lepkin(1945)	제2차 세계대전 기간 중 배급 프로그램 관련 낭비와 특권에 관한 12개의 루머	r=.08[d,e], p=.0023, t(1258)=2.83, N=1260
Bordia, DiFonzo, & Gravers(1998)	심리학과 학생이 2학년 과제에 등록하기 위해서는 특정 평점 이상을 받아야 할 것이다.	r=.56[f], p=3.00E-9, f(1,93)=43.03 N=94
Bordia et l.(2000)	"대학 도서관이 폐쇄될 것이다."	r=.18[g], p=.05, t(86)=1.68, N=87
Bordia, DiFonzo, Haines, & Chaseling(2005, Study 1, Condition 1)	"굿 타임"이라는 이름의 컴퓨터 바이러스는 당신 컴퓨터 하드 드라이브의 기존 기록을 모두 지워버리고 새로 작성할 것이다.	r=.77[h], p=.0002, t(14)=4.53, N=15
Bordia, DiFonzo, Haines, & Chaseling(2005, Study 2)	"굿 타임"이라는 이름의 컴퓨터 바이러스는 당신 컴퓨터 하드 드라이브의 기존 기록을 모두 지워버리고 새로 작성할 것이다.	r=.61[i], p=4.08E-10, t(79)=6.98 N=80
Bordia, DiFonzo, Haines, & Chaseling(2005, Study 3)	"굿 타임"이라는 이름의 컴퓨터 바이러스는 당신 컴퓨터 하드 드라이브의 기존 기록을 모두 지워버리고 새로 작성할 것이다.	r-.61[i], p=4.08E-0, t(76)=6.46, N=77

주)
[a]효과크기(rs)를 측정하기 위해서 데이터를 2차분석하였다(Rosenthal & Rosnow, 1991). 그리하여 루머의 믿음에 대한 루머 반

ㅓ 효과를 측정하였다. 여기에서 모든 ps값은 일방적인 관계에 있다.

앨포트와 포스트먼는 1943년 2월 23일 대다수의 사람들이 루즈벨트에 대한 이야기를 들었다고 암묵적으로 말하고 있다. 그렇지
ㅏ 이에 대한 반박이 적절한 균형을 이루지 못하였다. 우리는 가능한 모든 효과크기를 계산해서 다양한 다수 부문에 대응할 수 있
ㅗ록 했다. 여기에 제시한 효과크기는 최소한으로 상정된 것이다. 즉, 200명의 피실험자 중에서 190명이 루머 반박을 들었다고 하
ㄴ 매우 보수적인 입장에서 값을 측정하였다. 다수의 값을 보다 작게 잡아지면 rs값은 보다 높아지기 때문이다.

이 값은 루머의 발생 값인 3과 루머진압전략의 값 4를 팩토리얼 디자인에 따라 곱한 12개 셀 모두에 대해서 계산한 것이다. 루머
ㅐ생의 각 수준(부정적, 중립적, 긍정적 이해당사자)에 대해서 회유적 저 신뢰성, 선동적 저 신뢰성, 중립적 출처, 반박 없음으로
ㅜ류하여 각각 -1, -1, -1, +3의 가중치를 두었다. 그리하여 반박이 주어진 셀에서 믿음의 평균값과 반박 없음에 해당되는 셀의 값
ㄹ 비교할 수 있었다.

앨포트와 렙킨의 통계치에 대한 N값들은 피실험자가 아니라 응답자들에 대한 것으로서 관찰의 독립성의 가정을 침해한 것이다
ㅛ4.2의 주b를 참조하라).

이는 〈시러큐스 포스트 스탠더드〉(Syracuse Post-Standard) 지(誌)의 "루머 클리닉" 칼럼을 읽은 적이 있는 사람들 사이에서 나타
ㅏ는 신뢰성 인덱스의 차이점에 근거한 것이다. 과거에 루머에 대해서 들었던 적이 있는 피실험자들의 응답들만 이 비교에 포함
ㅣ켰다.

이는 루머에 대한 거부가 일어나기 전과, 거부가 일어난 후 독립집단의 루머에 대한 전반적인 믿음을 비교하여 측정하였다. 루머
ㄴ 동료 학생, 강사, 학과장, 대학총장의 4개 집단에서 각기 다른 형태로 거부되었다.

이는 루머에 대한 거부가 일어나기 전과, 거부가 일어난 후 독립집단의 루머에 대한 전반적인 믿음을 비교하여 측정하였다. 루머
ㄴ 도서관의 도서대출 업무 실무진들, 도서관 사서, 총장의 3개 집단에서 각기 다른 형태로 거부되었다.

이는 루머에 대한 거부가 일어나기 전과, 거부가 일어난 후 독립집단의 루머에 대한 전반적인 믿음을 비교하여 측정하였다. 루
ㅓ에 대한 거부는 CIAC(Computer Incident Advisory Capability)와 미국 에너지부가 운영하는 컴퓨터 보안 감시그룹에서 이루어
ㅕ다.

ㅣ는 루머에 대한 거부가 일어나기 전과, 거부가 일어난 후 독립집단의 루머에 대한 전반적인 믿음을 비교하여 측정하였다. 4가
ㅣ 조건에서 루머가 거부되었는데, 이것은 높은 질적 거부와 낮은 질적 거부의 두 가지와 높은 신뢰성 거부의 출처와 낮은 신뢰성
ㅜ부의 출처 두 가지를 열과 행으로 교차시켜서 만든 조건들이었다.

사실을 보여준다.) 예를 들어 콜러(Koller, 1992)는 반박의 방법과 루머에 대한 사전 지식 간에 상호작용이 이루어지는 혼합 증거를 발견해냈다. 아이어와 드비벡(Iyer & Debevec, 1991)은 회유적 반박이 선동적 반박보다 더 효과적이라는 사실을 발견했다. 또한 그들은 반박 출처의 신뢰성이 루머의 근원과 상호 작용한다는 사실 또한 밝혀냈다(부정적, 중립적, 혹은 긍정적 이해관계자). 우리는 연구를 통해서 적절하고 정직하며 높은 신뢰도의 반박 출처가 반박의 효과를 증대시킨다는 사실을 알아냈다. 우리는 제9장에서 거부 효과의 조절인자에 대해서 보다 자세하게 논의하게 할 텐데, 전반적으로 이러한 결과는 네 번째 명제로 연결된다. 바로 루머의 믿음과 반박의 존재 사이에 역의 연관성이 존재한다는 사실이다(명제 4).

그 밖의 요소들

그 밖에도 루머의 믿음과 관련 있는 요소들을 알아보기 위해 기존의 연구들을 검토해보자. 킴멜과 키퍼(Kimmel & Keefer, 1991)에 따르면, 중요성과 믿음 사이에는 엄청난 연관성(r=.70)이 존재한다. 그들은 중요성이 믿음과 전파 사이의 조절변수라고 말했다. 앨포트와 렙킨(F. H. Allport & Lepkin, 1945)은 교육과 믿음 간의 연관성은 그다지 크지 않다는 사실을 보고하였다. 그러나 캡퍼러(Kapferer, 1989)는 이에 대해 중간 크기의 부정적 관계(r=-.32)가 있다고 보고했다. 지금부터 믿음과 관련된 요소들에 대한 최근의 경험적 증거를 살펴보도록 하자.

주식중개인과의 현장 인터뷰

루머의 진실성을 추론할 때 사용하는 신호를 파악하기 위해서 우리는 필라델피아와 프린스턴 및 뉴욕에서 일하고 있는 10인의 주식중개인을 모집단으로 하여 현장 인터뷰를 실시했다(DiFonzo, 1994, Study 2). 피실험자와의 접촉은 개인적인 친분과 눈덩이 샘플링(인터뷰 참가자에게 다른 사람과의 인터뷰를 주선해줄 것을 요청했다)을 통해서 이루어졌다. 모든 참가자들은 대규모 투자회사에 종사하고 있었으며, 8년에서 12년 정도의 경력을 소유하고 있었다. 참가자들에게는 실제 루머의 사례에 대해 질문할 때에는 핵심사건기법(critical incident technique; Flanagan, 1954)을 사용했다. 참가자들에게 다음과 같은 질문을 던졌다. "당신에게 매우 중요한 사항인 안전에 관한 루머를 들었다고 생각하라." 그리고 "그 루머의 출처는 무엇이었는가?" 믿음을 측정하기 위해서 우리는 참가자들에게 다음과 같이 질문했다. "0점부터 10점까지가 있다. 0점 은 '전혀 신뢰하지 않음'이고 10은 '완전히 신뢰함'이다. 처음 루머를 들었을 때 그 루머의 진실성 여부를 얼마나 신뢰하고 있었는가?" 루머의 신뢰 여부를 판단할 때 어떤 신호들을 사용했는지 알아내기 위해서 우리는 참가자들에게 다음과 같이 질문했다. "어떻게 당신은 그러한 결정을 내리게 되었는가?" 또 반복 신호를 평가하기 위해서, "얼마나 많은 다른 출처로부터 당신은 이 루머를 듣게 되었는가?"라고 질문했다. 출처 신뢰성 신호를 평가하기 위해서, 우리는 참가자들에게 루머의 출처를 명확히 해줄 것을 요구했다. 그리고 루머 출처의 신호 타당성을 평가하기 위해서 참가자들에게 다음과 같이 질문했다. "일반적으로 당신이 들었던 루머 중 몇 퍼센트 정도가 진실이었는가?" 총 18개의 각기 다른 루머에 대해 논의했다. 이 내용은 표 4.4에 나타나 있다. 경영권 인수합병에 관한 루머가 가장 많았는데, 그 내용은 다양한 영역에 걸쳐 있었다. 스태프 교체, 작물심기 유형, 은폐 시도 등이다. 대부분의 루머는 최근 것이었다. 루머의 64퍼센트는 인터뷰가 이루어지기 전 8개월 이내에 들었던 것이었다. 중개인들에게 그 루머가 진실로 판명이 났는지의 여부도 질문했다. 이에 대한 답변은 대략 세 가지 가능성으로 분류할 수 있었는데, 진실(n=8), 거짓(n=5), 또는 모름(n=5)이었다. 사용된 신호들은 총 7개 범주로 나누어서 분류했다. 그 중 세 개는 우리의 명제와도 일치했다.

첫째, 투자자는 루머 청취자가 갖는 태도와 일치하는 행동을 보였다. 어떤 주식거래원은 가능성의 정도를 "급진적"이고 "지나친" 루머를 통해서 가늠하였다. 그 루머란 클린턴 대통령이 미-일간 무역 적자를 줄이기 위해서 엔화에 대한 달러화의 환율을 평가절하하려고 한다는

---

27) p1-tailed=.01, n=6.

것이었다. 이 루머는 그 거래원의 태도와 일치했다. 정부는 어려운 문제에 대해서 "세련되지 못한 손쉬운 돌파구"만을 찾으려고 한다는 입장과 일치하는 루머였던 것이다. 둘째, 투자자들은 루머 출처의 신뢰성을 진실성을 위한 신호로 사용한다. 한 투자자는 루머 출처가 신뢰할 만하다고 생각했다. 왜냐하면 "그〔루머의 출처〕는 기업의 사장과 친밀하기 때문"이었다. 루머의 출처가 되는 화자의 대부분은 시장에 관여하고 있는 사람들로 높은 지위에 있지 않으며, 그들의 입을 통해서 루머가 흘러나온다. 딕 데이비스 다이제스트(Dick Davis Digest), 존슨 스미크 리포트(Johnson-Smick Report), 및 허드 온 더 스트리트(Heard on the Street)의 칼럼처럼 활자화된 루머는 신뢰할 만한 출처를 가진 것으로 인정된다. 출처의 신뢰성은 6개 사례에서 이용된다. 다시 말해 여러 가지 사소한 사례들에 대한 믿음의 강도와 신호 타당성 사이에서 계산된 피어슨 상관계수(Pearson-r)는 시사하는 바가 있는 것으로 판단되지만, 그 값은 매우 컸다(r=.88).[27]

셋째, 루머를 듣는 빈도와 루머의 믿음 사이에 연관성이 있음을 입증하는 일화가 있었다. 한 투자자는 백악관이 과거의 이사진이었던 빈스 포스터(Vince Foster)의 자살 사건에 관련되어 있다는 거짓 루머에 대해서 처음에는 의심을 했었다. 그런데 그 루머를 수도 없이 거듭해서 듣게 되자 마침내 그는 "한번 지켜봐야겠다는 태도"를 갖게 되었다. 마찬가지로 출처의 수와 믿음의 강도 간에 피어슨 상관계수를 계산해보면 중간 정도의 값을 보이지만 "0"과는 전혀 거리가 먼 수치였다(r=.24).[28]

넷째, 한 투자자는 진실성의 신호로서 이해관계자의 지위를 이용했다. "루머를 유포함으로써 무엇인가를 얻고자 하는" 사람들로부터 듣게 된 말에 대해서는 의심을 가질 수밖에 없었다. 반면 아무런 이해관계가 없는 출처로부터 듣게 된 루머에 대해서는 호의적인 태도를 보

---

28) p1-tailed=.17, n=18.

여 주었다.

다섯째, "패턴과 일치하는" 루머는 진실인 것으로 인정하는 경향이 있었다. 여기에서 언급한 패턴은 보다 광범위한 경향을 의미하는 것으로, 루머는 그 경향의 실증적 사례를 예시하는 것이었다. 구체적인 루머에서 예시하는 광범위한 경향들에는 다음과 같은 내용이 포함되었다. 초지역적 거대 은행들이 소규모 은행들을 매입하고 있다, 패스트 푸드 산업이 합병을 겪고 있다, 클린턴 행정부의 경제 정책은 통신 산업의 확장을 선호한다, 소규모 회사들의 합병은 세금만 가중시킨다, X 기업의 사장이 문제가 되는 현장에 나타나기만 하면 모든 문제는 해결된다 등과 같은 이야기이다. 또한 패턴은 루머가 설명하고자 하는 비정상적이고 설명되지 않는 사건들을 말하는 것이기도 했다. 설명할 수 없는 사건에는 대기업과 관련된 사람들의 비정상적인 매매 행위나 엔화에 대한 유례없는 평가절상 등이 포함되었다.

여섯째, 투자자들은 진실성을 추론해내기 위해 현재 나타나는 데이터와의 일치점들을 활용했다. 이 경우에는 루머에 상응하는 현재의 가격 변동이 주요한 참고가 되었다. 한 중개인은 기업 X가 유리한 계약을 따냈다는 루머는 "진실임에 틀림없다고 판단했다. 왜냐하면 주가가 계속해서 급상승했기 때문이다"라고 말했다. 다른 투자자들의 경우에서도 이런 모습은 어렵지 않게 발견할 수 있었다. 그들은 루머를 들은 다음에 그 루머의 진위를 판단하기 위해 가격 변동을 모니터했다고 말했다.

일곱째, 중개인들은 진실성을 추론해내기 위해 전문가의 합의를 이용했다. 이를테면 "조사가 필요한" 루머가 발생하면 투자자들은 "애플사와 스펙트럼사에 정통한 사람들과 이야기를 나누었다." 그리고 "여기 저기 동료들에게 전화를 걸어서 그들의 생각을 물었다." 이때 애널리스트들의 의견은 매우 높게 평가되었다.

끝으로, 시간이 경과함에 따라 변화하는 신호들의 영향력에 주목할

표 4.4

주식중개인과의 현장 인터뷰 : 루머와 진위 파악을 위한 신호

루머ID[a]	루머	사용된 신호	루머의 출처	출처 신호 타당성	출처의 수	믿음[b]
1.1	X기업의 사장이 주요 문제의 해결을 위해 어딘가로 급히 떠났다.	1. 패턴에 부합 : 과거에 사장이 외유해서 주요 문제점을 해결했던 사례가 있었다. 2. 출처 신뢰성c: 출처는 루머 유포로 얻을 이익이 없었고, 신뢰할 만했으며, 상황과 밀접한 관계를 가지고 있었다.	상황과 밀접한 지인	1. 상황과 밀접한 출처의 루머에 대해서 95% 2. 상황과 밀접하지 않은 출처의 루머에 대해서 65%	1	9
1.2	소기업 생산품 p를 대기업 X가 구매할 것이다.	출처 신뢰성: 출처는 루머 유포로 뭔가 얻는 것이 있었다.	회사와 관련 있는 투자자로, 얼마전 주식을 매도했음.	"small %"d	1	2
1.3	X기업은 새로운 계약을 성사시킬 것이다.	루머에 상응하여 주가가 변동한다.	정확한 출처를 기억하지 못함.	기억하지 못함.	<5	9
2.1	X기업은 불법 회계 절차를 이용하여 "장부를 속이려" 한다.	루머가 거짓이라는 애널리스트의 의견	기억하지 못함.	기억하지 못함.	1	3-4.5
2.2	존 스컬 리가 스펙트럼 테크놀러지 사를 떠날 것이다.	출처에 대한 낮은 신뢰c(도프만을 "무능력하다고 봄)	댄 도프먼 (CNN)	20%-30%	1	2-3
3.1	빈스 포스터는 공식적으로 밝혀진 것과는 다른 장소에서 자살했다.(백악관 스태프에 대한 부정적 의미)	백악관 스태프가 살인에 연루되었다는 가능성은 없었다.	존슨-스미크 리포트(경제뉴스 서비스)	75%	3(그 외 연관 된 많은 이야기들)	2-3에서 시작하여 5까지 상승.
3.2	대기업 X는 25억불 손실을 기록했다.	패턴에 부합: 해당 기업과 관련된 사람들의 매매 행위가 이례적이었기에 루머의 가능성을 높였다.	주식매매자들, 그리고 뉴스 미디어.	20%	10	9
4.1	일본 은행이 파산하여 자산을 매각 중이다. 재경부는 위기를 타개하도록 돕고 있다. 클린턴은 현저한 무역 적자를 해소하기 위해 엔화의 평가절상을 원한다.	1. 패턴에 부합: "이는 내가 본 이례적 사건들을 설명해주었다"(예를 들어, 왜 엔화의 가치가 그토록 높은가?) 2. 정치적으로 손쉬운 해결책을 선택하는 클린턴 행정부의 태도와 부합(정부는 "세련되지 못한 손쉬운 돌파구"를 선택하려 한다).	여타의 시장 참여자들	30%-40%	3-4	3-4에서 시작해서 7-8까지 상승

표 4.4

주식중개인과의 현장 인터뷰 : 루머와 진위 파악을 위한 신호

루머ID[a]	루머	사용된 신호	루머의 출처	출처 신호 타당성	출처의 수	믿음[b]
4.2	콩에 비해 옥수수를 대량으로 재배할 것이다.	1. 클린턴 정책과 일치 2. 이 루머의 신빙성을 높여주는 "다른 이유들"이 있다.	다른 매매자.	알려지지 않음	1	1-2에서 시작해서 5까지 상승
5.1	패스트푸드 레스토랑 체커스를 펩시콜라에서 인수할 것이다.	패턴에 부합: 합병하는 산업에는 재고가 남는다.	다른 주식중개인	50%	2	4
5.2	발티모어 은행이 경영권을 인도할 것이다.	1. 경향에 부합: 초지역적 은행들이 중소 은행들을 매수하고 있다. 2. 내부인 매매의 증가를 보았다. 3. 주가 상승을 보았다. 4. 경제 보고서에 합병 가능성이 제기되었다.	다른 주식중개인	50%	2	5-6
5.3	사우스 은행이 경영권을 인도할 것이다.	경향에 부합: 초지역적 은행들이 중소 은행들을 매수하고 있다.	어떤 자금 운용가	10%-15%	4-5	5-6
6.1	저어먼타운 저축 은행이 경영권을 인도할 것이다.	출처를 신뢰할 수 없지만c 경향과는 부합: 초지역적 은행들이 중소 은행들을 매수하고 있다.	"풍문" (주식중개인, 고객 등)	2%	1-3	1-2
6.2	발티모어 은행이 경영권을 인도할 것이다.	1. 출처의 낮은 신뢰도c 2. 경제보고서에 합병 가능성이 제기되었다. 3. 경향에 부합: 초지역적 은행들이 중소 은행들을 매수하고 있다.	"풍문" (주식중개인, 고객 등)	2%	>2	3-4
7.1	존 스컬리가 스펙트럼 테크놀러지 사의 CEO가 될 것이다.	"애플과 스펙트럼을 잘 아는 사람들에게는 가능성이 있는 일로 여겨졌다."	기억하지 못함.	25%	1-2	3-4
7.2	세인트 조 제지 회사의 주식을 사게 되면, 당신은 1주당 플로리다의 땅 1/10 에이커를 소유하는 것과 같다.	"루머를 그럴듯하게 만들 수 있는" 그 회사에 대한 어떤 내용을 알고 있었다.	딕 데이비스 다이제스트(경제신문)	33%-40%	1	8-9

표 4.4

주식중개인과의 현장 인터뷰 : 루머와 진위 파악을 위한 신호

루머ID[a]	루머	사용된 신호	루머의 출처	출처 신호 타당성	출처의 수	믿음[b]
8.1	연방정부는 반트러스트 법안 때문에 AT&T와 McCaw Cellular간의 합병을 승인하지 않을 것이다.	패턴과 부합하지 않음(즉, 경제문제에 대한 클린턴 행정부의 지침)	애널리스트와 포트폴리오 매니저	<10%	4-5인의 주식 중개인과 몇 명의 애널리스트	1
9.1	X기업의 주식배당률은 주당 1센트라고 예상되었을 때, 실제 주당 6센트가 될 것이다.	1. 반복: 9명의 주식중개인의 진술 2. 패턴에 부합: 최근 두 회사를 취득하여 매출이 증가했음. 3. 신뢰할 만한 출처	몇몇 증권사	50%	2	8.5
10.1	의도적으로 루머를 알려고 하지 않으며, 루머를 신뢰할 수 없기 때문에 루머에 따라 매매하지 않는다.			50%		

주) [a] 루머ID는 주식중개인의 루머로 구성되어 있다. 예를 들어, 5.2는 주식중개인 루머 5, 루머번호 2를 나타낸다.
　[b] 믿음의 강도는 1(전혀 믿지 않음)에서 10(완전히 믿음)까지 측정했다.
　[c] 6개 사례 중 한 가지를 나타낸다. 각 사례들에서는 출처 신뢰성 신호를 사용하였다.
　[d] 신호 타당성과 믿음의 강도 사이에 r값을 계산함으로써 15%라는 수치를 측정하였다.

필요가 있다. 이론적으로 모든 신호들은 시간이 경과함에 따라 변화한다. 그러나 반복과 상응하는 주가 변동이 가장 빠르게 변화하는 모습을 보였다. 루머는 거래가 일어나는 전 과정에서 반복되었다. 뿐만 아니라 가격 또한 변동을 거듭했다. 어떤 경우에는 이러한 신호들의 영향으로 중개인의 판단이 변화했다.

요약

종합해보면, 기존의 연구들과 우리가 시도했던 주식중개인과의 인터뷰를 통해서 다음과 같은 조건이 주어지면 루머에 대한 믿음이 증가한다는 사실을 알 수 있었다. (1)청취자의 태도와 일치할 때, (2)믿을만한 출처로부터 나온 루머일 때, (3)여러 번 반복해서 듣거나 읽었을때, (4)해당 루머에 대한 반박이 수반되지 않을 때 등이다. 이때 신호들은 이러한 명제들로부터 자연스럽게 나왔다. 루머가 청취자의 태도와 얼마나 일치하는가? 루머의 출처를 얼마나 신뢰할 수 있다고 보는가? 청취자는 얼마나 자주 루머를 들었는가? 청취자는 루머에 대한반박에 노출된 적이 있는가? 이러한 신호들이 있을 때 청취자는 루머를 즉각적으로 수용하게 될 뿐만 아니라 다른 신호들도 제시할 수 있다. (5)반대의 출처가 루머 반박으로부터 어느 정도의 힘을 얻었는지, (6)기존에 확립된 패턴과 루머가 어느 정도 일치하는지, (7)현재 나타나고 있는 데이터와 루머가 어느 정도로 일치하는지, (8)루머가 전문가의 합의 내용과 어느 정도로 일치하는지 등이다. 이 결과들은 루머평가의 과정을 밝혀주며, 가능성 사고모델 분석틀(probabilistic mental model framework)과도 관련되어 있다. 잠정적으로 루머를 믿게 될 사람들은 "길을 가다가 그 루머를 듣게 되지만" 그 진위를 평가하기 위해서 여러 신호들에게도 주의를 기울인다.

이 장에서 우리는 판단의 렌즈모델을 활용하여 루머의 믿음과 관련된요소들에 대해 살펴보았다. 다음 장에서 우리는 사회적 인지 모델을 활용하여, 루머를 활용함으로써 어떻게 집단이 상황을 인식하는지를 논의할 것이다.

Rumor as Sense Making | 05

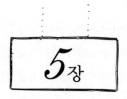

상황인식으로서의 루머

1991년 중반, 인터넷 서비스 제공사업자 프로디지(Prodigy)가 가입자 컴퓨터의 하드 드라이버 정보를 읽어 들인다는 루머가 퍼졌다. 그해 5월, 한 사용자가 인터넷 토론 그룹에 다음과 같은 내용을 게시했다. "프로디지 가입자가 서비스에 로그인하면 자기 컴퓨터의 하드 드라이브가 프로디지에 노출된다는 이야기를 들었습니다… 다른 분들도 이런 이야기를 들으셨는지요?" 한 주가 지나자 토론 그룹 회원들은 이 루머의 진위성에 대해서 논의하고, 각자의 경험과 정보를 공유하면서, 루머를 믿고 안 믿고에 대한 각자의 입장을 이야기했다. 심지어 프로디지사가 하드 드라이브에 기록된 정보에 접근하는 것을 가능케 하는 기술적 세부사항까지 분석해냈다. 이 집단 토론에서 루머의 등장과 유포를 동반하는 상황인식이 분명하게 드러났다.

루머는 세상을 인식하도록 해준다. 루머는 최소한 두 개의 수준에서 상황인식 기능을 수행한다. 즉, 개인적 수준과 집단적 수준이다. 개인적 상황인식이란 사람들이 어떻게 각자의 마음속에서 세상을 인식하는가의 문제이다. 그리고 이것은 개인의 인지와 깊이 관련되어 있다. 집단적 상황 인식은 어떻게 다른 사람들과 상호작용하면서 세상을 인

식하는가 하는 문제이다. 이는 집단의 과정과 연관성을 갖는다. 이 장
에서 우리는 두 가지 수준에서 벌어지는 루머의 상황인식 기능을 살
펴볼 것이다. 루머와 개인적 상황인식을 연결하기 위하여 루머가 설
명이론, 원인귀인(causal attribution), 허구 관계, 예측 등과 갖는 연결고
리를 살펴볼 것이다. 또 루머와 집단적 상황인식을 연결하기 위하여,
루머 토론의 내용, 기능 및 흐름을 고려할 것이다.

루머와 개인적 상황인식

개인은 루머를 이용해서 상황을 인식한다. 여기에서는 루머가 어떻게
설명 과정에 영향을 미치는지, 특히 원인귀인에 어떻게 영향을 미치
는지에 대해서 논의함으로써 이 문제를 풀어나갈 것이다. 그리고 판
단과 행동의 특정 계급에 대해 이러한 효과들이 갖는 중요성을 살펴
볼 것이다. 루머는 사건에 대한 주의를 환기시키고, 초기 설명을 제공
하고, 사건을 해석할 수 있는 지식 구조를 활성화시키며, 설명에 대한
검토가 이루어지도록 한다. 특히 지속적 원인 귀인이 이 과정에 개입
된다. 결론적으로 루머는 실제로는 허상인 관련성을 만들어내고 예측
상황에서 체계적 편견을 발생시킨다.

루머와 설명 과정

앤더슨, 크럴 및 와이너(Anderson, Krull, & Weiner, 1996; Krull & Anderson,

1997 참조)는 루머의 영향을 받는 수많은 인지 과정을 통합하는 설명 모델을 제안했다. 이 모델에서 어떤 사건은 말 그대로의 사건이자 하나의 특징적 성격을 갖는데, 사람들은 그것을 이해하고 그 안에 담긴 예측적 의미를 찾으려고 노력한다. 시작 단계에서는 사건에 대한 인식과 해석이 수반되고 그 다음 초기 설명이 이루어진다. 이 단계는 자동적으로 절차에 따라 진행된다. 우선 사람이 사건을 인식해야 하며, 그것의 잠재적 원인을 가정해야 한다. 그리고 이들 원인의 인지 가능 여부에 따라, 설명을 위해 그것을 채택할 것인지의 여부를 판단한다. 인지가능성에 영향을 미치는 요소에는 진기함, 시각적 우월성, 자신이 가진 목적과의 관련성 및 특정 범주의 일시적 혹은 지속적 활성도 등이 있다(Hilton & Slugoski, 1986). 그런 다음 사건에 대한 해석이 이루어진다. 사건 자체와 이전의 기대값들 (고정관념, 이미 마련되어 있거나 장기간 접근 가능했던 범주들, 맥락적 신호들 등)은 사건의 해석에 영향을 미친다. 이러한 활동들은 성공적인 최초 설명을 가능하게 한다. 그런 다음, 시간과 출처의 제약이 없고 동기가 부여된다면 반복검증 후 최종 설명을 결정하는 부단한 과정에 들어간다.

앤더슨(Anderson et al., 1996)의 설명 이론에 있는 각각의 단계는 '지식 구조' (knowledge structures)의 활성화에 따라 이루어진다. 이는 대상이나 사건 혹은 구성의 정신적 대표성이다. 예를 들어 범주 대표성, 스크립트, 절차, 에피소드 기억, 특정 인물에 대한 이해 등을 들 수 있다. 지식 구조는 개념적으로 "설명 요지"(explanation kernels; Abelson & Lalljee, 1988), "인지구조"(cognitive structures; Sedikides & Skowronski, 1991), "인과 정신 모델"(causal mental models; Jungermann & Thring, 1993) 및 "인과 스키마"(causal schemas; H. H. Kelley, 1973) 등과 유사한데, 먼저 지식 구조의 활성화가 이루어져야 한다. 그런 다음, 사건을 인지하고 해석하며 제안된 설명들을 평가하고 채택하는 등의 최종적인 설명의 과제를 달성한다. 지식 구조의 활성화를 위해서는 "중요성, 유용성, 접근성" 또는 유사성 등이 필요하다(Anderson & Slusher, 1986, p272). 따라서 구조의 변경은 최종적인 설명의 결과를 변경시킬 것이며, '인지 구조 활성화의 법칙' (law of cognitive structure activation)으로 귀결된다. 모호한 자극은 가장 두드러진 지식 구조와 일치하도록 부호화되며, 그런 다음 적절한 판단과 행동에 영향을 주게 되는 것이다(Sedikides & Skowronski, 1991).

루머는 이와 같이 설명 과정에 영향을 미친다. 이 영향은 몇 가지 측면에서 나타난다. 첫째, 루머는 사람들이 어떤 사건을 인식하도록 해준다. '개발도상국에 대한 과도한 차관 제공으로 컨티넨털 은행이 파산 위기에 빠졌다' 는 거짓 루머로(Koenig, 1985) 인하여 사람들은 컨티넨털 은행의 대규모 대출 사실을 알 수 있었다. 둘째, 루머는 어떤 사건에 대해 초기의 설명을 제공한다. '트로피컬 판타지라는 음료수에는 흑인 남성을 불임으로 만드는 물질이 포함되어 있다' 는 거짓 루머는, 왜 이 음료수가 소수 주민들에게만 주로 판매되었는지의 이유를 설명해주었다(Freedman, 1991). 대개 루머는 이 두 가지 기능을 동시에 수행한다. '프록터 앤드 겜블사가 악마신봉 교회에 기부하고 있다' 는 거짓 루머는 당시 회사 로고에 있던 천체 문양에 관심을 불러 일으켰으며 그것을 사탄에 관계된 모습으로 해석하도록 했다(Marty, 1982). 셋째, 루머는 지식 구조를 활성화시켜서 더 많은 정보를 찾도록 만든다. 예를 들어 회사에 손실이 발생할 것이라는 루머는 다음 날의 주가 변동을 검토하도록 만든다(DiFonzo & Bordia, 1997, 2002b). 넷째, 루머는 불안을 유발하는 정보를 전달한다. 그리하여 계속해서 설명을 거듭 검토하려는 태도를 만들어낸다. 인터넷 서비스 제공 사업자인 프로디지사는 마케팅 목적으로 자사 가입자 컴퓨터 하드 드라이브에 인식 부호를 기록하고 있다는 루머가 제기되자, 이에 대한 면밀한 평가와 함께 인터넷 게시판에서 광범위한 논쟁을 벌였다. 불안감이 수일 동안의 인터넷 논쟁을 만들어낸 것이었다(Bordia & Rosnow, 1998). 이렇게 볼 때 루머가 설명 과정의 몇몇 단계에서 실질적인 영향력을 행사하고 있음을 알 수 있다.

각각의 설명 과정 단계에서 루머는 지식 구조를 활성화시킴으로써 전반적인 설명 과정의 경로를 결정한다. 루머와 관련하여 가장 중요한 지식 구조의 하나로 인과적 속성을 들 수 있다.

루머와 지속적 인과 귀인(歸因)

루머는 사람들이 세상을 인식하도록 해준다. 세상에서 벌어지는 여러 사건들의 지속적 인과관계에 관하여 이미 만들어진 귀인이 루머 속에 들어 있기 때문이다. 어떤 인과적 귀인은 지식 구조를 통해 얻게 된 만들어진 설명에서 추론해낼 수 있다. A라는 사람이 B라는 사람을 왜 때렸는지, 혹은 팝 록스 캔디가 밀키의 위장에서 정말 폭발했는지에 대한 것이다. 달리 말하면 인과적 귀인은 어떤 사건이 왜 일어났는지에 관한 설명이다.[29] 이와 같은 점에서 볼 때, '설명' 이라는 용어는 인과적 귀인과 같은 의미로 사용할 수 있다.

사람들은 설명을 도출해내기 위해서 어떤 방식으로 인과 분석에 접근하는가? 이 문제에 대해 이미 많은 연구들이 이루어졌다(Fiske & Taylor, 1991; E. R. Smith, 1994). 설명 과정이 이루어지는 방향은 관련된 특정 분야에 대한 지식의 유무에 따라 달라진다(Hilton & Slugoski, 1986). 이처럼 기존에 가지고 있던 정보는 자동적으로 설명을 만들어내며, 향후 어떤 정보를 취득해야 할지에 대한 방향(Trope & Thompson, 1997)과 평가에 필요한 구체적인 설명을 제시한다(Anderson et al., 1996; Hilton & Slugoski, 1986). 아무런 지식이 없는 경우에는 단순한 인과관계 법칙을

---

29) 귀인이론은 전통적으로 사람들이 자신이나 타인의 행동을 어떻게 해석하느냐에 관한 것이었다(B. Harris & Harvey, 1981; Heider, 1958; Jones & Davis, 1965). 그러나 귀인의 초점이 보다 확장됨에 따라 일반적인 인과관계를 포함하기에 이르렀다(E. R. Smith, 1994; cf. Antaki & Fielding, 1981).

사용하게 된다(H. H. Kelley, 1973에서 변이 모델 분석; Eihhorn & Hogarth, 1986 참조).

그런데 지금까지 큰 주목을 받지 못했던 한 가지 대안이 있다. 사람들은 현재 사회적 환경에서 필요하다고 생각되는 기존의 설명을 간단히 선택해버린다는 사실이다. 다시 말해 이미 모든 것이 구성되어 있는 설명을 선택하는 것이다. 피스케와 테일러(Fiske & Taylor, 1991)에 따르면, "사회적 접촉 및 교류가 귀인을 찾는 과정에서 누락된 정보를 채워 넣기 위한 장치라는 주장에 반박할 수도 있겠지만, 더 많은 정보를 가진 사람으로부터 이미 만들어진 인과적 설명들을 얻어내고자 하는 동기가 발동한다(p63)." 여기에서 우리가 말하고 싶은 것은, 루머가 귀인을 찾기 위한 과정에서 이미 만들어져 있는 본질적 설명이 될 수 있다는 점이다.

많은 루머가 인과적 귀인을 갖는다는 것은 분명한 사실이다. 다시 말해 루머 그 자체가 사람에 관한 사건 또는 사람이 개입되지 않은 사건이 왜 벌어졌는지에 대한 설명이라는 것이다. 예를 들어, "매니가 조립 라인에서 너무 빨리 작업하는 바람에 우리들의 이미지만 나빠졌어. 그래서 그런지 매니가 곧 그만두게 될 거라는 말이 들리더군"같은 루머이다.

또한 사람이 개입되지 않은 사건으로 다음의 사례를 생각해볼 수 있다. "굿이어 사의 주식이 오늘 폭락했군. 굿이어 사의 수익이 최근 하락했다는 이야기를 들었는데, 그것이 주가에 반영된 모양이야."라는 루머이다. 이러한 루머는 환경에 대한 설명을 제공한다. 물론 어떤 루머는 설명을 제공하지 않고 단순히 정보만 제공하는 루머도 있다. 예를 들어, "매니저 X가 곧 사임할 거라는군. 공장이 폐쇄될 거래. 프로디지 사가 사용자 컴퓨터 하드 드라이브에 마케팅 목적으로 기록을 남긴다더군. 마이클 조던이 곧 농구에 복귀할 거라는 얘기를 들었어. 트로피컬 판타지가 흑인 남성의 불임을 유발한다더군" 등이다.

그런데 이와 같은 정보관련 진술조차도 설명적 성격을 가지려고 한다. 왜냐하면 루머가 만들어지는 과정에서 인과적 귀인을 갖게 되거나 말하는 사람의 감정을 설명하기 때문이다(Festinger, 1957). 여기에 전자의 예를 한 가지 들어보겠다. "매니저 X가 곧 사임할 거라는군"이라는 루머를 말했을 때 청자는 곧 이렇게 질문할 것이다. "정말? 그거 참 흥미로운걸! 그만두는 이유가 뭘까? 아마도 새로운 사업을 시작하려는 것 아닐까?" 이런 식으로 루머는 이내 인과적 설명으로 변하게 된다. 즉, "매니저 X가 곧 사임할 거라는군. 새로운 사업을 시작하려고 구상 중이래"라는 식으로 인과적 귀인이 포함되는 것이다.

마찬가지로 제4장에서 논의했던 것처럼 인종주의와 관련된 루머는 위협에 대한 두려움을 설명해준다. 예를 들어 "나는 두려움을 느낀다. 어느 쇼핑몰 화장실에서 〔외집단의〕 한 남자가 〔내집단의〕 한 소년을 거세해버리고는 피범벅이 된 바닥에 내동댕이치고 달아났다는 이야기를 들었기 때문이다"(M. Rosenthal, 1971)라는 루머이다. 이는 결코 새로운 이야기가 아니다.

앨포트와 포스트먼(G. W. Allport & Postman, 1947b)은 루머가 갖는 인과적 귀인에 대해 이렇게 주장했다. "일반적인 루머를 볼 때, 사람들은 어떤 사건에 대한 '원인'(causes), 인물에 대한 '동기'(motives), 해당 루머에 대한 '존재이유'(raison d'etre)를 찾고자 하는 확실한 경향을 있다는 사실을 알 수 있다."

인과적 귀인의 중요한 측면은, 어떤 사건의 지속적 원인과 비지속적 원인을 어떻게 판단하느냐 하는 문제이다(Anderson et al., 1996; Weiner, 1985). 지속적 원인은 어떤 인물의 성격과 같이 비교적 오랫동안 변하지 않는다. 비지속적 원인은 우연히 발생한 사건처럼 상대적으로 일시적인 성격을 갖는다. 예를 들어 우울증에 대한 성공적인 연구들을 통해서, 우울증을 가진 사람들과 우울증이 없는 사람들 간의 인과적 차이점들을 발견할 수 있었다(Seligman, Abramson, Semmel, & von Baeyer,

1979). "나는 머리가 나빠서 중간시험에서 D학점을 받았다"는 명제를 볼 때, 지속적 원인 귀인은 침울하고 비관적인 설명 방식 가운데 한 부분이다. 반면 비지속적 원인의 귀인은, "나는 공부를 하지 않아서 중간시험에서 D학점을 받았다"는 명제에서 볼 수 있듯이 낙관적인 설명 방식의 한 부분이라 할 수 있다(Struthers, Menec, Schowetter, & Perry, 1996).

루머에 담겨 있는 대부분의 인과적 귀인은 지속적인 성격을 가지고 있다. 루머가 지속적 원인 설명을 담고 있다는 사실은 첫째, 하이더 (Heider, 1958)의 연구에서 추론해낼 수 있다. 사람들은 기본적으로 세상이 이해할 수 있고 예측할 수 있는 대상이 되기를 바란다. 그래서 지속적 원인을 통한 설명을 선호한다. 제1장에서 논의했던 것처럼 루머는 이해와 예측가능성에 대한 필요성을 충족시켜준다. 따라서 루머가 지속적 요인의 귀인을 가지지 못한다면 이해와 예측가능성의 확장이라는 면에서 그 루머는 그다지 성공적이지 못하다고 말할 수 있다. 둘째, 다양한 조사를 통해서 수집된 루머를 면밀히 검토해보면, 루머 속에 나타나 있는 인과적 설명들은 거의 대부분 지속적 성격을 가지고 있다. 예를 들어 백인들 사이에 회자되는 인종주의 루머를 보면, 아프리카계 미국인 남성들은 항상 과도한 성욕과 공격성을 가지고 있는 것으로 묘사된다(G. W. Allport & Postman, 1947b). 정부와 관련된 루머 (예를 들어 '2차 대전 기간 중 정부 관료들이 제 욕심을 채우기 위해 배급 물자를 남용했다'는 루머)는 탐욕과 같은 개인의 부정적 성격(지속적)을 원인으로 지적하는 경우가 많다. 수익 감소(지속적)로 인한 조직 축소 루머, 자율성에 대한 바람(지속적)으로 야기된 CEO 교체에 대한 루머, 기업의 탐욕(지속적)과 기업의 마케팅 동기(지속적)로 인해 인터넷 제공사업자가 가입자 컴퓨터 하드드라이브에 불법적으로 침입한다는 루머 등은 대표적인 사례이다. 우리는 루머에 담긴 비지속적 원인의 귀인을 생각해야만 한다. 갱단이 무작위적 폭력을 행사한다는 루머조차 갱단은 사악하다는 지속적 원인의 귀인을 담고 있다(Vigoda, 1993).

경험적 증거 또한 이 주장을 뒷받침해준다(DiFonzo & Bordia, 1997, 2002b). 제2장에서 설명했던 컴퓨터 모의 주식시장 게임을 수행했던 "투자자"들도 일일 주가변동 예측과는 아무런 관계가 없는 루머를 듣고서 주가변동의 원인을 거기서 찾았다. 예를 들어 "굿이어 사의 수익이 높아질 것"이라는 루머는 그날의 주가 상승 원인이 되었다. 뿐만 아니라 그 원인은 적어도 이틀 동안 지속될 정도로 충분한 지속성을 보여주었다. 제4장에서 설명했던 주식중개인과의 인터뷰 연구 또한 이 사실을 뒷받침한다. 중개인들은 하나같이 실제 주식시장에서 루머의 효과가 2-3일 동안 지속된다고 생각했다(DiFonzo, 1994, Study 2). 다시 말해서, 실제 중개인들은 루머가 발생한 당일의 주가뿐만 아니라, 다음 날에도 또 그 다음 날에도 지속적으로 주가 변화에 영향을 미치는 것으로 판단했던 것이다. 이렇게 볼 때, 거의 모든 루머 속에는 지속적 원인의 귀인이 포함되어 있다고 말할 수 있다.

지속적 원인 귀인은 수많은 체계적 판단의 성향에 영향을 끼치는데, 우리는 여기에서 허상 연관(illusory association)과 반회귀적 예측(antiregressive prediction)에 대해 살펴보고자 한다.

루머와 허상 연관

지속적 원인 귀인은 '허상 연관'(illusory association)을 만들어냈다. 허상 연관이란 두 가지 성격이 연관되어 있는 것으로 판단했을 때, 그 판단이 잘못된 것을 말한다(Jennings, Amabile, & Ross, 1982). 학부생과 임상의에게 인물화 검사(Draw-A-Person test)에 사용되는 그림과 심리학적 진단 내용을 임의로 짝지어서 보여준 뒤 그림을 그리게 했을 때, 그들은 눈을 강조해서 그리는 것이 편집증과 연관되어 있다고 생각했다. 편집증이라고 진단하는 것이 그림에서 눈을 크게 그린다거나 두드러지게 묘사하는 것과 아무런 관련이 없는데도 불구하고 이런 결과가 나온 것이다(Chapman & Chapman, 1969). 그렇다면 왜 실험 참가자들은 이 두 가지를 서로 연관시켰을까? 눈을 크게 그린 원인이 편집증적 증상으로 인한 것이라는 지속적 원인 귀인이 이들 변수들을 서로 연관시키도록 했던 것이다. 이와 같이 지속적 원인에 의하여 사람들은 존재하지도 않는 관계를 보게 된다.

마찬가지로 사람들은 루머로 인하여 존재하지 않는 관계를 보게 된다. 여러 루머 속에 내재하는 지속적 원인 귀인이 허상 연관을 만들어 내는 것이다. 루머는 인종적 고정관념의 형성 및 유지와 오랜 기간 동안 연관되어 있었다(G. W. Allport & Postman, 1947b; R. H. Knapp, 1944; Knopf, 1975; P. A. Turner, 1993).

지속적 원인으로서 인종 특유의 성격을 규정하는 귀인을 담고 있는 루머는 허상 관계를 조장한다. "조니 블랙이 자동차를 훔쳤다는 이야기를 들었어" 혹은 "화이트 경찰관이 곤봉으로 그를 무자비하게 두들겨 팼다더군" 등과 같은 여러 가지로 변형된 루머를 들은 아이들은, 블랙이란 사람은 도둑이고 화이트란 사람은 난폭하다고 판단함으로써 아프리카계 미국인과 도둑, 유럽계 미국인과 공격성을 상호 연관시키게 된다. 경험적 증거를 보아도 이 사실을 알 수 있다. 앞서 논의했던 것처럼 컴퓨터 주식시장 시뮬레이션 게임에 참가한 투자자들은 루머와는 전혀 상관이 없는 주가 변동 상황이 주어졌는데도 주가 변동이 루머와 연관되어 있다고 생각했다(DiFonzo & Bordia, 2002b). 투자자들은 존재하지도 않는 관계를 보았던 것이다.

루머와 반회귀 예측

지속적 원인 귀인은 범주를 예측할 때(예를 들어, 이 사람은 기술자인가 아니면 법률가인가?)와 순차적 사건들을 예측할 때(예를 들어, 축구팀 x가 다음 경기에서 이길 가능성은?)에도 체계적인 오류를 만들어낸다. 이와 같은 예측의 상황에서 사람들은 인과적 정보에 의존하는 경향이 있는데, 예측에 높은 타당성을 갖는 기본율 정보(base-rate information)는 무시해 버릴 때가 많다(Ajen, 1977). 기본율 정보는 사건 예측이 가능한 모집단 속에서 특정한 결과가 나올 수 있는 비율에 관한 내용을 담고 있다. 70퍼센트가 법률가이고 30퍼센트가 기술자인 모집단에서 무작위로 추출했다고 하면서 거짓 이름을 제시했을 때, 통제집단의 피시험자들은 기술자가 30퍼센트라는 기본율을 사용하여 제시된 이름이 기술자인지의 여부를 예측하려는 경향을 보여준다. 그러나 어떤 인물의 캐릭터에 대한 개략적 설명 형태로 추가적 인과 정보를 제공했을 때(예를 들어 "그는 질서와 명확성 및 간결하고 정연한 시스템을 좋아한다." Kahneman & Tversky, 1973, p238), 피험자들은 기존의 기본율을 폐기해버리고 캐릭터 설명을 활용하여 그 사람이 기술자인지 여부를 예측한다. 성향이라는 지속적 원인이 기술자가 되고자 하는 희망 속에 반영되기 때문에 제시된 인물은 기술자일 가능성이 매우 높다고 주장하는 것이다.

인과적 귀인의 효과는 연속적으로 발생하는 일련의 사건들을 예측할 때에도 발견할 수 있었다(Kahneman & Tversky, 1982; Matthews & Sanders, 1984). 최근에 벌어진 일련의 사건들에 관한 지속적 원인이 주어졌을 때(잘못된 경영 관리로 인하여 최근 주가가 하락하고 있다), 사람들은 다음에 벌어질 일도 현재의 추세를 반영할 것이라고 예측해버리는 경향이 있다. 즉 앞으로도 계속해서 주가가 하락할 것이라고 생각하는 것이다. 이때 과거의 결과들에 대한 기본율 정보가 예측에 타당한 근거가 될 수 있음을 망각한다. 현재의 추세가 지속될 것이라는 예측은 과거에 벌어진 일들의 중심적 추세로 회귀하지 않는다. 이를 반회귀적 (nonregressive 또는 antiregressive) 예측이라 할 수 있다.

피실험자에게 어느 축구팀의 장기간의 평균 승률 기록(50%의 승률)과 함께 최근에 벌어진 몇 차례 경기의 승패 전적(승-패-승-승-승-승-승-승)을 보여주고 나서 다음 경기에서 그 팀의 승패를 예측하라고 요구하면 대체로 승리를 예측할 것이다. 이는 최근의 연이은 승리 기록이 지속적 요인으로 작용하기 때문이다(Gilovich, Vallone, & Tversky, 1985). 그러나, 다음 경기의 승패 예측에는 기본율(이 사례에서는 50%)이 적절한 판단의 근거가 된다.

이런 식으로 루머의 지속적 원인 귀인은 반회귀적 예측을 만들어낸다. 루머가 주식 거래에 미치는 영향에 대한 집합적 수준의 기존 연구들은, 주가의 무작위성으로부터 반회귀적 일탈이 일어나는 것이 루머 때문이라는 사실을 보여주었다(Lazar, 1973; Pound & Zeckhauser, 1990; Rose, 1951). 간단히 말해서 루머는 반회귀적 형태로 주가 변동에 영향을 미친다는 것이다. 개인 수준의 실험 결과를 보더라도 이 사실을 알 수 있다. "굿이어 사의 이익이 증가하고 있다"는 루머를 듣게 되면 투자자들은 내일 굿이어의 주가가 상승할 것으로 예측하고, 내일의 주가 변동을 점칠 수 있는 보다 적절한 기본율 정보를 포기해버릴 것이다 (DiFonzo & Bordia, 1997, 2002b). 앞서 논의했던 모의 주식투자 연구에서 투자자들은 주식 거래를 할 때 루머에 들어 있는 인과적 정보에 집착했던 반면, 보다 큰 예측 타당성을 가진 기본율 정보는 무시해버렸다. 그들은 루머에 대해 신뢰할 수 없다는 판단이 들었을 때에도 같은 행태를 보여주었다. 그 결과, 루머에 노출된 투자자들은 루머에 노출되지 않은 투자자들에 비해 수익률이 낮은 매매 전략을 구사하게 되었다. 만일 주식시장의 주가가 정말로 예측 불가능한 것이라면(Fama, Fisher, Jensen, & Roll, 1969; Malkiel, 1985) 루머를 듣는 것은 그 사람의 포트폴리오에 악영향을 미칠 뿐이다.

루머와 집단적 상황인식

집단 또한 상황인식을 위해서 루머를 활용한다. 여기에서 우리는 인터넷 공간에서 루머가 토론되는 동안 만들어진 여러 진술의 내용, 기능 및 흐름을 검토함으로써 이 문제를 살펴보고자 한다. 인터넷 공간에서의 루머가 일반적인 루머 토론에 관하여 많은 것을 말해주기 때문이다(Fisher, 1998). 그리하여 우리는 이와 같은 루머 토론이 매우 풍부한 대화임을 보여줄 것이다. 이 대화 속에는 다양한 진술들이 이야기되고, 그 대부분은 상황인식이라는 문제와 연관되어 있기 때문이다. 상황인식에 필요한 기능을 수행하기 위해서 사람들은 루머 토론 과정에서 일시적 역할을 선택한다. 그리고 루머 에피소드는 루머의 진실성과 의미를 평가하는 집단의 상황인식 과정에서 여러 단계를 거치게 된다.

여기에서 우리는 인터넷상의 14개 루머 토론에 대한 정량적 내용 분석에 많은 비중을 두었다(Bordia & DiFonzo, 2004; Bordia & Rosnow, 1998도 참조). 이 연구에서 우리는 컴퓨터 네트워크 상에서 분류된 토론 내용들을 검색하고 현재 지속되고 있는 컴퓨터 토론 그룹들을 관찰함으로써 루머 상호작용 에피소드(rumor interaction episodes, RIEs)를 수집했다. 각각의 루머 토론은 적어도 2일 동안 5개 이상의 게시물이 포스팅된 것으로 한정했다. 그리고 토론 참여자들의 진지함이 반영된 것을 택했다. 루머는 여러 종류의 도메인에 널리 유포되어 있었다. 예를 들면 건강("이부프로펜은 육식성 박테리아에 감염되기 쉽게 만든다", "천연두균에 노출된 담요가 인디안 보호지역에서 배포되었다"), 정보 기술("'굿 타임'이란 제목의 바이러스가 전자 우편 메시지를 통해서 유포되고 있다", "윈도우95에 몇 가지 기능들이 추가될 것이다", "프로디지 사는 인터넷 서비스 가입자의 컴퓨터 하드 디스크에 불법적으로 침입하고 있다"), 음모("공화당이 우주왕복선의 폭파에 연루되어 있다"), 스포츠("마이클 조던이 프로 농구에 복귀할 것이다"; Bordia & DiFonzo, 2004, p38) 등이 포함되었다.

루머 토론의 내용

어떤 유형의 진술이 루머 토론을 만들어낼까? 그리고 전형적인 루머 에피소드에서 루머 토론의 통합 보급 및 전파는 상대적으로 어떠한 모습을 보이는가? 이 질문에 대한 해답을 구하기 위해서 우리는 동료 학자들과 함께 코딩 시스템을 개발했다. 그것은 루머 상호작용 분석 시스템(Rumor Internction Analysis System, RIAS; Bordia & DiFonzo, 2004; Bordia & Rosnow, 1998)이다. 우리는 이 시스템을 활용하여 표본의 개별 RIE의 내용을 분석했다. 먼저 윌런, 버어디, 맥키지(Sheelan, Verdi, & McKeage, 1994)가 제시한 가이드라인을 활용하여 모든 텍스트를 사고 단위로 분류했는데, 이러한 진술들은 대체로 간단한 형태의 문장으로 이루어져 있었다. 이를테면, "이 이야기가 사실인지 아닌지는 확신할 수 없다", "1968년에 일어났던 일이다", "이 일이 일어났으면 좋겠다" 등이다. 이와 같은 결합 절차의 신뢰성은 독립된 판단으로 평가되었는데, 그 결과는 매우 높았다(93.07%의 동의). RIAS의 개발은 제1장에서 설명했던 집단적 문제해결 과정으로서의 루머에 대한 정의에 입각해서 이루어졌다. 다시 말해 루머는 불확실한 상황에서 상황을 인식하고 위협을 관리하면서 예측하고 해석할 수 있는 통제력을 복원하려고 노력하는 인간 집단의 활동적 가정인 것이다. 즉, 루머는 즉석에서 임시로 마련된 뉴스(improvised news)인 셈이다. 이처럼 보다 사회학적인 시각을 갖게 되면, 루머의 집단적 상황인식 기능에 비중을 두게 된다.

우리는 진술의 유형을 네 가지로 분류하였다. 신중한 진술, 우려의 진술, 진위 확인 진술, 의문 진술, 정보제공 진술, 믿음 진술, 불신 진술,

상황인식 진술, 명령 진술, 풍자적 진술, 희망 진술, 사적 진술, 지엽적 진술 및 기타 진술이다. 표 5.1에는 각 진술 유형의 전체적 퍼센티지와 함께 RIAS를 표시했다. 표 5.1을 통해서 이러한 루머 토론들이 상황을 인식하고자 하는 인간 집단과 직간접적인 면에서 유용한 진술들로 구성되어 있음을 알 수 있다. 가장 빈번한 유형의 진술은 29.4%로 나타난 상황인식에 관한 것이다. 이를 가지고 토론 참가자들은 루머의 진위 여부에 대한 문제를 해결하려고 한다. 루머 토론자들은 해석, 분석, 추론에 관한 진술들을 가장 많이 활용하는 것이다. 뿐만 아니라 대부분의 나머지 진술들도 간접적으로 상황인식과 연관되어 있다. 참가자들은 정보를 제공하고, 질문을 하고, 정보와 적격성의 진위 여부를 확인하며, 관련된 개인적 경험들을 공유하면서, 신뢰와 불신을 표명하고, 다른 사람들을 설득하려고 노력한다. 이 모든 활동은 상황인식이라는 집단의 목적을 위한 것이다. 따라서 여기의 다양한 인터넷 루머 토론의 내용은 풍부한 사회적 상황인식의 상호작용으로서 그 속에서 각 토론참가자들이 표출하는 가정, 의견, 시각, 제안, 주장 및 감정의 교환이 이루어진다.

투고의 내용 및 커뮤니케이션적 자세

사람들은 어떤 토론에서나 번갈아가면서 커뮤니케이션을 한다. 한 사람이 한 세트의 진술을 제공하면 그 다음은 다른 사람이 추가적인 진술 세트를 제공한다. 이처럼 토론은 진술 세트들이 꼬리에 꼬리를 물고 투고됨으로써 이루어진다. 이와 같은 진술 세트의 내용과 기능을 이해하면 토론의 본질을 더욱 잘 이해할 수 있게 된다. 루머 토론도 다르지 않다. 루머 토론자는 정보제공 진술(Pi)을 하게 된다. 그리고 마이크로폰을 계속 착용한 채 상황인식 설명을 한다(Sm). 루머 토론의

표 5.1

루머 상호작용 분석시스템 진술 유형 및 14개 루머 상호작용 에피소드에 대한 진술의 총 퍼센티지[a]

진술의 유형(약어)	정의	예시	진술들의 총%[b]
신중한 진술(Pr)	다음에 이야기할 것을 "풍문"으로 여기면서 사용되는 주의 깊은 진술	"이것이 사실인지 아닌지는 나도 확신할 수 없다.", "이 이야기는 사실일 수도 아닐 수도 있다."	3.5
우려의 진술 (Ap)	루머와 관련된 두려움, 공포, 열망 우려, 혹은 "위협받고 있다"는 느낌을 표현하는 진술	"이 괴상한 일을 잠깐 생각해보았는데, 이내 두려움을 느꼈다."	2.8
진위확인 진술 (Au)	화자가 자신이 말하는 것에 대해서 신뢰성을 추가하려는 노력을 표현하는 진술	"내가 월드 스트리트 저널에서 읽은 내용이다.", "프로그래머로서, 나는…"	4.8
의문 진술(I)	정보를 구하는 질문(냉소적인 말이나 설득 시도는 포함되지 않음)	"여기 stage.dat 파일은 무엇을 하는 것인가?"	2.9
정보제공 진술(Pi)	토론 중인 루머와 관련된 정보를 제공하는 진술	"1968년에 일어난 이야기이다."	16.7
믿음 진술(Pi)	루머에 대한 믿음을 나타내는 진술	"그것은 사실이다."	2.2
불신 진술(Di)	루머에 대해 믿지 않음을 나타내는 진술	"그것은 너무 억지이다."	3.8
상황인식 진술 (Sm)	루머의 진위 여부 문제를 해결하려는 노력을 반영하는 진술. 다시 말해, 다른 사람의 말에 대해 분석하고, 논쟁하며, 반대거나, 추론해내는 진술. 자신의 시각, 행동 및 믿음을 정당화시키는 진술. 판단의 법칙과 발견적 방법을 설명하는 진술	"일어날 수 있는 일은…", "내 생각에, 그것이 작동하는 방식은…"	29.4
명령 진술(Dr)	행동 방향을 제안하는 진술	"우리는 이 상품의 사용을 중단해야 한다", "이 문제에 관한 토론은 충분히 이루어졌다. 이제 다른 문제로 넘어가보자."	2.7
풍자적 진술(S)	다른 사람의 믿음이나 코멘트를 조롱하는 진술	"다음번에 관해서는 무엇이든 당신이 아는 것에 대해서 써보세요."	3.4
희망 진술(W)	바람직한 목적이나 결과에 대한 희망이나 기대를 전달하는 진술	"이 일이 일어났으면 좋겠다."	0.7
사적 진술(P)	루머의 맥락에서 화자의 경험을 설명하는 진술	"내 아이들도 똑같은 징후를 가지고 있었다."	3.9
지엽적 진술 (Dg)	원래 루머와는 직접적 연관성이 없는 진술	루머와 관련이 없는 이야기나 정보를 추구	18.6
기타 진술(U)	모호성으로 인해 범주에 포함시킬 수 없는 진술		4.6

본질을 잘 이해하기 위하여 우리는 "루머 토론 중의 진술 세트 투고 내용은 무엇인가?"라는 질문을 던졌다. 루머 토론자들이 번갈아가며 투고를 할 때, 진술 세트들이 조합되는 일반적인 양상은 어떤 것인지 에 대한 질문이다. 우리는 참가자들이 어떻게 교차로 투고하는지에 대해서 관심을 가지고 있었다. 왜냐하면 루머 토론에서 각 시점에서 나타나는 개별 투고의 기능을 밝혀낼 수 있기 때문이었다. 우리는 이 러한 기능을 '커뮤니케이션 자세'(communicative postures)라고 명명하였 다(Bordia & DiFonzo, 2004).

커뮤니케이션 자세는 개념적으로 시부타니가 말했던 "커뮤니케이션 역할"이나 "커뮤니케이션 스타일"과 유사하다. 이를테면 "어떤 집단 에게 적절한 정보로서의 아이템을 제공하는 '메신저' 로서의 개인"과 "과거의 사건들을 평가하고 향후의 의미를 고찰하면서 뉴스의 맥락을 파악하고자 노력하는 '해석가' 로서의 개인"이라 할 수 있다(Shibutani, 1966, p15; R. H. Turner & Killian, 1972도 참조). 각각의 역할은 토론 활동에 서 몇 가지 기능을 담당한다(정보의 제공, 데이터의 해석 등). 우리는 이러 한 역할들이 본질적으로 일시적이라는 시부타니의 생각을 잘 반영시 키기 위하여 '자세'(posture)라는 용어를 만들어내었다. 화자의 자세 (posture)는 그가 가진 역할(role)이나 스타일(style)에 비하여 일시적이며 상황에 따라 변할 수 있기 때문이다. 예를 들어 내가 인터넷 토론에서 토론에 관한 정보를 제공하는 메시지를 게시했다고 하자. 이것은 토 론에 대해 정보 제공 기능을 수행한 것이 되며, 나는 정보제공 자세 (posture)를 취한 것이 된다. 그러나 이후에 내가 회의적인 메시지를 게 시하면 그것은 불신의 기능을 하게 되는 것이다. 다시 말해 불신의 자세를 표현하는 것이 된다. 자세는 토론의 과정에서 변할 수 있다. 우리는 이러한 생각에 대해 경험적으로 탐구하기 위해 루머 토론에서 만들어지는 일시적인 자세를 더욱 명확하게 개념화하고자 했다.

인터넷 루머 연구에서, 루머 토론은 14개 인터넷 RIE에서 281개 메시지 게시로 이루어졌는데(Bordia & DiFonzo, 2004). 이들 게시물에서 진술 세트의 공통적 패턴을 확인하기 위하여, 우리는 위계적 클러스터(cluster) 분석을 실시했다. 클러스터 분석은 여러 가지 차원을 적용하여 유사성에 따라 사례들을 동일한 집합별로 묶는 방법이다. 우리도 RAIS 진술에 나타나는 그들의 유사성에 따라 게시물을 분류하고 집합으로 묶었다. 유사한 RIAS 진술 프로파일을 가진 루머 토론의 참가자 게시물을 범주화하기 위하여 클러스터 분석을 사용한 것이다. 그러므로 여기에서 분석의 단위는 루머 토론에서 작성된 게시물이 되며, 이것은 앞에서의 RIAS 진술보다는 높은 수준이지만 게시물을 작성한 개인들보다는 낮은 수준이라 할 수 있겠다.

그 결과 총 11개의 클러스터를 확인할 수 있었다. 각각의 클러스터에는 평균 개수의 RIAS 진술 유형(Pr, Ap, Au, 등)으로 구성된 진술 프로파일이 있었다. 우리는 이들 프로파일을 활용하여 해당 클러스터의 커뮤니케이션적 자세를 해석했다. 예를 들어 클러스터 1의 경우, 신중한 진술(Pr) 및 정보 제공 진술(Pi)에서는 높은 평균 개수를 주었던 반면 다른 유형의 진술에서는 낮게 나타났다. 우리는 이 클러스트가 루머 제시 기능을 수행하는 설명제공의 자세를 갖는 것으로 해석하였다. 클러스터 2는 다른 진술 유형에 비해서 상대적으로 높은 상황인식 진술(Sm)의 평균 개수를 보여주었다. 따라서 우리는 이 클러스터가 루머 해석기능을 수행하는 설명평가적 자세를 갖는 것으로 해석하였다. 표 5.2에는 11개 클러스터 전부에 대한 진술 프로파일이 표시되어 있다. 이 표를 통해서 그들 각각의 커뮤니케이션적 자세와 관련된 우리의 해석을 확인할 수 있을 것이다.

우리는 부분적으로 앤더슨의 설명 이론(Anderson, et al., 1996)을 따랐다. 이 장의 처음에서 논의하였던 것처럼 사건이 인식되고, 최초의 설명이 만들어지고, 그 설명에 대한 검증이 지속적으로 반복되는데, 우리는 이러한 인지 모델을 집단적 프레임워크에도 적용시켰다. 그 결과 매우 자연스럽게 부합됨을 알 수 있었다. 인간 집단이 어떤 사건을 설명하려면 유사한 상황인식 활동이 수반되어야 한다는 것이다. 그들은 우선 사건을 인식하고, 최초의 설명을 만들어내고, 그 설명을 검증하면서 또 다른 대안적 설명을 계속 찾을 것인지의 여부를 결정하고 정보 수집을 명령하는 것이다. 11개 클러스터들은 자연스럽게 이러한 유형의 활동을 보여주었다. 설명 제공 및 설명 평가적 자세와 더불어, 추가적으로 두 가지의 자세가 루머와 구두 의견일치(설명 입증) 및 구두 의견불일치(설명 거짓입증)를 분석하는 기능을 했다. 그리고 다섯 번째 자세는 단순히 루머의 수용(설명 수용)에 대해 말했다. 다른 커뮤니케이션 자세를 살펴보면, 정보 공유(정보 보고) 및 의문제기(정보 추구), 정보 제공, 행동의 방향 제안(지시), 희망(이득을 고려한 동기), 두려움(손실을 고려한 동기), 동기 지탱, 상황인식에 무개입(무관심한 참여) 등의 기능을 했다. 인터넷 루머 에피소드에서 여러 참가자들이 번갈아가며 메시지들을 게시하는 동안, 참가자들은 대체로 열한가지 방식 중 한 가지 방식으로 토론에 참가하고 있었던 것으로 볼 수 있다. 한편 참가 방식의 대부분은 집단적 상황인식과 연관지어서 이해할 수 있었다.

루머 토론 진술의 역동적 관계

루머 논의는 일생을 마감하면서 어떻게 흘러가는가? 구체적으로 말해서 자세와 진술 유형은 토론이 진행되고 끝나감에 따라 어떻게 변화하는가? 이 질문은 RIE의 역동적 관계에 관한 것이다.

표 5.2

인터넷 루머 토론 게시물의 내용 및 커뮤니케이션적 자세

게시물의 커뮤니케이션적 자세	진술 프로파일(게시된 진술 유형의 평균 개수)	진술 프로파일(게시된 진술 유형의 평균 개수)											
		Pr	Ap	Au	I	Pi	B	Di	Sm	Dr	S	W	P	Dg
1. 설명 제공	집단에게 짧은 설명(루머) 제시("여기 내가 들은 한 가지 설명이 있는데, 나도 진실인지는 확신할 수 없다.")	2.3	0.0	0.6	0.2	3.4	0.0	0.0	1.6	0.1	0.2	0.0	0.6	0.1
2. 설명 평가	설명을 분석하고 해석함("여기에 가능한 설명이 있다.")	0.9	4.2	2.0	0.2	0.6	3.1	0.0	17.3	0.1	0.2	0.0	0.1	0.5
3. 설명 입증	설명을 분석하고 그 설명에 동의함("여기에 다음과 같은 근거로 내가 믿는 한 가지 설명이 있다.")	·1.0	0.0	6.0	0.0	0.4	3.4	0.0	6.4	0.0	0.0	0.0	0.0	0.0
4. 설명 거짓 입증	설명을 분석하고 그 설명에 동의하지 않음("이것이 내가 그 설명을 믿지 않는 이유이다.")	0.4	0.0	1.0	0.3	1.0	0.1	3.5	4.4	0.4	0.6	0.0	0.1	0.2
5. 설명 수용	설명을 수용함("나는 그 설명을 믿는다.")	0.0	0.0	0.0	0.0	0.0	1.7	0.0	0.3	0.3	0.0	0.0	0.0	0.0
6. 정보 보고	정보와 개인적 경험을 공유("여기 그 설명과 관련하여 내가 아는 바가 있다.")	0.2	0.4	0.2	0.2	2.5	0.1	0.1	1.2	0.5	0.2	0.0	3.5	0.6
7. 정보 추구	정보를 추구("설명을 평가하고 만들어내기 위해서 알아야 할 것이 있다.")	0.4	0.1	0.6	3.0	0.8	0.0	0.0	1.4	0.0	0.2	0.0	0.1	0.3
8. 지시	정보를 제공하고 행동 방향을 제안("여기에 내가 아는 것이 있다. 그리고 더 많은 정보를 얻기 위해서는 XYZ를 해야 한다.")	0.6	0.2	0.2	0.5	2.8	0.1	0.1	2.0	3.4	0.0	0.0	1.0	0.5
9. 이득을 고려한 동기	특정 결과를 희망하면서 설명을 정당화함("여기에 이 설명에 대한 바람직한 결과가 있는데, 이것이 우리가 그것을 계속 평가해야 하는 이유이다.")	0.0	0.0	0.0	1.6	0.0	0.0	0.0	2.0	0.0	0.0	2.5	0.0	0.6
10. 손실을 고려한 동기	자세가 루머나 그 결과에 대한 관심과 두려움을 반영함("여기에 이 설명의 한 가지 두려운 결과가 있는데, 이것이 우리가 그것을 계속 평가해야 하는 이유이다.)	0.0	2.4	0.4	0.2	0.6	0.0	0.0	0.8	0.2	0.0	0.0	0.4	1.8

표 5.2														
인터넷 루머 토론 게시물의 내용 및 커뮤니케이션적 자세														
게시물의 커뮤니케이션적 자세	진술 프로파일(게시된 진술 유형의 평균 개수)	진술 프로파일(게시된 진술 유형의 평균 개수)												
		Pr	Ap	Au	I	Pi	B	Di	Sm	Dr	S	W	P	Dg
11. 무관심한 참여	주의를 딴 데로 돌리기 쉬우며, 문제 해결에 거의 개입하지 않음	0.0	0.1	0.2	0.0	1.8	0.0	0.0	2.6	0.1	0.4	0.1	0.0	3.1

주) 11개 클러스터는 14개 인터넷 루머 상호작용 에피소드에 등록된 276개 게시물로부터 만들어낸 것이며(5개 게시물은 분류할 수 없었음), 커뮤니케이션적 자세를 대표한다(본문 참조). 진술 유형의 약어에 대해서는 표 5.1을 참조하라. 각 클러스터에서 높은 평균 개수를 갖는 진술 유형은 이탤릭체로 표시했으며, 1열의 이름을 붙이고 2열의 자세를 묘사하는데 사용했다. 출처는, "Problem Solving in Social Interactions on the Internet: Rumor as Social Cognition," by P. Bordia and N. DiFonzo, 2004, Social Psychology Quarterly. Copyright 2004 by American Sociological Association. 저작권자의 동의로 재수록함.

여기에서 다시 14개 RIE에 대한 설명으로 돌아가 두 가지 방식을 통해 위의 질문에 대한 해답을 구하기로 한다. 첫째, 각 RIE를 각 분기로 나누었다. 그리고 각 분기마다의 유형 및 진술의 개수를 분석한 결과 집단적 상황인식과 더불어 자세에 관한 분명한 경향을 확인할 수 있었다. 설명 제공 자세 및 지시 자세는 루머 활동의 1/4분기에 많이 나타났고, 설명 평가 자세는 3/4분기에 최고조에 달했으며, 무관심한 참여 자세는 마지막 4/4분기에 가장 두드러졌다. 토론은 처음에는 루머를 제공하고 루머에 대한 인식 노력을 지시하는 데 중점을 두었지만, 상황이 진행됨에 따라 루머를 조사하고 분석하는 방향으로 진행되었다. 그리고 사람들이 관심과 흥미를 잃어감에 따라 상황 인식은 서서히 자취를 감추게 되었다. 2/4분기에 대한 분석도 이러한 해석과 일치했다(2/4분기는 공통의 RIAS 진술 유형이 발생했다). 의문을 제기하는 진술은 1/4분기에 가장 높게 나타났고, 불신은 2/4분기, 상황인식은 3/4분기, 무관심한 참여는 4/4분기에 가장 많이 볼 수 있었다. 정보 제공 진술은 3/4분기를 제외한 모든 기간에 걸쳐 빈번하게 출현했다. 따라서 집단적 인터넷 루머 상황인식은 여러 개의 단계를 거치면서 진행되는 모습을 보여주었다. 제1단계에서는 집단의 관심을 끄는 루머를 제시하고, 제2단계에서는 정보를 공유하며, 제3단계에서는 설명을 평가하고, 마지막 제4단계에서는 문제를 해결하는 것이다.

1대1 루머 상호작용 에피소드에 대한 일반화 가능성

여기에서 한 가지 밝혀 둘 중요한 사항이 있다. 그것은 집단적 상황인식에 대한 결론을 위해서 인터넷 루머 에피소드의 분석을 가장 큰 근거로 삼았다는 점이다. 이와 같이 컴퓨터가 매개되어 있는 RIE 유형은 사람과 사람 사이에서 발생하는 1대1 루머 에피소드와 여러 가지 면에서 상당한 차이를 보일 수 있다. 첫째, 우리가 선택한 RIE는 참가자가 토론에 열렬한 관심과 이해를 보여준 것으로 그 중요성이 높은 것이었다. 따라서 여타의 컴퓨터가 매개된 루머 에피소드나 1대1 루머 에피소드는 그와 같은 참여가 없을 수도 있다. 둘째, 컴퓨터가 매개되어 있는 네트워크의 본질을 고려할 때, 각 토론에 대한 참여는 집단의 모든 개인들이 잠재적으로 준비가 되어 있는 상태라는 사실이다. 토론에 참여한 집단이 분산되어 있다기보다 서로 긴밀하게 연결되어 있다는 뜻이다. 이와 같은 성격은 테일러 버크너(H. Taylor Buckner, 1965)가 말했던 "다층적 상호작용"(multiple interaction)을 뒷받침해준다. 다층적 상호작용이란, 루머가 동일 집단의 사람들 속에서 활동적으로 재순환되는 과정을 말한다(제7장 참조). 분산적인 사회적 네트워크를 통해 전파되는 덜 중요한 루머들은 우리가 컴퓨터 매개의 에피소드에서 관찰할 수 있었던 내용, 자세 및 역동적 관계를 보여주지 못할 것이다(순차적으로 전파되는 루머 활동과 집합적인 루머 활동 간의 차이점에 대한 유사한 논의는 제6장을 참조).

결론

이 장에서 우리는 사회적 인지 분석 및 집단적 수준의 분석을 통해서 루머의 상황인식 기능을 살펴보았다. 루머는 다양한 시점에서 일어나는 사건을 설명할 때 영향을 미친다. 사건을 인지하고, 최초의 설명을 제공하며, 추가적 설명에 대한 동기를 만들고, 그 사건을 해석하는 인지적 구조 활성화에 일련의 단계에서 영향을 미치는 것이다. 우리는 루머가 어떻게 지속적 원인 귀인을 갖게 되는지, 그리고 이러한 유형의 인지 구조의 활성화를 통해서 환영적 연관과 비회귀적 예측이 어떻게 일어나는지에 대해서 생각해보았다. 루머 역시 집단적 상황인식 과정에 영향을 미친다. 지금까지 루머 에피소드 과정에서 나타나는 진술의 내용을 살펴보았으며, 이와 함께 루머 토론에서 만들어진 설명들의 내용, 기능 및 흐름을 알아보았다.

우리는 여기에서 루머 활동에 개입된 — 개인적인 그리고 개인 간의 — 상황인식 과정들을 검토했다. 이처럼 중요한 문제에 대해서 사람들은 얼마나 큰 영향력을 갖는가? 다음 장에서 이 문제에 대해서 계속 논의하기로 한다.

Rumor Accuracy:
Patterns of Content Change,
Conceptualization, and
Overall Accuracy

06

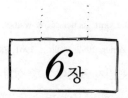

루머의 정확성:
내용 변화의 패턴, 개념화 및 전반적
정확성

1990년대 뉴욕의 로체스터 근교 어느 대기업의 한 부서에서 75명의
직원들 사이에 부정적 루머가 판을 쳤다(제2장과 제8장을 참조). 그 대
기업의 부서는 전문가들의 조밀한 공동체였으며, 그들은 회사에서
조만간 전격적 인원 감축이 있을 것이라는 이야기를 들었다. 실제로
그 부서의 절반가량이나 되는 인원이 퇴출되었다. 인력감축 대상자
에 대한 공식적인 발표가 있기 1주일 전, 대상자 목록에 관한 루머가
직원들 사이에 떠돌았는데, 놀랍게도 그 루머는 100퍼센트 정확했다.

미국의 남북전쟁 기간 동안, 전신 케이블은 마치 농장의 포도넝쿨처
럼 나무를 전신주처럼 타고 연결되어 있었다. 이 케이블을 통해서 각
종 정보 메시지가 전달되었다(K. Davis, 1972). 오늘날 조직 구성원들의
"정보" 활동은 커뮤니케이션 포도넝쿨(정보망을 통한 풍문)을 통해 전달
되는 루머에 의존하는 정도가 매우 크다(Burlew, Pederson, & Bradley,

1994; K. Davis, 1972; Harcourt, Richerson, & wattier, 1991; Newstorm, Molnczka, & Reif, 1974; Smeltzer & Zener, 1992; Walton, 1961; Zaremba, 1989). 최근 조사결과를 보면, 중간급 관리자 표본대상 중 상당 부분이 "공식적 커뮤니케이션보다 정보망을 통한 풍문에 더 높은 점수를 주었으며," 진급, 회사의 미래 계획, 부서의 미래 계획, 급여 및 급여 인상 등과 같은 특정 주제에 대해서는 정보망을 통한 풍문이 정보를 얻을 수 있는 최선의 출처가 된다고 주장했다(Harcourt et al., 1991, p357; Modic, 1989 참조).

이와 같은 비공식적 정보활동은 얼마나 효과적일까? 사람들은 사실을 밝혀내는 일을 얼마나 잘 해낼 수 있는가? 제2장에서 보았던 것처럼 조직에 관한 어떤 루머들은 생산성을 떨어뜨리고, 명성을 실추시키며, 신뢰를 훼손한다(K. Davis, 1975; DiFonzo, Bordia, & Rosnow, 1994; Zaremba, 1988). 루머가 거짓이거나 왜곡된 것일 때, 그러한 효과들은 불행하게도 보장할 수가 없다. 뿐만 아니라 "루머 소비자"의 시각에서 보면, 특정 커뮤니케이션 채널을 통해 전달되는 정보의 한 단면을 어느 정도 신뢰할 수 있는지에 대한 표준 질문은 그 채널의 전반적 타당성에 의해 좌우된다. 만일 루머가 대체로 정확하다면 신뢰할 만한 가치가 있는 것으로 판단되지만, 그렇지 않을 경우에는 그 루머를 신뢰할 수 없다.

이 장과 다음 장에서는 정확성과 관련된 몇 가지 질문을 제기할 것이다. 먼저 루머 내용에서의 변화 패턴을 검토할 것이다. 그런 다음 정확성의 개념과 정확성에 대한 측정을 살펴볼 것이며, 루머의 전반적 정확성에 대해 평가할 것이다. 물론 이때에도 조직 내에서 떠도는 루머가 논의의 초점이 될 것이다. 다음 장에서는 루머가 보다 정확해질 수 있는 메커니즘을 검토하게 될 텐데, 그러한 메커니즘이 조직이라는 맥락에서 어떻게 작동하는지에 대해서 알아볼 것이다. 그리고 논의 중에 정확성에 관한 우리의 최근 경험적 연구에 대해서도 설명할 것이다.

루머 내용 변화의 패턴

먼저 루머 내용의 전반적인 변화 패턴에 관한 기존의 이론과 연구들을 살펴보았는데, 4가지 유형의 변화가 확인되었다. 단순화(leveling), 예리화(sharpening), 추가(adding), 융합(assimilation)이다. 나중에 설명하겠지만 기존 연구에서 볼 수 있는 가장 큰 논쟁점은 루머 활동에서 단순화와 추가가 발생하느냐는 것이었다. 이러한 논쟁은 부분적으로 루머의 연구와 개념화에 관한 '순차적 전파'(serial transmission, ST)와 '협동'(collaborative, COL) 접근법과의 차이점에서 비롯되었으며, 또 두 접근법이 현실의 루머 상황을 일반화하는지의 여부에 관한 입장 차이에서 시작되었다. 이 점을 생각하면서 루머 내용 변화의 패턴에 대해서 검토하되, 특히 ST와 COL의 개념적 및 방법론적 문제에 관심을 두고자 한다.

루머 내용 변화에 따른 네 가지 패턴

루머의 내용은 시간이 흐름에 따라 어떻게 변화하는가? 세부적인 내용이 점점 더 확장되는가, 아니면 축소되는가? 루머의 내용은 다소 과장되기도 하는가? 루머는 널리 받아들여지는 아이디어를 따르는가? 학자들은 이러한 질문을 통해 단순화, 추가, 예리화 및 융합의 내용 변화에 따른 네 가지 패턴을 확인했다.

단순화(leveling)

단순화란 루머의 전파가 거듭됨에 따라서, 특히 초기 전파 단계에서 이해가 쉽도록 세부내용이 없어지고 길이가 짧아지는 것을 의미한다. 즉, 루머는 "짧고 간결한 진술"로 단순화되는 것이다(G. W. Allport &

Postman, 1947b, p81). 이는 복잡한 건축물들이 간결하고 단순하게 되는 것과 같다. 커크패트릭(Kirkpatrick, 1932)은 이 과정을 가리켜 "응축" (condensation)이라 말했다. 최초의 상황을 설명한 20개의 상세한 진술 가운데 15개가 단순화되어 5개만이 남게 되는 것이다.

추가(adding)

추가란 기존의 루머 내용에 새로운 소재나 추가적인 세부 내용을 덧붙이는 것을 말한다. 추가를 달리 표현하면, "스노우볼링"(snowballing; Rosnow, 1991), 창조와 정교화(G. W. Allport & Postman, 1947b), "합성" (compounding; Perterson & Gist, 1951), "윤색"(embroidering; G. W. Allport & Postman, 1947b), 꾸미기(fabrication; Sinha, 1952) 등으로 표현된다. 예를 들어 무장하지 않은 군중들의 사진을 본 뒤 그 사진에 대해 일련의 연속적인 다른 이야기가 추가되는 경우이다(G. W. Allport & Postman, 1947b). 피터슨과 기스트(Peterson & Gist, 1951)는 살인 루머에 새로운 화제거리가 — 단순화되지 않고—추가되는 현상을 발견했으며, 로즈노우 (Rosnow, 1991)는 "폴 메카트니가 죽었다"는 거짓 루머가 스노우볼링되는 현상을 설명했다. 추가는 말 그대로 덧붙이는 것이며, 단순화는 삭제를 의미하는 것이다.

예리화(sharpening)

예리화란 루머 메시지 중에서 특정한 세부 사항을 강조하고 부각시키는 것을 의미한다. 이와 같은 강조 현상은 단순화의 결과로 발생한다. 다른 세부 사항이 제거되어 특정한 세부 사항에 예리한 초점이 맞추어지는 것이다. 예를 들어, '항의를 제기한(remonstrated)'이라는 생소한 단어가 그 단어가 지닌 생소함으로 인해 반복 전파되면서 루머의 내용이 짧아지는 와중에도 계속해서 살아남는 경우이다(G. W. Allport & Postman, 1947b). 이때 이 단어는 과장되는데, 예리화는 과장이라는 변

화의 결과로 나타난다(예를 들면, 한 명의 흑인이 4명으로 뒤바뀌는 경우이다;
G. W. Allport & Postman ,1947b). 그러므로 "한 명의 흑인이 있었다"는 생
각이 부각되는 것이다(Firth, 1956; R. H. Turner & Killian, 1972).

융합(assimilation)

융합은 개인의 인지 구조와 잘 부합할 수 있도록 — 단순화, 추가, 예
리화를 통하여 — 루머의 내용을 가공하는 것이다. 융합은 상대적으
로 냉정한 과정이기도 하다. 이를테면 루머가 주제에 관해 일관되고
진실성을 가질 수 게 만든다(예를 들어, 앰뷸런스가 전투 상황과 부합되도록 적
십자 본부가 되는 것이다; 여기에 대해서는 Kirkpatrick, 1932를 참조), 불완전한
데이터를 완전하게 만들기 위해서(예를 들어, '진 앤트리' [Gene Antry]가 '진
오트리' [Gene Autry]가 되는 것이다), 복잡한 상황을 단순화하기 위해서(예
를 들어, 한 세트의 지하철 광고 포스터가 '수많은 광고'가 되는 것이다), 그리고
우리의 기대와 언어적 관습에 부합하기 위해서(예를 들어, 도로표지판에는
킬로미터로 표시된 것을 하버드 학생들은 마일 단위로 바꾸어서 말했다; G. W.
Allport & Postman, 1947b) 단순화되고 추가되는데 예리화의 과정을 거칠
때와 같이 융합이 나타나는 것이다. 또한 융합은 열정적인 과정이다.
다시 말해 방어적이거나 동기가 유발되는 과정이다. 개인적인 관심(예
를 들어, 의상이나 직업에 대한 세부 내용이 그 분야에 관심을 가지고 있는 사람들 사
이에서 부각되어 나타난다), 이기심(예를 들어, 경찰관들은 대화 속에 등장하는 경
찰관에 대해 호의적인 관심을 갖는다), 편견(예를 들어, 적대적 행동은 소수 인물에
게 책임을 전가시킨다)으로 인해 루머의 변화가 나타날 때와 같다.
단순화, 추가, 예리화는 루머 내용 변화의 패턴에서 구성 요소의 측면
에 관한 것인 반면, 융합은 전반적인 패턴의 모습과 관련된 것이다.
따라서 융합은 보다 전체론적이고 고차원적인 변화의 패턴이라 할 수
있다. 즉, 변화의 하위 패턴들이 개인의 취향이나 심상에 부합할 수
있도록 지도적 역할을 하는 것이다.

패턴의 일반화 가능성

일관된 증거는 융합의 뜻에 부합되도록 현실의 루머 상황에서 예리화가 이루어지도록 한다(Buckner, 1965; Peterson & Gist, 1951; Rosnow, 1991; Shibutani, 1966; R. H. Turner, 1964, 1994; R. H. Turner & Killian, 1972). 실제 루머 상황에서는 단순화의 정도와 추가의 정도 사이에 불일치가 지속되기 마련이다(Rosnow, 1991; Shibutani, 1966; Turner & Killian, 1972). 순차적 전파(ST) 실험 상황이나 ST와 유사한 정보 전달로 특징지을 수 있는 이식된 루머 현장 연구 상황에서는, 추가보다 단순화가 많이 발생하는 경향을 보였다. 여기에서 우리의 입장은, 실제 생활에서 불확실성이 낮은 루머 에피소드와 집단이 ST와 유사한 정보 확산(말하자면, 얻게 되는 정보에 따라 단순히 전달하기만 하는 것)에 주로 관여하는 상황에서는 대부분 단순화가 발생한다는 것이다.

높은 불확실성이 지배하는 현장 관찰 연구, 자연재해나 살인과 같은 높은 중요성을 가진 상황에서는 단순화보다 추가가 더 많이 나타났다. 집단이 높은 상호작용과 협조의 자세를 보일 경우 불확실하고 중요한 상황에서는 추가가 더 많이 나타난다는 것이다. 따라서 우리는 가장 먼저 루머에 대한 ST와 COL 접근법을 면밀하게 검토하고, 단순화와 추가의 일반화 가능성을 뒷받침해줄 증거와 주장을 고려함으로써 이러한 발견 내용과 우리의 입장을 조사하고자 한다.

순차적 전파 접근법과 협동 접근법

만일 루머가 순차적으로 전파된다면 매번 전파될 때마다 루머에 대해서 전부 다시 말해야 하는 것은 물론이고, 각각의 전파 시점(node)마다 왜곡이 발생할 것이다(Shibutani, 1966). 이러한 접근법은 각 전파 시점에서 개입되는 개인의 인지적 요소(관심의 제한, 기억의 한계, 인식의 편견)와 동기적 요소(사실 확인, 관계 확장 및 자기 확장)의 결과로 전파 과정에서 발생하는 변화를 부각시킨다(이들 요소에 대해서는 이 책의 제7장에서 논의하고 있다). ST구조는 주로 실험실 환경에서 사용되어왔다. (물론 실험실 환경에서만 배타적으로 사용된 것은 아니다.) 이런 상황에서 실험실 연구를 통해서 세 부분의 삽입 과정이 보고되었다. 여기에서 '삽입'(embedding) 이란 융합에 의해 이루어지는 단순화와 예리화를 일컫는다(G. W. Allport & Postman, 1947b[30]; Bartlett, 1932; Higham, 1951; Kirkpatrick, 1932; McAdam, 1962). 특히 추가가 아닌 단순화가 이들 연구에서 나타났다. 다시 말해서 이 연구들은 대부분 정보의 순차적 전달에 관한 것이며, 그것들은 현실에서 ST와 같은 유형으로 특징지을 수 있는 루머 상황을 일반화한 것이었다.

만일 어떤 집단이 처한 불확실한 상황에서 한 개인이 활동적으로 협동할 때 만들어지는 일시적이고도 변화하는 가정으로 루머를 생각한다면, 논의의 초점은 집단, 네트워크 및 상황적 특징으로 바뀌게 될 것이다. 이와 같은 분석틀은 루머가 순차적이 아닌 협동적인 활동이라고 가정한다. 개개인이 하나에 다른 하나를 추가하는 방식으로 루머를 만들어가는 것이 아니라 협동적으로 동시에 루머를 전파하고 만들어낸다는 것이다(Shibutani, 1966). 예를 들어 A와 B가 조직 축소가 임박했다는 루머를 말하고 있다 하자. 그들은 지금 누가 인력감축 대상자인지에 대해 말하는 중이다. 이때 A와 B는 그들이 각각 알고 있는 정보를 수집한 뒤 논점을 비교하게 된다. 그리고 신속하게 그 루머를 수정한다. 이와 같은 협동을 통해서 불확실한 상황에 대해 가장 우월한 해석이 부상하게 되는 것이다.

COL 분석틀은 주로 현장에서 관찰된 상황들을 사용하였다. 이들 연구는 단순화보다는 예리화, 융합 및 특히 추가에 대해 더 큰 지지를 얻었다(Peterson & Gist, 1951; Shibutani, 19t66; R. H. Turner, 1964; R. H. Turner &

---

30) 앨포트와 포스트먼은 창조와 정교화도 논의하였다. 그러나 이 두 가지 요소는 그다지 빈번하게 나타나지 않기 때문에 삽입 과정의 한 부분으로 생각하지 않아도 된다고 판단하였다.

Killian, 1972). 이러한 유형의 루머 활동에 관한 연구는 불확실하고 중요한 상황에서 상호 작용하는 협동 상황에 관한 것이며, 협동적 상황인식으로 특징지을 수 있는 실제의 루머 상황을 일반화한다.

여기에서 이들 두 가지 유형의 실제 현실의 루머 에피소드들은 — ST와 유사한 전파로 특징지어지는 에피소드와 COL유형의 활동으로 설명되는 에피소드 — 모두 상황 인식이 포함된다는 사실에 주목해야한다. ST와 유사한 전파 방식은 단순화를 만들어내는 반면, COL유형의 활동은 추가를 만들어내는 경향이 있다. 지금부터 각각의 일반화 가능성에 대한 증거와 주장들을 살펴보도록 하자.

단순화의 일반화 가능성

앨포트와 포스트먼(G. W. Allport & Postman, 1947b)은 단순화를 포함하는 삽입 과정이 일상적인 루머에서 발생하는 사항에 대해 대표성을 갖는다고 주장했다. 이 주장을 뒷받침하기 위해서 그들은 1945년 일본이 항복하기 직전 메인(Maine) 주에서 발생했던 사건에서 비롯된 된 루머를 예로 들고 있다. 한 중국인 교사가 방학 중에 풍경 조망에 대한 지시사항을 내렸다는 이야기였다. 곧바로 융합된 루머가 전체 공동체에 활발하게 전파되었다. 즉 "한 일본 스파이가 지역의 지형을 찍기 위해서 언덕에 올라갔다"는 루머였다. 앨포트와 포스트먼은 이 루머가 지배적인 해석 장치에 따라서 단순화되고 예리화되었다고 말한다(일본인 스파이 모티프). 그리고 ST 결과와 기하학적 형태 및 투영검사법 연구의 게슈탈트 기억 연구가 유사성이 있다고 지적하면서 삽입 과정의 일반화 가능성을 지지했다. 즉, 기억과 투영이 융합 과정에 의해서 유사하게 단순화되고 예리화된다는 것이다.

그러나 ST, 게슈탈트 기억, 투영검사 연구 등에서 단순화가 나타난다는 주장은 각 연구들의 결과가 유사하다는 것을 의미할 뿐 ST 연구가 현실 세계의 루머 에피소드에도 일반화될 수 있다는 뜻은 아니다. 뿐만 아니라 ST 연구는 단순화에 기울어진다는 점에서 현실성이 없다는 비판을 받아왔다(핵심 측면에서 실험실 연구는 현실 세계와는 부합하지 않는다는 것이다; DiFonzo, Hantula, & Bordia, 1998; Rosnow, 1980). 이런 측면에서 적어도 세 가지 주요 주장들이 제기될 수 있다. 지금부터 우리는 각각의 주장을 제시하면서 비판적으로 검토해보도록 하겠다.

첫째, 버크너(Buckner, 1965)는 ST에서 발생하는 왜곡이 대부분 기억의 한계 때문이라고 주장했다. "앨포트와 포스트먼의 실험에서 20개 이상의 새롭고 구분되는 정보 아이템들을 기억하는 것이 어려웠기 때문에 단어들이 단순화 과정을 거치면서 누락되었다." 앨포트와 포스트먼(G. W. Allport & Postman, 1947b)도 ST 실험 참가자들이 정확성을 갖도록 교육받았기 때문에 조금이라도 확실하지 않은 진술에 대해서는 전달하려고 하지 않는다는 사실을 인식했다. 실험실 ST의 실험 참가자들 역시 질문을 제시한다거나, 이의를 제기한다거나, 직접 진위 여부를 조사할 수 있는 기회를 가질 수 없다. 따라서 부호화하는 데 실패하는 것이다. 그러나 각 전파 단계에서 토론을 허락한 후의 실험실 ST 실험(ST 플러스 상호작용)에서는 왜곡 정도가 현저히 낮아졌다. 그러나 단순화는 변함없이 나타났다(Leavitt & Bueller, 1951; McAdam, 1962). 진술이 점점 더 짧아져 쉽게 이해할 수 있게 된 것이다. 이와 같은 "ST 플러스 상호작용" 상황은 보다 현실과 가까워진 덕분에 순수한 실험실 ST과정보다 일반화될 수 있는 가능성이 더 크다.

둘째, ST실험참가자들은 실제의 루머 가담자들에 비해서 감정적으로 좀더 개입되어 있다. 그러므로 조망해보고자 하는 동기를 갖지 않는다(Shibutani, 1966; R. H. Turner, 1964). 보다 많이 개입된 루머들을 사용했던 실험실 ST실험이 보다 더 큰 전파의 정확성을 보였으며, 단순화도 여전히 발생했다(Higham, 1951).

셋째, 터너(R. H. Turner, 1964)는 ST가 현실 세계 루머의 창조 단계를 수용할 수 없다는 사실을 강조했다. 불확실한 상황을 설명하기 위한 가정을 만들어낼 때 창조가 나타난다. 그때 루머는 종종 스노우볼의 모습을 보여준다. 실험실 ST연구와 현장 연구는 이미 정해진 루머를 대상에게 이식시키기 때문에 창조의 단계가 없다. 필수조건인 불확실한 상황이 제공되지 않는 것이다. 중요한 상황에서의 불확실성이 창조를 만들어낸다.

예를 들어 활자화된 주식시장의 경영권 취득에 관한 루머는 "비정상적인 특정 회사 관련 매매 행위에 대한 시장 전문가들의 해석에서 나온 것으로 보인다"(Pound & Zeckhauser, 1990, p306). "비정상적인 가격이 비정상적인 대량 매매 활동이 발생하기 전에 루머가 나타나는 일은 거의 없다. 대개 루머는 시장의 관찰자들이 그 원인을 설명할 때 이와 같은 활동에 뒤따라 나타나기 마련이다"(Pound & Zeckhauser, 1990, p306). 따라서 터너의 위기 모델에 따르면, (a)위기가 발생하면 정보를 찾게 된다. (b)정보가 부족하거나 공식적 정보의 출처를 신뢰하지 못할 때 비공식적 채널을 통해서 정보를 찾게 된다. (c)어떠한 정보도 찾을 수 없을 때 '확정적 루머 활동'(affirmative rumoring)에 가담하게 된다. 말하자면 자신이 갖고 있는 증거나 이해의 기준을 모두 동원해서 상황을 조망하는 것이다. 이때가 비로소 창조가 발생하는 단계이다.

터너의 반대론을 지지하는 증거가 있다. 단순화에 관한 대부분의 현장 연구들은 루머 이식에 관한 것이 많다. 따라서 불확실하고 중요한 상황이 개입되지 않는다. 이와 같은 연구가운데 하나가 "공동체 확산 실험"(community diffusion experiment)이다(De Fleur, 1962, p51). 249가구 중 17퍼센트에게 "골드 쉴드 커피 – 황금보다 매혹적인"이라는 슬로건을 들려주었다. 그런 다음 30,000장의 광고 전단을 그 지역 공중에 뿌렸다. 이 광고전단에는 모든 가구에 대한 인터뷰와 이 슬로건을 알고 있는 가구에는 무료 커피가 지급된다는 내용이 실려 있었다. 정보를 두 번 말한 뒤에 (예리화 및 융합과 함께) 단순화가 나타났다.

또 다른 예는 다음과 같다. 데이비스와 오코너(W. L. Davis & O' Connor, 1977)는 데이비스의 아내가 임신했다는 정보를 학과에 퍼뜨렸다. 이 정보에는 여러 가지 세부 내용이 포함되어 있었는데(의사의 이름이나 미래 아기의 이름 등), 이 내용들이 단순화되었다. 다음은 가장 최근의 예이다. 내용인 즉, 이식된 루머가 "다음 해 티셔츠 비용이 학비에 포함될 것"이라는 주요 사실로 압축되었다(Sedivec, 1987, p37). 여기에서의 핵심은 커피 슬로건, 직원의 출산 소식, 학생 티셔츠 가격이라는 상황의 불확실성이 그다지 높지 않고 개입 정도도 낮은 것으로 안전, 건강, 직업, 행복을 위협하는 것이 아니라는 점이다.

그러나 창조가 발생하지 않는다는 이 반대론은 루머 에피소드가 고도로 상호 작용하는 협동이라고 가정한다. 따라서 어떤 루머들은 전파 패턴에서 ST와 같은 모습을 보일 수 있다는 가능성을 배제한다. 몇 가지 단순화는 ST와 유사한 전파의 결과로 현장의 관찰 상황에서도 명확하게 발생한다. 스캔런(Scanlon, 1977)은 연속적 체인을 통해서 재앙적 상황에서 발생한 루머 한 가지를 추적했다. 여기서 그는 추가가 발생한 상세한 증거를 발견할 수 있었는데, 이는 COL 상황에서 우리가 예측할 수 있는 것이다.

또한 그는 단순화가 발생한 증거 또한 발견할 수 있었다. 즉, 몇 가지 세부 내용들이 전파 과정에서 누락되었던 것이다. 뿐만 아니라 캡로우(Caplow, 1947)의 현장 연구에서 대부분의 루머들은 "간결화"(simplification)의 과정을 거치는 모습을 보여주었다. 또한 캡로우는 대부분의 루머가 3개의 진술을 담고 있으며, 그 다음이 1개나 2개의 진실을 담고 있고, 3개 이상의 진술을 포함한 루머는 소수에 지나지 않는다는 사실에 주목했다. 여기에서의 간결화는 단순화의 한 형태이다. 은크파(Nkpa, 1977)는 확산 과정에서 단순화를 거친 공상적인 전쟁 관련 루머를 보고했다. 북나이지리아의 고원 장군이 그의 성과에 불만을 가진 나이지리아 통치자에 의해 어떻게 죽게 되었는지에 관한 상세한 내용이 "고원 장군이 카두나에서 죽었다는 이야기를 들었어"라는 짧은 문장으로 바뀐 것이다. 현실 세계에서 루머가 전파될 때에도 몇 가지 단순화가 발생하는데, 그 원인은, 루머의 어떤 부분이 순차적으로 전파되기 때문이다.

추가의 일반화 가능성

높은 불확실성과 높은 관심을 가진 루머 에피소드에 대한 대부분의 현장 연구에서는 단순화보다 추가가 더 많이 발생하는 것을 볼 수 있다(Peterson, unpublished, cited in De Fleur, 1962; Peterson & Gist, 1951; Schachter & Burdick, 1955). 피터슨과 기스트(Peterson & Gist, 1951)는 모든 사람이 높은 관심을 보였던 가정부 살해 사건을 둘러싼 루머들을 연구했다. 그들의 현장 연구에서, 중심 주제는 왜곡되지 않았지만 여러 억측들이 추가되면서 루머는 점차 불어났다. 지금의 높은 불확실성의 루머 에피소드에서, 세부 내용과 변형된 내용들이 단순화 과정에서 삭제되거나 누락되기보다는 오히려 확대된 것이다. 어느 주요 은행의 수치스러운 대부 관행에 대한 공식적 폭로가 있은 뒤에 나타난 루머들은 "완성도가 높고 내용도 풍부했다"(RouxDufort & Pauchant, 1993, p238). 추가는 이처럼 높은 불확실성의 에피소드에서 발생했던 것이다.

스노우볼링이 "오인"(誤認, misconception)이라는 것은 명확하지만, 앨포트와 포스트먼(G. W. Allport & Postman, 1947b, p153)은 실험실의 ST연구에서 추가를 비롯한 몇 가지 창조의 모습을 관찰하였다. 그리고 루머가 눈덩이처럼 불어날 수 있는 가능한 상황을 제공하였다. 즉, 감정적 긴장도가 높은 사건이 있은 뒤에 사람들은 집요하게 반복해서 말하는 경향을 보인다는 것이다. "그 사실을 계속 궁리하고, 끊임없이 그 사건을 이야기하고, 가능한 모든 결과들을 상상해보는 것이다"(p154).

새취터와 버어딕(Schachter & Burdick, 1955)의 현장 실험 연구는 이러한 주장을 강력하게 뒷받침한다. 이 연구는 고도의 불확실한 상황을 만들어내면서 중요성을 조작했다. 높은 중요성의 상황에서 새로운 루머를 보고한 비율이 낮은 중요성의 상황에서 보고한 비율(15%)보다 더 높았다는(70%)는 것이었다. 이와 함께 높은 중요성의 상황에서는 루머 내용의 다양성 또한 훨씬 더 높았다. 낮은 중요성의 상황에서는 루머가 평균 1.5개 나타났던 반면, 높은 중요성의 상황에서는 평균 12개가 나타났다. 높은 중요성 상황의 집단은 갑작스럽게 교실에서 나가라는 명령을 받은 학생과 친구관계인 학생으로 구성되어 있었다. 이들은 당시 사건에 대해 강렬하게 상호 작용하는 협동의 모습과 창조의 모습을 보여주었다. 낮은 중요성 상황의 집단은 사건에 연루된 사람과는 아무 관련이 없는 학생들로 구성되었다. 이들은 정보의 흥미로운 단편들을 연속적으로 전달하고 있었다. 순차적으로 전파했던 것이다. 이를 통해 추가는 상호 작용하는 협동적 특징을 갖는 현실 상황에서 발생한다는 것을 알 수 있다.

결론

우리는 내용 변화의 패턴을 통해 다음과 같은 사실을 밝혀냈다. 첫째, 높은 불확실성과 높은 관심을 유발하는 특정 상황에서는 추가가 발생하기 쉽다. 이들 루머 에피소드는 중요하고 불확실한 상황에 대한 이해와 인식에 관한 것이다. 또한 낮은 불확실성과 낮은 관심을 유발하는 상황에서는 단순화가 발생할 개연성이 커진다. 이때의 루머 에피소드는 순차적인 메시지의 유포와 관련이 있다. 물론 높은 중요성과 높은 불확실성의 상황에서도 ST가 나타날 수 있다. "건물에 불이 났어요! 당장 나가세요!"라는 말은 아무런 논의나 상호작용 또는 협동 없이 신속하게 전달될 것이다. 그러나 COL적 상황에 비하면 ST적 상황은 빈번히 나타나지 않는다. 둘째, 추가나 단순화와 더불어 예리화 또한 발생한다. 끝으로, 변화에 관한 세 가지 유형 모두 융합의 과정에 따라서 발생한다.

지금까지 우리는 루머 내용 변화에 나타난 광범위한 범주들을 살펴보았다. 지금부터 루머 정확성에서 드러난 변화 패턴을 검토해보고자 한다. 먼저 '루머 정확성'(rumor accuracy)이 란 용어의 개념정리부터 시작하기로 하자.

정확성: 개념과 측정

어떤 루머가 정확하다고 말하는 것은 무엇을 의미하는 것일까? 지금부터 정확성의 개념을 보다 예리하게 파악하는 동시에 어떻게 정확성을 측정할 것인지에 대해서 논의를 시작하겠다.

루머의 진실성과 루머의 정밀성

루머의 정확성이라는 복합적 개념에 대해서는 2가지 측면을 생각해볼 수 있다. 하나는 루머가 사실, 현실 및 진실과 부합하는 정도에 관한 것이다. 이러한 의미에서 루머가 정확하다고 말하는 것은 루머가 사실과 부합한다는 것을 의미한다. 이러한 의미에서의 루머의 정확성을 '루머의 진실성'(rumor verity)이라고 한다.

여기에서 정확성의 반대는 허위이다. 사실인 루머와 허위인 루머는 양쪽 모두 불확실한 상황을 정의하고자 할 때에 만들어지고 걸러지며 평가된다. 히로시마에 원자폭탄이 투하된 뒤에 진실한 루머 하나가 떠돌았다. 그것은 원폭 투하로 황폐화가 발생한 것은 원자폭탄의 작은 입자가 쪼개질 때 발생하는 에너지 때문이라는 이야기였다(D. L. Miller, 1985). 이 진실한 루머는 사람들이 발생한 사건을 이해하려고 할 때, 다른 거짓 루머들과 더불어 떠돌아 다녔다.

터너와 킬리언(R. H. Turner & Killian, 1972)은 어떤 호텔 근처에 주차된 자동차에서 한 남자의 사체가 발견된 뒤에 군중들이 우왕좌왕할 때 만들어진 루머들을 기술했다. 군중이 만들어낸 최초의 루머(그 남자를 살해한 것은 차 주인이다)는 거짓임이 판명되었다. 그런데 진실한 루머(그 남자는 알콜 중독으로 죽었다)가 제기되었지만 이내 거부되었다.

신하(Sinha, 1952)는 산사태 이후에 출현했던 루머들을 진실, 과장, "명백한 허위"로 나누어 분류했다. 여기에서 진실성에 입각한 정확성은 첫 번째 것과 마지막 것을 모두 포함한다. 또 여기에서 정확성은 심리측정학에서 타당성의 개념과 유사하다. 즉, 루머가 상황의 실제 상태를 충실하게 대표하는가에 대한 문제이다.

'정확성'의 두 번째 측면은 루머가 최초의 인식이나 메시지와 부합하는 정도에 관한 것이다. 이러한 시각에서 루머가 정확하다고 말하는 것은 그 루머가 최초의 버전과 매우 근접하게 부합한다는 의미이다. 우리는 이러한 측면의 정확성을 '루머 정밀성'(rumor precision)이라고 이름 붙였다.

한편 정확성에 반대되는 것은 왜곡이며 이는 전파 과정에서 최초의 메시지가 축소되거나 타락하는 것을 말한다. 앨포트와 포스트먼(G. W. Allport & Postman, 1947b)은 루머가 순차적으로 전파될 때에 루머의 왜곡이 나타난다고 주장했다. 최종적으로 보고된 내용은 최초의 자극과 항상 달랐다는 것이다. 새취터와 버어딕(Schachter & Burdick, 1955)의 현장 실험 연구를 보면, 한 여학교의 96명 학생 전원이 이식된 루머의 왜곡되지 않은 버전을 들었다고 보고했다. 여기에서 기억해야 할 것

은, 비록 루머가 정밀하게 왜곡 없이 전파되었다고 해도 처음부터 루
머가 거짓일 수 있다는 사실이다. 신하(Sinha, 1952)의 세 가지 분류 방
식을 보면, 이런 의미에서 정확성은 '과장'(exaggeration)이라는 단어까
지 하나의 측면으로 포함시킨다. (과장이란 양이나 질을 더 크게 부풀리는 왜
곡을 의미한다.) 여기에서 정확성은 심리측정학에서 신뢰도(reliability)의
개념과 유사하다. 다시 말해 어떤 루머가 최초의 버전과 얼마나 일관
성을 유지하는가의 문제이다.

여기에서 잠시 정확성의 이러한 의미들이 만들어낼 수 있는 여섯 가
지 가능한 조합들을 생각해보자. 이것은 표 6.1에 나타나 있다. 어떤
루머는 진실이면서 동시에 정밀하게 전파된다. 이와 같은 '별'(stars)
루머는 왜곡과 변화의 잠재적인 힘에 영향을 받지 않는다. 또 거짓이
지만 정밀하게 전파되는 루머도 있다. 이러한 '위조'(counterfeits) 루머
는 시작은 거짓이었지만, 마치 위조된 동전처럼 변하지 않는다. 또 진
실이지만 정밀하게 전파되지 않는 루머도 있다. 여기에는 일생동안
보다 좋은 방향으로 변화를 거듭하는 '개조'(converts)와 약간의 왜곡
이 발생하는 '불분명'(grainies)이 있다. 그리고 처음부터 거짓이며 전
파 과정에서 왜곡되는 루머가 있다. 여기에는 출발은 좋았지만 결말
이 좋지 못한 '추락한 별'(fallen stars)과 시작은 좋지 못했지만 다소 개
선되는 모습을 보여주는 '희망'(hopefuls)이 있다.

표 6.1

진실성-정밀성 루머 분류

루머 정밀성	루머 진실성		
	정밀함	진실한 쪽으로 왜곡	허위 쪽으로 왜곡
진실	**별** : 정밀하게 전파되는 진실된 루머	**개조** : 전파 시에 (진실된 방향으로)왜곡되는 진실된 루머	**불분명** : 전파 시에 (거짓된 방향으로) 왜곡되는 진실된 루머
허위	**위조** : 정밀하게 전파되는 거짓된 루머	**희망** : 전파 시에 (진실된 방향으로) 왜곡되는 거짓된 루머	**추락한 별** : 전파 시에 (거짓된 방향으로) 왜곡되는 거짓된 루머

이와 같은 분류를 통해 루머는 일종의 이력(career)을 갖게 되며, 진실 루머와 거짓 루머는 루머 정확성과 관련된 질문들을 수용하고 그 형태를 정할 수 있다. 첫째, 진실한 루머와 거짓 루머가 만들어질 때 진실성은 어떻게 측정할 수 있으며, 그러한 루머가 발생하는 빈도는 어떠하며, 또 어떠한 절차를 거치게 되는가? 둘째, 루머는 변화할 수 있고, 그 변화는 진실성을 띤 방향으로 나아갈 수도 있고 그렇지 않을 수도 있다. 변화를 어떻게 측정할 것이며, 이러한 변화는 얼마나 자주 발생하며, 그리고 변화가 일어날 때 어떠한 절차들이 개입되는가? 먼저 측정에 대해서 논의하기로 하자.

진실성과 정밀성의 측정

루머 진실성에 대한 정확성은 협동적인 시각으로 루머에 접근하는 현장 연구에서 측정되었다. 이 조사에서는 특정한 상황에서 발생한 루머와 여러 루머의 변이들을 수집하여 그들 중 진실인 루머의 비율을 평가하는 작업이 이루어졌다. 조직 내의 유언비어 연구에서 진실성의 정도는 하나의 루머나 여러 루머 가운데 진실한 커뮤니케이션 단편들이 차지하는 비율에 따라 측정되었다(K. Davis, 1972; Marting, 1969, Rudolph, 1973; Walton, 1961; Weinberg & Eich, 1978). 월 스트리트 저널에 발표되어 진실임이 입증된 경영권 이양에 관한 루머의 비율에 따라 진실성을 평가했다. 진실성에 대한 질적인 측정에는 신하(Sinha, 1952)의 세 가지 범주 및 캐플로우(Caplow, 1947)의 전반적으로 진실한 군사 루머의 전세계적인 재수집이 포함된다.

루머 정밀성의 정확도 측정은 주로 ST패러다임의 변수들을 사용하는 실험실이나 현장 실험 연구에서 이루어졌다. 실험실 연구는 일반적으로 최초의 자극(그림, 사진, 비디오테이프 등)을 관찰한 뒤에 실험 참가자들이 서로 토론하지 않고서 연속적으로 다른 참가자들에게 자신이 본 자극들을 설명하여 전파하도록 한다. 현장 연구에서는 어떤 조직 내에 루머를 이식하게 되는데 이것이 최초의 자극이 된다. 물론 이때 루머의 전파는 토론을 배제하지 않는다. 루머 정밀성의 정확도는 최초의 자극과 부합하는 최종 보고의 비율이다. 앨포트와 포스트먼(G. W. Allport & Postman, 1947b)의 연구는 실험실에서의 이러한 접근법을 가장 잘 보여주는 예이다(Hibham, 1951; Lyons & Kashima, 2001; Werner, 1976 등도 참조하라). 그 밖의 다른 실험실 연구들 중에서는 전파에서 논의를 허용한 것들도 있다(Leavitt & Mueller, 1951; McAdam, 1962).

이식한 루머를 활용하는 현장 연구들은 루머의 진실성보다 정밀성을 측정하는 모습을 보여주었다. 새취터와 버어딕(Schachter & Burdick, 1955)의 연구에서 96명의 소녀들은 모두 이식된 루머의 왜곡되지 않은 버전을 보고했다. 이때 정확성은 상황을 인식하려는 집단의 노력보다 이식된 루머가 왜곡에 저항하는 정도였다. 새롭게 출현하는 수많은 루머 가운데 일부 루머는 매우 이상하다는 이유로 이와 같은 정확성의 중요성이 폄하되었다. 실제 사실(교실에서 여학생들을 갑작스럽게 내보내는 것은 심리적 실험의 한 부분이었다)이나 이식된 루머(여학생들은 절도 혐의에 대한 테스트로 교실에서 나가라는 지시를 받았다)와 부합하는 루머의 비율에 따라 정확도가 측정되지는 않았다. 진실성의 정확도는 지속적이면서도 양분된 변수로서 측정이 이루어졌다.

세디벡(Sedivec, 1987)은 최초로 학생 조직에 루머를 이식시켜서 처음에 7개 부분으로 이루어진 루머를 실험 참가자들이 기억해내는 비율에 따라서 정확성을 측정했다. 여기에서 누락, 왜곡 및 추가된 진술들은 부정확한 진술로 분류했다. 동일한 데이터를 활용하여 그는 기억해낸 진술들이 주요 사실을 포함하고 있는 것과 그렇지 않은 것으로서 정확성을 측정하기도 했다.

많은 학자들이 특히 실험실의 ST연구에서 루머의 정밀성을 측정했지만, 모든 루머 연구가들이 궁극적으로 관심을 가지고 있었던 것은 루머의 진실성이다. 정밀성의 정확도를 측정하는 ST연구가들은 현실 세계에서 루머의 정밀성은 루머의 진실성과 유사한 것이라고 가정한다. 왜냐하면 그들은 왜 루머가 종종 거짓인지를 설명하기 위해서 자신의 연구 결과를 활용하기 때문이다. 앨포트와 포스트먼(G. W. Allport & Postman, 1947b)은 "왜곡의 정도가 매우 지나쳐서 믿음이나 행동을 위한 타당한 지침으로서 루머를 수용하기에는 어디에서도 안전한 환경을 찾을 수가 없다"고 결론지었다.

과거의 루머 연구자들과 마찬가지로 우리도 루머의 진실성에 대해 관심을 가지고 있다. 우리가 관심을 갖는 루머의 정밀성은 루머 진실성과 관련된 어떤 절차들을 부각시켜주는 정도에 관한 것이다. 따라서 특별히 명기하지 않을 경우, '정확성'(accuracy)은 루머의 진실성을 말하는 것이다.

전반적인 루머의 정확성

'루머'(rumor)라는 말 속에는 부정확성의 뜻이 포함되어 있다. 우리의 연구에서 피실험자들은 루머에 대해서는 금전적인 위험을 감수하지 않을 것이라고 말했다. 그들은 루머를 신뢰할 수 없는 것으로 보았던 것이다. 루머에 대한 이와 같은 신뢰도는 활자화되지 않은 루머와 활자화된 루머 양쪽 모두에게 적용된다(DiFonzo & Bordia, 1997; G. H Smith, 1947 참조). 루머가 좋지 못한 이름을 가진 것은 분명하지만 이와 같은 평가가 과연 합당한 것일까? 기존의 루머 정확성에 대한 경험적 연구 결과를 제시하고 아직 발표되지 않은 우리의 최근 연구들을 통해서 이에 대한 해답을 구하고자 한다.

루머 정확성에 대한 기존 연구

현장 연구를 통해서 루머의 정확성을 평가한 예는 그다지 많지 않다. 이들 연구에 대해서는 표 6.2에 요약해 놓았다. 이들 연구는 루머를 수집하고 그중 얼마나 진실에 부합하는지를 평가하였다. 표 6.2는 수집한 루머 샘플을 요약하고 정확성 비율의 역순에 따라서 정리한 것이다. 이렇게 요약함으로써 루머 정확성이 상당히 편차가 심하다는 결론을 내릴 수 있었다. 특정한 현장 연구에서는 정확한 루머가 만들어지는 현상을 목격할 수 있었다. 이 요소들에 대해서는 나중에 다시 살펴볼 것이다. 여기에서 주목해야 할 사실은 만들어진 조직적 환경에서의 루머, 특히 유언비어적 루머의 특성을 갖는 것 일수록 매우 높은 정확성을 보여준다는 것이다. 이 사실은 헬웨그(Hellweg, 1987)가 조직에서의 유언비어에 대한 연구에서 도출해내었던 결론과 일치한다. (루머를 포함한) 유언비어 정보는 불완전하지만 정확성을 보이는 것이다.

우리가 최근에 실시했던 경험적 연구도 이 결론과 일치한다. 조직에서의 루머 정확성과 관련된 질문들을 검토하기 위하여 우리가 실시했던 세 가지 연구를 살펴보자. 먼저 현장 인터뷰인데, 대상은 조직에서 일하는 공보담당 직원들이었다. 그리고 다른 연구는 설문 조사인데 대상 샘플은 고용된 학생들이었다. 이 연구의 결과는 루머 정확성은 매우 다양하며 조직 내에서의 루머는 정확성을 유지하려는 경향이 있다는 결론과 일치했다.

1996 현장 인터뷰

'1996 현장 인터뷰'로 언급했던 첫 번째 연구는 조직이라는 환경 속에서 중대 사건 방법론(Flanagan, 1954)을 사용했다. 이 방법은 참가자들에게 조사 대상이 되는 현상을 실증할 수 있는 특정한 사건(중대 사건)을 기억하도록 요구하면서, 그 사건에 대한 질문에 응답하도록 한다. 1996년, 우리는 미국 대도시권의 몇몇 기업에 종사하는 조직의 공보 담당직원들을 대상으로 현장 인터뷰를 실시하였다. 이는 조직 내 루머의 유해한 효과를 조사하고, 관리자들이 어떻게 이 문제를 다루는지를 알기 위한 다단계적 연구의 한 부분이었다. 직원들은 대부분 공보 부서의 수장이거나 대외 협력 담당의 부사장급 임원이었다. 각 인터뷰 대상자에게 자신이 대응한 적이 있었던 해악적 루머의 구체적 사건을 기억하도록 요청했다. 우리가 접촉한 18개 대기업들 중에서 6개 기업이 인터뷰 요청을 수락했다. (나머지 기업들은 여러 가지 이유에서 인터뷰를 거절했는데, 조직 내에서 발생했던 루머에 대한 논의를 주저하기도 했고 경영상의 시간적 제약을 들기도 했다.) 샘플로 채택된 대부분의 기업들은 대부분의 사람들이 잘 알고 있는 대규모의 다국적 기업이었다. 각 인터뷰는 녹음을 하고 스크립트를 작성하여 정확성과 관련된 다양한 가정들에 입각하여 분석이 이루어졌다. 정확성의 여부는 인터뷰 참가자에게 진실인 루머의 퍼센티지를 측정하도록 요구하여 결정되었다.

표 6.3은 각 루머와 그 루머를 듣고 전파했던 대중 및 정확성 퍼센티지를 낮은 순으로 배열한 것이다. 한 가지 루머(취약한 원자로 용기)를 제외한 다른 루머들은 모두 만들어진 조직의 환경 내에서 유포되었다. 마지막 두개를 제외한 나머지 루머 모두는 한 기간 이상 지속되었다(표의 주를 참조). 결과값을 면밀히 검토해볼 때 루머의 정확성은 매우 다양하게 나타났다. 그러나 조직 내의 루머에 관해 기존 연구들이 보여 준 결과와 유사한 한 가지 사실을 볼 수 있었다. 즉, 이들 조직의

표 6.2

문헌	루머 샘플 및 환경	N 피실험자	정확성 %[a]	N 루머
Caplow(1947, p. 301)	군대의 유언비어 루머	nr	거의 100%	nr
Marting(1969, p. 123)	중간규모 전기 제조 회사의 수직적 부문의 경영직 혹은 비경영직 종사자들 사이에서 나타난 유언비어 루머	451	98.42%	15
Rudolph(1971, p. 187; 1973)	어느 공공사업에서 나타난 유언비어 루머	124	96%	nr
Davis(1972, p. 263)	비논쟁적인 회사 정보에 관한 산업에서의 유언비어 루머	nr	80-99%[b]	nr
Walton(1961, p.48)	캘리포니아 차이나호 해군규정검증본부의 유언비어적 정보	<101	82%[c]	12
Pound & Zeckhauser(1990, p. 293)	월 스트리트 저널의 "허드 온 더 스트릿" 컬럼에 실린 경영권 취득에 관한 루머	na	43%	42
Weinberg & ich(1978, p. 30)	대학원생들의 파업 기간 동안 핫라인으로 수집된 루머들	nr	16.2%	nr
Prasad(1935, pp. 1-4)	재앙적 홍수가 발생한 뒤에 수집된 루머들	nr	9%[d]	23
Sinha(1952)	재앙적 산사태가 발생한 뒤에 수집된 루머들	nr	매우 낮음	nr

주) nr=보고되지 않음(not reported), na=적용할 수 없음(not applicable). [a]진실이나 거짓으로 평가할 수 있는 커뮤니케이션 세부 내용의 전반적인 퍼센티지로, 하나의 루머나 여러 개의 루머들 중에서 진실인 것을 나타냄. [b]데이비스(Davis)가 자신의 연구에 대해 요약한 것을 나타냄. [c]종사자들에게 12개 문항의 퀴즈를 제시하여 유언비어적 정보에 대한 올바른 응답을 한 퍼센티지를 나타냄. 답변 문항에 "알지 못한다"는 항목이 포함되어 있었지만, 이는 매 문항 당 33%와 77% 사이에 있었다(M=52%). 따라서 이는 종사자들이 "합리적으로" 자신의 답변에 확신을 갖는 답변들에 대해서 82%의 정확성을 갖는다고 말하기에는 제한적이다(Walton, 1961, pp. 48-49). [d]프라사드(Prasad, 1935)는 30개 루머의 "대표적인 세트"를 제시했다. 이들 중 23개는 입증할 수 있는 것들이었다(말하자면, 형이상학적 사건과 반대되는 것으로 경험적인 사건으로 다루었다).

루머가 정확성을 확보하려는 경향을 보인다는 점이다. 물론 조직의 공보담당 직원들이 진실한 루머를 제공해야 한다는 요청을 받지는 않았다. 이는 매우 중요한 사실이다. 그러나 대부분의 직원들은 설문 요청에 진실한 루머를 제공했다. 만일 시간이 경과해도 계속해서 살아남는 루머만 고려했다면 전반적인 정확성은 훨씬 더 커졌을 것이다.

학생 루머 서베이 1

두 번째 조사는 1996년 고용된 학생을 대상으로 하여 작업장 루머들을 수집하였다. 이 조사를 '학생 서베이 1'이라 부르도록 하겠다. 상급 심리학 과정에 있는 56명의 학생들에게 설문조사를 담당하도록 했다. 처음에 루머는 "어떤 집단에게 있어 중요한 어떤 것에 대한 정보의 입증되지 않은 단편"으로 정의되었다. 참가자들에게는 다음과 같은 요청 내용이 주어졌다. "작업장 환경에서 어떤 루머가 발생했을 때의 사례를 생각해보시오. 당신은 그 루머를 단순히 듣기만 할 수도 있고, 다른 동료에게 들은 루머를 전달할 수도 있습니다." 정확성 퍼센티지를 계산하기 위하여 우리는 학생들에게 다음과 같이 지시했다. "조금의 의심할 여지도 없이 지금까지 진실 혹은 거짓으로 판명된 루머를 선택하시오. 왜냐하면 아직까지 불확실한 루머에 대해서 우리는 관심이 없기 때문입니다." 제한이 없는 주관식 문항에서 학생들에게 "루머를 말하시오"라는 요구 내용이 주어졌다. '루머 정확성'(rumor accuracy)은 다음과 같은 질문을 통해서 평가 되었다. 그것은 "그 루머가 얼마나 정확하다고 증명되었는가?"라는 질문이었다. '루머 정확성 추세(rumor accuracy trend)'는 다음과 같은 질문으로 측정되었다. 즉, "루머가 시작되었을 때부터 루머가 진실 혹은 거짓으로 판명되었을 때까지 그 루머는 얼마나 정확해지기 위한 모습을 보였는가?"

총 54개의 유효 질문지가 회수되었다. 이들 중 12개는 루머가 아닌 가십의 사건을 설명한 것이었기에 폐기되었다. ("두 명의 직원이 불륜을 벌였다"는 등의 내용이었다.)[31] 42개 작업장 루머의 최종 샘플은 표 6.4에 제시되어 있다. 정확성 평가는 진실 혹은 거짓된 루머들에 대한 요구가 주어졌을 때 예상할 수 있는 것처럼 두 가지 방식으로 나타났으며 음의 방향으로 기울어져 있었다. 이는 전체적으로 작업장 루머들이 매우 정확한 경향을 보이고 있음을 의미하는 것이다. 대부분이 100% 혹은 거의 100%에 근접한 진실성을 보여주었다.[32] 이러한 발견은 기존 연구 저작물들의 결론 및 1996년 현장 인터뷰의 결과와도 일치하는 것이다. 정확성의 추세 평가 또한 음의 방향으로 기울어져 있었다. 이는

표 6.3

1996 현장 인터뷰 정확성 데이터

루머	루머의 대중	정확성 퍼센티지
두 개의 제조 센터가 기능적으로 통합될 것이다.	각 공장에서 일하는 직원들	100
두 개의 제조 공장이 기능적으로 통합될 것이다.	각 공장에서 일하는 직원들	100
자회사가 매각될 것이다.	자회사 직원들	100
대규모 운용 센터가 폐쇄될 것이다.	대상 센터에서 일하는 직원들	80
대학 총장이 정부 기관을 위해 비밀리에 활동하고 있었다.	대학의 교직원	60
회사의 경영권이 이양될 것이다.[a]	회사의 직원들	0
균열의 위험에도 불구하고 공공사업에서 취약한 원자로 용기를 사용하고 있었다.[b]	뉴스 미디어	0

주) [a]이 루머는 집단 상호작용 과정에서 신속하게 진압되었다.
[b]뉴스 미디어에서 진위 여부를 확인하기 위해 접촉을 시도하자 이내 진압되었다.

작업장 루머가 라이프타임이 진행됨에 따라 점점 더 정확해진다는 사실을 보여준다.[33] 이를 통해 작업장 루머 참가자들이 어떤 특정 상황

에서 사실을 매우 잘 선별해내었음을 알 수 있다.

'더미 코딩'(dummy coding)은 절대 가치나 서수적 가치로 분포 상의 각 평점 범위를 나타낸다(표 6.1의 주를 참조). 이 샘플의 정확성과 정확성 추세의 변수들을 더미 코딩함으로써 표 6.1에 제시된 진실성 ─ 정밀성 조합의 빈도를 평가했다. 이 빈도의 내용은 그림 6.1에 나타나 있으며 내용은 표 6.4에서 확인할 수 있다. 이 샘플에서 대부분의 루머들은 '개조'(converts)와 상당히 유사하다. 대부분이 진실로 증명되었고, 시간이 경과할수록 더욱 정확해지는 경향을 보여준 것이다. 어떤 루머들은 '별'로 분류될 수 있는 것으로 처음부터 진실이었으며 시간의 경과에도 불구하고 거의 변화하지 않았다. 그리고 어떤 루머들은 진실임이 증명되었지만 이후에 왜곡이 이루어졌다. 이들은 '불분명'으로 분류되었다. 거짓임이 판명된 루머 가운데 대부분은 '추락한 별'과 유사했다. 그 루머들은 점점 더 변색되어갔다. 몇몇 소수의 루머는 '위조'로 분류할 수 있었다. 거짓이었음이 판명되었지만 거의 변화하지 않았기 때문이다. 그리고 '희망'으로 분류할 수 있는 루머(거짓 루머로 점점 정확해지게 됨)는 극소수에 불과했다. 이 결과를 통해 작업장 루머 샘플에 나타난 중심적 경향은 점점 더 정확성에 가까워진다는 것을 알 수 있다.

학생 루머 서베이 2

세 번째 조사는 1997년에서 1998년까지 고용된 미국의 대학생들로부터 작업장 루머를 수집했다. 이 조사를 '학생 루머 서베이 2'라 부르도록 한다. 초급 및 상급 심리학 과정에 있는 185명의 학생들이 '학생 서베이 1'에서와 유사한 설문지를 제시했다. 처음에 루머는 "어떤 집

---

31) 최종 샘플(M age=22.56 years, SD=3.32)은 14명의 여성과 27명의 남성으로 구성되었다.

단에 중요한 어떤 것에 관한 정보의 입증되지 않은 단편이며, 입증되지 않았다는 점을 제외하고는 매일 듣게 되는 뉴스와도 유사한 것"이라고 정의되었다. 가십을 추려내기 위해서 우리는 참가자들에게 다음과 같은 교육을 실시했다. "가십은 개인의 사생활에 관한 것입니다. 그리고 단순한 재미나 사회적 규범을 전달하기 위한 것이 주된 목적입니다." 또 한 참가자들에게 다음과 같이 요청했다. "가십이 아니라 루머가 어떤 작업장 환경에서 나타났을 때를 생각해 보시오. 당신은 단순히 그 루머를 듣기만 할 수도 있고, 다른 동료에게 그 루머를 전달할 수도 있습니다." 진실임이 입증된 루머와 거짓임이 입증된 루머를 동일하게 수집하기 위해서 우리는 학생들에게 진실임이 입증된 루머를 먼저 기억해내도록 요청한 다음, 다시 거짓임이 입증된 루머를 기억해내도록 했다(이 순서는 바뀌기도 했다).

185개 질문지를 통해서 총 370개의 루머를 수집할 수 있었다. 1개 질문지 당 2개의 루머가 나온 셈이다. 이들 370개 중 94개는 가십이었고, 2개는 정확성과 정확성 추세 평가가 누락되어 있었다. 그리고 30개는 루머를 서술하지 않은 것이었다. 최종적인 샘플은 146명의 피시험자로 구성되었으며, 이들 중 48명이 한 개의 루머를 제출했고 98명은 두 개의 루머를 제출했다. 그 결과 최종적으로 244개 루머가 수집되었다.[34] 132개 루머는 진실이었고 107개 루머는 거짓이었다. 진실 혹은 거짓 루머에서 발생하는 변화의 유형을 보다 면밀하게 평가하기 위해 샘플에 대한 진실성 — 정밀성 조합의 빈도를 계산했다. 이것은 그림 6.2에 나타나 있다. 결과는 '학생 서베이 1'과 매우 유사했다. 여기서 관찰할 수 있었던 것은 대다수의 루머가 이미 진실인지 거짓인지가 판명이 나 있었다는 사실이다. 즉 해당 시점까지 진실 여부가 판가름나지 않은 루머가 설 수 있는 중간 공간이 극히 협소했다는 것이

---

32) 평균 정확성=7.29 (척도는 1-9), SD=2.64, N=42.
33) 평균 정확성 추세=6.21 (척도는 1-9), SD=2.34, N=42.

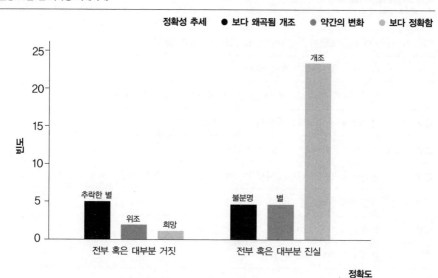

그림 6.1

진실성–정밀성 조합 빈도(학생 서베이 1)

N=42; 정확성이 4 미만이면 모두 혹은 대부분이 거짓으로 판명됨. 정확성이 6을 초과하면 모두 혹은 대부분이 진실로 판명됨(4, 5, 혹은 6은 값이 없음)
정확성 추세가 4 미만이면 보다 왜곡됨
정확성 추세가 6을 초과하면 보다 정확함
그 밖에 다른 것은 약간의 변화.

다. 피험자들이 기억해낸 진실한 루머의 대부분은 '개조'(converts)로, 거짓으로 판명된 루머의 대부분이 '추락한 별'이나 '위조'로 분류할 수 있었다. 요컨대, 루머는 진실성의 방향으로 바뀌기도 하고 그는 반대로 변화하기도 했다. 특히 진실한 루머는 점차 정확성의 방향으로 변화해갔지만, 거짓 루머들은 더욱 거짓된 방향으로 변화하기도 하고, 현재의 거짓 그대로 남아있기도 했다.

202

표 6.4

학생 서베이 1의 작업장 루머

유형	루머 요약
CF	소액 현금 도난이 직장 내에서 발생했다. 그리고 절도범은 어떤 직원이었다.
CF	크리스가 회사를 그만둘 것이다.
CV	한 단과대학 혹은 학과에서의 의장 후보자들은 [이렇고 저렇고 하다].
CV	[우리들 중에서] A라는 사람이 최고 연봉을 받는다.
CV	사무용 컴퓨터가 새로 지급될 것이다.
CV	빌 파셀은 이번 시즌이 끝나면 뉴 잉글랜드 패트리어츠를 떠나서 뉴욕 제츠의 코치를 맡을 것이다.
CV	어떤 부서가 폐쇄될 것이다.
CV	한 동료가 해고되었다.
CV	한 동료가 지난 밤에 다쳤다.
CV	몇몇 동료들이 곧 해고될 것이지만, 아무도 그 대상을 알지 못한다.
CV	감독관이 해고되고 새로운 인물로 교체될 것이다.
CV	[대학에서] 행정부는 아직 용도가 지정되지 않은 총 2억8천7백만 달러의 기금을 가지고 있다. 그러나 학생 공동체를 위해 지출하기를 거부했다. 왜냐하면 행정부는 인색하기 때문이다.
CV	우리 회사에서 직원들에 대한 대량 인력 감축이 곧 있을 것이다.
CV	자동차 제조공장의 산학 협동 활동에서 한 학생이 해고되었다. 이유는 시험용 설비인 자동차 안에서 낮잠을 잤기 때문이다.
CV	누군가 떠날 것이다.
CV	우리는 스스로 다음 분기의 작업 스케줄을 결정할 것이다. 다른 사람이 결정하도록 내버려 두지 않는다.
CV	누군가 [동료] 해고당할 것이다.
CV	우리 여성회 멤버 중 몇 명은 성희롱 장난 전화를 받은 적이 있다고 했다.
CV	내게 대대 사령관이라는 이름을 붙였던 루머.
CV	정말로 훌륭한 요리사가 우리와 함께 일하기 위해 돌아오고 있다.
CV	동료 직원이 화물 부서에서 물건을 훔친 일로 해고당했다.
CV	메리는 회사를 떠날 것이다.

표 6.4

학생 서베이 1의 작업장 루머

유형	루머 요약
CV	어떤 사람들이 우리 레스토랑에 침입해서는 술을 훔쳐갔다.
CV	남학생 클럽 하우스의 위층 발코니를 라운지로 개조할 것이다.
CV	미셸을 내보낼 것이다.
CV	대량 인원 삭감(40%)이 있을 것이다.
FS	한 동료는 회의에 전혀 나타나지 않는다.
FS	우리 회사가 다른 회사의 한 부문을 사들일 것이라고 한다.
FS	어떤 동료 직원이 내 동료 직원의 자동차 타이어에 구멍을 내었다.
FS	한 동료 직원이 해고될 것이다.
FS	경영학 과목을 공학 선택과목으로 활용한 학생은 제때에 졸업하지 못할 것이다. 왜냐하면 그 과목은 학점으로 인정되지 않기 때문이다.
GN	모든 직원들은 2주간의 무급 휴가를 사용해야 한다. 그래야 회사가 더 높은 이윤을 보고할 수 있기 때문이다.
GN	사장이 탈세를 했다.
GN	한 여성 동료 직원이 다른 남성 동료직원에게 스토킹당하고 있었다. 그래서 괴로움이 쌓이고 쌓여서 결국 퇴직하게 되었다.
GN	사진부는 50% 감축될 것이다.
GN	몇몇 사람들이 "퇴직을 생각하고 있다."
HP	내가 그만둘 거라는 루머가 있었다.
ST	동료 직원이 금고를 도난당했다는 이유로 경영직에서 강등되어 내려왔다.
ST	한 동료 직원이 아직 쓸 만한 고철을 모으고 있는데, 그것을 재활용하여 돈을 번다고 했다.
ST	고위 경영진들 중에서 몇몇 인물들이 퇴직할 것이다.
ST	한 동료 직원이 마약을 팔았다.
ST	얼마 전 사고를 당했던 릭이 곧 회사에 복귀할 것이다.

주) N=42; CF=위조(counterfeit); CV=개조(converts); FS=추락한 별(fallen stars); GN=불분명(grainies); HP=희망(hopefuls); ST=별(stars).

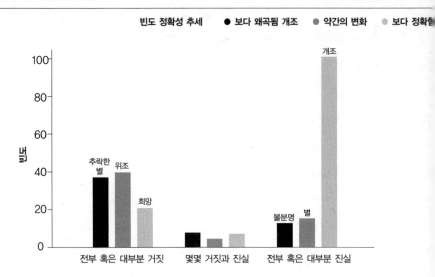

그림 6.2

진실성–정밀성 조합 빈도(학생 서베이 2)

빈도 정확성 추세   ● 보다 왜곡됨 개조   ● 약간의 변화   ● 보다 정확함

N=244. 정확성이 1, 2 혹은 3이면 전부 혹은 대부분 거짓으로 판명됨
정확성이 4 혹은 5이면 몇몇 거짓과 진실로 판명됨
정확성이 6, 7 혹은 8이면 전부 혹은 대부분 진실로 판명됨
정확성 추세가 1, 2 혹은 3이면 보다 왜곡됨
정확성 추세가 4 혹은 5이면 약간의 변화
정확성 추세가 6, 7 혹은 8이면 보다 정확함.
두 개 모두의 척도는 1~8점으로 평가함.

한계와 결론

이 세 가지 연구에서 두 가지 한계점을 생각해볼 수 있다. 첫째, 이 결과는 기억하는 과정에서 발생하는 편견이 개입할 수 있다. 즉, 진실한 루머가 거짓 루머보다 더 기억해내기 쉽다는 사실이다. 진실인 루머가 사실이 될 때, 그 사실로부터 나온 여러 부차적 현상들(휴직, 사장의 사직, 회사의 매각 등)이 사람들에게 신호로 작용하여 원래 루머를 기억해낼 수 있도록 해준다. 그러나 거짓 루머 또한 내용이 이상한 것이라면 잘 기억해낼 수 있다. 둘째, 입증되지 않은 채로 남은 루머들은 절차상 샘플에서 배제했다는 사실이다. 따라서 이 결과를 진실 혹은 거짓으로 증명된 조직 내에서의 루머에 적용시킬 수 있을 지에 대해서는 검토가 필요하다.

그러나 이 모든 것을 종합해볼 때, 기존의 연구 저작물과 우리의 경험적 연구 결과를 통해서 두 가지 결론을 제시할 수 있다. 첫째, 조직 내에서의 루머는 정확성을 확보하고자 하는 경향을 보인다. 작업장에서의 루머가 부정확하다는 평가는 분명히 그 자체로 부정확한 것이다. 이와 같은 불일치가 나타나는 이유는 분명하지 않다. 만일 실험 참가자들이 기억해 낸 루머의 절대적 다수가 진실이었다면 루머에 대한 전반적인 인상에 아무런 의심도 가지 않았을 것이다. 우리는 이러한 패턴을 반복적으로 보았다. 루머에 대해 전반적인 질문을 던질 때, 사람들은 그것을 거짓이거나 혹은 질낮은 정보로 치부해버린다. 특정 루머를 기억해내라고 요청할 때, 사람들은 진실인 루머나 질높은 정보를 보고하는 경향을 보인다. 이러한 불일치를 설명하기 위하여 두 가지 시각을 제시하고자 한다. 첫째, 사회적인 바람직성에 대한 편견이 작동하고 있다. 즉, 조사 참가자들은 루머에 의지하는 것이 그다지 수용할 만한 행위가 되지 못한다고 생각하는 것이다. 그러한 행동은 지적인 인간으로서의 자아 이미지와 충돌하기 때문이다. 둘째, 개인의 고정관념을 형성하는 것과 동일한 인지적 과정들이 루머의 고정관념을 형성한다. 예를 들어 루머는 환영적인 상관관계에 취약하다. 루머는 처리되는 정보들(예를 들어, 뉴스와 정보) 중에서도 소수의 정보일 가능성이 높기 때문에, 그 소수 정보 중 거짓된 표본이 상대적으로 두드러지게 나타나 거짓으로 상호관련을 맺게 되는 것이다(Chapman & Chapman, 1969를 참조). 의미 있는 범주를 수립하기 위한 시도로서 사람들은 루머와 거짓을 관련시킨다.

---

34) 최종적인 피시험자 샘플(M age=24.96 years, SD=7.64, 15명은 나이를 보고하지 않았다)은 118명의 여성과 113의 남성으로 구성되었다(13명은 성별을 보고하지 않았다).

둘째, 기존의 연구 저작물들과 우리 연구의 결과를 보면, 진실 혹은 거짓으로 판명이 난 루머들의 경우 진실한 루머는 점점 "더 진실적"이 되어 가고, 거짓인 루머는 그 상태로 남거나 아니면 점점 더 거짓이 되어간다. 루머 진실성의 추세는 두 갈래로 나뉜다. 이 흥미로운 가능성을 "매튜 정확성 효과"(Matthew accuracy effect)라 부른다. 과학에서 매튜 효과란 저명한 과학자에게는 지나치게 높은 신임이 쏟아지고 새로운 과학적 아이디어와 정보에의 접근 또한 허용되는 반면, 덜 알려진 과학자에게는 적절한 칭송이나 접근권이 허용되지 않는 것을 말한다. 이 용어를 만들어낸 것은 머튼(K. Merton, 1968)으로, 그는 '마태복음'(the Book of Matthew)으로부터 성경 텍스트 속에 표현된 동일한 일반 원칙을 가리켜 매튜 효과라 불렀다. 인용해보면, "가진 자에게는 보다 많이 주어질 것이기에 그는 풍요로울 것이다. 갖지 못한 자는 지금 가지고 있는 것 또한 박탈당할 것이다"(마태복음25:29, New International Version). 이러한 생각이 담긴 속담을 들어보면, "한 가지가 잘되면 만사가 잘된다", "부자는 점점 더 부유해지고 가난뱅이는 점점 더 가난해진다" 등이 있다. 이러한 아이디어의 여러 변형은 다른 수많은 영역에서 찾아볼 수 있다. 예를 들어 네트워크 과학을 보면, 많은 접속점을 가진 노드는 점점 더 많은 접속점을 갖게 되는 반면, 적은 접속점을 가진 노드는 현재 가진 접속점도 잃게 된다(Newman, 2003).

다음 장에서는 정확한 루머 내용과 부정확한 루머 내용이 만들어지고 변화하는 메커니즘에 대해서 살펴볼 것이다.

Mechanisms Facilitating Rumor Accuracy and Inaccuracy

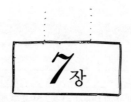

07

루머의 정확성과 부정확성의 메커니즘

2005년, 미국 역사상 가장 큰 재앙을 불러 온 허리케인 카트리나가 뉴올리언즈를 강타하면서 지역은 무정부적 혼란의 온상이 되었다. 아이들과 어른들이 컨벤션 센터에서 강간을 당했고, 폭력적 갱단이 구조대와 경찰 헬리콥터를 향해 총을 쏘았다. 차량들이 납치당했고, 도시를 뒤덮은 상어가 출몰하는 바닷물 위에는 수백 구의 사체들이 떠다녔다. 이 모든 이야기는 거의 모든 것이 거짓이었음이 드러났다. 몇몇 총기 사건에서 약탈이 일어나기는 했었지만, 무질서와 혼란이 만연했다는 이야기는 엄청난 과장이었으며 지나치게 윤색된 것이었다. 다시 말해 부정확한 이야기였다.

- Dwyer and Drew, 2005; Gillin, 2005

앞 장에서 우리는 조직에 떠도는 루머들은 정확성을 추구하고, 재앙에 관한 루머는 부정확성으로 흐르는 경향이 있다는 사실에 대해 살펴보았다. 왜 이런 일이 일어나는 것일까? 구체적으로 정확한(혹은 부정확한) 루머의 내용이 만들어지거나 변화하게 되는 메커니즘은 무엇인가? 이 장에서는 루머의 정확성을 조사한 연구에서 증거를 요약하고 최근 우리가 실시했던 경험적 조사를 제시할 것이다.

표 7.1

루머 정확성에 관련된 메커니즘

메커니즘	요약	예시
인지적 : 관심의 제한	논의가 없는 순차적 전파의 상황에서 관심의 제한은 두드러진 정보만 부각시키는 방향으로 왜곡을 낳는다.	한 축구선수의 음주운전 사건에 관한 화자의 설명은 보다 산만하고 다소 비조직적이기도 하며 불완전한 경향을 보였으며, 청자의 관심 자원을 추징해 갔다. 그리하여 청자는 이 설명들의 중심적 성격에만 관심을 집중시키게 되었다.
인지적 : 기억의 한계	논의가 없는 순차적 전파의 상황에서 기억의 한계는 쉽게 부호화할 수 있거나 두드러진 정보만 남기는 방향으로 왜곡을 낳는다.	일련의 순차적 전파 과정에서 세부 내용의 단순화는 무작위로 이루어지지 않는다. 즉, 부호화하기 어렵고 재생하기 어려운 세부 내용들이 누락되는 것이다.
인지적 : 인식의 편견	인식의 편견으로 인하여 선택적 인식 및 해석이 이루어진다. 그리하여 고정관념과 같은 기존의 인지구조에 집착하도록 만든다.	공동체의 어느 일원이 공산주의자라는 거짓 루머 내용은 공산주의의 위협을 보도하는 뉴스미디어가 급속도로 증가함에 따라 보다 타당성이 있는 루머가 되어 버렸다.
동기적 : 정확성	정확성의 동기는 보다 정확한 루머를 만들어내는 경향이 있다.	자아가 개입된 피실험자들은 순차적 전파 실험실 연구에서 중립적 피실험자들에 비해서 세부 내용을 단순화하는 정도가 매우 낮다.
동기적 : 관계확장	타인과의 관계를 확장하거나 유지하고자 하는 욕망은 그 루머의 내용이 긍정적인 영향을 미치도록, 긍정적인 인상을 줄 수 있도록, 그리고 기존의 고정관념과 상응하는 것이 되도록 만든다.	자동차 뒷좌석에서 숨진 채 발견된 한 남자를 둘러싼 루머들의 변화; 사체를 발견한 사람들과 그리하여 상황을 '잘 아는' 사람들이 그 남자의 실제 사인을 거부했다. 그러나 최초의 루머는 부정확했다.
동기적 : 자아확장	자아확장은 기존의 믿음, 태도, 바람, 편견, 의심 등을 강화하거나 자존심을 강화하기 위해 외집단을 폄하하는 방향으로 루머 내용을 변화시킨다.	MBA학생들은 자기가 다니고 있는 학교의 좋은 면을 반영하는 루머나 경쟁 학교에 부정적인 루머를 전파하고자 하는 모습을 보인다.
상황적 특성: 고도의 집단적 동요	고도의 집단적 동요는 피암시성과 축소된 비판 능력을 낳는다.	높은 불안감으로 인하여 재앙적 산사태가 발생한 이후에 피암시성은 고조되었고, 사람들은 자신의 비판력을 한쪽으로 미뤄두었으며, 루머에 대한 더밀한 검토도 이루어지지 않았다. 사람들은 루머를 입증하려는 생각도 없었다.

표 7.1

루머 정확성에 관련된 메커니즘

메커니즘	요약	예시
상황적 특성 : 검토 능력	정확성의 동기를 가진 검토 능력은 정확성을 증대시킨다.	캡로우 연구의 군대루머는 정확했다. 이는 일부분 군사들이 루머의 진실성에 대해 상관에게 질문을 했기 때문이었다(그 때 상관은 그 루머가 거짓이라고 확인해주었다).
상황적 특성 : 시간	사실을 추려낼 수 있는 집단에게는 시간이 정확성을 높여준다. 그렇지 않은 경우 시간은 오히려 부정확성을 초래한다.	1996년 현장 인터뷰에서 거짓 루머는 신속하게 폐기되었다.
집단 : 일치	일치의 압력은 합의된 바와 조응하는 루머를 낳는다.	교도소 수감자들 사이에 누가 '밀고자'인지에 대해 합의가 이루어지자, 데이터가 재조직되고 일치가 요구되었다.
집단 : 문화	루머는 문화적 규범과 부합하려는 경향이 있다.	행성의 배열과 히말라야 신의 분노로 지진이 발생했다는 루머가 이따금씩 재출현한다.
집단 : 지식의 규범	증거에 대한 보다 높은 집단의 기준이 정확성을 낳는다.	공공 관계 직원들이 '회의적'이라고 특징 지은 집단이 '잘 속는' 특징을 가진 집단보다 더 정확한 루머를 만들어내는 경향이 있었다.
네트워크 : 상호작용	상호작용은 정밀성을 증가시킨다.	참여자들이 질문을 제기할 수 있는 상황에서 전파된 메시지들은 정밀성을 가지고 있었던 반면, 상호작용이 금지된 상황은 왜곡을 낳았다.
네트워크 : 전파 구성	순차적 전파 및 클러스터 구성은 왜곡을 조장한다. 즉, 다층적 상호작용은 집단이 비판적인 성향을 가지면 정확성을 만들어내고, 집단이 비판적이지 않은 성향을 가지면 부정확성을 만들어낸다.	집단의 회의주의는 다층적 상호작용과 정확성 간의 관계를 중재한다.
네트워크 : 채널의 연령	채널의 연령은 정확성과 관련이 있다.	캡로우는 정보 출처의 질을 분류할 수 있는 커뮤니케이션 채널이 점점 더 많이 만들어지는데, 그 채널의 능력이 높은 정확성 평가의 부분적 원인이라고 했다.

주) ST=순차적 전파(serial transmission).

앞 장에서 설명했던 것처럼 '정확성'(accuracy)은 진실성을 나타내며, '왜곡'(distortion)은 루머 전파 과정에 정밀성이 없다는 뜻이다. 왜곡이 정확성에 미치는 영향력은 분명하다. 따라서 우리는 루머 왜곡에 관한 기존 연구들을 검토하게 될 것이다. 보다 명확한 검토를 위해 정확성의 메커니즘을 다섯 가지로 나누고자 한다. 인지적, 동기적, 상황적, 네트워크 및 그룹 메커니즘이다. 표 7.1에는 이들 메커니즘을 요약해 놓았다. 실제로는 이 과정들이 구분할 수 없도록 상호 혼재되어 있다. 이를 테면 인지적 장치가 문화적 개념에 의해 정보를 얻는 것과 같다. 테일러 버크너(H. Taylor Buckner, 1965)의 연구는 지금까지 큰 주목을 받지 못했다. 그러나 여기에서는 그의 연구에 큰 관심을 기울일 필요가 있다. 그의 루머 정확성에 관한 이론은 네트워크 메커니즘 및 동기적 메커니즘에 초점을 맞추었다. 여기에 버크너의 아이디어를 검토했던 우리의 최근 연구를 함께 소개할 것이다.

인지적 메커니즘

정확성에 영향을 미치는 인지적 메커니즘이란 정보 처리와 관련된 절차를 말한다. 여기에는 관심의 제한, 기억의 한계, 인식의 편견 등이 포함된다.

관심의 제한

불확실성에서 기인돤 체계적인 루머의 왜곡은, 아무런 논의 없이 순차적으로 루머를 들으면서 관심을 제한할 때 나타난다. 여기에서는 화자-청자-양극단이 인상 형성에 미치는 영향에 관한 연구가 타당할 것이다. 이를테면 피실험자들이 논의가 개입되지 않은 상황에서 어떤 유명인의 과실에 관한 루머(한 축구 선수가 음주 운전 사고를 냈다는 등)를 순차적으로 전파하는 것이다. 이때 화자는 중심이 되는 진술(그 축구 선수가 음주 운전을 했다)과 경감된 정보에 관한 진술(그 축구 선수는 누군가가 못으로 구멍을 뚫어 놓은 것을 몰랐다)을 들었다. 최초의 정보를 들었던 사람(화자)은 그 유명인에 대해서 그다지 심각할 정도로 나쁘게 평가하지는 않을 것이다. 그러나 그 유명인에 대한 이야기를 전해들은 사람(청자)은 그보다 나쁘게 평가할 것이다. 왜 청자들이 그 유명인에 대해 더 혹독한 평가를 내리는 것일까? 화자의 설명은 "보다 산만하고 다소 비조직적이며 불완전한 경향을 보이기 때문이다."(R. S. Baron, David, Brunsman, & Inman, 1997, p827). 바론 등의 연구를 보면, 화자의 산만한 설명으로 청자는 그 정보를 처리하는 데 더 큰 어려움을 겪으면서 보다 많은 관심의 자원을 요구하는 것이 어렵게 된다. 이는 곧 경감 정보를 무시해버리는 결과를 가져온다. 특히 청자가 메시지를 듣는 동안 백색의 배경 잡음(white background noise)이 들리면 이러한 효과가 더 극심해진다는 사실을 보여주었다. (백색 배경 잡음은 관심을 집중시키는 능력을 축소시킨다.)

관심의 제한 효과는 최초로 루머를 말할 때에 특히 두드러지게 나타난다. 어떠한 논의도 없이 순차적으로 전파(ST)되는 상황에서 초기 단계에 더욱 크게 나타나는 것이다. 바론을 비롯한 학자들은 앨포트와 포스트먼(G. W. Allport & Postman, 1947b)의 ST단순화 곡선과 일치하도록 제1세대에서 제2세대의 전파에 대해 청자-화자-양극단 효과를 되풀이했다. 이때 제2세대에서 제3세대의 전파에 대한 것은 이루어지지 않았다. 이들은 제2세대에서 제3세대의 경우 누락으로 인해 소수의 사건들이 경감 정보에 대한 관심을 허용했다고 주장했다.

바론의 연구(R. S. Baron et al., 1997)는 관심의 제한 효과가 불안감에 의해서 증폭된다는 사실을 보여준다. 이 주장과 일치하는 것으로 엘리스와 잔나(Ellis & Zanna, 1990)는, 각성이 명백한 자극에 대한 관심을 제한하며 원인 귀인에 대한 두드러진 정보의 효과를 증대시킨다는 사실을 보여주었다. 불안감은 자극과 밀접하게 연관되어 있기 때문에 루머 구성 절차에서 특정 상황의 두드러진 부분(상황적 요소들보다는 특정한 행동)에만 관심을 집중하도록 만든다. 앨포트와 포스트먼(G. W. Allport & Postman, 1947b)도 유사한 효과를 발견했다. 청중이 없는 것이 아니라 청중 앞에서 논의가 없이 이루어지는 ST는 모두 내용의 단순화로 귀결된다는 것이다. 앨포트와 포스트먼은 이러한 현상이 정확하고자 하는 동기가 매우 크기 때문에 발생한 것이라고 설명했지만(사람들이 완벽하게 확신하는 정보만을 전달하는 모습을 보임), 불안감과 관심의 제한이 훨씬 더 그러할 것으로 보인다.

따라서 관심의 제한은 — 논의가 없는 ST의 맥락에서 — 두드러진 중심 정보를 강조하는 부정확성으로 귀결된다고 말할 수 있다. 이때의 정보는 종종 상황적 제약이 아닌 행위 그 자체에 관한 것이다. 즉, 불안감이나 자극이 이와 같은 효과를 더욱 심화시키는 것이다.

기억의 한계

기억의 한계로 인하여 논의가 없는 ST의 참여자들은 최초에 20개였던 루머의 세부 내용 개수를 단순화하여 최종적으로 5개의 세부내용만을 남겨 놓는다(G. W. Allport & Postman, 1947b). 세부내용의 단순화는 무작위로 이루어지지 않는다. 부호화하거나 재생하기 어려운 세부내용이 누락되는 것이다. 예를 들어 이름이나 타이틀은 거의 대부분 삭제의 대상이다(Bartlett, 1932 참조). 그러나 "특이하거나 계속해서 반복되는 단어"는 끝까지 살아남는다(예를 들어, "도둑질을 한 소년이 있었고 한 남자가 그 소년을 추궁하고 있었다": Allport & Postman, 1947b, p89). 그리고 움직임(예를 들어, "창문에 화분이 세 개 놓여 있었는데, 그 중에 하나가 떨어졌다", p95)이나 크기(예를 들어, "커다란 창고", p96)를 표현한 내용들은 누락되지 않고 잔존하는 경우가 많다. 이는 아마도 이러한 내용들이 더 명확하여 쉽게 부호화할 수 있기 때문일 것이다. 앨포트와 포스트먼은 ST피실험자 중에서 가능한 정확성을 유지할 것을 교육받은 사람들이 쉽게 기억할 수 있는 말로 단순화시키는 경향이 있음에 주목하였다. 이와 같은 점에서 볼 때, 기억의 한계와 편견은 논의가 없는 ST상황에서 두드러진 정보나 쉽게 기억할 수 있는 정보로 특징지을 수 있는 부정확성을 초래한다는 사실을 알 수 있다.

인식의 편견

고정관념과 같은 활동적인 청취자의 인지 구조는 활성화된 구조에 부합하도록 연속적인 자극을 선택적으로 인식하고 해석하도록 만든다 (Sedikides & Anderson, 1991). 그로 인해 기존에 수립된 구조에 맞도록 루머의 왜곡이 일어나는 것이다(이는 이미 알려진 '융합'의 방식이기도 하다: G. W. Allport & Postman, 1947b).

트로우프와 리버먼(Trope & Liberman, 1996)은 사회적 가정 검증에서 이와 같은 확신의 편견이 나타나는 현상에 주목했다. 한번 가정이 만들어지면 관심과 정보 처리를 한정시키려는 경향이 나타난다는 것이다. 이때 만들어진 가정은 구조적 틀에 증거를 추가로 부여하며 사람들은 자신이 가지고 있는 가정과 부합하는 정보를 찾으려는 경향을 보인다. 예를 들어 공동체의 사회 활동을 담당하고 있는 한 공동체의 일원이 공산주의자라는 거짓 루머의 내용은, 뉴스 미디어에서 공산주의의 위협에 대해 급속도로 많은 보도를 하자 타당성이 있는 것으로 받아들여졌다(Festinger et al., 1948). 공산주의 루머는 2주간에 걸쳐서 점점 더 상세한 내용을 갖게 되었으며, 다른 정보도 이 루머와 일치하도록 재해석되었다. (이 기간 중에는 어떠한 반박의 노력도 없었다는 사실에 주목해야 한다.) 집단적 행동에서 이와 유사한 환경을 "상징화"(symbolization)라고 명명했다(R. H. Turner & Killian, 1972). 상징화란 희생양을 찾는 것처럼 대중들이 한 가지 문제에 대해 단순화된 방식으로 긴장하고 행동에 집중함으로써 상황을 선택적으로 정의하는 것이다. "백인 교수 A와 B가 〔시민권〕 항의 데모대의 배후에 있다"는 진술은 이 교수들이 어떻게 데모대에 책임을 지는 인물이 되는지를 뒷받침하는 증거를 선택하고 부각시킨다. 마찬가지로 폴 메카트니의 죽음에 관한 (거짓) 루머를 뒷받침하는 "증거"는 비틀즈 앨범의 커버에서 발견되었다. 폴 메카트니가 신발을 신지 않고 찍은 사진이 앨범 커버에 있었는데, 영국에서는 사체를 매장할 때 일반적으로 신발을 벗긴다는 사실 때문에 이런 루머가 나온 것이다(Rosnow, 1991).

인종 루머의 형성 및 지속에 인식의 편견이 미치는 효과는 잘 알려져 있다(Bird, 1979;R. H. Knapp, 1944; P. A. Turner, 1993). 앨포트와 포스트먼이 1947에 발표한 동일한 고정관념은 오늘날에도 유효하다. 그들은 어떤 루머에서 특징적으로 나타나는 고정관념이 여러 아이디어를 손쉽게 응축시킬 수 있는 수단이라고 주장했다. 이를 보다 현대적인 인지 심리학의 용어로 표현하면 '청킹'(chunking역자주: 인지심리학에서 정보를 재부호화하여 단기기억을 효율적으로 사용하기 위한 방법, '세목화'라 부르기도 함)이다.

디폰조는 학생들에게 주기적으로 그들이 들었던 타 인종에 관한 루머의 목록을 무작위로 작성하게 하였다. 인종 루머들은 종종 변화를 거치면서 루머 대중의 인종적 고정관념을 반영한다(Maines, 1999). 아프리카계 미국인 공동체에서 떠도는 루머들은 ─ 한 소년이 쇼핑몰 화장실에서 불구가 되었다는 등의 루머 — 대개 가해자를 백인으로 지목했다. 백인 공동체에서 떠도는 똑같은 루머의 경우 가해자는 흑인이 되었다(M. Rosenthal, 1971).

고정관념은 증거해석에 대해서만 영향을 미치는 것이 아니라 증거 수집을 조기에 종료시킨다(Trope & Liberman, 1996). 어떤 개인이나 사례를 해석할 때 고정관념에 의존하는 것은 부정확성으로 귀결될 개연성이 크다. 불안감은 인지 구조에 대한 의존성을 증대시킨다. 구디쿤스트(Gudykunst, 1995)의 주장에 따르면, 개인 간의 커뮤니케이션 상황에서 어떤 사람이 낯선 사람에 대해 판단을 내려야 할 때에는 높은 불안감이 작용해 고정관념에 의존하는 경향이 커진다. 우리가 고위급 공보 담당 직원을 대상으로 실시했던 루머 에피소드 서베이를 보아도, 집단의 편견이 들어간 루머에 동의하는 것과 불안감 사이에는 상호 연관성이 존재했다(DiFonzo & Bordia, 2002a). 이와 같이 불안감은 인지 구조, 특히 고정관념에 대한 의존성을 증가시킨다.

인식의 편견은 가정을 검증할 때 때때로 잘못된 확신을 초래하지만 사람들이 증거의 진단을 인식한다는 증거가 있다(Trope & Liberman, 1996). 예를 들어 캡로우(Caplow, 1947)는 루머의 진실 가능성을 제한하는 진술이(예를 들어, "이 이야기가 사실은 아니겠지만…") 루머에 첨부되는 현상을 관찰했다. 여기에서 주목해야 할 것은, 인식의 편견이 ST 실험실뿐만 아니라 충분한 정보가 알려지지 않거나(Festinger et al., 1948) 공식적 정보의 출처를 신뢰할 수 없는(P. A. Turner, 1993) 현장 상황에서도 발생했다는 사실이다. 기존의 고정관념에 맞도록 루머를 만들어 내거나 왜곡하려는 경향은 상황적 절차 및 집단의 절차에 의해서 확대되기도 하고 억제되기도 한다. 이에 대해서는 나중에 논의할 것이다.

동기적 메커니즘

정확성에 영향을 미치는 동기적 메커니즘이란, 루머가 개입된 개인간의 상호작용의 목적을 의미한다. 다시 말해 '루머 유포자가 목적하는 것이 무엇이냐?' 는 것이다. 여기서는 제3장에서 발전시켰던 내용을 토대로 정확성, 관계 확장 및 자기 확장을 차례로 논의하기로 한다.

정확성

사람들은 종종 어떤 상황의 정확한 모습을 인식하고자 하는 동기를 갖게 된다. 제3장에서 소개했던 사실 확인 동기를 떠올려보자. 대화에서 한 가지 암묵적 법칙이 있다면 전파하는 정보가 믿을 만한 것이어야 한다는 점이다(Grice, 1975; Higgins, 1981). 예를 들어 불안감이 높지 않을 때, 그리고 참석자들이 어떤 상황을 "현실적으로" 정의하려고 할 때 정확성은 "중요한 고려대상"이 된다(Shibutani, 1996, pp. 72-76). 이러한 상황에서 집단은 정보의 신뢰성을 검토하고 가정을 검증한다. 집단이 사실을 판별할 수 있는 적절한 자원을 가지고 있다면, 그러한 노력은 성공적일 것이다. "실험에 참여한 사람들에게 정확성이 중요한 요소일 때 어떤 종류든 왜곡이 발생할 가능성은 매우 희박하다" (Shibutanim, 1996, p92).

정확성의 동기는 가설 검증과 진단적 정보의 중요성과 더불어 주제의 중요성을 증가시킨다. 사람들은 잘못된 확신으로 치러야 할 비용이 막대할 때 정확성을 찾고자 하는 동기를 갖게 된다. 또 그 비용이 더욱 클 때 주어진 정보를 어떻게 진단할 수 있을지에 대해 주의를 기울이게 된다. 이때 사람들은 타당한 증거를 토대로 신중하게 결론을 내린다. 정확성을 확보하기 위한 신중한 태도는 ST 연구에서도 나타났다. 하이엄(Higham, 1951)은 자아가 개입된 피실험자(그 주제가 중요하다고 생각하는 피실험자)는 중립적인 피실험자에 비해서 세부 내용을 단순화하지 않는 경향이 있음을 발견했다.

정확성의 동기는 자신이 한 말에 대해 직접 책임을 져야 할 때에도 증가한다. 유언비어에 가담한 사람들은 기존의 인간관계에서 자신의 평판에 대해 주의를 기울인다. 반면 잘 모르는 사람들 사이에서는 자신의 평판에 크게 신경 쓰지 않는다(Shibutani, 1966). 기존의 인간관계와 연루되어 있는 유언비어적 루머를 말할 때 정확성을 확보하고자 하는 동기를 더 갖는 것이다. 앨포트와 포스트먼(G. W. Allport & Postman, 1947b)은 청중이 없는 ST보다는 청중 앞에서 벌어지는 ST의 경우에 루머 내용의 단순화가 훨씬 더 크게 일어난다는 사실에 주목하였다. 그리고 이러한 현상이 정확성의 동기로 인한 것이라고 판단하였다. 그것은 피실험자들이 확신할 수 있는 내용만 다른 사람에게 전달하기 때문이었다.

또 요한 아안트(Johan Arndt, 1967)는 말을 통해 이루어지는 커뮤니케이션에서 메시지의 왜곡은 그 메시지를 평가할 수 있는 능력과 "정확한 전파와 관련된 보상"에 의해 좌우된다고 말했다(p65). 아안트는 상품에 관한 루머에서 "루머를 들은 사람이 상품을 직접 구매할 수 있고 그 루머의 진위를 파악할 수 있다는 사실은 과도한 과정을 회피하도록 한다. 결국, 메시지의 전달자는 믿을 만한 정보 출처로서의 자신의 평판을 갖게 된다."

관계 확장

제3장에서 논의했던 것처럼 사람들은 관계를 형성하고 유지하고자 하

는 동기를 갖고 있다. 청자의 기분을 좋게 만들 수 있는 것은 말하고, 청자의 기분을 나쁘게 만들 수 있는 루머는 말하지 않으려고 하는 경향은 바로 이러한 동기가 작용하기 때문이다. 이것은 앞에서도 논의했던 적이 있는 '불쾌한 메시지의 최소화 효과'이다(Tesser & Rosen, 1975). 경영학과 학생들은 긍정적인 루머와 비교해서 부정적인 루머는 전파하기를 꺼려하는 모습을 보여주었다. 이는 부정적인 루머 전달이 청자에게도 부정적인 영향을 끼칠 수 있다는 생각 때문이다(Kamins, Folkes, & Perner, 1997). 이처럼 루머를 선택적으로 전파하는 것은, 내집단에서의 관계 확장에 도움이 되고 사교적으로 수용할 만한 루머들만 살아남게 해 부정확한 내용을 만들어낸다. (여기에서는 관계 확장 동기가 자기 확장 동기와 함께 작동한다. 여기에 대해서는 나중에 다시 논의할 것이다.) 그러나 제3장에서 로체스터 공과대학(RIT)과 로체스터 대학교의 연구에서 논의했던 것처럼, 긴밀하고 장기적인 관계를 유지하고자 할 때 관계 확장은 정확성의 동기를 만들어낼 수 있다. 사람들은 자신의 평판을 좋게 유지하기 위하여 정확성을 가지려고 노력하는 것이다. 이러한 경우에 관계 확장과 정확성의 목적은 동일한 것이 된다.

마찬가지로 관계 확장은 다른 사람에게 좋은 인상을 심어주고자 하는 바람에서 찾아볼 수 있다. 학자들은 이론에 중요성을 두는데, 루머와 루머의 전파에 관해서도 이론화 노력이 이루어졌다. "잘 아는 사람"이 됨으로써 얻게 되는 우호적 인상을 관리하고 확장하려는 욕망은 루머의 내용에 영향을 미칠 수 있다. '잘 아는 사람'은 자신이 제시했던 상황에 대한 신뢰도를 떨어뜨리는 루머의 수정에 저항하기 마련이다. 터너와 킬리언(R. H. Turner & Killian, 1972)은 자동차 뒷자리에서 죽은 채로 발견된 한 남자를 둘러싼 루머의 사례에서 그와 같은 저항 현상을 관찰하였다. 그 남자의 실제 사인이었던 알콜 중독은 사체를 처음 발견하여 '잘 아는 사람'이 되었던 사람들에 의해 거부되었다. 가정부 살인사건 루머의 유포자들도(Peterson & Gist, 1951) 루머를 수정함으로써 자신의 위신을 높이고자 했다.

이와 같은 방식으로 과장("가족 모두가 죽었다")과 극적 각색("집 한 채가 통째로 굴러 내려왔다")이 대규모 산사태를 둘러싼 루머에서 나타났다(Sinha, 1952). 왜 그랬을까? 신하에 따르면, 실험실에서 전파자는 정확성의 동기를 갖지만 현장에서는 부분적인 효과를 위해서 전파하기 때문이다. 다시 말해 이야기를 서로 공유하는 것이 부분적으로는 여흥을 위한 것이다. 특히 정의 내리기를 거부하는 상황에서 루머의 내용은 정확성을 위한 변화에 저항할 수도 있다. 이는 다른 사람에게 형성했던 인상을 확장하거나 유지하기 위한 것이다(Arndt, 1967).

관계 확장 동기의 또 다른 측면으로 인지적 성격을 갖는다는 사실을 들 수 있다. 정확하고 진실한 메시지를 전파해야 한다는 암묵적인 커뮤니케이션의 법칙이 있음에도 불구하고 정확한 전달은 일관된 메시지를 공유해야 하는 목적과 갈등을 일으킬 수 있다. 청자가 이해할 수 있고 수용 가능한 메시지를 공유해야 한다는 사실이 장애요인이 되는 것이다(Ruscher, 2001). 예를 들어 고정관념과 불일치하는 소재는 "단정한 이야기"를 유지하고자 하는 이해 때문에 누락되기도 한다. 피터슨과 기스트(Peterson & Gist, 1951)는 가정부 살인 사건과 관련된 루머에서 어떻게 스노우볼링이 나타났는지에 관한 동기적 해석을 제시하였다. 루머의 전파자들이 선택적으로 루머의 어떤 측면들을 과장 혹은 축소했던 것이다. 이때 루머가 그럴 듯한 것이 되도록 하기 위해서 어떤 일이 일어났는가에 대한 자신의 믿음이 반영되었다. 마찬가지로 시부타니(Shibutani, 1966)에 따르면 정확성의 동기를 가진 루머의 내용 또한 "대중의 예상"과 일치하고자 하는 모습을 보인다. 관계 확장 동기는 집단이 사실에 대한 확신을 가질 수 없는 상황에서 가장 분명하게 드러난다. 예를 들어 가정부 살인사건 및 산사태에 관한 루머에서 루머의 대중들은 믿을 만한 증거를 갖지 못했던 것이다.

자기 확장

제3장에서 논의한 것처럼 자기 확장은 자기 인식에 대한 위협을 방어하고 자존심을 유지하고자 하는 욕망이다. 자기 확장 동기가 작동하는 한 가지 방식으로 기존의 믿음과 태도에 부응하는 루머의 수용을 들 수 있다. 앨포트와 포스트먼(G. W. Allport & Postman, 1947b)은 루머가 "새로운 태도를 형성하기보다 기존의 태도를 굳건하게 한다"는 사실을 인식하였다. 앨포트와 렙킨(F. H. Allport & Lepkin, 1945)은 루즈벨트 행정부에 반대하는 사람들이 낭비와 특권에 관한 제2차 세계대전의 루머를 쉽게 믿고 많이 전파하는 모습을 발견하였다(제4장 참조). 바꾸어 말하면 루머의 내용은 기존의 믿음과 신념을 합리화하고 정당화하기 위한 과정 발전으로 변하는 것이다. 이것은 상대적으로 냉정한 (인지적) 과정이다.

자기 확장 동기가 작동하는 따뜻한 (감정적) 방식으로 어떠한 합의도 이루어지지 않은 상황에서 기존에 실현되지 않은 바람, 편견, 의심, 욕망에 부합하는 루머가 회자될 수 있도록 조장하는 현상을 들 수 있다(Shibutani, 1966). 어떤 학자들은 루머의 왜곡을 각 전파 단위에서 만들어진 억압된 충동의 발현으로 보았다. 이는 융(Jung, 1910/1916)이 교사와 학생 간의 연애사건에 관한 여학교에서의 루머를 분석한 연구에서 가장 잘 나타난다. 이때의 루머는 '희망 공상'(wish-fantasy)을 대표했다.

루머는 발현 메커니즘을 통해서 잠재된 감정적 긴장을 분출시킨다(루머가 불안감을 진정시키거나 정당화시키고 설명하는 것이다: Wilkie, 1986). 예를 들어 로웬버그(Lowenberg, 1943)는, 정신질환자에게는 독극물 중독에 대한 두려움이 있는데, 국가적 위기 상황에서는 집단 독극물 중독에 대한 루머가 "정상적"인 것으로 만연하다는 사실을 발견하고 정신질환자들처럼 집단 독극물 중독의 루머는 쇼크와 두려움의 표출이라고 결론지었다. 왜 독극물 중독이었을까? 로웬버그는 유아기 때 젖을 떼는 기간 동안의 쇼크와 두려움이 점차 구강 기관과 관련성을 갖게 된다는 정신병리학 이론들을 지적했다. 아이는 유아기에 자신이 경험했던 질병이나 불편함을 새로운 음식을 섭취하는 것과 환영적 인과관계를 형성시킨다고 말할 수 있다. 위기 상황에서 성인이 느끼는 불안감 역시 이와 같은 유아기의 연관성을 불러일으켜 정상적인 성인도 집단 독극물 중독에 관한 루머를 점차 믿게 되는 것이다.

정신분석학자 암브로시니(Ambrosini, 1983)는 루머가 심리 내적인 불안감을 심리 외적인 대상으로 표출시킨다고 주장했다. 이와 같이 루머가 인지 부조화의 메커니즘을 통해서 불안감을 정당화시킨다고 설명하는 학자들이 있었다(Festinger, 1957; Prasad, 1950; R. H. Turner & Killian, 1972). 부조화란 상충하는 태도나 행동에서 비롯되는 심리적 긴장을 말한다. 예를 들어 "나는 불안감을 느낀다. 그러나 내가 불안감을 느낄 만한 어떤 이유도 찾을 수 없다"는 상황이다.

한편 루머 왜곡은 의식적인 수준에서 부분적으로 진실을 원하는 개인의 욕망이나 기대에 좌우된다(Turner & Killian, 1972). 예를 들어, 학생들은 갑자기 학교를 자퇴한 친구에 대해서 부정적인 루머보다 우호적인 루머를 전파하려는 경향을 보였다. 반면 친구가 아닌 학생들은 반대의 패턴을 보여주었다(Schachter & Burdick, 1955).

자기 확장 동기는 외집단을 훼손시키면서 내집단의 위신을 높일 수 있는 루머 내용을 만들어내기도 한다. '그들'의 부정적인 모습을 말하는 루머는 '우리', 나아가 '나' 자신의 기분을 좋게 만든다. 제3장과 이 장의 초반부에 논의했던 캐민스와 동료 학자의 연구(Kamins, et al., 1997)는 이러한 생각을 뒷받침해준다. 이를테면 MBA 학생들은 경쟁 학교에 관한 부정적인 루머를 적극적으로 전파하려고 했지만 경쟁 학교의 순위가 올랐다는 내용의 루머는 전파하기를 꺼려했다.

제3장에서 논의했던 RIT-UofR 연구도 이러한 주장을 부분적으로 뒷

받침해준다. 루머의 청취자가 내집단이고 루머의 대상이 외집단에 관한 것일 때 부정적인 루머가 긍정적인 루머에 비해서 쉽게 전파되는 것이다[35](그림 3.4를 참조).

이와 비슷한 방식으로 폭력적 행동이나 극악무도한 사건에 관한 루머는 가해자를 외집단의 일원으로 묘사한다. 터너(P. A. Turner, 1993)는 아프리카계 집단과 코카서스계 집단에서 떠도는 상대 집단이 야만적이라는 내용의 루머들을 수집하였다. 자기 확장 동기는 왜 이간질 루머는 쉽게 접하게 되고 내집단에 대해 부정적이거나 비판적인 루머는 쉽게 접할 수 없는지의 이유를 설명해준다. 종합적으로 생각해보면, 이는 사람들이 외집단에 대한 부정적인 루머 전파를 더 좋아한다는 증거이기도 하다.

상황적 특징

상황적 특징이란 정확성을 가진 루머 에피소드의 조건과 환경을 의미한다. 상황적 특징에는 집단적 동요, 루머 진실성의 검증 능력 및 시간 등이 포함된다.

고도의 집단적 동요

개인적 성향과 상황의 불안감이 정확성을 감소시킬 우려가 있는 인지적 과정을 더 나쁘게 만든다는 점에 대해서는 이미 논의하였다. 어떤

---

35) t(45)=1.56, p1-tailed=.06.

상황에서 수많은 사람들 혹은 그 상황에 속한 모든 사람들이 불안감에 떠는 것을 집단적 동요(collective excitement)라고 하는데, 이 집단적 동요에서 이와 같은 효과가 극대화된다. 이유는 피암시성(suggestibility, 인식의 왜곡)은 증가하는 반면 비판적 능력은 저하되기 때문이다. 떼를 지어 몰려다니는 대중들이 촉매제 작용을 하여 불안한 개인을 흥분한 폭도로 변하게 해 부정확한 루머에도 지체없이 행동을 하는 것이다(R. H. Turner & Killian, 1972).

신하(Shinha, 1952)는 재앙적 산사태가 발생한 뒤 높은 불안감으로 인하여 피암시성이 최고조에 달한 현실에 주목하였다. 사람들은 상황을 비판하려 하지 않았고, 루머를 면밀히 검토하거나 입증하지 않았다. 시부타니(Shibutani, 1966)는 루머에 대한 사고 패턴을 두 가지로 나누어서 설명하였다. 심사숙고형(deliberative; "만일 뉴스에 대한 불충분한 요구가 심하지 않다면, 집단적 동요는 온화한 형태일 것이며 루머는 비판적 사고를 통해서 만들어질 것이다")과 즉흥형(extemporaneous; 극한 집단적 동요 상황에서 루머는 행동을 통한 접촉에 의해서 만들어진다)이다. 마우스너와 게존(Mausner & Gezon, 1967)은 즉흥적인 루머 형성의 사례를 제시했다. 어느 초등학교에서 여학생들 사이에 질내 임질이 발생했다는 터무니없는 두려움으로 인하여 일시적인 휴교령이 내려졌다. 173명의 여학생 가운데 3명이 발병했는데, 많은 학생들에게서 똑같은 징후가 나타난다는 것이었다. 이 루머는 고도의 집단적 동요와 피암시성이 두드러지게 나타나는 전염병에 관한 대표적인 사례이다.

진실에 대한 입증의 규범은 고도의 집단적 동요로 인하여 엄격하게 지켜지지 못한다. 공식적인 커뮤니케이션의 라인이 폐쇄된 중대한 상황에서는 일시적인 데다 불안정한 비공식적인 네트워크가 형성된다. 정보를 평가하고 행동을 결정하는 새로운 규범이 만들어지고, 그 결과 "모든 사람들이 이렇게 이야기하고 있어!"라는 식으로 상황과 행동을 판단하게 되는 것이다(R. H. Turner & Killian, 1972, p32). 엄격하지 못한 규범은 커뮤니케이션이 조장되는 상황에서보다 폐쇄된 집단에서 더욱 확대된다. 그런데 집단 속에 존재하는 유대관계로 사람들은 민감해져 있을 수도 있다. 이처럼 "유기적으로 연관된" 집단 내에서 두려움의 상황은 "비유기적인" 집단에서보다 신속하고 강도 높게 집단 규범을 출현시킨다. 유기적 집단이 비유기적 집단보다 더 큰 두려움을 나타냈고 더 신속하게 반응했던 것이다(Turner & Killian, 1972).

검토 능력

정확성의 동기를 갖게 되면 정보의 진실성을 검토하려고 노력한다. 그리고 이와 같은 노력으로 인해 루머의 정확성이 증가된다(Shibutani, 1966). 캡로우의 연구(Caplow, 1974)에서 군대 루머가 정확할 수 있었던 것은 군인들이 상관에게 루머의 진위 여부를 부분적으로나마 질문할 수 있었기 때문이었다(이때 상관은 루머가 거짓이라는 확신을 주었다). 심사숙고하는 상황에서 사람들은 정보의 진실성을 검증하기 위해 노력한다. 이에 대한 예를 소개하면 다음과 같다. 루머의 진위를 파악하기 위하여 대학원생 노동자 파업 기간 동안 루머 통제 센터에 전화를 했다. 그러자 센터는 외부 정보의 새로운 진원지가 되었고, 수많은 부정확한 루머들이 이 센터의 활동을 통해서 사전에 진압되었다(Weinberg & Eich, 1978). 자연 재앙이 발생한 상황에서도 사람들은 루머 출처의 신뢰성을 검증하려고 한다. 뉴저지의 포트 저비스 주민들은 댐이 무너질 것이라는 루머를 들었지만, 소방 본부에서 이 소식을 공식적으로 발표하고 나서야 비로소 대피했다. 이때 소방 본부는 권위 있는 정보의 출처였다(R. H. Turner, 1964).

진실성 검증이 불가능하거나 엄청난 방해를 받는 상황은 수도 없이 많다. 논의가 없는 ST는 이러한 상황의 사례를 분명하게 보여준다. 지나친 신뢰를 받고 있는 목격자의 거짓 인식은 또 다른 사실을 보여준다. 로젠버그(Rosenberg, 1967)는 어떤 정보를 입수한 신문이 그 정보의 정확성을 검증해내지 못한 결과 허위로 남게 된 뉴스의 사례를 보여주었다. 마찬가지로 신문들은 허리케인 카트리나가 발생한 뒤에 나타났던 대규모 무정부 상태에 대한 루머를 검증해내지 못했다(Dwyer & Drew, 2005). 새로운 커뮤니케이션의 채널이 만들어진 상황은 진실성의 검증을 어렵게 하거나 불가능하게 만드는 새로운 상황을 구성한다. 엄청난 규모의 지진으로 정상적인 커뮤니케이션 채널이 붕괴되자 과장과 윤색이 나타났다. 이때 보고된 내용들에 대한 검증은 오랜 시간이 흐른 뒤에야 이루어졌다(Prasad, 1935). 매우 빠른 속도로 인원변경이 이루어지는 군대는 초기에 엄청나게 많은 부정확한 루머에 시달려야만 했다. 비로소 정상적 커뮤니케이션 라인이 재수립되고 나서야 상황이 정리되었다(Caplow, 1947).

어떤 정보를 검증하기 전에 행동을 취해야 한다는 절박한 심정은 사실 검증을 제약하는 상황을 만들어낸다(Prasad, 1935; Shibutani, 1966). 사람들은 행동이 부정적인 결과를 초래할 수 있는 상황에서 부정확한 루머를 지속시킨다. 루머가 사실로 판명 났을 때, 루머의 진위를 검증한다고 시간을 허비하게 되면 매우 심각한 결과를 초래할 수 있기 때문이다. 그러면 신속하게 행동해야 하는 경우를 생각해보자. 자신의 컴퓨터 화면에 테디베어 아이콘이 나타나 컴퓨터가 바이러스에 감염되었다는 사실을 알아차렸다면 컴퓨터의 주소록에 저장된 모든 주소로 바이러스가 확산될 것이라는 사실을 친구에게 신속히 알려야 한다("JDBGMBR.EXE", 2002; Weenig, Groenenboom & Wilke, 2001 참조). 그러면 친구의 컴퓨터는 바이러스에 감염되지 않을 것이다.

제2장에서 다루었던 헤드라이트 장난 루머도 동일한 이유에서 신속하게 확산되었다. 우리가 인터뷰를 했던 대부분의 대학원생과 교수들은 주위 사람들에게 재빨리 이 루머를 전파했다. 폭력적인 죽음을 막기

위해 신속하게 행동해야 한다고 생각했기 때문이다. 마지막에 제시한 이 사례에서 위험한 장난들이 매우 의심이 많은 심리학자들 사이에서 확산되었다는 사실에 주목할 필요가 있다.

검증이 제약되는 또 다른 상황은 확실한 정보가 주어지지 않는 상황이다(Buckner, 1965). 가정부 살인사건 루머는 경찰이 조사를 비밀에 부쳤기 때문에 계속 유지되었다(Peterson & Gist, 1951). 확실한 정보가 주어져 그 루머가 정확한 것이 되었을 때는 정보의 출처를 신뢰해야 한다 (R. H. Turner & Killian, 1972). 케네디 대통령의 죽음을 둘러싼 루머들은 정부의 권위와 워런 보고서를 불신하는 사람들 사이에서 지금도 회자되고 있다. 그러나 프록터 엔드 갬블 사가 사탄 교회에 기부를 한다는 거짓 루머는 빌리 그레이엄(Billy Graham) 목사가 그 루머는 거짓이라고 말한 내용을 담은 "진실 키트"를 발행함으로써 주기적으로 그리고 성공적으로 거짓 루머를 진압하고 있다(Green, 1984; Koenig, 1985).

검증 능력은 루머 가담자가 타당한 정보 출처에 접근할 수 있는 정도에 의해서도 제약받을 수 있다. 이식된 12개 루머의 정확성은 원래 출처로부터의 거리와 반비례적 관계에 있었다. 최초로 루머를 들었던 직원은 정확한 루머 내용을 알고 있었지만, 2~3단계 거친 뒤에 루머를 들었던 직원들은 그렇지 못했다(Walton, 1961). 앨포트와 포스트먼(1947)도 유사한 사실을 발견했다. 2단계를 거친 몇몇 루머가 정확한 내용을 유지하고 있었는데, 그 이유는 루머 연결 고리상의 누군가가 최초의 정보에 접근할 수 있었기 때문이었다. 그런 까닭에 정확성을 유지하고자 하는 동기를 갖게 되었고 그것을 입증할 수 있는 기회를 가졌던 것이다.

루머의 비교를 통해 내부적으로 정보의 일관성을 검증할 수 있는 집단의 능력은, 정보 출처의 타당성을 검증할 수 있는 집단의 능력과 밀접하게 연관되어 있다. 따라서 루머를 서로 비교함으로써 그 정확성을 완벽하게 추론해낼 수 있다. 이것은 루머의 내용 중 진실 부분이 자주 나타난다는 가정에 입각한 것이다. 예를 들면 12명의 한국전 참전 용사들은 1950년 약300여명의 한국인이 희생되었던 노근리 양민 학살사건을 떠올렸다(Choe, Hanley, & mendoza, 1999). 그런데 그들의 회상 내용은 세부적 내용에서 차이를 보였다. 이를 토대로 뉴스 리포터는 회상 내용 가운데 공통된 사항만을 추려서 이 사건의 정확한 모습을 재구성할 수 있었다. 만일 어떤 루머가 특정한 집단 내에서만 활발히 회자되고 있을 때 이와 같은 비교법은 매우 유용하다(Buckner, 1954; DiFonzo & Bordia, 2002a).

시간

시간의 상황적 특징과 이와 관련된 발견 사항은 서로 혼재되어 있다. 진실한 루머는 시간이라는 요소에 힘입어 때로는 수면 위로 드러난다. 캡로우(Caplow, 1947)의 연구에 따르면, 군대 루머의 생존은 그 루머의 정확성과 관련이 있다. 반면 허쉬(Hershey)는 지속성과 정확성 간에 어떠한 연관성도 발견하지 못했다(Hellweg, 1987, p217). 또 버크너 (Buckner, 1965)의 주장에 따르면, 정확성을 달성하고자 하는 동기와 능력을 가진 집단의 경우에는 시간이 모든 것을 말해준다. 그러한 집단에서 부정확한 루머가 나타나면 창조 단계에서는 루머의 확산이 가능하다(R. H. Turner, 1964). 하지만 1996년 현장 연구에서 보았던 바와 같이 거짓 루머는 신속하게 폐기된다. 한편 정확성을 추구하는 성향이나 능력을 갖지 못한 집단에게 시간은 더 큰 부정확성만 초래할 뿐이다.

집단 메커니즘

집단 메커니즘(group mechanism)이란 루머가 확산되는 통로로서의 사회
적 단일체의 측면을 말한다. 특히 집단의 정체성, 규범 및 영향력과 관
련된 절차를 의미한다. 루머의 정확성과 가장 밀접하게 연관된 절차에
는 순응 과정, 문화, 그리고 집단의 지식 규범 등이 있다.

순응

합의가 이루어지고 나면 순응(conformity)이 필요하다(Festinger et al.,
1948; Firth, 1956; R. H. Turner & Killian, 1972). 교도소 수감자 가운데 누가
밀고자인지를 가려내기 위해서는 루머 형성 과정에서와 같이 가설에
대한 평가 및 정보 출처에 대한 검증이 이루어져야 한다. 그리고 하나
의 가설이 받아들여지면 데이터를 재조직하고 합의에 순응해야 한다
(Åckerström, 1988). 집단이 군중을 이루고 있을 때 어떤 상황에서 구성
원들이 다른 것은 다 제쳐두고 한 가지 정의에 동의한다면 이와 다른
주장은 제기하기 어렵다. (군중 속에서 한 사람이 "경찰의 만행이다!"라고 소리
치는 경우와 같다: Turner & Killian, 1972). 이때 동의가 이루어진 정보가 올
바른 것이 아닌 이상 부정확성은 오래도록 지속된다.

문화

시부타니(Shibutani, 1966)가 주장했던 바와 같이 심사숙고하여 루머를
받아들이는 상황이든 즉흥적으로 받아들이는 상황이든 비판적 능력

을 갖는다. 그런데 긴급 사항에 관한 루머일 경우 사람들은 매우 쉽게
그 루머를 받아들이면서 문화적 이치를 따르려는 경향을 보인다. 이
와 같이 루머의 내용은 부분적으로 집단적 편견에 의해서 형성된다.
정보는 루머의 주요 논점과 일치하도록 창조되고 왜곡되고 누락된다.
프라사드(Prasad, 1950)는 인도가 아닌 다른 나라에서 발생했던 1934년
이후의 지진 사태 및 1,000년 전부터 있었던 지진 사태를 둘러싼 루머
를 분류하였다. 그 결과 루머의 공통된 내용 및 주제를 발견했다. 그
는 이와 같은 공통점이 생겨난 이유가 "콤플렉스"를 개별적으로 투영
했기 때문도 아니고 감정적 스트레스나 원형(archetype) 때문도 아니라
고 주장했다. 그것은 지진이라는 상황이 만들어내는 공통된 "태도" 때
문이라는 것이었다.

이와 같은 공통된 태도는 문화적 유산에서 만들어지는 바가 크다. 루
머의 형성은 마치 그림을 완성하는 일과도 같다. 이 경우에 태도는 그
림 완성의 주된 동인이다. 지진이 발생하는 상황에서 무엇이 지진을
일으켰는지에 대한 원인은 알 수가 없다. 따라서 "해당 집단 고유의
전통적이고 문화적인 유산"에 근거한 의견이 채택된다. 이처럼 공통
된 문화적 태도는 루머 내용을 설명해준다. 지진의 원인이 행성의 배
열 때문이라거나 히말라야 신의 분노 때문이라는 믿음이 있다. 문화
의 효과는 교육받지 못한 사람에게만 한정되지는 않는다. 심지어 과
학자나 지식인들도 이러한 루머를 지지했다.

따라서 루머의 내용은 최소한 부분적으로라도 집단의 믿음에 고정되
어 있다고 말할 수 있다. 왜냐하면 사회적 대표성(일반적 주제에 대한 집
단적 이해)은 집단의 믿음에 고정되기 때문이다(Lorenzi-Cioldi & Clémence,
2001). 조직의 문화는 개개인에게 스키마(schema, 도식)를 알려주며 개
인의 상황 인식 과정에 영향을 미침으로써(S. G. Harris, 1994) 루머의 내
용 구성에도 개입한다. 시부타니(Shibutani, 1966)는 회의론자가 문화적
고정장치로부터 면역력을 갖는다고 주장했다. 심사숙고를 통해 루머

가 만들어질 때 루머의 내용은 회의론자에게 확신을 줄 수 있는 형태로 변화한다. 예를 들어, 어떤 권위를 가진 존재에 대한 루머가 있을 수 있으며, 루머가 해당 집단의 "이해관계, 감수성, 믿음" 등과 일치할 수도 있다. 루머의 문화적 고정장치에 대해서는 이미 여러 연구에서 논의되었다. 크노프(Knopf, 1975)는 루머 내용이 문화적으로 용인된 인종적 적대감이 구체화된 것이라고 주장했다. 캡퍼러(Kapferer, 1989)에 따르면, 루머의 내용은 집단이 공유하지만 억제된 두려움과 믿음의 표현이다. 앨포트와 포스트먼(G. W. Allport & Postman, 1947b)은 "모든 루머가 문화적인 융합의 대상이 된다"고 주장했다. 또한 그들은, 루머가 회자됨에 따라 개별적인 특성을 상실하고 광범위한 문화적 사고와 익숙한 언술 구조를 닮아가게 된다고 했다. 다시 말해 루머가 기존의 관습에 조응해간다는 것이다. 그리고 문화적 구조에 부합하도록 루머의 정교화 과정이 이루어진다는 사실 또한 지적했다. 예를 들어 바틀렛(Bartlett, 1932)의 ST연구에서 힌두교 피실험자들은 어떤 루머를 힌두교의 우화와 부합하는 도덕적 규범에 따라 미화하려는 모습을 보였다.

집단의 지식 규범

문화와 밀접한 관련성을 갖는 것으로 어떤 증거를 수용할 것인가에 대한 집단의 규범은 정확성과 관련이 있다. 버크너(Buckner, 1965)에 따르면, "증거에 대한 기준을 갖고 있지 않은" 집단은 정확한 루머의 가설을 만들어낼 수 없다. 반면 회의적 성격을 가진 집단은 보다 정확한 결론에 도달할 수 있다. 우리는 버크너의 주장을 뒷받침할 수 있는 인과적 증거를 발견하였다(DiFonzo & Bordia, 2002a). 이를테면 회의적 성격을 가진 홍보담당 직원으로 구성된 집단이 사물을 쉽게 믿어버리는 성격의 집단에 비해서 정확한 루머를 만들어낸다는 사실이다.

네트워크 메커니즘

커뮤니케이션 네트워크는 독립된 실체들 간의 관계의 조직적 구조이
다. 여기에서 실체란 일반적으로 개인을 가리키지만 조직이나 집단도
포함될 수 있다(Monge & Contractor, 2000). 독립된 실체들 간의 관계의 속
성은 네트워크 분석의 중심 대상이 된다. 긴급한 커뮤니케이션 네트워
크는 비공식적이고 자연스럽게 발생한다(유언비어). 이와는 반대로 공
식적 네트워크는 대체로 조직의 구조와 부합한다. 루머의 전파를 포함
하여 정보의 확산은 이들 커뮤니케이션 네트워크를 통해서 이루어진
다. 여기에서는 커뮤니케이션 네트워크에서 정보 확산의 세 가지 측면
이 정확성에 어떠한 영향을 미치는지에 대해서 논의하기로 한다. 여기
에서 세 가지 측면이란, 전파에서 나타나는 논의의 정도, 정보 전파의
패턴 및 정보 채널의 연한이다.

상호작용

상호작용이란 정보 전파가 일어나는 동안 전파자와 수용자 간에 발생
하는 논의를 말한다(Buckner, 1965). 상호작용에는 장황한 커뮤니케이
션(메시지의 반복), 명료화, 비교, 해석 등의 행위가 포함된다. 이를 일컫
는 다른 용어로 "자유로운 피드백"(free feedback; Leavitt & Mueller, 1951)과
"상호관계"(reciprocity; D. L. Miller, 1985) 등이 있다. 우리는 앞에서 이것
을 단순히 '논의'(discussion)라고 불렀다. 상호작용은 대체로 더 정확
한 전파와 관련이 있다(Buckner, 1965, McAdam, 1962; R. H. Turner & Killian,
1972). 자유로운 피드백이 주어지는 상황에서 전파되는 메시지는 ―
기하학적 패턴의 묘사들로 구성되어 있으며 ― 정확성을 갖지만 순차

적으로 전파되는 메시지는 왜곡에 노출된다(Leavitt & Mueller, 1951). 한 편 상호작용이 없는 ST는 언제나 왜곡을 낳는다(G. W. Allport & Postman, 1947b; D. L Miller, 1985; Peterson & Gist, 1951). 사람들 사이에서 구두를 통한 상호작용이 허용될 때는 ST의 왜곡이 줄어든다(McAdam, 1962).

루머 전파의 구조

루머 전파의 구조는 매우 다양하다. ST네트워크는 하나의 사슬을 따라서 한 사람이 다른 사람에게 정보를 전파하는 구조이다. '클러스터' (cluster, C) 전파 패턴은 한 무리(클러스터)의 사람들에게 정보를 말하는 경우 일부는 다른 무리에게 자신이 들은 정보를 전파하고 또 다른 일부는 전파하지 않는 모습의 구조이다(K. Davis, 1972). 이때 다른 무리에게 정보를 전파하는 사람을 '연락자' (liaisons)라 한다.

한편 '다층적 상호작용' (multiple interaction, MI)은 "많은 사람들이 하나 이상의 출처로부터 루머를 듣게되는"(Buckner, 1965, p62) 전파 양식을 말한다. MI는 정밀한 개념화가 이루어질 때까지 대기한다. 그러나 여기에는 상호작용과 루머의 재순환이 포함된다. 우리는 운영상 MI를 루머 "활동"과 유사한 개념으로 정의하였다(DiFonzo & Bordia, 2002a). 루머 활동이 높을 때 많은 사람들이 다수의 출처로부터 여러 가지 버전의 루머를 듣게 되고(MI), 그들은 서로서로 상호작용(논의)하면서 루머가 재순환하게 된다(X가 Y에게 말하고, Y가 Z에게 말하고, 다시 Z가 X에게 말하는 것이다). 조직 내 유언비어에 대한 연구에서는 대부분 ST나 MI보다 C형태의 전파 패턴이 발견되었다(K. Davis, 1972; Hellweg, 1987). (이후의 논의에서 C는 전파의 클러스터 패턴을, ST는 순차적 전파 패턴을, MI는 다층적 상호작용 패턴을 가리킨다.)

전파의 구조는 정확성에서 최소한 2가지의 의미를 갖는다. 첫째, ST와

C는 MI 패턴에 비해 연락자가 루머 정확성에 더 많은 영향력을 행사할 수 있도록 허용한다. 데이비스는(Keith L. Davis)는 평균 네트워크의 약 20퍼센트 이상이 연락자라는 사실을 발견했다(1972, p264). 네트워크에 개입되어 있는 사람 가운데 어떤 사람은 — 연락자 — 다른 사람에 비해서 루머의 형성에 더 많은 기여를 하며 루머의 내용에도 더 큰 영향을 미친다(R. H. Turner & Killian, 1972). 따라서 ST와 C의 전파에서 정확한 내용 혹은 정확하지 않은 내용은 적극적인 몇몇 연락자의 성격에 많은 부분이 좌우된다. 반면 MI에서는 이들 연락자가 영향력을 발휘하기 어렵다.

둘째, ST와 C의 전파 패턴은 각 전파 단계의 인지적 메커니즘으로 인하여 왜곡이 나타날 가능성이 높다. 앞서 말했던 것처럼 왜곡은 상호작용을 통해서 완화된다. 특히 주제가 참여자들과 관련된 결과일 때 그러하다. MI 전파 패턴은 그와 같은 왜곡 요소를 수정할 수도 있고 부각시킬 수도 있다. 버크너(Buckner 1965)는 집단의 성격이 MI와 루머 정확성 간의 관계에서 조정 역할을 수행한다고 주장했다. '집단의 성격'(group orientation)은 몇 가지 상황적, 동기적 및 네트워크 요소들을 포함한다. 이들 요소는 비판적 세트가 될 수도 있고 안 될 수도 있다. 비판적인 세트의 성격이란 검증 능력, 증거에 대한 높은 기준, 수립되어 있는 채널 등과 같이 특별히 정해지지 않은 요소들의 조합을 말한다. 반면 비판적이지 않은 세트 성격이란 이러한 속성들이 결여되어 있는 것을 말한다. 비판적인 세트를 가진 집단일 경우 MI는 정확성과 관련이 있다. 따라서 이러한 행운의 집단 내에서는 상호작용과 재순환을 통해 보다 타당한 가설들이 만들어진다.

이는 니스베트와 로스(Nisbett & Ross, 1980, p267)의 주장과도 일치한다. 그들은 집단의 상호작용이 추론에서 나타나는 일반적인 편견을 상당 부분 완화시킨다고 주장하였다. 비판적이지 않은 세트를 가진 집단의 경우, MI는 정확성과 부정적인 관련을 갖는다. 이들 집단 내에서는 상

호작용과 재순환이 일어남에 따라 부정확하고 편견이 개입된 가설이
나타날 뿐이다.

기업홍보담당에 대한 최근의 연구(DiFonzo & Bordia, 2002a) 데이터를 재
분석해보면, MI와 정확성이 비판적인 세트 성격을 가진 집단과 관련
되어 있다는 사실이 부분적으로 일치한다. 이들 기업홍보담당 전문가
는 유해하거나 잠정적으로 유해한 루머가 출현했던 사건을 기억해내
었고, MI와 정확성을 포함하는 다양한 인덱스에 따라서 루머 사건들
을 평가했다. 이 샘플에서 MI는 루머의 정확성과 관련되어 있었다. 버
크너의 분석틀에 따르면, 이러한 관계는 비판적 세트의 성격을 가진
집단에게만 적용되어야 한다. 버크너는 집단의 회의론과 기존에 수립
되어 있는 커뮤니케이션 채널은 비판적 세트 성격의 구성요소라고 주
장했다(제시 7.1 참조: 집단의 회의론은 집단의 "잘 속아 넘어가는 속성"(gullibility)
이 낮다는 의미이며, 커뮤니케이션의 채널이 어떻게 수립되어 있는지는 채널의 연한
과 새로움을 의미한다). 대체적으로 집단은 회의적이지도 않고 잘 속아 넘
어가지도 않지만 확고한 커뮤니케이션 채널을 가지고 있다.[36) 코마니
키와 워커(Komarnicki & Walker, 1980)가 실시했던 실험 결과에서도 이를
확인할 수 있다. 앨포트와 포스트먼의 연구(1947b)에서와 같이 참가자
들에게 자신이 들은 정보를 다음 사람에게 순차적으로 전달하도록 했
다. 순차적 선형 구조에서의 커뮤니케이션 행위는 일반적인 ST유형의
왜곡을 만들어냈다. 그러나 참가자들이 일렬로 선 순서를 바꾸거나
다른 열로 옮겨갈 수 있는 등의 복잡한 구조에서 커뮤니케이션을 했
을 때는 정밀성의 정확성을 확보할 수 있었다. 즉, 보다 복잡한 네트
워크 구조는 ST유형의 왜곡을 완화시켰던 것이다.

버크너(Buckner, 1965)는 MI에 영향을 미치는 집단 수준의 변수 2가지
를 제시했다. 그것은 집단의 구조와 결과와의 관련성이다. 첫째, MI는

---

36) 우리는 집단의 회의론과 기 수립된 집단의 채널이 어떠한지에 대해서 중성 척도 가치에 대해 단일 샘
플 t 테스트를 수행하였다: 회의론 t(60)=1.10, p=.28, 기 수립된 채널들 t(59)=3.31, p=.002.

집단의 구조에 영향을 받는다. 이때 구조는 그 집단이 얼마나 긴밀한
지 혹은 얼마나 분산되어 있는지에 관한 것이다. 분산된 집단에서 접
촉은 체인을 통해서 이루어지기 때문에 다층적 상호작용이 나타날 가
능성이 낮다. 분산된 네트워크상에서 한 개인은 단지 한 번만 어떤 루
머를 들을 수 있을 뿐이다. 긴밀한 집단에서 구성원들은 긴밀하고도
지속적인 접촉을 하게 된다. 따라서 MI가 나타날 가능성이 매우 높다.
긴밀한 집단은 일시적일 수도 있고(군중), 장기간 지속될 수도 있다(작
은 마을, 대학의 남학생 사교클럽, 파벌, 정신병동 등). 긴밀한 집단에서 개인은
동일한 루머를 여러 번에 걸쳐서 들을 가능성이 높다. 그리고 경험적
증거가 이 진술을 뒷받침한다. 친분 네트워크에 긴밀하게 개입되어
있는 사람들은 한 공동체의 직원이 공산주의자라는 루머를 듣게될 가
능성이 높았다(Festinger et al., 1948). 군대 루머는 집단간에 전파되기보
다 기존의 수립된 집단 내부에서 확산되는 경향을 보여주었다(Caplow,
1947). 둘째, 버크너는 어떤 집단의 주제와의 관련성과 MI가 관계가 있
다고 주장했다. 어떤 루머에 대해 높은 이해관계를 가지고 있는 집단
이 MI를 보여줄 가능성이 더 높다는 것이다.

버크너의 MI에 대한 2가지 요소의 이론은 다음과 같이 요약할 수 있
다. 첫째, 어떤 루머와의 관련성이 높은 친밀한 집단은 상당한 상호작
용과 재순환을 만들어낼 것이다. 그럼으로써 높은 수준의 MI가 만들
어지는 것이다. 캡로우의 군대 루머 연구(1947), 새취터와 버어딕의 여
학교에서의 현장 실험(1955), 피터슨과 기스트의 가정부 살인사건 루
머 연구(1951), 터너와 킬리언의 군중 행동의 연구(1972) 등은 이러한
상황을 실증적으로 보여준다. 둘째, 루머와 관련성이 높은 분산된 집
단은 커뮤니케이션의 순차적인 체인을 만들어내며 몇 가지 단편적인
재순환으로 중간 수준의 MI가 만들어질 수도 있다. 우리는 몇몇의 인
터넷 루머가 이 범주에 속하는 경우를 볼 수 있다. 셋째, 루머와 관련
성이 낮은 긴밀한 집단은 몇 가지 작은 순차적 체인과 단편적인 재순

제시 7.1

1996 현장 인터뷰: 집단 성향의 속성을 측정

1. 지적능력	대부분의 집단은 루머의 내용에 대해 지식을 가지고 있었다. 많은 사람들이 어떤 사건이 발생했는지 혹은 발생하지 않았는지에 대해 알고 있었다. 예를 들어, 그들은 회사가 인력감축을 할 것인지의 여부에 대해서 공장 매니저로부터 정보를 듣고 있었다.
2. 상황에 대한 이해	대부분의 집단은 어떤 루머가 일반적으로 발생하는 상황에 대해서 잘 알고 있다. 예를 들어 언론가들은 국회의원 선출이 있기 몇 일 전에는 어떤 후보가 부도덕한 생활을 하고 있다는 등의 루머가 종종 출현한다는 사실을 잘 알고 있으며, 이 때 기자들은 이러한 루머에 대해서 매우 회의적인 모습을 보인다.
3. 채널 연한	대부분의 집단은 안정된 상호작용 속에서 루머를 들었다. 그리하여 과거의 경험을 통해서 화자의 신뢰성을 알고 있다. 예를 들어 빌 스미스가 어떤 루머를 말했을 때, 그가 과거에도 정확했는지 아니면 부정확했는지에 따라 신뢰할 지의 여부를 판단한다.
4. 방어 동기	루머를 믿거나 혹은 믿지 않는 것은 집단에 속한 대부분의 사람들의 감정적 필요를 충족시킨다. 다시 말해 그들은 믿거나 혹은 믿지 않기를 '원한다'는 이야기이다. 예를 들어 회사가 이번 해에 막대한 보너스를 지급할 것이라는 루머들.
5. 상황 긴급성	대부분의 집단은 긴급한 상황에 처해 있었으며, 루머를 면밀히 검토할 수 있는 시간을 충분히 가질 수 없었다. 예를 들어 '댐이 붕괴되었다!'
6. 채널의 새로움	대부분의 집단은 안정된 루머 채널이 붕괴되어 루머 전파자의 신뢰성을 평가할 수 없는 상황에 있었다. 예를 들어 수많은 군중의 무리가 우왕좌왕하는 상황에서 모든 사람들이 그 상황에 대해 이해관계를 가지고 있거나 개입되어 있으며 정보를 구하는 상황.
7. 정보 입수 불가	대부분의 집단은 절대적으로 아무것도 알 수 없는 상황에 처해 있었다. 예를 들어 경찰이 어떤 사건이 발생했는지 아닌지의 여부에 대해서 어떠한 언급도 하지 않을 때와 같은 상황.
8. 속이기 쉬움	대부분의 집단은 매우 빈약한 증거의 기준을 가지고 있었다. 예를 들어 그들은 사람들이 말하는 것에 대해 의문을 갖지 않고 수용해버리는 경향을 보였다.

※ 모든 속성들은 버크너의 연구로부터 각색된 것이다. 속성1에서 3까지는 비판적 세트에 속하며, 속성4에서 8까지는 비판적이 않은 세트에 속한다.

환을 만들어낼 것이다. 그 결과 중간 정도의 MI가 나타날 것이다. 끝

으로, 루머와 관련성이 낮은 분산된 집단은 매우 짧은 순차적 체인과

낮은 MI를 만들어낼 것이다. 세디빅의 이식된 루머(Sedivic, 1987)가 광범위하게 유포되지 못한 것은 부분적으로는 낮은 관심과 유포를 가로막는 물리적 장벽 때문이었다(부서들의 위치가 서로 멀리 떨어져 있는 확산된 모습이었다). 어떤 조직에 7개의 루머를 이식하여 4개월 동안 직접 관찰했던 백을 비롯한 동료 학자들의 연구(Back et al., 1950) 또한 여기에서 제시한 2가지 요소의 아이디어를 뒷받침해준다. 잃어버린 데이터에 관한 2개의 루머는 사기진작 위원회 멤버에게 급속히 확산되었다. 그것은 위원회 멤버들에게 중요한 문제였기 때문이다. 그리고 다른 나머지 루머들은 조직에 관련된 것이었는데, 확산 정도는 개별 루머마다 각각 다르게 나타났다.

채널 연한

시부타니(Shibutani, 1966)는 2가지 유형의 커뮤니케이션 채널을 제시하였다. 하나는 제도적(공식적) 커뮤니케이션이고 또 다른 하나는 보조적(보통 일상적인 비공식적 접촉) 커뮤니케이션이다. 상대적으로 낮은 불안감 속에서 심사숙고를 통해 루머를 형성하는 경우에는 보조적 채널을 사용한다. 반면 상대적으로 높은 불안감 속에서 즉각적으로 루머를 형성하는 경우에는 보조적인 채널과 더불어서 그들이 취득할 수 있는 여타의 정보 출처를 모두 사용한다. 채널들은 연한에 따라 차이점을 보여준다. 제도적 채널과 보조적 채널은 확정된 것으로 안정적인 반면, 다른 채널은 새롭고 진기한 것으로 불안정한 모습을 보여준다. 확정된 채널은 정확성을 만들어낸다. 왜냐하면 정보 출처의 진실성을 쉽게 파악할 수 있기 때문이다(Buckner, 1965). 캡로우(Caplow, 1947)에 따르면, 정확성에 대해 높은 점수를 매길 수 있는 것은 정보 출처의 품질을 보증할 수 있는 견고한(확정된) 커뮤니케이션 채널의 능력 덕분이다(예를 들어, "이 이야기는 조가 전해준 것이야. 그러니까 믿지 말아. 그는 우리에게 지금까지 좋은 정보를 준 적이 없어"). 캡로우는 믿을 수 없는 정보는 네트워크로부터 배제되며 이러한 현상이 루머의 정확성을 증대시킨다고 말했다.

최근의 경험적 증거

여기에서 우리는 앞에서 논의했던 내용, 특히 버크너(Buckner, 1965)의 분석틀에 기반하고 있는 가설들을 보다 구체적으로 살펴보고 이에 대한 연구 검증을 보고할 것이다. 이를 조사할 때 우리는 집단 성향과 관련된 요소들을 중점적으로 고려하였다. 비판적 성격의 집단에서 루머는 보다 정확한 정보를 전달한다는 가설을 세웠다. 반면 비판적이지 않은 성격의 집단에서 루머의 정확성은 떨어진다고 가정했다. 버크너는 비판적 성격이라는 변수가 어떻게 상호 작용하는지에 대해서는 구체적으로 설명하지 않았다. 따라서 비판적 성격 변수들 간에 어떠한 조합이 가능한지(검토 능력은 있지만 확립된 채널을 가지고 있지 못한 집단 등)에 대해서는 아무런 가설도 만들어지지 못했다. 우리는 집단 성향의 변수들이 MI와 정확성의 관계를 조정할 것이라고 가정했다.

1996 현장 인터뷰

우리는 1996 현장 인터뷰(제6장에서 설명하였다)의 데이터를 이용하여 가설의 첫 번째 세트를 탐색하고 루머의 정확성과 성향에 관한 정량적 데이터를 수집하였다. 이들 데이터에 대해서는 정성적 분석(qualitative analysis)이 이루어졌으며, 인터뷰가 이루어지는 시간은 더 심도 깊은 논의를 위한 출발점이 되었다. 우리는 참가자들에게 진실이었던 루머의 퍼센티지를 평가하게 하여 정확성을 결정하였다(정확성의 평점은 표 6.3에 나타나 있다). 집단 성향의 속성을 조사하기 위해서 각각의 성향 속성을 기술한 일련의 질문과 함께 실험 참가자들이 설명한 루머 사건에서 그 속성의 특징이 어떠했는지에 대한 질문이 이루어졌다. 모든 속성은 버크너의 연구(Buckner, 1965)를 참고한 것이며 제시 7.1에 나타나 있다. 모든 아이템 뒤에는 "이 점은 당신에게 어떤 의미가 있는가?"라는 자유롭게 답할 수 있는 주관식 문항이 추가되었다. 이것은 관찰할 수 있는 사건에 관한 응답을 평가하기 위한 것이다.

정성적 분석의 결과는 비판적 성향이 루머 정확성과 연관되어 있다는 가설을 뒷받침해주었다. 비판적이지 못한 성향을 보여주는 좋은 사례가 하나 있었는데, 이 사례는 어떤 조직의 구성원들에 관한 것이었다. 이 조직의 사장에 대해서 한 가지 루머가 떠돌고 있었는데, 그가 정부의 정보기관을 위해서 비밀리에 활동하고 있다는 내용이었다. 이 조직의 구성원들은 그 루머의 주제에 대해서 아무런 지식을 가지고 있지 않았으며, 이러한 유형의 루머 상황을 잘 알지도 못할 뿐만 아니라 확립된 상호작용 네트워크에 참여하고 있지도 않다고 평가되었다. 뿐만 아니라 그 집단에 속한 대부분의 사람들은 그 루머를 믿거나 혹은 믿지 않겠다는 감정적 필요성을 느끼고 있었으며, 절대적으로 아무런 사실도 알아낼 수 없는 상황에 놓여 있었다(따라서 검증도 이루어질 수 없었다). 루머는 상당 기간 동안 지속되었고 잔존한 에피소드와 비교할 때 상당 부분 왜곡되어 있었다(루머의 40퍼센트가 거짓이었다).

나머지 사례는 진실을 판별하는 비판적 세트 성향을 가진 집단의 효과를 보여주는 것이었다. 어떤 모 회사가 결국에는 자회사를 매각하게 될 것이라는 거짓 루머가 직원들 사이에서 떠돌았다. 그런데 이 루

242

머가 자회사의 직원들 사이에서 회자되고 재순환되면서 점점 더 정확한 것이 되어갔다. 이 사례에서 기업 조직의 구성원들에게는 과거에도 이러한 유형의 루머 상황이 주어졌던 적이 있었다(이 루머는 이 회사의 일련의 조직 재개편 과정에서 가장 최근에 일어난 사건에 관한 것이었다). 그리고 버크너(Buckner, 1965)가 말했던 언론인들처럼 그 회사의 직원들은 이러한 유형의 루머가 등장할 수 있는 상황에 대해서 잘 알고 있었다. 또 다른 사례는 루머의 출처를 이용하여 집합적으로 사실 수집을 할수 있는 집단의 힘을 설명해준다. 통합운영센터 폐쇄와 수백 명 직원

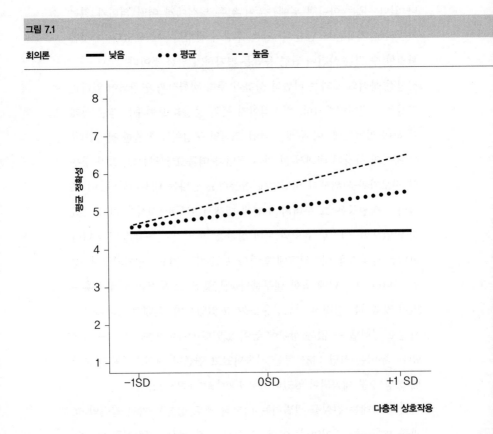

그림 7.1

회의론 ━━ 낮음 ●●● 평균 --- 높음

샘플의 낮은 회의론, 평균 회의론, 높은 회의론에 따라서 회귀 곡선의 기울기를 계산했음(예측 변수: 다층적 상호작용; 결과: 정확성)

의 재배치를 불러 오게 될 주요한 조직개편에 대한 발표가 있기도 전에 직원들은 조직 전체에서 끊임없이 흘러나오는 정보와 루머를 수집하는데 여념이 없었다. 이때의 루머들 또한 점점 정확해져갔다. 그 결과 정작 공식적인 발표가 있었을 때에는 이미 알고 있는 내용을 반복하는 것에 지나지 않았다. 조금씩 흘러나오던 정보는 예상할 수 있었던 바였고, 직원들이 적절한 계획을 세우기 위해 "알고자 하는 욕구"의 저항할 수 없는 힘에 직면하여 분출되었던 것이다. 운영센터를 방문했던 한 관리자는 "수많은 질문이 내게 쏟아졌다"고 당시의 상황을 회상했다. 비록 그 관리자는 어떠한 정보도 제공할 수 없었지만 집합적 추론에서 루머의 생산적 활용을 보고 놀라지 않을 수 없었다.

한 직원이 무엇인가 알아보려고 했어요. 그들이 이곳의 빈 자리를 채워 넣지는 않겠지만, 우리가 더 많은 사람들을 이곳에 데려왔다는 것인데, 이것은 말이 안 된다고 하면서 왜 그들이 이런 일을 하느냐고 하더군요. 그리고 이 이야기를 다른 이야기의 조각과 맞추면서 서로 큰 소리로 이야기를 나누더군요. 그리고는 이렇게 말하는 거예요. "이것 봐! 이제 좀 말이 되는군!"

다른 관리자는 이것을 가리켜 "퍼즐의 작은 조각들"을 한 데 맞추는 것이라고 이야기했다. 버크너의 방식으로 이야기해보면, 이 집단은 각 구성원의 신뢰성이 알려져 있는 안정된 커뮤니케이션 채널로 구성되어 있었다. 다시 말해 MI는 정확한 루머를 생산해낼 수 있는 이 집단의 능력을 확대시켰던 것이다.

---

37) 우리는 집단의 회의론을 역으로 평가했다. 이를 위해서 참가자들에게 부록 2.1에 있는 8점짜리 질문 22를 물었다. 확립된 커뮤니케이션 채널이 어떠한가라는 문제는 부록 6.1의 질문 16으로 평가되었다. 부록 6.1에 있는 아이템 14(상호작용)와 아이템 15(재순환)에 대한 응답의 평균으로 MI를 구했다.

학생 루머 서베이 2

제6장에서 설명했던 '학생 루머 서베이 2'에서의 데이터를 활용하여 이들 가설을 조사하였다. 집단의 성형 변수로는 집단의 회의론 및 확립된 커뮤니케이션 채널이 있었다.[37] 우리는 위계적인 중재 회귀 분석을 실시함으로써 회의론의 완충 역할을 검증하고, 이와는 별개로 정확성 및 MI-정확성 관계 양쪽의 확립된 채널을 검증했다. 표 7.2에 나타난 결과는 주효과와 조정 모델 양쪽에서 회의론이 정확성을 예측한다는 사실을 보여준다. 대체로 회의적인 집단은 정확한 루머를 만들어내는 경향을 보였다. 그러나 이와 더불어 가설에서 볼 수 있는 것처럼 회의론은 MI-정확성 관계를 중재했다. 이는 그림 7.1에 나타나 있는 것으로 회의론의 높음, 평균, 낮음의 수준에서 MI와 정확성을 연결하는 곡선의 기울기를 통해 알 수 있다.[38] 높은 회의론 집단에서 정확성은 MI와 함께 증가한다. 다시 말해 보다 많은 상호작용 및 재순환이 높은 정확성을 불러온다는 것이다. 낮은 회의론 집단에서 정확성은 MI를 증가시켜도 높아지지 않았다. 확립된 채널들 역시 주 효과 모델 및 중재 효과 모델 양쪽에서 정확성을 예측했다. 그러나 가설과는 반대로, 확립된 채널들은 MI와 정확성 간의 관계를 중재하지 않았다.

---

38) 이 기울기는 중재 변수인 회의론의 서로 다른 값에 대해서 표 7.2의 중재 모델 회기 계수를 가지고 계산해내었다(Aiken & West, 1991). 높은 회의론과 낮은 회의론을 반영하기 위해서 각각 샘플 평균 이상의 하나의 SD와 샘플 평균 이하의 하나의 SD의 값을 사용하였다.

표7.2

정확성을 예측하는 위계적 중재 회귀 분석의 결과

변수	주 효과 모델	중재 모델
중재 변수 : 회의론		
MI	.21^(.12)	.17(.12)
회의론	.30**(.10)	.29**(.10)
MI * 회의론		.12*(.06)
$\Delta R2$		.02*
Model R2	.04**	.06***
Adjusted R2	.04	.05
중재 변수 : 확립된 채널들		
MI	.12(.12)	.12(.12)
확립된 채널들	.21*(.10)	.21*(.10)
MI * 확립된 채널들		.05(.06)
$\Delta R2$		.004
Model R2	.03*	.03*
Adjusted R2	.02	.02

주) MI=다층적 상호작용(multiple interaction, 본문 참조). ^p<.10. *p<.05. **p<.01. ***p<.001.

조직 루머의 함의

지금까지 우리는 앞서 언급한 정확성에 영향을 미치는 메커니즘 중에서 몇 가지는 조직이라는 맥락에 개입되어 있다는 사실을 조망해보았다. 첫째, 정보가 단순히 순차적으로 전달되는 루머 상황("나는 오늘 사장 사모님이 아기를 가졌다는 이야기를 들었어")에서 관심의 축소와 기억의 한계는 전파를 왜곡시킨다. 그러나 이러한 왜곡은 간단한 상호작용으로 방지될 수 있다. 왜냐하면 장황한 반복과 피드백으로 인한 것이기 때문이다. 상황인식("우리 부서가 축소될 것이라는 이야기를 들었어. 자넨 무슨 이야기 들었어?")의 경우에 조직의 구성원들은 정확성을 추구하려는 동기를 갖게 되고, 루머 주제를 둘러싼 이슈들을 알고자 하며(그 부서의 수익성) 검증해낼 수 있기를 기대한다(믿을 만한 정보 출처로부터 흘러나오는 정보를 활용). 커뮤니케이션 네트워크가 확립되어 있는 한, 그리고 집단의 규범이 회의론을 선호할 때 정확성 또한 확보할 수 있다. 뿐만 아니라 높은 성과에 관한 루머(인원 감축에 관한 루머)는 특히 긴밀한 네트워크상에서 다층적 상호작용의 대상이 된다. 그러므로 이러한 상황에서 MI는 정확성을 확대시킬 수 있다.

지금까지 이 책에서 우리는 루머 연구에서 지속되고 있는 수많은 주제들을 업데이트하면서 조사하고 넓혀나갔다. 이를테면, 루머의 개념, 효과, 전파, 믿음, 상황인식, 정확성 등에 관한 논의였다. 우리는 여러 가지 맥락에서 실시된 연구로부터 이들 주제를 다루었다. 다음 2개의 장에서 우리는 되풀이해서 발생하는 2개의 주제에 초점을 맞출 것이다. 이 주제는 특히 조직이라는 배경에서 나타나고 있다. 첫 번째 주재는 '신뢰'이며, 두 번째 주제는 '루머 관리'이다.

Trust and Organizational
Rumor Transmission

08

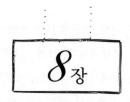

신뢰와 루머 전파

오스트레일리아의 시드니에서 어느 무더운 일요일 오후, 폭동 진압용 장비로 무장한 경찰이 9시간에 걸쳐 200여 명의 원주민 청년들과 난투전을 벌였다(Chulov, Warne-Smith, & Colman, 2004). 벽돌과 유리병과 화염병이 경찰들 위로 비 오듯 쏟아졌다. 그들 중 40명이 난투전 속에서 부상을 입었다. 이와 같은 극악의 소요 사태에 불을 붙인 것은 하나의 루머 때문이었다. 루머에 따르면 경찰차가 자전거를 타고 가던 17살 소년 토마스 히키를 추격했고, 쫓기던 소년이 금속 창이 박힌 울타리로 넘어져서 찔리는 바람에 생명까지 잃게 되었다는 것이었다. 당시 경찰은 가방 날치기를 찾으려고 그 지역을 순시하던 중, 울타리 창에 찔린 소년을 발견하고는 소년을 살리기 위해 노력했다고 말했다. 무더운 여름날과 알콜이 루머로 촉발된 폭동을 만들어낸 것이지만 근본적인 원인은 불신에 있었다.

대규모 조직 축소 계획을 앞둔 어떤 기업이 있었다. 그 기업에서 근무하고 있는 한 친구는 우리에게 요즈음 온갖 루머들이 들끓고 있다고 말했다. "경영진은 뭐라고 하던가?" 나는 물었다. 그가 대답했다. "나는 그들이 하는 말은 아무것도 믿지 않을 거라네." 신뢰가 결핍된 곳에서는 루머만이 무성해지는 것을 우리는 종종 볼 수 있다. 그러나 루

머 전파 연구에서 이러한 변수에 대한 문제는 별로 언급된 적이 없다
(제9장 참조). 우리는 궁금해졌다. 과연 신뢰는 루머 전파와 어떤 관계
를 맺고 있을까? 이 장에서는 이 질문에 대한 해답을 찾고자 한다. 이
를 위해서 대규모 조직 축소를 겪고 있는 어떤 회사의 한 부서를 장기
간에 걸쳐 추적 조사한 결과를 지속적으로 보고할 것이다. 제2장에서
우리는 이 연구를 소개했으며, 루머 청취의 인과관계를 논의했다. 이
장에서 우리는 다른 질문을 제기하고자 한다. 그것은 "조직에서의 신
뢰는 루머 전파에 어떤 영향을 미치는가?"이다.

지금까지 이 질문에 대한 정량적 분석이 이루어진 적이 없었다. 우리
는 이 문제가 조직의 루머 전파 연구에서 중요한 부분을 차지한다고
생각한다. 이 문제는 심리학에 적용될 수 있는 다른 주제의 연구에서
도 마찬가지로 중요하다. 다시 말해 조직적 환경에서의 신뢰의 역할
은 중요한 심리학적 주제인 것이다. 이 주제에 대한 관심은 최근 몇
년 사이에 부쩍 증가하였다(Dirks & Ferrin, 2002; McEvily, Perrone, & Zaheer,
2003; Robinson, 1996; Rousseau & Tijoriwala, 1999). 특히 디크스와 페린(Dirks &
Ferrin, 2001)은 신뢰가 조직적 환경에 영향을 미치는 2가지 방식을 제시
했다. 주 효과 모델과 중재 효과 모델이다. 우리는 이 2가지 모델을 이
용하여 신뢰가 루머 전파에 어떻게 영향을 미치는지를 이해하기 위한
우리의 분석틀에 적용시킬 것이다. 먼저 신뢰가 어떻게 직접적으로
전파에 영향을 미치는지에 대해서 논의를 시작할 것이다. 그런 다음
지금까지 살펴본 불확실성, 불안감과 루머의 관계에서 신뢰가 어떻게
중재 역할을 하는지에 대해 알아볼 것이다. 여기에서 우리가 말하고
자 하는 것은 신뢰가 — 더 정확하게는 불신이 — 루머 전파에서 결코
주변에 머물러 있지 않다는 사실이다. 신뢰는 중심적 역할을 수행하
고 있다.

신뢰가 루머 전파에 미치는 직접 효과

신뢰란 상대방을 전적으로 신임하여 그 사람의 말을 믿고자 하는 의지이다(Rousseau, Sitkin, Burt, & Camerer, 1988). 학자들은 이 정의에 대해 약간씩 변형된 모습을 제시했다. 또한 우호적인 타인 행동에 대한 구체적이면서 일반적인 기대감으로 조작하기도 했다. 본질적으로 불신은 이와 반대되는 개념이다. 즉, 악의적인 타인 행동에 대한 기대감인 것이다. 불신은 루머 활동과 연관되어 있다. 수많은 루머 에피소드에 대한 정성적 분석을 실시한 후, 시부타니(Shibutani, 1966)는 이렇게 결론을 내렸다. 공식적인 정보를 신뢰할 수 없을 때 사람들은 대신 비공식적 추론, 즉 루머를 통해 이를 보상하고자 한다는 것이다. 예를 들어 구소련에서 루머는 공식적 뉴스에 대한 불신감에서 나타났다(Bauer & Gleicher, 1953). 이러한 연구 결과에도 불구하고 조직 내 루머의 전파에서 신뢰의 역할을 정량적으로 조사한 연구가 이루어지지 못했다.

더크스와 페린(Dirks & Ferrin, 2001)은 신뢰가 조직 변수에 직접적으로 영향을 미치는 주 효과 모델과 신뢰가 조직 변수들 간의 관계에 중재 역할을 하는 중재 모델의 2가지를 제시했다. 주 효과 모델에서 신뢰는 단순히 긍정적인 태도와 협동적인 행동을 만들어낼 뿐이다. 개인이 경영진에 대해 우호적인 기대감을 갖고 있다면 모호한 상황에 대해 보다 긍정적인 평가를 내리게 될 것이며, 그에 상응하는 행동을 하게 될 것이다.

경영진에 대한 높은 신뢰는 루머의 활동성을 떨어뜨린다. 예를 들어 "경영진이 우리에게 말하기를, 최근 새로운 중앙사무결산 시스템 때문에 작업 분량의 처리 속도가 늦어졌다는군. 나는 그들을 믿어. 그들은 우리에게 거짓말을 하지 않아"라고 말하는 경우이다. 그러나 낮은 신뢰는 공식적인 커뮤니케이션을 위협하고 집단적 (비공식적) 상황 인식에 대한 필요성을 증가시킨다. "경영진들은 항상 우리에게 거짓말을 하려고 해. 그들은 냉엄하고도 비열하지. 나는 그들의 설명을 믿지 않아." 따라서, 낮은 신뢰는 많은 루머가 활동하도록 만든다. 이는 장-노엘 캡퍼러(Jean-Noel Kapferer, 1987/1990)가 루머를 일컬어 비공식적이거나 인가받지 않은 정보라고 강조했던 점이나 제1장에서 루머를 정의할 때 위기를 관리하는 수단으로서의 루머에 초점을 맞추었던 것과 상통한다. 요컨대 사람들은 공식적 상황인식 네트워크(사장이나 경영진)를 신뢰하지 않거나 그로부터 위협을 느끼게 되면 비공식적 상황인식 장치(루머의 출처)에 크게 의지하거나 이에 빈번하게 참여하는 모습을 보인다.

루소와 티조리왈라(Rousseau & Tijoriwala, 1999)는 조직 변화가 수행되는 동안 경영진에 대한 신뢰가 이처럼 직접적인 역할을 수행한다는 증거를 발견하였다. 경영진은 미국 병원의 등록 간호사들에게 복잡한 구조 재편이 환자 서비스를 향상시키기 위해 필요하다고 설명했다. 신뢰가 있다면 그들의 설명은 수용되었을 것이다. 경영진을 신뢰하지 않았던 간호사들은 변화에 대한 공식적인 설명이나 경제적 요소에 초점을 맞춘 설명을 믿지 않았다. 그리고 경영진 자신들을 위한 동기에서 변화를 도모한다는 대안적 설명을 받아들였다. 루소와 티조리왈라는 다음과 같이 결론지었다. "높은 신뢰는 경영진이 제공하는 정보의 수용과 연관되어 있다. 또한 정보를 수집하려는 노력을 감소시킨다." 여기에서 대안적 설명이란 루머를 말하며, 그들을 둘러싸고 있는 정보 수집 노력은 상황인식의 루머 활동을 일컫는 것이다. 불신은 루머 활동을 낳는다.

마찬가지로 최근의 조직 루머 연구는 신뢰가 루머 활동을 저해한다는 사실에 주목하고 있다(DiFonzo & Bordia, 1998). 회사 경영진과의 인터뷰에서 우리는 불신의 태도와 루머 활동 사이의 관련성을 관찰할 수 있었다. 반면 신뢰의 태도가 루머 활동을 감소시키는 현상을 목격할 수

있었다. 잠재적인 주요 조직개편에 관심을 가지고 있는 기업의 종사
원들은 높은 수준의 루머 활동과 경영진에 대한 불신을 보여주었다.
어떤 경우엔 일반 직원들이 홍보실 직원을 악마 같은 인물이라 여기
기도 했다. 그 결과 이 회사는 수도 없이 많은 루머가 우후죽순처럼
퍼지는 현상을 경험해야 했다. 그러나 또 다른 홍보담당자의 경우 수
년에 걸쳐 성실하게 신뢰를 구축했다고 말하는 예도 있었다. 이 회사
는 상대적으로 짧은 기간 동안에 루머를 해소할 수 있었으며, 공식적
발표에 신뢰를 가지고 있는 것으로 보였다. 이를 통해 신뢰는 루머 전
파의 빈도와 반비례적 관련성을 갖는 것으로 볼 수 있다.

신뢰의 중재 효과

중재모델(Dirks & Ferrin, 2001)에서 신뢰는 다른 변수들 간의 관계를 확
장 또는 억제시킨다. 더크스와 페린은 신뢰의 중재 효과에 관해 예를
하나 제시했다. 높은 신뢰는 성실성과 조직시민행동(organizational
citizenship behavior, OCB)간의 관계를 만들어낸다. 성실한 개인의 성격은
OCB와 함께 변화한다는 것이다. 반면 낮은 신뢰는 그러한 관계의 힘
을 약화시킨다. 즉, OCB의 성향을 가진 사람도 낮은 신뢰의 상황에서
는 그러한 행동을 보이려고 하지 않는다. 왜냐하면 그렇게 하는 것은
사회적 교류의 규범을 침해하는 것이기 때문이다. 따라서 낮은 신뢰
의 상황에서 성실한 개인의 성격은 OCB와 연관성을 갖지 않는다. 반
면 높은 신뢰의 상황에서는 성실한 행동을 통해서 OCB를 가장 잘 예
측해볼 수 있다. 이 두 변수들이 서로 관련성을 갖는다는 것이다. 이

예에서 볼 수 있는 것처럼 신뢰는 중재 변수, 촉매제, 증폭제, 그리고 필요하지만 충분하지 않은 조건으로서의 역할을 담당한다.

논의를 시작하면서 명심해 두어야 할 중요한 사항이 있다. 그것은 하나의 변수가 직접적 효과와 중재 효과를 모두 가질 수 있다는 점이다. 만일 더크스와 페린의 예를 놓고 논의를 계속한다면 신뢰가 OCB에 직접 영향을 미치는 것은 물론(경영진에 대한 신뢰는 훌륭한 조직 시민이 되도록 한다) 성실성과 OCB의 관계를 중재한다는 사실을 알게 될 것이다. 이 문제에 대해서는 나중에 다시 논의하도록 하겠다.

더크스와 페린(Dirks & Ferrin, 2001)은 신뢰가 관계를 중재하는 메커니즘을 제시하였다. 이 메커니즘은 "타인의 과거 행동이나 과거 행동과 관련된 사건을 해석할 때 영향을 미친다. 그러므로 높은 수준의 신뢰가 있을 때 사람들은 상대의 행동에 보다 우호적으로 반응한다. 반면 낮은 수준의 신뢰 상황에서는 그렇지 못하다." 이와 같이 신뢰는 다른 사람의 불확실한 행동을 적대적이 아닌 우호적인 의도로 해석할 수 있게 한다. 반면 낮은 신뢰는 어떤 상황에 우호적이기보다 적대적인 해석을 만들어낸다. 심지어 불확실하지도 않고 불안감도 낳지 않는 상황이 적대적 의도와 묘하게 결합되기도 한다.

루머가 출현한 상황에서, 신뢰는 루머 전파와 그 전항(前項) 사이의 관계를 중재한다. 불확실성과 불안감은 루머 전파와 관련을 가지고 있다(제3장 참조). 신뢰는 유사한 방식으로 이들 관계를 중재한다. 여기에 대해서는 그림 8.1에 나타나 있다. 첫째, 신뢰가 높을 때 불확실성과 불안감은 루머 전파를 예측한다. 직원들이 경영진을 신뢰할 때 그들은 단지 불안을 느끼고 불확실하다고 생각할 때에만 루머 논의에 개입한다. 그러나 신뢰가 낮을 때 불확실성과 불안감은 루머 전파를 예측할 수 없다. 왜냐하면 경영진에 대한 불신 — "경영진은 악독하다(또는 불공평하다 또는 무능하다)"—은 불확실성과 불안감이 미미할 때에도 루머 전파로 이어지기 때문이다. 신뢰가 낮을 때 경영진의 행동은 적대적인 것으로 인식되며, 아주 작은 불안감과 불확실성조차 점점 확대되어 루머를 만들어낸다. 경영진에 대한 불신은 이간질 루머(자기 확장의 이유로 대부분 회자되는 루머)를 만들어낼 수도 있다. 불확실성과 불안감은 타인의 행동에 대한 해석에서 나오는 것이며, 이러한 해석은 신뢰 여부에 따라 좌우된다.

조직 루머에 대한 최근의 연구 결과는 신뢰를 중재 변수로 보는 입장과 일치한다. 우리가 분석했던 조직 루머 에피소드(DiFonzo & Bordia, 1998)에서도 신뢰는 중재 역할을 담당했다. 이 연구에서 조직에 대한 불신은 불확실성이나 불안감의 수준과는 상관없이 루머를 발생시키는 방향으로 인식을 형성시켰다. 말하자면 낮은 수준의 불확실성과

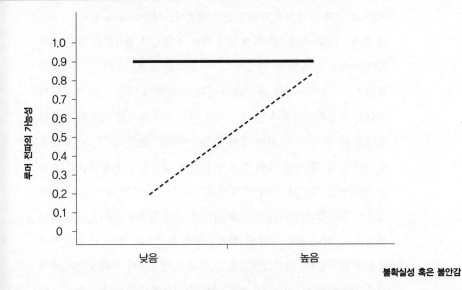

그림 8.1

━ 낮은 신뢰   --- 높은 신뢰

불확실성-전파와 불안감-전파의 관계에 대한 신뢰의 중재 역할(가설)

불안감조차 불신의 태도가 자랄 수 있는 비옥한 토양을 마련해주었던 것이다. 회사를 불신하는 직원 사이에서는 약간의 불확실성이나 약간의 불안감도 부정적인 해석을 통해서 확대되었으며, 여러 루머가 창궐하는 상황으로 귀결되었다. 물론 높은 수준의 불확실성과 불안감도 수많은 루머 활동으로 이어졌다. 낮은 신뢰라는 조건 속에서 불확실성과 루머 및 불안감과 루머의 관계는 약하게 나타났다. 왜냐하면 직원들이 항상 루머를 만들어내고 루머를 찾는 활동을 벌였기 때문이다.

지금부터는 높은 신뢰의 조건을 보여주는 루머 에피소드에 대해서 생각해보기로 하자. 어느 대규모 소비재 생산업체에서 발생한 인력감축에 관한 루머는 신속하게 사라져갔다. 이것은 경영진이 인력감축의 대체적인 규모를 설명하면서 불확실성을 제한하는 공식 입장을 밝혔기 때문이었다. 뿐만 아니라 경영진은 정보를 제공할 때에는 시간을 할애하여 설명했으며, 만약 더 이상의 세부 내용을 알려줄 수 없을 때에는 그 이유에 대해서도 설명했기 때문이었다(DiFonzo & Bordia, 1998). 이 회사 직원들과의 인터뷰에서 우리는 직원들이 경영진의 발표 내용을 신뢰하고 있음을 알 수 있었다. 이 기업은 오래전부터 신뢰 형성을 위해 여러 가지 노력을 해왔던 것이다. 관리자와 직원 간의 커뮤니케이션을 활성화한다거나 매 분기마다 전체 조직회의를 개최하는 등의 노력을 해 온 것이다. 어떤 루머 활동은 여전히 잔존했지만 이내 자취를 감추었다. 회사에 대한 신뢰가 약간의 불확실성과 불안감의 효과를 잠재웠던 것이다. 바꾸어 말하면 약간의 불안감이나 약간의 불확실성이 회사를 신뢰하는 직원들 사이에 루머 활동을 불러오지 못했던 것이다. 그러나 높은 수준의 불확실성과 불안감은 물론 엄청난 루머 활동을 야기했다. 다시 말해, 높은 신뢰의 상황에서 불확실성과 루머 전파간의 관계 및 불안감과 루머 전파와의 관계가 드러났다.

우리는 루머 전파에서 신뢰의 직접적 역할과 중재적 역할을 모두 제

시했다. 직접 효과와 관련하여 높은 신뢰는 루머 전파를 막는 역할을
한다. 또 중재 효과와 관련하여 낮은 수준의 신뢰는 불확실성과 불안
감과는 상관없이 다수의 루머 전파를 일으킨다. 그러나 높은 수준의
신뢰 상황에서는 불확실성과 불안감을 통해 루머 전파를 예측할 수
있다.

우리는 이를 검증하기 위해서 급속한 조직 축소를 경험하고 있는 한
조직의 부서 직원을 모집단으로 해서 장기간에 걸쳐 분석했다. 여기
에서 네 차례의 웨이브 중에서 2개를 선택하여 신뢰의 수준과 루머 전
파의 상관관계를 검증해보았다. 우리는 이미 제2장에서 이 연구에 대
해 개략적인 논의를 하였다. 여기에서는 이 문제에 대해 더욱 자세하
게 설명할 것이다.

샘플, 절차 및 도구

연구 참가자는 어느 대기업 자회사의 한 부서에서 일하는 75명의 직
원들로 구성되었다.[39] 두 명의 직원이 네 차례의 웨이브 동안 질문지
를 배포하고 거두어들이는 역할을 했다. 각 웨이브는 대략 1개월가량
지속되었다. 각 조사에서 신분확인 정보 문항은 삭제되었다. 작업지
연과 조직개편(몇몇 부서의 통합)은 조사의 첫 번째와 두 번째 웨이브 이

---

39) 이 부서의 75명 직원 모두는 웨이브1의 기간(T1) 동안 질문서를 받았다. 이들 중 61명(81%)이 질문서를
완성하여 제출했다. T2에서는 72명의 직원들이 질문서를 받았으며, 이들 중 48명(67%)가 응답했다.
T3(n=40)와 T4(n=29)에 대한 정확한 응답 비율을 계산할 수 있었다. 그러나, T3와 T4 기간에 이루어진 인원
감축을 고려해서 평가하면, 최소한 살아남은 직원들 중에서 50퍼센트가 응답했다고 말할 수 있었다. 샘플
의 연령 집단 $F_{(3,163)}=.22$, $p=.88$, 재직기간 $F_{(3,163)}=.17$, $p=.92$, 그리고 성비 $x2(3)=2.76$, $p=.43$, 등의 값은
각 웨이브에서도 동일하게 유지되었다.

전에 일어나고 있었다. 인원감축 발표는 두 번째와 세 번째 웨이브 사이에 있었다. 직원들 중 약 50퍼센트가 세 번째와 네 번째 웨이브 사이에 감원되었다.

불확실성, 불안감 및 신뢰는 총 7점의 척도로 측정되었다(제시 2.2 참조). 먼저 지난 달에 들었던 루머의 개수를 기록하였다. 물론 다른 사람에게 전달한 루머의 개수도 기록하였다. 전달한 루머의 수를 청취한 루머의 수로 나누어 청취한 루머의 전달 비율을 평가했다. 이 변수가 '전파 가능성'(likelihood of transmission, LOT)이다. LOT는 한 사람에게서 다른 사람에게로 전달되는 방식으로 루머 전파를 작동시킨다. LOT는 앞서 설명했던 참가자들이 전파를 했거나 하지 않았던 루머 등 직접 들었던 루머의 목록으로 이루어진 루머 전파의 척도에 근거하여 만들어진다(Rosnow, Yost, & Esposito, 1986; K. Davis, 1972; Esposito, 1986/1987; Rosnow, Esposito, & Gibney, 1988; Schachter & Burdick, 1955). LOT의 신뢰성과 타당을 극대화시키기 위해서 우리는 참가자들에게 그들이 들었던 루머 내용을 요약해서 기록하도록 했다. 앞서 논의했던 루머 전파의 척도에서처럼(DiFonzo & Bordia, 2000) LOT는 불안감 및 불확실성과 상호 연관되어 있었다(표 8.1 참조). 이 사실은 이 척도의 신뢰성과 타당성을 증명해주는데 LOT의 구성요소들은 ― 듣고 전달한 루머의 수 ― T2에서 절정에 달했다. 이는 조직의 정보제공자가 이야기했던 비공식적인 막연한 느낌과 일치한다.

이런 방식으로 루머의 전파가 발생하는 것은 특정 기간 동안 수많은 루머가 떠도는 상황일 경우에 적합하다. 이는 전형적인 조직 루머 에피소드의 상황이다. 뿐만 아니라, LOT는 특정 개인이 들은 루머의 수와는 독립적이다. 이러한 독립성의 장점은, 위와 다른 루머 전파의 발생 방식도 듣게 된 루머의 수에 따라 상당 부분 좌우된다는 것이다. LOT는 피실험자 내부의 변수가 됨으로써 이러한 사항을 설명해준다. 확대 해석하면 LOT는 청취한 루머의 수에 영향을 미치는 요소에 대해

표 8.1

영차의 상관 및 알파 계수

	1	2	3	4	5	6	7	8
1. T1 LOT								
2. T1 불확실성	.36**	.77						
3. T1 불안감	.39**	.69**	.87					
4. T1 신뢰	-47**	-.41**	-.32*	.86				
5. T2 LOT	.60**	.22	.23	-.49**				
6. T2 불확실성	.32*	.52**	.46**	-.33*	.28	.84		
7. T2 불안감	.40**	.61**	.68**	-.22	.27	.65**	.96	
8. T2 신뢰	-.55**	-.44**	-.30*	.83**	-.61**	-.41**	-.37**	.87

주) T1-T1 상관관계에서 N=60; 다른 모든 상관관계에서 N=46, 47 또는 48.
LOT=전파가능성(청취한 루머 중에서 전파한 루머의 비율). 불확실성과 불안감은 상관관계 계산에 앞서 변환되었다. 알파 계수는 대각선 방향으로 되어 있다.
T1이나 T2의 LOT에 관한 알파 계수는 계산할 수 없었다. 왜냐하면 이들은 단일 아이템 척도였기 때문이다. *p<.05. **p<.01.

서도 설명해준다. 어떤 사람이 연락자(K. Davis, 1972)인지 아닌지의 여부 및 어떤 사람이 긴밀한 네트워크(Buckner, 1965)의 한 부분인지 아닌지의 여부를 말해주는 것이다. LOT의 장점은 이 조사에서 얻게 된 결과가 청취한 루머의 수와 관련된 요소에 의해 만들어질 수 없다는 사실이다.

결과

웨이브에 따른 미가공 변수 평균은 그림 8.2에 나타나 있다. T1은 긴장이 상승하는 기간이다. 작업 지연 및 몇몇 부서가 통합되었을 때 불확실성과 불안감은 높은 수준을 보였다. 직원들은 인원감축에 관한 루머를 정확하게 듣고 있었다. 루머에는 어떤 조직 부문을 매각하고 아웃소싱할 것인지에 대한 전체적 설명뿐만 아니라 세부적이고 일관된 숫자(25-60명의 직원), 날짜(1/4분기) 및 대상 부서에 대한 내용이 포함되어 있었다. 한편 직무에 대한 혼동도 발생했다. 자유로운 답변을 요구한 질문에서 참가자들은 직무가 "세부적이지 못하다", "부정확하다", "구체적이지 못하다"고 답변했다. 이때 생각할 수 있는 것은, 직원이 작업의 부족을 인식하고 이것이 회사와 자신의 직업 및 과묵한 경영진에 대해 갖는 의미가 무엇이냐 이다. 직원의 말을 들어보면 그들도 해당 부문에 문제점이 있다는 것을 잘 알고 있으며, 경영진이 "명확하고 치밀한 계획"으로 이끌어주기를 바란다는 사실을 알 수 있다.(여기에서 한 가지 지적할 사항은 경영진에 대한 신뢰가 이러한 상황을 어떻게 해석할 것이냐에 상당한 영향력을 미쳤다는 사실이다.)

T2에서 최고조를 이루었다. 불안감이 최고조에 달한 시기이다. T2는 인력감축 발표가 있기 전에 발생했는데, 루머 활동, 불확실성 및 불안감은 정점에 달한 반면 신뢰는 주춤거렸다. 직원들의 말을 들었을 때 T1에서와 같은 의문점이 존재하고 있었지만 불신은 더 증가했음을 알 수 있었다. 이를테면, "회사는 기대했던 것보다 두 배 이상의 수익을 올렸다", "모회사가 그 사업부문에 아무것도 해 준 것이 없다", "경영진은 이 프로그램에 대해 전념하고 있음을 우리에게 보여주어야 한다", "경영진은 그들에게 직접 제기된 이 질문에 답변을 했어야 했다", "경영진은 마지막까지 모든 사람을 암흑 속에 붙잡아두려고 한다"는 등의 말을 했다. 또한 불안감도 증가했는데, "내 일자리가 과연 보장될까?"라고 말하는 직원들이 다수 있었다. 많은 직원들은 "진실을 빨리" 듣지 못했다는 사실에 매우 당혹스러워했다.

T3과 T4(인력감축 이후)는 분노와 지속적 움직임을 나타낸다. 불확실성과 불안감은 떨어졌으며 루머 활동은 가라앉았다. (그러나 LOT는 지속적

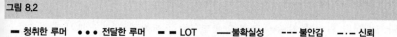

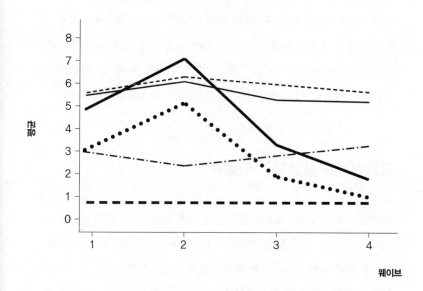

각 웨이브에 따른 청취한 루머의 평균 수, 전달한 루머의 평균 수, 전파의 가능성, 불확실성, 불안감 및 신뢰.

으로 나타났다.) 또한 향후 인력감축과 사업부문 매각에 관한 몇몇 나머지 루머들이 나타났다. 평균적인 신뢰는 상승했지만 직원들의 말에서 여전히 냉소적임을 알 수 있었다. "경영진은 정직하지 못하다", "경영진은 생산성을 유지하기 위해 그들이 원하는 것만 직원들에게 말한다", "직원들은 정말 혼란스러워하고 있다", "누가 관심이라도 있는가?", "어떤 이야기도 믿을 수가 없다"는 등의 반응이다.

이제 LOT에 대한 효과의 검증 결과를 살펴보자. 우리는 특히 다음의 질문에 대해 검토했다. 불확실성, 불안감 및 신뢰가 LOT에 미치는 가장 큰 효과는 무엇인가? 신뢰의 중재 효과는 무엇인가? 우리는 8개의 위계적 중재선형 회귀분석을 실시했다.[40] 그리고 이 회귀분석에서 T1

과 T2의 데이터를 사용했다. T3와 T4의 샘플 크기가 작았기 때문이다. 네 개의 회귀 분석을 통해서 불확실성의 효과와 불확실성-LOT 관계에 대한 신뢰의 주효과 및 중재 효과를 검증했다. 결과는 표 8.2에 나타나 있다. 다른 네 가지 회귀 분석을 통해서는 불안감의 주효과와 불안감-LOT 관계에 대한 신뢰의 주효과 및 중재 효과를 검증했다. 결과는 표 8.3에 나타나 있다. 각각의 네 가지 세트 분석 중 두 가지는 횡단적 분석이었고, 나머지 두 가지는 종단적(추적) 분석이었다.

불확실성과 불안감의 주효과

불확실성의 주효과(표 8.2)와 불안감의 주효과(표 8.3)에 대해서 논의해 보자. 불확실성이 각 횡단분석에서 유일한 예측변수(predictor)였을 때, 그것은 LOT를 예측했다. 즉, 불확실성의 주효과가 있었다. 이 결과는 불확실성과 전파의 관계를 보여주었던 과거의 연구(Rosnow, 1991)를 다시금 보여준 것이다. 그러나 그 효과는 신뢰가 추가된 뒤에 사라졌다. 이는 불신이 불확실성으로부터 귀결된 LOT 변동의 상당 부분을 설명해준다는 의미이다. 간단히 말해서 불신과 불확실성 간의 비교 경쟁에서 불신 변수가 의심의 여지없이 우세하다는 것이다.

불안감은 동일한 패턴의 결과에서도 나타났다. 불안감이 LOT의 유일한 예측변수일 때 각 횡단분석에서 불안감은 LOT를 예측했다. 이 결

40) 누락 데이터 패턴은 우선 추적을 통해 분석했다. 그리고 어떠한 체계적인 패턴의 속성도 발견되지 않았다. 예를 들어, T1과 T2의 질문서 관리에 모두 참여하는 것은 T1 불확실성, 불안감, LOT 혹은 신뢰와 아무런 상호 관련성이 없었다. 모든 가능한 웨이브 조합(T1 vs. T2, T1 vs. T3, T2 vs. T3, 등)을 사용했다. 웨이브에 따른 각 변수에 대한 평균과 SD를 계산한 다음, 타바치니크와 피델(Tabachnick & Fidell, 1996/2001)의 상관 관계 및 회귀 분석을 위해서 데이터세트를 가려내었다. 이탈값(z-평점이 평균으로부터 ±3을 넘는 값)은 다음으로 가장 큰 평점으로 변환되었다(1, 불확실성; 3, 불안감; 6, 청취 루머의 수 그리고 5, 전달한 루머의 수). 다중공선성(multicolinearity)은 마하라노비스(Mahalanobis) 거리를 가지고 조사했다. 즉 T1에서 하나의 데이터 포인트는 제거되었다. 그리하여 영차의 상관(zero-order correlations)을 계산할 수 있었다(표 8.1은 T1과 T2의 상호상관도를 보여준다). 즉 모든 상관관계는 ±.85를 넘지 않았는데, 이것은 이중 변량의 공선성이 없다는 것을 의미했다. 이중 변량의 산점도는 타원형으로 나타났는데, 이는 직선성과 등분산성을 의미하는 것이다.

과를 통해 불안감의 주효과가 있는 것으로 확인되었으며, 이 결과는 불안감-LOT 관계를 보여준 과거의 연구(Rosnow, 1991)를 다시금 확인시켜주었다. 그러나 신뢰가 추가된 뒤에 이 효과는 사라지거나 상당히 줄어들었다. 이는 불신이 불안감으로부터 비롯된 LOT 변화의 상당 부분을 설명해준다는 의미이다. 신뢰와 불안감 간의 비교 경쟁에서 불신 변수가 완벽한 우위를 점하였다.

이 결과는 지금까지 발표된 다른 이론에 비해 중심적이며 밀접한 신뢰의 역할에 대해 말해주고 있다. 신뢰가 있는 상황에서 우리는 LOT 변동에 대해 보다 높은 부분을 설명할 수 있다. 이 결과를 통해서 과거의 루머 전파 연구를 루머 전파의 새로운 작동 모습, 즉 LOT에까지 확장시킬 수 있게 되었다.

신뢰의 주효과

이 결과는 현재 및 장기간의 루머 전파에 대한 신뢰의 반비례적인 주효과를 뒷받침해준다. 표 8.2와 표 8.3에 나타나 있는 것처럼 T1에 대한 횡단분석에서 신뢰는 불확실성이나 불안감을 포함하는 주효과 모델에서 LOT의 가장 큰 반비례적 예측 변수이다. 또한 신뢰는 중재효과모델에서도 여전히 큰 반비례적 예측변수로 남아 있다. 신뢰는 불확실성, 불안감 혹은 신뢰중재가 갖는 효과 이상으로 현재의 LOT를 약화시킨 것이다. 이러한 패턴은 T2 횡단분석에서 확인할 수 있다. 또한 이와 동일한 패턴이 두 가지 추적 분석 모두에서도 나타났다[41] 신뢰는 현재 및 미래의 불확실성, 불안감 혹은 신뢰중재의 효과 이상으

---

41) 신뢰는 T1불안감이나 확실성을 포함하는 주효과 모델에서 T2 LOT에 대한 부정적인 주요 예측변수였다. 그리고 중재효과모델에서도 여전히 부정적인 주요 예측변수로 남아 있었다. T1 신뢰는 T2 불안감이나 T2 확실성을 포함하는 주요 효과모델에서도 T2 LOT에 대한 부정적인 주요 예측변수였다. 그리고 중재효과모델에서도 여전히 부정적인 주요 예측변수로 남아 있었다.

표 8.2

불확실성을 이용하여 T1과 T2에서 LOT를 예측하기 위한 위계적 중재 회귀 분석

T1 횡단 분석 : 중재 변수 : T1 신뢰
결과 변수 : T1 LOT(N=60)

변수	주효과 모델		중재 모델
T1 불확실성	.09***(.032)	.05(.033)	.05(.033)
T1 신뢰		-.13***(.043)	-.13***(.043)
T1 불확실성 x T1 신뢰			.03(.022)
ΔR2		.12***	.009
Model R2	.13***	.25****	.26****
Adjusted R2	.11	.22	.22

T2 횡단 분석 : 중재 변수 : T2 신뢰
결과 변수 : T2 LOT(N=47)

변수	주효과 모델		중재 모델
T2 불확실성	.06^(.032)	.02(.028)	.02(.028)
T2 신뢰		-.18****(.039)	-.16****(.043)
T2 불확실성 x T2 신뢰			.03(.021)
ΔR2		.30****	.03
Model R2	.08^	.38****	.41****
Adjusted R2	.06	.35	.37

추적 분석 A : 중재 변수 : T1 신뢰
결과 변수 : T2 LOT(N=46)

변수	주효과 모델		중재 모델
T2 불확실성	.06^(.033)	.04(.031)	.03(.030)
T1 신뢰		-.14***(.042)	-.12**(.043)
T2 불확실성 x T1 신뢰			.04^(.025)
ΔR2		.19***	.04^
Model R2	.07^	.26****	.31****
Adjusted R2	.05	.23	.26

추적 분석 B: 중재 변수: T1 신뢰
결과 변수: T2 LOT(N=46)

변수	주효과 모델		중재 모델
T1 불확실성	.05(.035)	.002(.35)	.003(.036)
T1 신뢰		-.15***(.046)	-.15***(.047)
T1 불확실성 x T1 신뢰			.003(.020)
ΔR2		.19***	.000
Model R2	.05	.24***	.24**
Adjusted R2	.03	.20	.19

주) 제시한 데이터는 베타 계수로 괄호 안은 표준 오차이다. LOT=전파 가능성(likelihood of transmission, 청취한 루머 중 전파하는 루머의 비율). T1=Time 1. T2=Time2. ^p<.10. **p<.01. ***p<.005. ****p<.001.

표 8.3

불안감을 이용하여 T1과 T2에서 LOT를 예측하기 위한 위계적 중재 회귀 분석

T1 횡단 분석: 중재 변수: T1 신뢰
결과 변수: T1 LOT(N=60)

변수	주효과 모델		중재 모델
T1 불안감	.13***	.09*(.038)	.09*(.037)
T1 신뢰		-.13***(.041)	-.11**(.040)
T1 불안감 x T1 신뢰			.07*(.029)
$\Delta R2$		.13***	.06*
Model R2	.15***	.28****	.34****
Adjusted R2	.13	.26	.31

T2 횡단 분석: 중재 변수: T2 신뢰
결과 변수: T2 LOT(N=47)

변수	주효과 모델		중재 모델
T2 불안감	.09^(.048)	.04(.041)	.15(.041)
T2 신뢰		-.18****(.038)	-.16****(.039)
T2 불안감 x T2 신뢰			.06(.040)
$\Delta R2$		.31****	.034
Model R2	.07^	.39****	.42****
Adjusted R2	.05	.36	.38

추적 분석 A: 중재 변수: T1 신뢰
결과 변수: T2 LOT(N=46)

변수	주효과 모델		중재 모델
T2 불안감	.09^(.049)	.07(.044)	.09*(.044)
T1 신뢰		-.14****(.040)	-.14****(.040)
T2 불안감 x T1 신뢰			.18^(.042)
$\Delta R2$		.21****	.15^
Model R2	.07^	.28****	.33****
Adjusted R2	.04	.25	.28

추적 분석 B: 중재 변수: T1 신뢰
결과 변수: T2 LOT(N=46)

변수	주효과 모델		중재 모델
T1 불확실성	.06(.042)	.03(.039)	.06(.038)
T1 신뢰		-.14****(.042)	-.11**(.042)
T1 불확실성 x T1 신뢰			.08*(.037)
$\Delta R2$		.20****	.08*
Model R2	.05	.25***	.33****
Adjusted R2	.03	.22	.29

주)제시한 데이터는 베타 계수로 괄호 안은 표준 오차이다. LOT=전파 가능성(likelihood of transmission, 청취한 루머 중 전파하
는 루머의 비율). ^p<.10. *p<.05. **p<.01. ***p<.005. ****p<.001.

로 미래 LOT를 약화시켰다. 요컨대, 신뢰는 불확실성과 불안감이 높을 때조차 현재 및 미래의 LOT를 약화시키는 것이다. 한편 이러한 주효과는 강력하면서도 지속적이었다.

신뢰의 중재 효과

표 8.3에서의 결과는 예측한 대로 신뢰가 현재 및 장기적인 불안감-LOT 관계에 중재 효과를 미친다는 사실을 강력하게 뒷받침해준다.[42] T1에 대한 횡단 분석에서 불안감과 신뢰 사이에 상호작용 기간을 추가하여 LOT에서 추가적인 6.1%의 변동값을 설명했다. 이 상호작용 기간에 대한 베타 계수는 양의 값이며 그 수치가 매우 높게 나타났다. 이것은 높은 수준의 신뢰가 강한 불안감-LOT 관계를 만들어낸다는 사실을 의미한다. 반면 낮은 수준의 신뢰는 약한 불안감-LOT 관계로 이어진다. 그림 8.3은 신뢰의 수준(높음, 중간, 낮음)에 따라 불안감이 LOT에 연결되는 회귀 직선의 기울기를 보여줌으로써 이 관계를 나타내고 있다.[43] 샘플 전체의 신뢰가 낮았을 때 이 값은 절대적이지 않았다. 실제로 높은 신뢰 역시 중간 지점까지 하락했다. 그림 8.3을 살펴보면 낮은 수준의 신뢰에서 LOT는 균일하게 높았음을 알 수 있다. 낮은 신뢰의 참가자는 불안감의 수준과 관계없이 그들이 들었던 루머의 대부분을 다른 사람에게 전달했던 것이다. 그러나 신뢰가 높은 경우 불안감은 LOT와 함께 변화했다. 이처럼 동일한 관계는 T2 횡단분석

---

42) 과 T2에 대한 가설적 상호작용 효과 또한 위계적 선형회귀에서 검증되었다. 이 과정에서, 상호작용이 계산되기 전에 예측 변수와 중재 변수가 중심이 되었다(Aiken & West, 1991). 여기에서 '중심이 된다' (centering)는 것은 어떤 변수의 뜻을 각각의 값으로부터 추론한다는 것을 말한다. 상호작용 효과는 중재를 말하는 것으로 모든 주효과(중심이 된 변수의 효과)를 대입한 뒤에 회귀분석에서 검증이 이루어진다.
43) 여기의 기울기를 계산하기 위해서, 표 8.3의 중재 변수 신뢰의 서로 다른 값에 대해 중재모델 회귀계수를 이용했다(Aiken & West, 1991). 높은 신뢰와 낮은 신뢰에 사용된 값은 각각 샘플 평균 이상의 SD와 이하의 SD였다.

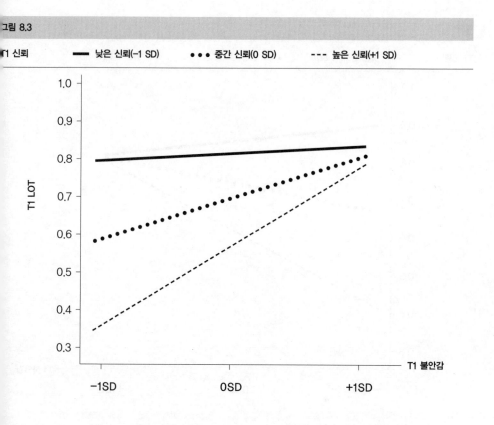

그림 8.3

T1 신뢰   —— 낮은 신뢰(-1 SD)   ●●● 중간 신뢰(0 SD)   --- 높은 신뢰(+1 SD)

사 내 샘플의 T1 신뢰의 정도(높음, 중간, 낮음)에 따른 회귀 직선의 기울기(예측변수: T1 불안감, 결과: T1 LOT).

에서도 확인할 수 있는데 그 값이 그다지 크지는 않았다.[44]

T1 신뢰가 T1 불안감과 T2 LOT 사이의 관계에 미치는 중재 효과를 평가하기 위한 추적 분석에서 상호작용 기간의 추가는 변동의 추가적 8.3%를 설명해주었으며 그 값도 매우 컸다. 이 상호작용은 그림 8.4에 나타나 있다. 횡단 플롯과 동일한 패턴을 여기에서도 확인할 수 있다. 나머지 추적 분석을 통해서 T1 신뢰가 T2 불안감과 T2 LOT 사이의

---

44) p=.12.

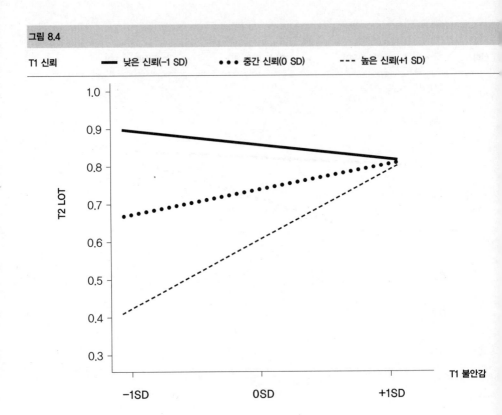

회사 내 샘플의 T1 신뢰의 정도(높음, 중간, 낮음)에 따른 회귀 직선의 기울기(예측변수: T1 불안감, 결과: T2 LOT).

관계에 미치는 중재 효과를 평가했다. 역시 동일한 패턴을 확인할 수 있었는데 전통적인 알파 수준에서 제한적인 중요성을 가질 뿐이었다.[45] 그러나 전통적인 중요성 수준에서조차 T1 신뢰가 T1 불안감이 T1 LOT 및 T2 LOT와 갖는 관계를 중재했음을 관찰할 수 있었다.

현재 및 장기간의 불확실성-LOT 관계에 대한 신뢰의 중재 효과를 평가한 결과(그림 8.2에서 제시)는 유사한 패턴을 증명해주었지만 그 값은

---

45) p=.07.

미약했다. 횡단 상호작용 기간은 그다지 높은 값을 보이지 않았다. 그리고 추적 상호작용 기간 역시 전통적인 수준에서 중요한 값을 나타내지 않았다.[46]

신뢰는 불안감-LOT 관계를 중재했다. T1 기간 동안에 신뢰는 불안감과 T1 LOT 간의 관계를 중재했고 T2 기간 동안에는 불안감과 T2 LOT 간의 관계를 부분적으로 중재했다. 또한 T1 신뢰는 장기적으로 T1 불안감과 T2 LOT 간의 관계를 중재했으며 T2 불안감과 T2 LOT 관계를 부분적으로 중재했다. 불확실성에 관해서도 유사한 패턴을 찾아볼 수 있었는데 그 값은 크지 않았다.

신뢰 : 루머 전파의 핵심 변수

결과를 통해 신뢰가 불확실성이나 불안감에 비해 루머 전파에서 더 중요하고 근본적인 변수라는 사실을 알 수 있다. 불안감-LOT의 횡단적 관계 및 종단적(추적) 관계에서 신뢰가 갖는 주역할 및 중재 역할이 이 사실을 강력하게 뒷받침한다. 신뢰는 현재 및 미래의 루머 전파를 반비례적으로 예측한다. 높은 신뢰는 낮은 루머 전파를, 낮은 신뢰는 높은 루머 전파를 예측할 수 있는 것이다. 일정 기간 동안의 신뢰는 현재 및 해당 기간의 불안감과 현재 및 미래의 루머 전파 사이의 관계를 중재했다. 예측했던 것과 달리 불확실성-LOT 관계에 대한 신뢰의 중재 역할은 그다지 크지 않았다.

이 결과를 통해 조직에서 신뢰가 갖는 다양한 역할에 대한 기존 연구

---

46) p=.11 그리고 p=.14.

저술의 범위가 확대됨을 알 수 있다(Kramer, 1999). 뿐만 아니라 이 결과는 더크스와 페린(Dirks & Ferrin, 2001)이 신뢰가 언제 주효과 및 중재 효과로서 표면화되는지를 설명하기 위해 제시한 분석틀과 일치한다. 그들은 "약한" 강도의 상황에서 신뢰는 주효과로서 표면화된다고 주장했다. "동일한 방식으로 특정 사건을 해석하게 하는 명확하고 강력한 신호를 제공하지" 않는 상황에서 신뢰의 주효과가 나타난다는 것이다. 또한 상황적 강도가 "중간 범위"에 속할 때 신뢰가 중재적 역할로 후퇴한다고 주장했다. 몇몇 상황에서 상황적 강도는 약한 상황과 중간 범위 사이에 해당된다. 따라서 이러한 경우에는 주 변수인 동시에 중재 변수로서의 신뢰가 표출된다.

우리의 연구 결과는 두 가지 방식으로 이와 같은 개념화를 뒷받침해 준다.

첫째, 불확실성-전파 효과는 (현실적으로는 중요하지만) 약하거나 중간 정도인 것으로 나타났다(r=.19; Rosnow, 1991). 그래서 우리는 신뢰가 주효과로서만 표출될 것이라고 기대했다. 이것은 실제로 우리가 수행한 모든 분석에서 나타났다.

둘째, 불안감-전파 관계가 강하다는 사실을 감안할 때 신뢰가 중재 변수 혹은 주효과 및 중재 변수 두 가지로서 표출될 것으로 기대했다. 실제로 후자의 경우가 발생했다. 신뢰는 항상 주효과로 나타났고 때때로 중재 변수로서도 나타났다.

이러한 결과는 공식적인 정보를 신뢰하지 않는 상황에서 전형적으로 나타나는 높은 수준의 루머 활동에 대한 깊은 통찰력을 제공해준다. 불신은 루머가 자라날 수 있는 비옥한 토양을 제공한다. 따라서 이때 불확실성을 없애고 불안감을 줄이면 루머를 손쉽게 진압할 수 있다. 1991년 음료수 트로피컬 판타지를 괴롭혔던 루머, 이 조직 루머는 외부에서 발생한 거짓 루머로 아프리카계 미국인 사회에서 회자되었다. 큐 클럭스 클랜(백인우월단체)이 이 음료수 제조회사를 소유하고 있으

며, 음료수에는 흑인 남성을 불임으로 만드는 물질이 함유되어 있다
는 루머였다. 이 루머로 인하여 트로피컬 판타지의 판매량은 70% 급
감하였다. 아프리카계 미국인 심리학자 로레인 헤일(Lorraine Hale)은
이와 같은 루머가 아프리카계 미국인 사회에 만연하다는 사실을 지적
하면서 다음과 같이 말했다.

> 우리 흑인들은 모두 노예라는 출신 배경을 가지고 있으며, 또 오랜
> 기간 박해를 받았던 이곳에서 우리가 인간으로서 갖는 두려움은
> 매우 현실적인 것이다. 우리 흑인들 사이에서는 우리를 가능한 빠
> 르고 손쉽게 죽여 없애버리려는 의도가 이곳에 존재한다는 편집증
> 적 망상이 팽배하다. 우리는 이 사실을 명료하게 말하지는 않지만
> 행동에서 지배를 받는다. 이런 현상은 조심과 경계와 의심을 낳는
> 다. 그리하여 음료수 성분에 의문을 품는 것도 당연하게 되었다
> (Lerbinger, 1997, p159에서 인용된 내용; P. A Turner, 1993도 참조).

우리 식의 용어로 풀어 보면 다음과 같다. 약간 불확실한 상황에서 불
신은 높은 수준의 루머 전파로 이어졌다. 루머는 불확실성을 불식시
키려는 미디어와 정부 기관의 노력에 저항했다. 이 루머는 당시 뉴욕
시장이었던 아프리카계 미국인 데이비드 딘킨이 대중 앞에서 그 음료
수를 공개적으로 마시고 나서야 진정되기 시작했다(Freedman, 1991). 공
식적 정보에 대한 신뢰가 이 상황에서 복구되었던 것이다. 다시 한 번
여기에서 지적할 수 있는 것은 신뢰가 핵심이었다는 사실이다.
또한 결과는 신뢰가 안정적 변수라는 입장을 뒷받침해준다. 실제 증
거 역시 신뢰의 태도는 시간이 경과해도 안정성을 갖는다는 점을 보
여준다. 과거 로빈슨의 추적 연구(Robinson, 1996)를 살펴보면, 직원의
조직에 대한 신뢰도는 최초 입사 시의 측정값과 30개월 뒤의 측정값
사이에 중대한 상관관계가 존재한다는 사실을 알 수 있다.

272

우리의 연구에서도 제1개월의 T1 신뢰와 T2 신뢰의 내부상관 관계는 모든 연구 변수쌍들 가운데 가장 높았다(r=.83; 표 8.1 참조).

신뢰는 루머의 사회적 메커니즘의 지원을 받아 스스로 지속되는 태도 이다. 로빈슨의 연구(Robinson, 1996)를 보면 고용 당시의 신뢰는 18개 월과 30개월이 지난 뒤 주효과와 중재 효과를 모두 발휘하는 것으로 나타났다. 특히 최초의 신뢰는 이후 심리적 계약의 위반에 대한 해석 을 예측하고 중재했다.

이 연구와 동일하게 우리의 연구 결과도 신뢰의 장기적 효과를 입증 해주었다. 종종 불공평한 것으로 인식되는 인력감축이 임박한 상황에 서도 신뢰가 지속되었던 것이다. 실제로 낮은 신뢰를 가진 개인이 보 다 많은 루머 전파에 참여하였다. 낮은 신뢰를 가진 개인들 사이에서 부정적인 루머 전파가 높은 비율로 나타난 것은 이후에 신뢰가 더욱 악화될 것이라는 의견을 공고히 해준다(가십의 유사한 효과에 대해서는, Burt & Knez, 1996 참조).

우리의 연구는 루머의 부정적인 결과가 주된 관심 사항이었다. 따라 서 향후 연구는 루머의 긍정적인 결과를 경험 중인 조직을 대상으로 이러한 아이디어를 검증할 수 있어야 한다. 긍정적인 루머는 시간이 경과함에 따라 신뢰를 확대시킬 것으로 보인다. 이와 더불어 향후 연 구는 스스로 보고하는 방식 이외의 측정 모델을 개발해야 할 것이다.

이들 결과가 현실적으로 갖는 의미에는 공식적인 정보 출처에 대해서 갖는 신뢰의 중요성이 포함된다(DiFonzo & Bordia, 2000 참조). 불확실성 을 없애고 불안감을 감소시키는 것은 집단간 신뢰 수준에 주의하지 않고서도 루머 활동을 저지시킬 수 있다.

예를 들어 공장폐쇄와 규모축소에 관한 루머는, 반박의 출처가 정직 하고 신뢰할만하다는 판단이 내려지지 않는 이상 루머를 반박하는 공 식적 발표가 있어도 줄어들지 않았다(Bordia, DiFonzo, & Schulz, 2000). 이 런 현상은 우리 연구의 중심이기도 한 조직 변화의 상황에서 쉽게 찾아볼 수 있다. 경영진을 신뢰하지 않는 직원에게 경영진이 하는 설명은 무용지물이 될 수 있다. 직원들이 회사가 정직하고 신뢰할 수 있다고 인식하는 정도에 따라 공식적인 설명이 수용되어 그에 따라 행동이 발생하게 되는 것이다.

결론

지금까지 살펴본 연구 결과를 통해서 신뢰가 루머 전파의 핵심 변수이며, 조직의 루머 활동에서 적어도 두 가지 방식으로 중심적 역할을 한다는 사실을 알 수 있다.

첫째, 조직에 대한 불신은 루머 활동을 조장한다. 직원이 회사를 불신하게 되면 그 직원은 자신의 직업에 영향을 미칠 수 있는 최근의 인력 변화에 대해 회사가 설명하는 내용을 믿지 않을 것이다.

둘째, 신뢰는 불확실성, 불안감 및 루머 사이의 관계를 변화시킨다. 회사에 대한 신뢰가 낮을 때 직원들은 불확실성과 불안감의 수준과 상관없이 루머 논의에 적극 가담하는 모습을 보인다. 반면 신뢰가 높을 때, 그러한 루머 논의는 불확실성과 불안감이 높은 상황에서만 필요하다.

만일 내가 회사를 신뢰하지 않는다면 아주 작은 불확실성과 불안감에도 많은 걱정을 하게 될 것이다. 그로 인해 나는 루머 논의에 참여하게 될 가능성이 높은데, 이는 루머의 출처가 경영진이 아닌 동료직원이기 때문이다. 즉, 루머 출처로서의 동료직원이 나의 이해를 가장 잘 안다고 생각하는 것이다.

고요하고 안정적인 때에 발생한 루머에 대해서도 나는 상당한 관심을 갖게 될 것이다. 왜냐하면 회사가 원치 않는 두려운 결과로부터 이 루머들이 나를 보호해 줄 것이라고 생각하기 때문이다. 그러나 만일 내가 회사를 신뢰한다면 루머에 그토록 높은 관심을 기울일 필요가 없다. 회사의 설명에 따라 판단하고 행동하면 되기 때문이다.

따라서 회사가 나의 불안감과 불확실성을 해결해주지 못할 때에만 루머에 관심을 가지면 된다. 향후의 연구는 다른 영역 — 현장과 실험실 모두 — 에서도 이러한 패턴이 발생하는지에 대해 초점을 맞추어야 할 것이다. 뿐만 아니라 신뢰와 루머 전파간의 관계의 본질을 보다 명확하게 설명할 수 있어야 할 것이다.

향후 루머 전파의 연구는 공식적인 커뮤니케이션에서 신뢰의 수준을 일상적으로 평가할 수 있어야 한다.

다음 장에서는 조직에서의 문제를 계속 논의하면서 루머의 관리에 대한 경험적 증거를 살펴볼 것이다.

Rumor Management | 09

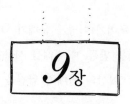

루머 관리

1990년대 후반, 우리는 P&G사의 전문가 참고인 자격으로 법정에 출석했다. P&G사는 가정용품을 생산하는 주요 기업으로, 당시 법정은 20세기 가장 잘 알려진 외부 기업 루머에 대한 것이었다(Fine, 1992; Green, 1984; Marty, 1982; Mikkelson, 2003; Pinsdorf, 1987; 우리는 이 책 제1장에서 이 루머를 다루었다). 1970년대 후반 최초로 맥도날드사를 대상으로 삼았던 거짓 사탄주의 루머는 1981년 이후에 다시 P&G사를 재물로 삼았다(Koenig, 1985, p42). 전적으로 거짓이었던 이 루머에 따르면, P&G의 사장이 필 도나휴 쇼(Phil Donahue Show)에 출현하여 자신이 사탄신봉자라고 공표했다는 것이었다. 이 루머는 그 형태와 내용의 면면을 볼 때 거짓임이 분명하다. 그러나 루머 확산의 여파로 한 달에 약 15,000여 통의 전화가 P&G사에 걸려왔다. P&G는 여러 방면으로 이 루머에 대응했다. 저명한 종교 지도자의 도움을 받아 루머를 불식시킬 수 있는 "진실의 키트"를 만들었다. 그리고 이것을 그들에게 연락했던 사람들과 루머가 발생한 지역의 교회에 배포했다. 또 이 루머를 비난하는 전국적인 언론 캠페인을 벌이기도 했다. 마지막 수단으로 그들은 이 루머를 배포한 혐의로 경쟁사를 고소하기에 이르렀다. 고소 결과는 성공적이었다. 이러한 노력들로 루머는 점차 사그라졌다.

우리는 이 책에서 루머가 어떻게 문제가 되는지에 대해 보여주었다. 맥도날드사가 버거를 만들 때 벌레를 사용한다는 거짓 루머는 몇몇 지역에서 30퍼센트 이상의 판매력 급감을 초래했다(Tybout, Calder, & Sternthal, 1981).

앞서 지적했던 것처럼 P&G사가 사탄주의와 연관이 있다는 거짓 루머는 고객지원 센터에 한달에 약 15,000여 통의 전화가 걸려오게 했다(Austin & Brumfield, 1991). 조직개편을 단행 중인 한 시립 병원의 직원들 사이에서는 인력감축에 대한 루머가 나돌았는데 이는 변화와 관련된 스트레스 증가와 연관이 있었다(Bordia, Jones, Gallois, Callan, & DiFonzo, in press).

오스트레일리아에서 경찰의 추적으로 한 원주민 소년이 사고를 당해 죽었다는 루머는 폭동으로 이어졌고, 이로 인해 시드니 경찰서는 습격을 당하기도 했다(Chunlov, Warne-Smith, & Colman, 2004). 이와 같은 상황에서 루머에 대한 효과적인 관리와 통제는 위기관리를 위해 무엇보다 중요한 문제이다.

그렇다면 루머를 효과적으로 관리하기 위해서는 어떻게 해야 할까? 이 장에서는 루머 관리에 대한 기존 연구저술을 검토하게 될 것이다. 여기에는 우리 자신의 경험적 연구가 포함될 것이며 루머를 방지하고 중화하기 위한 지침도 제시될 것이다.

먼저 루머 진압과 관련된 기존의 연구저술을 살펴보는 것으로 논의를 시작하겠다. 그런 다음, 루머에 대한 믿음을 감소시키는 루머 반박의 역할을 상세하게 살펴보자. 마지막으로, 우리는 루머 관리에 관한 몇 가지 일반적인 지침을 제공할 것이다.

루머진압 전략

루머를 억제하는 루머진압 전략을 이해하기 위해서는 루머의 라이프 사이클을 고려하여 각 전략을 이해하는 것이 필요하다. 루머의 라이프 사이클은 세 가지 단계로 나눌 수 있는데 생성, 평가(또는 믿음), 그리고 전파이다(DiFonzo, Bordia, & Rosnow, 1994). 루머는 중요도가 높은 주제에 대하여 불확실성과 불안감이 발생할 때 만들어진다. 그런 다음 루머의 진실성 혹은 믿음에 대한 평가가 이루어지는데, 이 과정은 개인 수준 및 집단 수준에서 일어난다. 그 결과 진실성의 기준에 부합하는 루머는 전파 단계에서 널리 유포된다. 루머 진압 전략은 이들 각 단계를 대상으로 한다. 어떤 전략은 생성을 줄이는 것이 목표이다. 즉, 루머를 방지하거나 루머 논의에 참가하려는 경향을 감소시키는 것이다. 또 어떤 전략은 루머의 믿음을 줄이기도 하고, 또 다른 어떤 전략은 루머 전파단계에 역점을 두기도 한다.

표 9.1는 심리학 및 경영학 연구를 검토함으로써 추론해낸 루머 진압 전략을 요약한 것이다. 우리는 목록상의 각 연구서에서 루머 진압을 목표로 하는 제안 사항들을 수집했다. 개별 제안사항은 루머 진압의 일반 범주로 포함시켰다. 표 9.1에 요약한 연구서 및 논문에는 루머 라이프 사이클의 세 단계 전부를 대상으로 하는 전략이 포함되어 있다. 루머 생성을 감소시키기 위한 공통된 제안 사항은 불확실성을 낮추는 것이다. 이 목적을 달성하기 위해서는 정확하고 시의적절한 정보를 제공하고 개방적인 커뮤니케이션 채널을 갖는 것이 필요하다. 한편 불안감의 감소를 제안한 학자는 그다지 많지 않았다. 이는 불안감의 감소라는 목적을 달성하는 것이 매우 어렵다는 사실을 반영한다. 그럼에도 불구하고 데이비스와 허쉬(K. Davis & hershey, 1956)는 직원에게 감정적이고 경제적인 안정성을 제공함으로써 불안감을 해소

표 9.1

기존 연구의 루머진압 전략 목록

문헌	제안 및 검토한 루머 진압전략	루머 진압전략 분류
F. H. Allport & Lepkin, 1945	'루머 클리닉' : 루머의 공론화 및 증거를 가지고 강하게 반박.	믿음 감소
Austin & Brumfield, 1991	1. 중립적 이해관계자가 질문자에게 사실을 통해 반박함	믿음 감소
	2. 중상비방관련 소송들을 문서로 정리; 사설탐정을 활용	전파 감소
	3. 트레이드마크를 제거하거나 변경(부정적 신호의 활성화를 감소시키기 위함)	믿음 감소
	4. 영향을 받은 지역 소비자를 대상으로 반박	믿음 감소
K. Davis, 1972, 1975	루머 방지 수단	
	1. 주요 사건에 관한 정보 제공	불확실성 감소
	2. 감정적 경제적 안전 제공	불안감 감소
	3. 협동적 환경 조성	믿음 감소
	루머 반박의 수단	
	4. 진실을 통해서 루머를 격퇴함	불확실성 감소
	5. 루머를 반복하지 않음	전파 감소
	6. 초기 진압	전파 감소
	7. 적절한 대변인을 통해 진압	믿음 감소
	8. 직접 대면을 통해 진압	믿음 감소
	9. 정보의 갭을 경청	불확실성 감소
	10. 감정을 경청	불안감 감소
Espito & Rosnow, 1983	내부루머	
	1. 직원들에게 지속적으로 정보 제공	불확실성 감소
	2. 루머에 유의(근원적인 우려 사항을 평가하고 처리)	불안감 감소
	3. 즉각적인 행동; 반복은 금물	전파 감소
	4. 직원들을 계몽시킴	믿음 감소
	외부루머	
	5. 반박	믿음 감소
Festinger et al., 1948	1. 상세한 정보 제공	불확실성 일소
	2. 새로운 활동에 연륜 있는 리더들을 참가시킴	전파 감소
	3. 공개석상에서 리더가 루머를 반박함	불확실성, 불안감, 믿음 감소
	4. 루머 선동자 제거	전파 감소
Goswamy & Kumar, 1990	1. 야간집회금지령 하달	전파 감소

표 9.1

기존 연구의 루머 진압 전략 목록

문헌	제안 및 검토한 루머 진압전략	루머 진압전략 분류
	2. 반대 지도자의 체포나 구금	전파 감소
	3. 역선전 증가	믿음 감소
Gross, 1990	루머 당사자 집단의 부인.	믿음 감소
Hershey, 1956	1. 정상적 커뮤니케이션 채널을 지속적으로 공개	불확실성 감소
	2. 루머 반박 시 확성장치 사용 금지	전파 감소
	3. 루머의 거짓을 증명하기보다는 주제에 관한 사실을 제시	불확실성 감소
	4. 나태함과 단조로움을 방지	전파 감소
	5. 루머에 반대하는 캠페인; 루머 유포를 조롱	전파 감소
	6. 경영진의 커뮤니케이션 출처에 대한 신뢰를 개발	믿음 감소
	7. 관리자들에게 루머에 관한 교육을 제공	불확실성, 믿음, 전파 감소
	8. 루머 영역으로부터 사람들의 관심을 전환시킴	불안감, 전파 감소
	9. '어떤 불안감이나 태도가 이 루머에 반영되어 있는가' 라는 질문을 제기하여 루머를 유발한 상황을 교정함으로써 긴장을 완화	불안감 감소
Iyer & Debevec, 1991	1. 반박	믿음 감소
	2. 무 반박	믿음 감소
Jaeger, Anthony, & Rosnow, 1980	반박	믿음 감소
Kapferer, 1989	1. 반박	믿음 감소
	2. 경찰 조사	전파 감소
Kapferer, 1990	언론 배포	불확실성, 믿음 감소
Kimmel & Keefer, 1991	1. 질명에 대한 불확실한 사실들을 감소	불확실성 감소
R. H. Knapp, 1944	1. 완벽하고 정확한 정보 제공(면밀한 검열)	불확실성 감소
	2. 리더에 대한 신뢰의 창출 및 유지	불안감 감소
	3. 신속하고 완벽하게 뉴스를 알림	불확실성, 불안감 감소
	4. 정보에 대한 접근성을 보장함(예를 들어, 회의를 통한 교육)	불확실성 감소
	5. 나태함, 단조루움, 개인적 무조직성을 방지함	전파 감소
	6. 루머 유포에 반대하는 켐페인을 신중하게 실시	전파 감소

표 9.1

기존 연구의 루머진압 전략 목록

문헌	제안 및 검토한 루머 진압전략	루머 진압전략 분류
Koenig, 1985	1. 24시간 비즈니스 루머 통제 센터를 개시함	불확실성 감소
	2. 회의적인 시각을 가짐	믿음 감소
Litwin, 1979	핵심 커뮤니케이션 활동자를 이용하여 정확한 정보를 유포함	불확실성 감소
McMillan, 1991	1. 출입문을 없앰(관리자에 대한 접근성 향상)	불확실성 감소
	2. 루머를 확인	불확실성 감소
	3. 매달 주기적으로 마을 회의를 개최함	불확실성 감소
	4. 문의를 위한 무료 전화 설치	불확실성 감소
Ponting, 1973	루머 통제 센터	불확실성 감소
R. H. Turner, 1994	1. 신속한 개입	전파 감소
	2. 루머를 수집, 루머를 조사할 지역 전문가들로 이루어진 독립 패 널을 소집, 루머를 전체적으로 거부하기보다는 조목조목 따지면서 반박함	믿음 감소
	3. 공식적 채널을 통하여 이 반박 내용을 광범위하게 유포시킴	전파 감소
Weinberg & Eich, 1978	중립적 출처(믿을 수 있는 '루머 통제센터')를 가지고 루머를 반박	믿음 감소

주) RQS=루머 진압 전략(rumor-quelling strategy)

할 수 있다고 제안했다. 또한 크내프(R. H. Knapp, 1944)는 리더에 대한
신뢰를 심어주어야 한다고 주장했다.

루머의 믿음 감소를 목표로 하는 제안 사항 중에서 가장 빈번하게 제
기된 것은 반박을 활용하는 것이었다. 여기에는 중립적인 대변자들의
지원을 획득함으로써 반박을 강화해야 한다는 제안도 포함된다. 터너
(R. H. Turner, 1994)는 중국 지진 루머의 진압 전략 중 하나로, 지역 전문

가의 패널을 소집하여 루머를 평가하고 루머 전체를 부인하기보다는 개별 항목을 하나하나 따져서 반박하는 방법이 채택하였다. 믿음은 회의론을 증가시킴으로써 감소될 수 있다(K. Davis, 1975). 또한 반대선 전을 사용하는 것도 믿음을 감소시키는 방법이다(Goswamy & Kumar, 1990). 끝으로, 몇몇 루머진압 전략은 전파를 감소시키는 것을 목표로 삼았다. 여기에는 사람들이 루머를 유포하지 않도록 설득하는 전략이 포함되었다. 경찰 조사(Kapferer, 1989)와 소송(Austin & Brumfield, 1991)과 같은 처벌적 조치가 여기에 포함된다. 물론 생성 및 믿음의 감소는 간접적으로 루머의 전파를 감소시킨다.

여기에서 우리는 이러한 전략들이 일반적으로 얼마나 활용되는지, 그리고 이 전략들이 실제로 루머 진압에 얼마나 효과적인지에 대해 의문을 갖지 않을 수 없었다. 이 질문은 제2장에서 소개했던 풍부한 경험을 가진 74명의 홍보담당 전문가를 대상으로 한 조사의 한 부분이기도 했다(DiFonzo & Bordia, 2000). 이 조사의 응답자들은 기업 홍보 및 커뮤니케이션 담당자로서 최소 26년 이상의 경험을 가졌는데, 자동차, 우주항공, 금융 및 파이낸스, 보건, 소매, 운송 등 다양한 부문에서 활동하고 있는 전문가들이었다. 루머 관리 연구를 위해서 우리는 이들 기업홍보 전문가에게 총 17개의 루머 방지 및 중화전략 리스트를 제시했다. 이들 전략(그림 9.1 및 부록 2.1 참조)은 루머 관리에 대한 기존 연구저작 및 관리자와 PR 전문 담당자를 대상으로 했던 인터뷰 결과에서 수집한 총괄적 리스트를 보여주었다. 각각의 전략에 대해서 참가자들에게는 자신이 직접 루머를 막거나 중화하기 위해서 그 전략을 사용했는지 물었다. 그리고 참가자들은 각 전략의 효과에 대해 점수를 매겼다. 결과를 보면, 일반적으로 이들 전략이 많이 활용되었으며, 17개 중 15개의 전략이 참가자의 3분의 2에 의해 사용되었다. 또 조직 변화의 지침이 되는 가치와 절차를 설명하는 방식의 루머방지 전략이 가장 많이 사용되었다. 반면 루머를 이식했거나 반대 루머를 유포하는 사람을 처벌하는 것과 같이 반격 조치를 취하는 전략은 가장 적게 사용되었다.

개별 전략을 공통의 근본적 범위에 따라 하나로 묶기 위해서 우리는 전략의 효과 평가에 대한 주요 구성요소를 분석했다. 이 분석을 통해서 두 개의 근본적 범위를 밝혀낼 수 있었다. 하나는 불확실성의 구성이고 또 다른 하나는 공식적 커뮤니케이션의 확장이다. 불확실성을 구성한다는 것은 곧 불확실성을 몇 가지 방식으로 제한한다는 의미이다. 불확실성은 루머의 주요 원인이다. 따라서 이것을 구성한다는 것은 루머를 방지하거나 통제하는 방법이 아니다(Davis, 1972; Hirschhorn, 1983). 이 전략에는, 앞으로 있을 변화의 지침으로 사용될 가치와 절차들에 대해서 설명하는 것과 공식적 발표가 언제 있을 것인지에 대한 스케줄을 제공하는 것 등이 포함되었다. 그러므로 이들 전략은 불확실성의 범위를 제한한다("무슨 일이 일어날지 알 수가 없어. 그렇지만 다음 주가 되면 알게 되겠지"라든가, "조직 개편이 내게 어떤 영향을 미칠지는 나도 알 수가 없어. 그렇지만 경영진이 사업 부문의 해체를 결정하기 전에 그 사업 부문의 업무성과를 고려할 것이라고 생각해"). 불확실성을 구성하는 전략들은 공식적 커뮤니케이션을 확장하는 전략에 비해서 전반적으로 높게 평가되었다.

공식적 커뮤니케이션을 확장하는 전략은 내부 혹은 외부 출처에 의한 루머를 부인하거나 확인하는 일을 하게 된다. 루머를 확인하는 방법은 많이 사용되지는 않았지만 매우 효과적인 방법이라고 평가되었다. 이 전략은 매우 드문 경우에만 적용할 수 있지만 루머를 중화하는 데 매우 효과적이다. 한번 확인되면 그 루머는 자기 고유의 정보 가치를 상실하는 것이 보통이다. 그 결과 해당 루머가 이내 진정되는 것이다. 지금부터 루머를 진압하기 위한 반박 전략의 효과에 대해서 살펴보도록 하자.

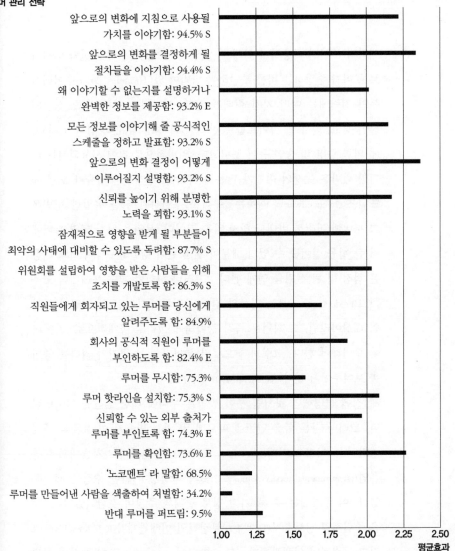

머 관리 전략

앞으로의 변화에 지침으로 사용될
가치를 이야기함: 94.5% S

앞으로의 변화를 결정하게 될
절차들을 이야기함: 94.4% S

왜 이야기할 수 없는지를 설명하거나
완벽한 정보를 제공함: 93.2% E

모든 정보를 이야기해 줄 공식적인
스케줄을 정하고 발표함: 93.2% S

앞으로의 변화 결정이 어떻게
이루어질지 설명함: 93.2% S

신뢰를 높이기 위해 분명한
노력을 꾀함: 93.1% S

잠재적으로 영향을 받게 될 부분들이
최악의 사태에 대비할 수 있도록 독려함: 87.7% S

위원회를 설립하여 영향을 받은 사람들을 위해
조치를 개발토록 함: 86.3% S

직원들에게 회자되고 있는 루머를 당신에게
알려주도록 함: 84.9%

회사의 공식적 직원이 루머를
부인하도록 함: 82.4% E

루머를 무시함: 75.3%

루머 핫라인을 설치함: 75.3% S

신뢰할 수 있는 외부 출처가
루머를 부인토록 함: 74.3% E

루머를 확인함: 73.6% E

'노코멘트' 라 말함: 68.5%

루머를 만들어낸 사람을 색출하여 처벌함: 34.2%

반대 루머를 퍼뜨림: 9.5%

1.00 1.25 1.50 1.75 2.00 2.25 2.50

평균효과

머 전략 및 평균 효과의 평점. 각 전략을 루머 방지 및 중화를 위해 사용했던 응답자의 비율에 따라 높은 순으로 배열함. 평균
과 평점은 1, 2, 3점으로 각각 효과에 대해 낮음, 중간, 높음을 나타낸다. 'S'는 불확실성 구성 전략을 의미하며 E는 공식적 커뮤
게이션의 확장 전략을 의미한다(본문 참조). 출처는 'How Top PR Professionals Handle Hearsay: Corporate Rumors, Their
'ects, and Strategies to Manage Them," by N. DiFonzo and P. Bordia, Public Relations Review, 26, p182. Copyright 2000 by
sevier. 저작권자의 허가로 재수록.

루머 반박

해악적 루머에 대응하기 위해 가장 일반적으로 사용되는 전략의 하나로 루머가 주장하는 바를 부인하는 방법이 있다(Kimmel, 2004b). 이러한 부인 전략에는 여러 가지 형태가 있다. 여기에는 언론 배포, 신문의 전면 광고, 회사 웹 사이트를 통한 CEO의 성명 발표, 중립적인 제3자에 의한 증명 및 승인 등이 포함된다. 일반적으로 많이 사용되기는 하지만 반박은 논쟁의 여지가 많은 전략이다. 경영전문 저술가 오웬 에드워즈(Owen Edwards, 1989)는 "루머를 부인하기 위한 유일한 방법은 그 루머에 어떠한 반대도 하지 않는 것이다. 부인을 하게 되면 루머에 더 큰 힘을 실어줄 수 있기 때문이다. 비난이 맹렬할수록 루머의 내용은 점점 더 큰 신뢰를 얻게 된다." 그러나 사회학 교수 프레데릭 코우니그(Frederick Koenig)는 다음과 같이 주장했다. "만일 한 기업이 루머의 대상이라면, 그 기업은 즉각 강력하게 그리고 공개적으로 그 루머를 부인해야 한다. 그렇게 함으로써 루머가 아무 근거가 없다는 증거를 보여주어야 한다"(Goleman, 1991에서 인용).

제4장에 설명했던 것처럼 루머 반박은 루머에 대한 믿음을 떨어뜨린다. 그러나 다른 학술 연구에 따르면 몇 가지 변수가 이 효과를 중재한다. 아이어와 드디벡(Iyer & Devevec, 1991)은 실험 참가자들에게 환경흡연(environmental tobacco smoke, ETS)의 악영향에 관한 주장을 제시하였다. 이 주장에는 총 세 가지 정보 출처의 주장이 포함되었다. 그것은 중립적인 정보출처(TV 방송), 부정적인 이해관계자(R. J. Reynolds), 그리고 긍정적인 이해관계자(미국 암 협회)이다. 다음으로 이 주장에 대해서 중립적인 정보출처(보스톤 글로브 신문) 혹은 낮은 신뢰의 정보출처(R. J. Reynolds)가 선동적인 어조 혹은 회유적인 어조로 반박을 제시했다. 아이어와 드비벡은 아무 반박도 없는 조건도 만들었다. 여기에서 종

속 변수는 환경흡연(ETS)에 관한 태도가 되었다. 결과를 보면, 긍정적인 이해관계자가 주장을 제기했을 때 회유적 부인이 보다 효과적이었음을 알 수 있다. 중립적 정보 출처가 주장을 제기했을 때는 중립적 출처의 반박이 보다 효과적이었다. 그러나 주장을 제기한 쪽이 부정적인 이해관계자(R. J. Reynolds)일 때, 주장에 대해 어떠한 반박도 제기하지 않는 것이 가장 바람직한 태도로 귀결되었다. 이 결과는 결코 놀라운 것이 아니다. 부정적인 출처로부터 주장이 제기된 후에 역시 부정적인 이해관계자가 반박을 제기하는 것은 매우 보기 드문 일이기 때문이다. 이를 종합해보면, 아이어와 드비벡(Iyer & Debevec, 1991)의 연구는 반박의 효과를 뒷받침하기 위한 근거를 발견한 것이었지만 그 결과는 주장을 부인하는 쪽의 성격(중립적 정보출처 vs. 낮은 신뢰의 정보출처)에 따라 효과의 크고 작음이 결정될 수 있다.

우리는 루머 반박이 설득적 메시지라는 측면에서 접근했다. 루머 반박의 목적은 청중을 설득하여 루머를 믿지 않도록 만드는 것이라는 생각이다. 설득과 태도 변화에 관한 사회심리학 연구에서는 출처의 성격과 메시지의 설득력을 결정하는 메시지의 내용을 탐구하였다(Petty & Wegener, 1998). 높은 신뢰성을 가진 정보 출처가 제공하는 메시지는 큰 설득력을 갖지만 낮은 신뢰성을 가진 출처가 제공하는 메시지는 그렇지 못하다. 마찬가지로 우수한 논리와 주장은 청중의 설득을 이끌어내기 쉽지만 진부한 논리와 주장은 설득하기 힘들다. 이와 같은 분석틀을 사용하여 우리가 검토했던 두 가지 세트의 중재 변수에 관해 논의하고자 한다. 부인 출처의 성격과 부인 메시지의 성격에 대해서다.

부인 출처의 성격

반박의 효과는 반박의 출처가 루머의 범위와 일치할 때 더욱 확대된다. 예를 들어 어떤 조직이라는 상황에서 루머가 제기되었을 때, 그 내용이 사업부문의 정책이나 절차에 관한 것이라면 그 사업부서의 책임자가 루머를 반박하기 위한 가장 적절한 정보출처가 된다. 같은 사업부서의 직원인 경우 직무 서열에서 위치가 낮기 때문에 의사 결정 역할을 하기 힘들고, 따라서 설득력 있는 정보출처가 되기 힘들다. 그러나 그 조직의 CEO는 어떨까? CEO는 그 사업부문의 제반 문제들과 너무 멀리 떨어져 있다. 따라서 사업부문 수준에서 루머에 대해 어떤 말을 할 것으로 기대하기는 힘들다. 사실 CEO가 이 문제에 개입하게 되면 문제를 중요하게 생각하는 실무진 사이에서 의혹만 커질 것이다. 한 기업홍보 담당자는 다음과 같이 이야기했다.

> 만일 건물에 화재가 발생하면 회장이 직접 가서 대처해야 한다. 왜냐하면 매우 중대한 사안이기 때문이다. 만일 6층에서 근무하는 한 관리자에게 화재 상황이 발생한다면, 그곳에 회장이 직접 나갈 필요는 없다. 그것은 작은 화재에 불과하기 때문이다. 만일 회장이 그곳에 직접 나간다면, 온몸에 화재 냄새를 묻히게 될 것이며, 그 냄새를 제거하기까지는 상당한 기간이 소요될 것이다.(DiFonzo et al., 1994)

우리는 이 문제를 입증하기 위하여 오스트레일리아의 한 대학 심리학과에서 입학 자격요건에 대한 루머를 조사하였다(Bordia, DiFonzo & Travers, 1998). 학부 과정에 입학하는 데는 높은 자격 조건이 요구되었고, 학생들은 종종 입학이 허용될지에 대해서 매우 불안해하는 모습을 보여주었다. 입학 요구조건에 관한 루머는 널리 유포되었다. 이 연구는 실험실 환경에서 수행되었다. 실험 참가자들에게는 입학 요건에 관한 루머를 들려주었다.

루머는, 학부 2학년 과정에 입학하는 데 필요한 평점 조건이 내년에는 높아질 것이라는 내용이었다. 실험 참가자는 1학년 학생들이었다. 따라서 루머는 그들에게 현실적인 문제이면서 동시에 매우 중요한 사항이었다. 이 루머에 대해서 네 가지 정보 출처가 제공되었는데, 그 중 하나는 루머를 반박하도록 했다. 네 가지 정보 출처는 동료 학생, 학과의 강사, 학과장, 대학총장이었다. 우리는 학과장이 루머와 관련된 불안감과 믿음을 가장 효과적으로 감소시킬 수 있으리라고 기대하였다. 학과장은 입학 요구조건을 결정하는 당사자이며 학과의 문제에 대해서 가장 많이 알고 있을 것으로 생각했기 때문이다. 따라서 우리는 학과장이 루머를 부인할 수 있는 가장 적절한 정보출처가 될 것이라고 가정하였다.

동료 학생과 강사는 의사결정 역할을 하지 않기에 루머 반박에 필요한 신뢰성이 결여되어 있다. 총장의 경우 대학 행정의 위계상 가장 높은 곳에 있기 때문에 학과 수준의 문제에 대한 정보출처로서는 적합하지 않을 것이다. 마지막으로 우리는 루머의 부인이 그 루머와 관련된 불안감 및 믿음을 감소시키는 데 성공적일 것이라고 가정했다. 이를 위해 루머를 부인하는 진술을 제시하기 전과 제시한 후에 믿음과 불안감을 각각 측정하였다. 예상한대로 전반적으로 루머의 부인은 루머와 관련된 불안감과 믿음을 감소시켰다. 뿐만 아니라 학과장의 부인이 믿음과 불안감 감소에 가장 효과적이었다. 이 내용은 그림 9.2에 나타나 있다. 그림 9.2는 학과장이 가장 적절한 정보출처라는 사실을 보여주고 있다.

이를 통해 정보출처의 적절성에 대한 우리의 예상이 뒷받침되었지만 적절성에 대한 판단 이면에는 무엇이 있는지 궁금하지 않을 수 없었다. 제8장에서 살펴보았던 것처럼 루머는 긴장과 갈등 속에서 유포된

다. 기업 조직의 재개편 상황이 대표적인 경우이다. 이러한 상황에서
직원들은 경영진의 의도를 의심하기도 하고 루머의 반박을 믿지 않기
도 한다.

정보출처의 정직성에 대한 인식은 효과적인 반박을 위해 매우 중요
하다. 정보출처의 성격에 관한 연구를 보면, 정보출처의 정직성에 대
한 인식이 메시지의 정확성을 평가하는 데 매우 중요한 역할을 한다
(Priester & Petty, 1995). 우리는 이를 검증하기 위해 다른 연구를 수행했
다(Bordia, DiFonzo, & Schulz, 2000). 이 연구에서 정직성이 높게 평가되는
정보출처는 루머 반박에 적절성을 가지기 때문에 루머와 관련된 불안
감과 믿음을 감소시키는 데 매우 효과적일 것으로 예상했다. 이 연구
는 오스트레일리아의 한 대학 캠퍼스에서 이루어졌다. 학부생을 대상

그림 9.2

● 학생 ● 강사 ● 학과장 ● 총장

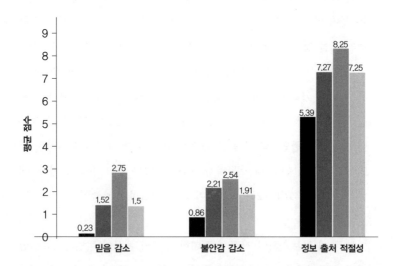

각기 다른 적절성을 갖는 정보출처의 루머반박 효과에 관한 믿음 감소, 불안감 감소, 정보출처 적절성 평가의 평균. 학부 2학년 등
정에 입학하기 위한 평균 평점이 다음 해에는 높아질 것이라는 루머를 제시함. 데이터의 출처는, Bordia et al., 1998.

으로 한 이 연구에서 학부 도서관이 곧 폐쇄될 것이라는 루머를 퍼뜨렸다. 그런 다음, 집단 간 실험 디자인에서 세 가지 정보출처 중 하나가 이 루머를 반박하도록 했다. 세 가지 정보출처는 도서관에서 대출을 담당하는 실무 직원, 도서관 사서, 총장이었다.

부인의 효과에 관한 결과는 보르디아의 연구(Bordia et al., 1998)에서도 확인할 수 있다. 믿음과 불안감 모두가 부인 이후에 상당히 낮아진 것이다. 뿐만 아니라 예측했던 것처럼 부인은 정보 출처가 정직하고 적절하다고 인식될 때 믿음을 경감시킬 수 있는 가장 효과적인 방법이었다(그림 9.3 참조; 여기에서 정직성은 조작할 수 있는 변수가 아니라 측정만 할 수 있을 뿐이다). 다시 말해 정직성과 적절성은 루머의 믿음을 감소시키는 데 추가적 효과를 갖는다. 불안감 감소와 관련하여 오직 정보출처의 정직성이 주된 효과를 발휘했다. 즉, 불안감은 정보 출처가 정직하다고 인식될 때에만 감소되었던 것이다. 이 결과들은 제8장에서 논의했던 신뢰가 루머의 전파에 미치는 중재 역할에 관한 우리의 연구 결과와도 일치한다. 정보출처에 대한 신뢰가 있을 때(정직하다고 인식될 때) 불확실성과 불안감을 일소하는 데 반박은 매우 효과적이다. 반면 정보 출처에 대한 신뢰가 없을 때는 그만큼 효과를 상실하게 된다.

이 결과들을 검토해보면, 정보 출처의 적절성에 대한 평가 이면에 무엇이 존재하는지에 대한 통찰력을 가질 수 있다. 적절성은 지식성과 비례적 관계에 있다. 즉, "그 루머와 관련하여 이 정보출처가 얼마나 많이 알고 있다고 생각하는가?"라는 질문도 같다. 뿐만 아니라 적절성은 관리 구조에서의 위치와도 관계가 있다. 이 루머는 대학교 시설의 폐지를 주장하는 것으로 조직 수준의 주제에 관한 것이었기 때문에 대학총장이 가장 적절한 정보 출처라고 간주되었다.

그림 9.3

● 높은 정직성, 높은 적절성 ● 높은 정직성, 낮은 적절성 ● 낮은 정직성, 높은 적절성 ◐ 낮은 정직성, 낮은 적절성

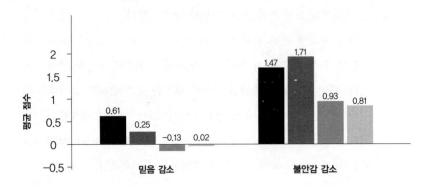

정직성과 적절성의 정도에 따라 루머 반박에 대하여 나타나는 평균 믿음 감소 및 불안감 감소. 학부 도서관이 폐쇄될 것이라는 루머를 유포함. 데이터의 출처는, Bordia et al., 2000.

부인 메시지의 성격

기존의 다른 연구는 믿음 및 불안감 감소에 필요한 메시지 성격을 이해할 수 있도록 통찰력을 제공했다. 첫째, 루머 청취자로 하여금 잠재적 위험에 대한 통제력을 갖게 해주는 루머에 대한 부인은 불안감을 감소시킨다(Bordia, DiFonzo, Haines, & Chaseling, 2005). 이 연구에서 우리는 굿 타임 바이러스에 대한 루머와 관련하여 믿음과 불안감을 감소시키는 루머 반박의 효과를 검증하였다. 이 루머는 1990년대 후반 인터넷상에서 유포된 것으로, 컴퓨터 바이러스가 이메일을 통해서 전파되며 문서 메시지를 읽는 것만으로도 컴퓨터를 감염시킨다고 했다. 이 루머는 이메일 사용자의 관심을 불러 일으켰고, 바이러스가 친구나 동료들에게 이메일로 포워드되면서 인터넷 트래픽과 기술지원 담

당자에 대한 문의를 가중시켰다. 또한 이 루머에 대해 진실을 폭로하는 정확한 정보를 인터넷상에서 구할 수 있었다.

우리는 연구에서 가짜 이메일을 실험 참가자들에게 제시했다 그리고 이 루머와 관련된 믿음과 불안감을 측정했다. 그런 다음 루머를 반박하는 또 다른 이메일을 보여준 다음에 믿음과 불안감을 측정했다. 첫 번째 연구에서 우리는 루머와 관련된 믿음과 불안감 감소에 루머의 부인이 매우 성공적이었음을 확인할 수 있었다. 뿐만 아니라 실험 참가자들이 바이러스 루머와는 관련이 없는 메시지에 노출되었던 상황과 비교했을 때 루머의 부인이 보다 효과적이었음을 알 수 있었다. 두 번째 연구에서 우리는 루머 부인과 통제 메시지를 비교했다. 이때 통제 메시지는 바이러스 루머를 명시적으로 부인하지는 않지만 컴퓨터 바이러스 일반을 주제로 하는 것이었다. 통제 메시지는 컴퓨터 바이러스에 대해 어떻게 보안책을 마련할 것인가에 대한 정보 제공이었다. 여기에서 한 가지 흥미로운 사실을 발견할 수 있다. 그것은 루머의 부인이 루머에 대한 믿음을 감소시키는 데 통제 메시지보다 훨씬 더 효과적이긴 했지만 불안감 감소에서 나타나는 차이는 그다지 크지 않았으며 통계적으로 중요하지 않은 정도에 그쳤다는 사실이다. 통제 메시지가 정보와 대응 전략을 제공함으로써 불안감을 누그러뜨렸던 것이다. 세 번째 연구에서 우리는 불안감을 감소시키는 요소들을 루머의 부인으로 통합시켰다("바이러스에 대한 정보를 갖는 것이 향후 당신의 컴퓨터 파일을 보호하기 위한 최선의 방어책이다. 컴퓨터 바이러스는 호스트 프로그램을 감염시키면서 유포되는 컴퓨터 코드의 한 단편이다. 이 병원성 컴퓨터 코드를 발견하는 최선의 방법은 안티바이러스 프로그램을 설치하는 것이다"). 참가자들이 다시 통제력을 가질 수 있도록 해주었던 루머의 부인은 믿음과 불안감을 감소시키는 데 효과적이었다. 이 결과는 그림 9.4에 나타나 있다.

둘째, 다른 연구에서는 혐의를 포함시키는 것이 부인의 효과를 중재한다고 주장한다. 이들 연구는 선행적 혐의가 있는 상황과 없는 상황에서 반박이 갖는 효과를 검토했다. 콜러(Koller, 1993)에 따르면 반박의 출처는 선행적 혐의가 없을 때 더 부정적으로 평가된다고 주장했다. 선행적 혐의가 없는 상황에서 청중은 반박을 당혹스럽고 의심스럽다고 생각하며, 반박을 제기하는 사람을 부정적으로 평가한다. 이러한 효과를 설명한 초기 연구 가운데 하나로 얀델(Yandell, 1979)은 세 가지 실험 상황을 마련했다. 첫 번째 상황은 한 행위자가 타자기를 훼손했다는 혐의를 받았다. 그리고 이후에 그 행위자는 그런 일을 저지른 적이 없다고 부인했다. 두 번째 상황은 혐의가 없는 상황에서 부인이 개입되는 것이었다. 세 번째 상황에서 그 행위자는 타자기를 훼손한 것을 자백했다. 그 행위자는 첫 번째 상황(혐의와 부인이 모두 존재)보다는 두 번째 상황(부인만 존재)에서 타자기 훼손의 범인으로 지목될 가능성이 더욱 높았다. 실제로 두 번째 상황에서 타자기 훼손에 대한 평가는 그 행위자가 자백했을 때만큼이나 높았다. 그리하여 얀델은 혐의가 부인에 대한 상황적 설명을 제공한다고 결론을 내렸다. 그러나 혐의가 없는 상황에서의 부인은 오히려 범죄성의 인식을 만들어내며 범죄성에 대한 확신을 갖도록 한다. 웨그너, 웬즈라프, 커어커, 비티(Webner, Wenzlaff, kerker, & Beattie, 1981) 또한 신문 헤드라인의 풍자 효과에 대한 연구에서 이와 유사한 현상을 발견하였다. 그들의 연구에 따르면 오로지 부인만 하게 될 경우("밥 톨버트는 마피아와 아무런 연관이 없다"; M=3.73) "밥 톨버트가 마피아와 연관이 있다"(M=4.25)고 주장할 때보다 오히려 부정적인 인상을 갖게 된다. 반면 부정적인 인상은 통제 상황("밥 톨버트는 생일을 축하한다" ; M=3.00)과 비교할 때 그만큼 낮지도 않았다. 실제로, 부인 상황은 사실을 주장하는 상황이나 통제 상황과 비교했을 때 그다지 큰 차이점을 보여주지 않았다.

그렇다면 이러한 결과를 어떻게 이해할 수 있을까? 홀트그레이브즈와 그레이어(Holtgraves & Grayer, 1994)는 귀인 이론과 그라이스(Grice, 1975)의 법정 부인 연구에 대한 대화의 규범을 적용하였다. 그라이스의 다

그림 9.4

● 부인 ● 통제

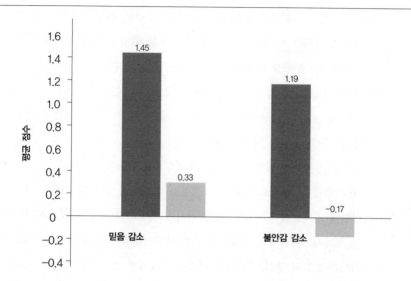

Y축: 평균 점수

믿음 감소: 1.45, 0.33
불안감 감소: 1.19, −0.17

~ 타임 바이러스 루머의 부인에 대한 평균 믿음 감소 및 불안감 감소. 데이터의 출처는 Bordia, DiFonzo, Haines, and Chaseling, ΄005, Study 3.

수의 규범에 따르면 화자는 상황이 요구하는 충분한 정보를 가지고 있어야 한다. 홀트그레이브즈와 그레이어는 혐의가 없는 상황에서 부인은 다수의 규범을 침해한다고 가정하였다. 지나치게 많은 정보를 갖는 부인이 제기되었을 때 청중은 이 침해를 설명하려는 동기를 갖게 되며, 그 결과 유죄라고 판단을 내리거나 그 사람의 신뢰성이나 성격에 대해 낮은 평가를 내리게 된다. 그들의 연구 결과는 예측한 바를 뒷받침해주었다. 이렇게 볼 때, 반박의 정황은 반박의 효과에 영향을 미친다고 말할 수 있다.

이러한 연구는 주로 개인에 대한 주장이 제기된 상황을 대상으로 이루어졌다. 우리는 이 연구를 생산품 불량에 관한 루머가 발생하여 제조 회사가 이에 반박하는 상황에 적용시켰다(Bordia, DiFonzo, Irmer, Gallois, & Bourne, 2005). 그리고 반박이 제기되는 상황이 부인의 효과를 경감시키는지에 대해 검토하였다. 첫째, 우리는 루머를 말하고 그 루머를 반박하는 메시지(루머+부인)와 루머를 말하지 않고 반박하는 메시지(부인만 존재)를 비교했다. 둘째, 우리는 이러한 PR 담당자들의 조언이 주어지는 상황 및 "루머에 대해 대응하지 않는 것이 우리의 정책이다"라는 식의 대응 방식(노코멘트 접근법)과 위의 반박 상황들을 비교했다. 셋째, 우리는 세 가지 전략(부인, 루머+부인, 노코멘트)이 루머만 존재하는 상황과 비교했을 때 어떻게 진행되는지를 알아보았다.

이 사항들을 살펴보기 위해서 실험실 환경에서 연구가 진행되었다. 실험 참가자들에게는 허위 신문 기사를 제공하였다. 이 신문기사에는 한 소비재 제조 기업 PBR이 발표한 성명서내용이 실려 있었다. 신문기사는 PBR의 생산 제품에 소비자에게 유해한 물질이 포함되어 있다는 루머가 떠돌고 있다는 내용이었다. 여기에 네 가지 조건을 마련하였다. 제시 9.1에는 네 가지 조건을 설명해 놓았다. 루머만 있는 조건에서 신문 기사는 PBR에 관한 루머만을 다루었다. 루머+부인의 조건에서 루머에 대한 보고 다음에 PBR이 루머를 한 번 더 말하고 이에 반박하는 성명서의 내용이 포함되었다. 부인만 존재하는 조건에서는 루머에 대한 어떠한 언급도 없었다. 대신 PBR 성명은 반박의 입장을 취하고 있었고, 자사의 제품은 소비자들에게 안전하다고 주장했다. 끝으로 노코멘트 조건에서 루머의 내용을 제시했고, PBR의 성명 내용에는 루머에 대해서 PBR은 아무 말도 하지 않겠다는 내용이 담겨 있다는 것을 전했다. 우리는 이 뉴스에 대한 반응을 측정했다. 이를테면 언론 진술의 근거, PBR에 대한 의심, 루머 진술의 내적(PBR) 요인 혹은 외적(환경) 요인, PBR의 은폐에 대한 인식, PBR에 대한 전반적인 평가, PBR 생산품의 구매 의지 등과 관련하여 불확실성의 정도를 평가한 것이다.

이를 통해 얻게 된 결과는 부인 전략을 명백하게 뒷받침해주었지만 노코멘트 전략에 대해서는 어떠한 근거도 찾을 수 없었다(그림 9.5 참조; 여기에서 논의한 조건들의 모든 차이점은 통계적으로 중요한 차이점을 근거로 한 것이다). 노코멘트 조건은 대부분의 변수에서 루머만 존재하는 조건과 매우 유사했다. 실제로 노코멘트 조건은 은폐에 대한 인식과 관련하여 루머만 존재하는 조건보다 더 나쁜 결과를 돌출하기도 했다. 회사가 루머에 대해 어떠한 언급도 하지 않겠다는 기사를 읽었을 때, 실험 참가자들은 그 회사가 무엇인가 은폐하려 한다고 느꼈다는 것이다.

다음으로, 부인만 존재하는 조건과 루머＋부인의 조건을 비교했다. 예상했던 대로 부인만 존재하는 조건에서 신문 기사의 근거에 대한 불확실성의 수준이 가장 높았다. 뿐만 아니라 루머＋부인의 조건보다는 부인만 존재하는 조건에서 신문 기사의 진술은 내부적 요인으로 더 많이 귀속되었다. 물론 루머＋부인의 조건보다 부인만 존재하는 조건에서 은폐에 대한 인식이 더 높았으며 회사에 대한 평가는 더 낮았다. 끝으로, 구매 의지에 관해서 두 가지 부인의 조건에서는 어떠한 차이점도 발견할 수 없었다.

전체적으로 이 결과들을 통해서 다음과 같은 사실을 확인할 수 있다. (a)노코멘트 전략은 기껏해야 아무것도 말하지 않는 것과 동일한 효과를 가질 뿐이다. 그리고 가장 나쁜 경우 더욱 큰 은폐의 인식으로 귀결된다. (b)부인만 존재하는 조건과 루머＋부인의 조건은 아무것도 말하지 않는 것(말하자면, 루머만 존재하는 조건과 노코멘트 조건)보다는 그 회사에 대한 평가 및 구매 의지와 관련하여 훨씬 더 바람직하다. (c) 루머의 부인에서 루머를 한 번 더 되풀이하는 것은 부인 진술에 대한 정황을 제공함으로써 부인의 근거에 대한 불확실성을 감소시킨다. 이는 또한 부인에 대한 근거를 외부적 요인에서 찾게 함으로써 회사에 대한 전반적인 긍정적 평가로 이어진다.

이러한 결과들은 반박 전략에 대한 몇 가지 근거를 제공한다. 그럼에

제시 9.1

반박 상황의 조사를 위한 조건들의 내용

루머만 존재	**PBR 제품 안전성 루머** : 니겔 윌슨, 경제부 통신원 PBR은 오스트레일리아의 가장 큰 식품 제조 업체 중 하나이다. 최근 PBR의 제품 안전성에 관한 루머가 떠돌고 있다. PBR 제품의 몇 가지 성분들이 소비자에게 해롭다는 것이다. 우리가 PBR과 접촉했을 때, 그들은 이 루머와 관련된 공식적 성명을 다음 날 배포할 것이라고 했다.
루머+부인	**PBR의 입장 표명, '루머는 거짓이며 악의적이다'** : 니겔 윌슨, 경제부 통신원 PBR은 오스트레일리아의 가장 큰 식품 제조업체 중 하나이다. 최근 PBR의 제품 안전성에 관한 루머가 떠돌고 있다. PBR 제품의 몇 가지 성분들이 소비자에게 해롭다는 것이다. 어제 있었던 기자 회견에서, PBR의 대변인은 다음과 같이 말했다. 'PBR은 악의적인 거짓 루머의 표적이다. 이들 루머는 우리 제품이 오염되었으며 소비자들에게 해롭다고 주장한다. 이 자리에서 PBR의 제품들은 소비자에게 전혀 해롭지 않다는 사실을 명확히 하고자 한다. 이들 루머는 아무런 근거도 없으며, 우리 회사의 명성과 매출을 떨어뜨리려는 경쟁사에 의해 유포된 것이다. 우리는 정기적으로 제품에 대한 광범위한 검사를 통해서 높은 수준의 안전 기준에 부합하는지를 확인하고 있다. 이러한 주장을 입증하기 위해서, 우리는 국립 보건원을 초빙하여 독립적인 검사를 하도록 했다. 국립 보건원은 우리 제품이 전적으로 안전하며 식품 안전에 관한 국가 표준에 부합할 뿐만 아니라 오히려 그 기준을 넘어선다고 확인해주었다.'
부인만 존재	**PBR의 입장 표명, '우리 제품은 안전하다'** : 니겔 윌슨, 경제부 통신원 PBR은 오스트레일리아의 가장 큰 식품 제조 업체 중 하나이다. 어제 있었던 기자 회견에서, PBR의 대변인은 다음과 같이 말했다. '이 자리에서 PBR의 제품들은 소비자에게 전혀 해롭지 않다는 사실을 명확히 하고자 한다. 우리는 정기적으로 제품에 대한 광범위한 검사를 통해서 높은 수준의 안전 기준에 부합하는지를 확인하고 있다. 이러한 주장을 입증하기 위해서, 우리는 국립 보건원을 초빙하여 독립적인 검사를 하도록 했다. 국립 보건원은 우리 제품이 전적으로 안전하며 식품 안전에 관한 국가 표준에 부합할 뿐만 아니라 오히려 그 기준을 넘어선다고 확인해주었다.' PBR은 이와 같은 입장 표명을 하게 된 이유에 대해서는 구체적으로 설명하지 않았다.
노코멘트	**PBR 제품 안전성 루머** : 니겔 윌슨, 경제부 통신원 PBR은 오스트레일리아의 가장 큰 식품 제조 업체 중 하나이다. 최근 PBR의 제품 안전성에 관한 루머가 떠돌고 있다. 이들 루머에 따르면, PBR 제품의 몇 가지 성분들이 소비자에게 해롭다고 한다. 어제 있었던 기자 회견에서, PBR의 대변인은 이 문제에 대해서 언급하기를 거부했다. 대변인에 따르면 '루머에 대해서 어떠한 대응도 하지 않는 것이 PBR의 정책'이라고 한다.

전체적으로, 이 결과들을 통해서 다음과 같은 사실을 확인할 수 있다.
(a) : 노코멘트 전략은 기껏해야 아무것도 말하지 않는 것과 동일한 효과를 가질 뿐이다. 그리고 가장 나쁜 경우 보다 큰 은폐의 인식으로 귀결된다.
(b) : 부인만 존재하는 조건과 루머+부인의 조건은 아무것도 말하지 않는 것보다는 그 회사에 대한 평가 및 구매 의지와 관련하여 훨씬 더 바람직하다.
(c) : 루머의 부인에서 루머를 한 번 더 되풀이하는 것은 부인 진술에 대한 정황을 제공함으로써 부인의 근거에 대한 불확실성을 감소시킨다. 이는 또한 부인에 대한 근거를 외부적 요인에서 찾게 함으로써 회사에 대한 전반적인 긍정적 평가로 이어진다.

도 불구하고 한 가지 밝혀둘 것은, 루머 관리가 손쉬운 일이라거나 반박이 루머에 대한 만병통치약이라고 주장하는 것은 아니라는 점이다. 실제로 루머를 통제하거나 관리한다는 것은 대단히 어려운 일이다. 제3장에서 논의했던 것처럼 루머는 다양한 필요와 동기에 의한 것으로, 확인되지 않은 정보에 대해서는 강한 거부감을 보인다. 실제로 믿음의 지속에 관한 사회적인지 연구는, 한번 형성된 인상은 반대 증거에 상당한 저항감을 보인다는 사실을 밝혀내었다.

그러면 믿음 지속과 그 이면의 과정을 통해 왜 어떤 루머들은 반박하기가 어려운지에 대해 살펴보자.

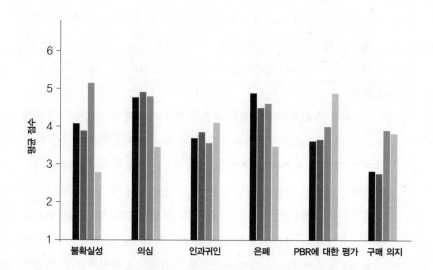

림 9.5

노코멘트 ● 루머만 존재 ● 부인만 존재 ● 루머+부인

확실성, 의심, 외부적 귀인, 은폐 의도, 회사 평가, 구매 의지의 평균 평점. PBR 제품이 위험하다는 루머. 라이커트 유형(Likert-e)의 척도로 1점부터 7점까지 측정함. 데이터의 출처는, Bordia, DiFonzo, Irmer, et al., 2005.

반박에 저항하는 루머

지금까지 여러 연구를 통해서 최초에 성립된 인상은 아무리 신뢰할
수 없는 것이라 하더라도 지속되는 경향이 있다는 사실을 알게 되었
다(Anderson, 1983, 1985; Anderson, Lepper, & Ross, 1980; Ross, Lepper, &
Hubbard, 1975). 이들 연구에서 피실험자들은 조작된 정보에 근거해서
긍정적 혹은 부정적 인상을 형성하였다. 예를 들어 피실험자들은 자
신이 거짓 자살 노트로부터 진실을 인식할 수 있는 능력을 가지고 있
다는 인상을 형성했다(그들은 진짜 자살 노트를 인식할 때 성공하기도 하고 실패
하기도 했다). 다른 실험에서 피실험자들은 위험한 행동을 종이와 연필
로 측정하는 것과 소방관으로서의 성공과의 관계에 대해서 인식을 형
성하였다(그들은 위험한 행동과 성공 사이에 긍정적 혹은 부정적 관련이 존재하는
것으로 믿게 되었다). 이 실험에서 조작된 정보는 피드백 형태로 제공되
거나(당신이 "옳다" 혹은 "옳지 않다") 혹은 위험한 행동의 정도와 성공적인
화재 진압에 관한 편향된 사례를 통해 제공되었다. 그리고 정보의 조
작을 체크함으로써 참가자들이 형성하는 인식의 방향과 강도를 측정
했다.

이후에 피실험자들에게 실험 내용을 설명했다. 처음에 인상을 형성하
는 근거가 되었던 데이터는 모두 사전에 결정된 것이라는 사실을 알
려준 것이다. 앞서의 사례를 보면 실험자가 피실험자에게 직접 피드
백했던 내용이 사전에 결정된 것이라고 말하거나 실제 응답과는 아무
런 관련이 없다고 말하면서 실험 내용을 설명했다. 또는 피실험자들
에게 말했던 소방관에 대한 사례도 모두 허구라고 말했다. 그런 다음,
피실험자들은 인상의 방향과 강도를 독립적으로 완성시켰다. 그래서
얻어진 결과는 실험 설명이 있은 이후에 최초의 인상이 약해진다고
할지라도 계속 유지된다는 사실을 일관되게 보여주었다. 이들 결과는

루머 부인에 대한 연구에서 우리가 찾아내었던 사실과도 유사하다. 예를 들어 "나는 허위 자살 노트와 진짜 자살노트를 분간해내는데 재주가 있다〔없다〕"라고 믿을 때 사람들의 믿음에 대한 강도는 (a)그 믿음과 일치하는 피드백이 주어졌을 때 가장 높았으며, (b)증거를 신뢰할 수 없을 때 감소하기는 하지만 없어지지는 않았다. 우리가 밝혀낸 유사한 사실로, 루머에 대한 믿음은 (a)루머가 제시되었을 때 가장 높았으며, (b)루머에 대한 반박이 제기되었을 때 감소하기는 하지만 없어지지는 않았다. 진흙이 달라붙었지만 완전히 덮은 것은 아닌 셈이다. 루머를 더 이상 믿을 수 없게 되어도 루머에 대한 믿음은 계속해서 지속되지만 그 강도는 약화되는 것이다.

이와 같은 믿음의 지속 현상은 세 가지 메커니즘을 통해서 설명되었다. 세 가지 메커니즘에는, 성향 확정(confirmation bias), 인과적 추론 형성(causal inference making), 부인 투명성(denial transparancy)이 있다. 성향 확정이란, 반대의 데이터를 받아들일 때 기존에 가지고 있던 성향에 부합하도록 조정하려는 경향을 일컫는다(Nisbett & Ross, 1980). 이때 성향 확정은 최초의 인상과 반대되는 증거를 무시한다(피실험자들은 자신이 자살 노트를 분간해 낼 수 있다는 믿음을 유지하기 위하여 믿음이 가지 않는 증거를 무시했다). 성향 확정은 기존 인상을 강화하기 위해서 동시에 발생하는 정보를 선택적으로 해석한다(Ross et al., 1975). 한번 형성되면 인상은 상대적인 자율성을 갖는다. 근거가 될 수 있는 증거들과는 독립적으로 존재하게 되는 것이다. "사람들은 인상과 관련된 정보의 타당성에 대한 자신의 해석을 가지고서 '재협상'하려고 하지 않는다"(Ross et al. 1975, p890). 이와 같이 인상이 논리적 도전자에 대해 어떻게 면역력을 갖게 되는지는 쉽게 알 수 있다. 뿐만 아니라 제3장에서 이야기했던 것처럼 루머는 다양한 심리학적 필요에 의해 만들어지며, 사람들은 기존의 소중한 믿음을 합리화하고 지키려는 동기를 가지고 루머 활동에 참가한다.

인과적 추론 형성이란, 보증되지 않은 인과관계를 단순히 근접한 사건으로 치부하는 선입적 애호(predilection)를 말한다(Nisbett & Ross, 1980). 어떤 사건을 설명하는 것은 주관적 가능성을 증가시킨다(Ross, Lepper, Strack, & Steinmetz, 1977). 마찬가지로 제5장에서 보았던 것처럼 루머는 이미 만들어진 인과적 설명을 제공하면서 인과 관계를 추론할 수 있도록 해주기 때문에 사람들의 행동에 영향을 미친다.

끝으로, 웨그너, 쿨튼, 웬즈라프(Wegner, Coulton, & Wenzlaff, 1985)는 부인 투명성을 지속 현상에 관한 인색한 설명으로 보았다. 부인 투명성이란 어떤 명제를 부정할 때 부인이 효과적이지 못하다는 것을 표현한 말이다(사람들이 그 속을 훤히 들여다볼 수 있다는 의미에서 부인이 투명하다는 것으로 비효과적이라는 뜻이다). 이 이론에 따르면 사람들은 아무리 단순하다고 해도 처음에는 모든 명제들을 진실한 것으로 분류한다. 거짓으로 판단된 명제는 '진실이 아니다'라는 딱지가 붙게 되는데, 일반적으로 긍정의 명제에 비해서 기억 속에 저장되지 않고 삭제되는 경우가 많다. 예를 들어 다른 정보가 없는 상황에서, "밥 톨버트는 마피아와 아무런 관련이 없다"는 명제를 연상해낼 때 "밥 톨버트는 마피아와 관련되어 있다"는 명제로 바뀌는 경향이 있다. 부인은 어떤 명제를 지워버리지 않고 오히려 그것과 함께 존재하게 된다.

부인이 효과적이기 위해서는 부인을 연상할 때 그 대상과 혐의도 함께 연상해낼 수 있어야 한다. 부정적인 것을 연상하는 데에는 더 많은 인지적 노력이 필요하다는 사실에 대해서는 웨그너와 동료 학자들의 연구(Wegner et al., 1985)를 통해 확인할 수 있다. 그들의 연구에 따르면, 만일 "나는 사기꾼이 아니다"라는 부인 명제를 "나는 정직하다"라는 긍정 명제로 바꾸어서 제시하게 되면 연상 가능성이 훨씬 더 높아진다는 것이다. 다시 말해 루머의 희생자는 긍정적인 인상을 자신과 연관시킴으로써 루머에 의해 만들어진 부정적인 인상을 대체하려고 노력해야 한다. 타이보우트와 동료 학자들도 같은 의견을 피력하였다

(Tybout et al., 1981). 그들은 맥도날드 햄버거 패티에 벌레 고기가 포함되어 있다는 루머가 유포된 뒤 맥도날드에 대한 태도는 벌레 고기가 프랑스 진미로 바뀌어 다시 이름이 붙여졌을 때나 참여자들에게 자신이 직접 방문했던 맥도날드 레스토랑의 세부 사항을 다시 생각해보라고 요구했을 때(예를 들어 그들의 자리가 실내에 있었는지 여부) 개선되었다는 사실을 발견했다. 루머의 통제를 위해서는 다방면적인 접근법을 취해야 하는 것이다. 그러므로 여기에는 명시적인 반박과 함께 명성을 확장시키는 전략이 포함되어야 한다. 실제로 가장 효과적인 반박은 이러한 접근법을 택한다. 스트로 비어의 사례를 생각해보자(Koenig, 1985). 1983년 스트로 양조회사는 제시 잭슨의 대통령 선거 운동에 돈을 기부했다는 루머에 시달렸다. 그래서 이 회사는 시카고 트리뷴지에 광고를 싣는 동시에 그 루머가 "전적으로, 완전히 거짓이다"라고 발표하면서 자유의 여신상 개보수 작업에 회사가 기부했던 정보를 공개했다.

루머 관리를 위한 제언

이들 연구 결과를 통해 얻게 된 사실을 토대로 우리는 처음에 제기했던 질문의 답을 말할 수 있다. 어떻게 하면 루머를 효과적으로 관리할 수 있을까? 루머는 현장에서의 불확실성과 불안감을 감소시킴으로써 방지할 수 있다. 관리자는 불확실성, 불안감 및 통제력 상실에 대한 우려를 촉발시킬 수 있는(그리하여 루머가 만들어질 수 있는) 사건들을 예상할 수 있어야 한다. 그리고 체계적인 커뮤니케이션 전략을 통해서 이 문제들을 처리할 수 있어야 한다(Clampitt, DeKoch, & Cashman, 2000). 관리자들이 모든 불확실성의 출처를 처리해낼 수는 없겠지만(판단과 결정이 모두 완벽하게 이루어질 수는 없다) 불확실성을 구성하기 위한 전략들을 통해서 루머를 방지할 수 있는 가능성은 높아진다(DiFonzo & Bordia, 1998). 제8장에서 보았던 것처럼 신뢰는 공식적 혹은 비공식적 커뮤니케이션이 어떻게 인식되는지에 대해서 핵심적인 역할을 한다. 불신의 환경에서는 사소한 불확실성도 위협적이 되며 어떤 말도 쉽게 믿어버리는 분위기를 만든다. 그러나 신뢰의 분위기 속에서는 무시무시한 루머도 뿌리내릴 수 있는 자리가 없다. 따라서 신뢰를 형성시킬 수 있는 방법(개방적이고 참여적인 커뮤니케이션 실행)을 통해서 불확실성을 줄이고 부정적 루머의 유포를 막아야 한다.

루머를 진압하기 위해서는 신속하게 행동해야 한다. 루머가 오랜 기간 동안 유포되면 그만큼 통제하기 더 어려워진다. 왜냐하면 루머의 다이나믹스에 관한 다음 두 가지 특징 때문이다. 첫째, 루머가 유포될 때 그 루머는 점점 더 믿을 만한 버전으로 바뀐다. 따라서 견제하고 진압하기가 더욱 어려워진다. 둘째, 루머를 듣는 횟수가 증가하면 증가할수록 루머를 믿을 가능성은 점점 더 높아진다(이것은 제4장에서 설명했던 반복효과이다). 따라서 커뮤니케이션 관리를 담당하는 사람들은 비공식적 네트워크를 항상 주시해야 하며, 루머가 발생했을 때 신속하게 파악할 수 있어야 한다. 회사의 경영진이 일선 직원들과 어느 정도 단절되어 있다는 사실을 감안하면 경영진이 어떤 루머를 듣게 된 시점은 이미 현장에 그 루머가 널리 유포되어 있을 때이다. 한 관리자는 믿을 만한 부하 직원을 "소너병"(sonarman)으로 삼아서 직원들 사이에 떠도는 루머를 자신에게 알리도록 하고 그 내용을 경영진에게 보고했다.

루머 발생에 직면했을 때 첫 번째 내려야 할 결정은 루머를 무시해버릴 것인지 아니면 어떤 방도를 취해야 할 것인지를 선택하는 일이다.

그림 9.1에서 볼 수 있는 것처럼 PR 전문가를 대상으로 한 서베이에서 응답자의 75퍼센트가 루머를 무시해버렸다고 말했다. 그러나 이러한 전략은 상대적으로 효과적이지 못하다(Smeltzer, 1991). 루머가 아무런 해악을 미치지 못하고 그 자체로 곧 소멸해버릴 것으로 판단될 때에만 루머를 무시하는 전략을 선택할 수 있다(DiFonzo et al., 1994). 특히 응답에 대한 설명 요구를 받게 되면 관리자는 즉시 루머에 대해서 말해야 한다. 앞에서도 설명했던 것처럼 노코멘트 응답은 무엇인가 숨기고 있다는 의혹을 증폭시켜 문제를 둘러싼 불확실성만 확대될 뿐이다. 예를 들어 프리스(Frith, 2001)는 에이엠피사(AMP Corporation)가 취했던 노코멘트 정책은 오히려 합병에 대한 루머를 부채질했다고 말했다. 만일 그 루머가 사실이라면, 혹은 그 루머 중 일부 요소만이라도 사실인 것이 있다면 그것을 확인시켜주어야 한다. 이 전략은 PR 전문가를 대상으로 한 우리의 서베이 연구에서도 매우 효과적인 것으로 평가되었다.

또한 진실인 사실을 확인함으로써 불확실성을 감소시킬 수 있다. 어떤 은행이 실수로 몇 장의 신용 카드를 잘못된 주소로 발송한 적이 있었다. 이 일이 있은 뒤에 은행이 엄청난 수의 카드를 잘못된 주소로 발송했다는 루머가 유포되기 시작했다. 은행은 고객에게 신속하게 사실을 알렸다. 일부 카드를 잘못된 주소로 보낸 것은 사실이지만, 루머는 이 문제를 지나치게 과장하고 있다는 점을 분명히 밝힌 것이다 (DiFonzo et al., 1994).

대부분의 경우에 부인은 루머에 대한 믿음을 감소시키고, 향후 루머를 쉽게 받아들이지 않도록 예방하며, 루머로 인한 손상을 통제하거나 기록을 바로잡기 위해서 필요하다. 실제로 부인을 하지 않으면 혐의가 있다는 불리한 증거로 간주된다. 루머를 부인할 때에는 실제 사실에 근거를 두는 것이 중요하다. 이것은 윤리적인 문제이기도 하다. 책임감과 윤리적 행동을 받아들이면 회사에 대한 평가는 높아진다.

조직은 장기간 비밀을 유지할 수 없다. 정보의 유출은 발생하기 마련이다. 사람들이 점점 더 많은 사실을 알게 되면서 비밀을 유지시키려던 경영진에 대한 신뢰는 점점 땅에 떨어진다. 한 회사에서 많은 비용을 필요로 하는 인사적 실책이 발생했다. PR 담당자는 이 사실에 대해서 듣지 못했기 때문에 언론에 대한 대응책을 마련하지 못했다. 한 신문기자가 이 사건을 발견하고서는 기사화시켰다. 물론 이때 해당 회사의 적절한 답변은 없었다. 당시의 PR 담당자는 이 사건에 대해서 다음과 같이 말했다.

> 월요일 아침이었어요. 어떤 기자로부터 전화가 걸려왔어요. 그 기자가 말하기를, 우리 회사가 현실적 문제를 안고 있다는 것을 잘 안다고 하더군요. 나는 경영진과 이 문제에 대해 검토했지요. 그들이 문제는 알고 있었지만 아무에게도 말하지 않았다고 했어요. 다음 날 그 기자가 내게 다시 전화를 했답니다. 기자는 정말로 우리 회사에 대한 몇몇 사실들을 알고 있는 것 같았어요. 넷째 날, 기자는 매우 심각한 상황이며, 이 문제로 수십억 달러의 비용이 발생할 것이라고 말했어요. 그래서 나는 다시 경영진에게 가서 말했지요. "도대체 무슨 일이 있는 겁니까?" 그들은 "그래요, 우리에겐 바로 이 문제가 있어요"라고 실토하더군요. 그 기자는 그날 오후 이 문제를 기사화했답니다. (DiFonzo et al., 1994, p59)

설득적 메시지의 효과는 정보출처의 신뢰성과 메시지의 품질에 달려 있다. 루머의 부인도 마찬가지다. 사람들은 루머의 범위와 심각성에 조응하는 정보출처를 정직하고 믿을 만한 것으로 인식한다. 실제로 중립적인 외부의 정보출처는 매우 효과적이다. 예를 하나 들어보자. 음료수 캔에서 세척기가 발견되었다는 루머가 발생했을 때 앨팩 보틀링사(Alpac Bottling Company)의 대응 노력은, 한 중립적 음료수제조 검사관이 "나는 수년 동안 이런 유형의 공장 제조설비를 검사해왔습니다. 이런 일은 절대 발생할 수 없습니다. 따라서 이런 루머는 짓궂은 장난에 불과합니다"라고 말했을 때 큰 힘을 얻게 되었다(Fearn-Banks, 2002, p233). 메시지는 명확해야 하며, 이해하기 쉽고 루머를 불식시킬 수 있는 증거를 포함하고 있어야 한다. 한때 디자이너 타미 힐피거(Tommy Hilfiger)가 오프라 윈프리 쇼에 출연해서 인종주의적 발언을 했다는 루머가 떠돌았다. 타미 힐피거가 이 루머를 부인할 때, 그 속에는 오프라 윈프리의 말이 포함되어 있었다. 즉, 오프라 윈프리는 타미 힐피거가 자신의 쇼에 출연한 적도 없으며, 더구나 자신은 타미 힐피거를 한 번도 본 적이 없다고 말했던 것이다("Tommy Rumor," 1999).

루머를 듣지 않은 사람이 루머에 대한 부인을 받아들이게 되는 것은, 결국 왜 그런 부인을 하게 되었는지에 대한 정황 및 근거에 대한 정보를 알려주는 것이다. 다시 말해 루머가 존재한다는 사실을 알려주는 것이 된다. 스트로 양조회사는 대통령 선거 운동에 기부를 했다는 루머를 부인할 때에 그 루머에 대해 명확하게 말한 다음 그 사실을 부인했다. "일리노이와 인디아나 지역에서 우리 스트로 양 회사가 대통령 후보자에게 거액을 기부했다는 루머가 떠돌고 있습니다. 그러나 이 루머는 전적으로 사실이 아닙니다"라고 분명히 밝혔던 것이다(Koenig, 1985, p61). 시카고 트리뷴지에 반 페이지 광고를 실어서 스트로 양조회사는 비정치적인 프로그램에 기부하고 있다는 정보를 제공하면서 그 루머가 자사를 비방하기 위한 것이며 루머를 만들어서 유포한 사람을 제보할 시에는 25,000달러를 현상금으로 지급하겠다고 공언했다.

이 장에서 우리는 루머 관리에 대한 연구를 검토했다. 그리고 이러한 연구가 루머를 방지하거나 관리할 때 갖는 의미에 대해서도 살펴보았다. 마지막 제10장에서는 처음에 제시했던 질문에 대한 해답을 찾고 보다 포괄적인 연구 어젠더를 제안함으로써 지금까지 설명한 개념들을 요약하고자 한다.

Summary, Model, AND Research Agenda | 10

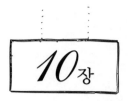

결론 : 요약, 모델 및 연구 어젠더

2005년 뉴올리언스를 강타한 허리케인 카트리나가 발생한 뒤에 매우 해괴한 루머가 출현했다. 미국 해군이 테러리스트 다이버들에게 독화살 총을 발사했는데, 수리를 위해 정박 중인 잠수함을 보호하도록 특별한 훈련을 받은 돌고래들이 허리케인이 몰아치는 동안에 파도에 떠밀려 왔다는 루머였다. 루머에 따르면, 이로 인하여 모든 다이버들과 걸프 해안에서 수영하는 사람들이 위험에 노출되었다고 한다(Mikkelson, 2005). 이 루머는 훅스버스터(hoaxbuster) 웹 사이트 http://www.snopes.com에서 "아마도 거짓"이라고 판단되었지만 광범위하게 유포되고 회자되었다.

이 책에서 우리는 루머를 둘러싼 여러 가지 질문을 제시하였다. 여기에는 오래된 질문도 있고 새로운 것도 있었다. 우리는 이 질문들을 오늘날의 사회 및 조직심리학 이론과 접목시켰으며 우리의 경험적 연구 결과에 입각하여 해답을 제시하고자 했다. 이 장에서는 각 질문에 대한 결론을 요약하고 루머 현상의 통합 모델을 제시할 것이다. 그리고 상세한 연구 어젠더를 제안할 것이다.

요약

루머란 무엇인가?

제1장에서 우리는 루머를 정의하였다. 루머란 모호하고 위험하거나 잠재적 위협이 될 수 있는 상황에서 발생하여 유포되는, 입증되지 않았으나 도구적으로 유용한 정보에 관한 진술이다. 루머는 상황을 인식하고 위기를 관리할 수 있도록 하는 기능을 갖는다. 이 정의는 루머의 내용, 정황 및 기능의 측면에 초점을 맞춘 것으로 각각에 대해 가십 및 도회전설과는 대조를 이룬다. 루머 내용은 입증되지 않은, 도구적으로 유용한 정보이다. 반면 가십은 대상을 평가하는 내용이 담긴 사교적 잡담이며, 도회전설은 흥미로운 이야기이다. 루머는 모호하고 위험하며 물리적 혹은 심리적으로 위협이 되는 상황에서 발생한다. 그리고 모호한 상황을 인식하거나 위기를 관리하게 한다. 이와 달리 가십은 사교적 네트워크 형성 및 유지라는 배경에서 나타나며 집단의 결속력을 높이고 멤버십, 규범 및 권력 구조를 규정할 수 있도록 해준다. 도회전설은 사교적으로 결집된 상황에서 나타나며 재미와 집단의 규범 및 문화적 진실을 전달하는 기능을 갖는다.

우리는 정보의 여섯 가지 측면들을 구분하기 위해서 정보측면척도 (Information Dimension Scale, IDS)를 제시하였다. 그 중 네 가지는 내용에 관한 것이었다. 이를테면 정보가 입증 근거를 어느 정도 갖는지, 얼마나 중요한지, 어느 정도로 개인에 관한 것인지, 그리고 얼마나 중상비방적 내용을 담고 있는지에 대한 내용이었다. 그리고 나머지 두 가지는 기능에 관한 것으로 정보의 흥미와 유용성이 어느 정도인지에 관한 것이었다.

그런 다음, 루머, 뉴스, 가십, 도회전설의 표본에 대해서 정보 측면을 측정하였다. 이를 통해서 각각의 표본들이 유형에 따라서 각기 다른 정보측면 패턴을 보여준다는 사실을 알게 되었다. 예를 들어 루머는 입증 근거에서는 낮게 평가되었지만 중요성과 유용성에서는 높게 평가되었다. 뉴스에 대한 평점은 입증 근거를 제외한 다른 요소들에서 유사하게 나타났다. 뉴스의 경우 입증 근거에서 높은 점수를 받았다. 그러나 가십은 중요성과 유용성에서는 낮은 점수를 받은 반면 개인에 대한 중상비방적 내용 및 흥미 면에서는 높게 평가되었다. 도회 전설의 경우 입증 근거, 중요성 및 유용성에서는 낮게 평가되었지만, 흥미 면에서는 높은 점수를 받았다.

여러 종류의 루머를 구별하기 위해서 정보 측면을 사용한 것은 루머 연구에 있어서 매우 유용한 진보이다. 생물학에서의 종(種)과 정신 질환의 유형에서처럼 루머의 분류는 다수의 특성이 존재하는지의 여부에 따라 결정되며 불분명한 형태가 지속된다. 따라서 어떤 정보를 루머 혹은 가십으로 명확하게 분류하기 힘든 경우가 종종 발생한다. 어떤 정보가 루머와 가십의 두 가지 특성을 모두 보이는 것이다. "상사가 CEO와 불륜을 저질렀다는군"이라는 소문은 몇 가지 측면에서는 루머가 될 수 있다. 우선 입증 근거에서는 취약하지만 중요성 면에서는 높게 평가할 수 있다. 왜냐하면 이는 업무 과정에 영향을 미치기 때문이다. 그러나 다른 측면에서 보면 가십이 될 수도 있다. 내용이 개인에 대한 것이며 중상비방적이고 흥미를 불러일으키기 때문이다. IDS는 이처럼 불분명한 형태를 만들어낼 수밖에 없다. 그러나 연속적 척도로서 정보의 특징을 구분지을 수 있는 방식을 제공한다. 어떤 정보가 루머인지 아닌지를 분류하는 대신에 그 정보가 정보측면 패턴에서 루머로서 강한 특징을 갖는지 중간적 특징을 갖는지, 아니면 약한 특징을 갖는지를 구분할 수 있는 것이다.

루머를 어떻게 범주화할 수 있는가?

제2장에서 우리는 기본적인 질문을 제기하였다. 루머라는 커다란 하나의 파이는 몇 가지 서로 다른 방법으로 나누어졌으나 대부분은 루머의 특징에 관한 동기의 긴장 관계에 따라 구분이 이루어졌다. 이를테면 두려움, 희망 실현, 이간질 루머 등이다(R. H. Knapp, 1944). 조직이라는 배경에서 우리는 루머의 중심 기능이라 할 수 있는 상황 인식과 위기관리에 근거해서 직접 만들어낸 범주화틀을 제시했다. 우리는 이범주화틀에 근거하여 루머의 대중(조직의 내부 혹은 외부), 집단적 관심의 대상(직업 안정성, 주가), 루머의 내용(경영권 이양, 고비용의 실책) 등에 따라 분류하였다. 그리고 변화의 네 가지 측면에 근거하여 조직 변화에 관한 내부 루머를 분류하였다. 이 변화들에 대해서 조직의 구성원들은 상황을 인식하거나 변화의 효과를 관리하고자 하는 동기를 가지고 있었다. 네 가지 변화의 측면에는 직업 및 작업 환경의 변화, 조직의 본질적 변화, 잘못된 변화 관리 및 조직의 성과에 관한 변화의 결과 등이 있다. 이와 같은 범주화 틀은 매우 중요하다. 이를 통해서 사람들이 무엇에 관심을 가지고 있는지, 그리고 그 이면의 태도와 믿음이 무엇인지 알 수 있기 때문이다. 뿐만 아니라 루머의 방지와 관리를 담당하고 있는 실무자가 적절한 대책을 세울 때 도움이 되기 때문이다.

루머는 얼마나 빈번하게 발생하는가?

루머의 빈도에 대해서는 많은 연구가 이루어지지 못했다. 그러나 그동안의 연구 결과를 통해 조직의 루머가 매우 빈번히 발생한다는 사실을 알 수 있다. 회사의 고위급 PR 담당자들은 평균 일 주일에 한 번꼴로 조직에 해로운 루머를 듣고 있었다(DiFonzo & Bordia, 2000). 이들 조직 루머의 대다수는 내부적인 것으로 인사 변화와 직업 보장에 관한 것이었다. 이와는 달리 외부적 루머는 대부분 조직의 평판 및 주가에 관한 것이었다. 이 연구에서 조직의 루머는 조직축소, 합병, 신기술, 조직개편 등과 같은 변화의 상황에서 발생한다는 사실을 알 수 있다. 한 대규모 공립병원을 대상으로 한 내부적 변화 루머에 대한 분석을 통해서 변화에 관한 내부 루머의 상당 부분이 직업 및 작업 환경의 변화에 관한 것이라는 사실을 알 수 있다(Bordia, Jones, Gallois, Callan, & DiFonzo, in press). 뿐만 아니라 변화에 대한 내부 루머의 절대 다수가 두려운 결과에 대한 공포심에서 유발된 것이었다(말하자면 두려움의 루머). 우리는 이와 같은 빈도의 패턴을 통해서 루머의 상황 인식 및 위기 관리 기능을 다시 한 번 확인할 수 있었다. 즉, 변화의 결과에 대해서 염려하고 관심을 보이는 직원들은 잠재적인 부정적 사건에 대해서 능동적으로 혹은 감정상으로 대비하기 위하여 루머 유포에 적극 가담하는 것이다.

루머는 어떤 영향력을 갖는가?

루머는 원인적 혹은 기여적 역할을 함으로써 다양한 태도 및 행동의 결과를 만들어낸다. 지금까지의 많은 루머 연구들은 어떤 루머에 대한 믿음의 정도가 강하지 않을 때에도 그 루머가 어떻게 공황적 경제 활동을 만들어내는지, 또 어떻게 인종적 긴장감을 부추기고 폭동을 일으키는지, 그리고 어떻게 보건 활동에 영향을 미치는지 등에 대해서 주목해왔다. 이를 설명하기 위해서 밤에 운전할 때 상대 운전자를 배려하기 위해 헤드라이트를 깜빡거리는 것이 자신의 죽음을 불러올 수도 있다는 내용의 거짓 루머를 소개했다. 당시 조사의 샘플은 교육 수준도 높고, 회의적 자세를 가지고 있으며, 훌륭한 성품을 지닌 심리학 교수 및 대학원생들이었다. 그럼에도 불구하고 이 거짓 루머로 인하여 그들은 대부분 상대 운전자를 배려하는 친교적 운전문화를 더 이상 하지 않겠다고 대답했다. 이 결과는 사람들이 손실에 매우 민감하다는 이론(Kahneman & Tversky, 1979) 및 부정적인 결과가 일어날 가능성이 매우 희박한 경우에도 손실을 막기 위해서 노력한다는 이론과 일치하는 모습을 보여주었다. 마찬가지로 "처남 해리"에게 들은 루머에 대해서 신뢰하기 힘들다고 평가하였지만, 그 루머로 인하여 주식시장에서의 매매 행동이 영향을 받았다. 그 영향력은 월 스트리트 저널의 일면에 게재된 정보가 미치는 영향의 정도와 대동소이했다. 이 루머로 인하여 "투자자"들은 낮은 가격에 구매하여 높은 가격에 판매하는 전략에서 이탈하게 되었으며, 통제집단에 비해서 낮은 이익률을 달성하는 것으로 끝이 났다(DiFonzo & Bordia, 1997).

'루머는 영향력을 발휘한다'는 명제는 74명의 기업 PR 전문가를 대상으로 한 우리의 연구 결과에 의해서도 뒷받침되었다. 이 샘플은 전반적인 루머의 영향력을 다소 심각하다고 평가했다(DiFonzo & Bordia, 2000). 루머 영향력은 대체적으로 세 가지로 구분할 수 있었다. 외부적 결과, 내부적 태도, 그리고 내부적 행동이다. 물론 루머가 내부적 행동에 미치는 영향력이 가장 큰 것으로 평가되었다. 조직 변화를 겪고 있는 병원을 대상으로 한 연구의 결과 또한 이 사실을 뒷받침해주었다. 부정적인 루머를 듣게 된 직원이 아무런 루머도 듣지 못한 직원보다 더 많은 스트레스에 시달렸던 것이다.

우리는 급속한 조직 축소를 경험했던 기업에 대한 추적 조사를 통해서 루머의 효과에 대한 포괄적인 조사를 실시할 수 있었다. 부정적인 루머의 청취 개수는 불확실성 및 불안감과 연관성을 가지고 있었다. 부정적인 루머의 청취 개수는 직원들의 핵심적 태도와는 역의 관계에 있었다. 여기에서 직원들의 핵심적 태도란 공식적 커뮤니케이션에 대한 긍정적인 평가, 회사에 대한 신뢰, 직업 만족도, 조직에 대한 헌신 등이다. 부정적 루머의 청취 개수는 직장을 떠나려는 의사 및 낮은 생산성과도 연관이 있었다. 뿐만 아니라 부정적 루머 청취 누적 개수 또한 이 결과들과 연관성이 있었으며, 단순히 최근에 청취한 루머의 개수에 비해서 이러한 결과에 대해 더 나은 예측 변수로 작용했다. 이러한 패턴을 통해서 부정적인 루머를 듣는 것이 다양한 부정적 결과와 관련이 있음을 알 수 있다. 뿐만 아니라 수개월 동안 부정적인 루머를 거듭해서 듣게 되면 결국 조직에서의 부정적인 태도, 의사 및 행동으로 귀결된다는 사실을 알 수 있다.

왜 사람들은 루머를 전파하는가?

제3장에서는 동기를 중심으로 한 분석틀을 통해 기존의 루머 전파에 대한 연구들을 살펴보았다. 루머 전파는 세 가지 커다란 심리학적 필요성에 의해서 이루어진다. 첫째, 자신이 처한 환경을 알고 이해함으로써 효과적으로 행동하고 대응하고자 하는 것이다. 이와 같은 필요로 인하여 사실확인 전략을 사용하게 된다. 어떤 주제의 결과에 대해 높은 관심을 가지고 있는데도 불구하고 그 주제에 대해 잘 알지 못하는 높은 불확실성의 상황은 통제력 상실 및 불안감을 불러일으킨다. 그 결과 정보를 찾고자 하는 동기(사실 확인을 위한 동기)가 생긴다. 루머는 설명과 예측을 제공하며 이러한 필요를 충족시켜준다. 둘째, 사회적 관계를 개발하고 유지하려는 필요는 관계확장 전략을 유발한다. 루머가 회자되는 상황에서 사람들은 상호작용이 일어나는 상황을 고려하면서 루머를 이용하여 대화 상대자와 유대관계를 형성하고 다른 관계 확장의 목적을 달성한다. 예를 들어 자신이 진실이라고 생각하는 루머를 전파하는 것인데, 이는 사회적 네트워크 속에서 믿을 만한 정보 출처로서 인정받음으로써 자신의 지위를 확대시키기 위함이다

(관계 확장의 목적). 셋째, 자기 자신의 물질적 심리적 요구를 확대시키려는 필요는 자기 확장 전략을 유발시킨다. 자기 획득의 동기를 갖게 되면 사람들은 적수를 위태롭게 하고, 외집단에게 부정적인 영향을 주며, 현재 가지고 있는 (편견적인) 믿음과 태도를 정당화시키기 위한 선전도구로서 루머를 전파한다.

우리는 루머를 전파하려는 의도를 가질 때 동기의 역할을 알아보기 위해서 경험적 연구를 실시하고 그에 대한 결과를 제시했다. 우리는 결합(부정적 혹은 긍정적 루머), 대상(내집단 혹은 외집단에 대한 루머), 루머의 수용자(내집단 혹은 외집단의 지인)를 조작했고, 실험 참가자들에게 루머를 전파하고자 하는 의도 및 그 이면의 동기에 대해서 질문했다. 여기에서 우리는 내집단에 대한 부정적인 루머가 다른 내집단 구성원에게 전파되고 있는 상황에서 사실확인 동기가 가장 높게 나타났음을 확인했다.

중재 분석을 통해서 내집단에 대한 부정적 루머를 다른 내집단 구성원에게 전파하려는 의도하에는 사실 확인 동기가 존재하고 있음을 알 수 있었다. 사람들이 내집단에 대한 부정적인 루머를 다른 내집단 구성원에게 전파하는 것은 그 루머의 진실성을 확인하기 위한 것이다. 그러나 관계 확장 동기는 루머가 결합에서 긍정적이고, 외집단에 관한 것이며, 외집단 구성원에게 전파하려는 것일 때 가장 높게 나타났다. 중재 분석을 통해서 외집단에 대한 긍정적인 루머는 외집단 구성원에게 전파될 가능성이 높다는 사실을 알 수 있었다. 뿐만 아니라 이러한 현상 이면에는 관계 확장 동기가 있음을 확인할 수 있었다. 자신이 좋은 뉴스를 가지고 있는 사람으로 인식됨으로써 대화 상대자가 자신에게 호감을 갖게 되기를 원했던 것이다.

끝으로, 자기 확장 동기는 루머가 긍정적이고 내집단에 관한 것이면서 수용자는 외집단 구성원일 때 가장 높게 나타났다. 그러나 이러한 상황에서 전파의 의도는 낮았다. 이는 아마 이런 조건이 관계 확장의 목적을 위협할 수도 있기 때문일 것이다. 이와 같이 자기 확장의 동기는 관계 확장의 동기에 비해 후위에 있음을 알 수 있다. 동기를 중심으로 한 접근법은 루머 전파에 미치는 다양한 영향력을 이해할 수 있도록 해주며 사실확인, 관계확장, 자기확장 동기를 종합함으로써 루머 유포 현상을 보다 포괄적으로 이해할 수 있게 해준다.

왜 사람들은 루머를 믿는가?

제4장에서는 에건 프룬스위크의 판단의 렌즈 모델을 이용하여 이 질문을 검토했다. 판단의 렌즈모델에서는 말단의 태도가 중심부의 신호로부터 유추될 수 있다고 주장한다. 사람들은 루머의 진실성을 추론해내기 위해서 어떤 신호들을 사용할까? 우리는 이 질문과 관련된 기존 연구들을 검토했다. 그 결과 네 가지 신호를 확인할 수 있었다. 사람들은 어떤 루머가 청자의 태도와 조응하는 것이면 그 루머를 더 잘 믿는 경향이 있었다. 특히 어떤 구체적인 태도와 조응하는 정도에 좌우되었다. 뿐만 아니라 루머의 출처가 신뢰할 수 있는 것일 때, 반복해서 루머를 듣게 될 때, 어떠한 반박도 없을 때 루머를 믿을 가능성이 높게 나타났다. 예를 들어 정부의 부패와 낭비에 관한 루머들은 청자가 현재의 특정 정부에 대해서 반대하는 입장일 때 믿을 가능성이 높았다(일반적인 정부가 아니라 루즈벨트 행정부에 대한 반대; F. H. Allport & Lepkin, 1945). 그리고 신뢰할 수 있는 정보 출처로부터 루머를 들었을 때, 반복해서 들었을 때, 루머에 대한 어떠한 반박도 듣지 못했을 때, 루머를 믿을 가능성은 높게 나타났다. 우리는 주식시장 중개인과 매매자에 대한 연구를 실시했다. 이 연구에서 주식시장의 루머를 믿을지에 대한 여부를 추론해 내기 위해서 여러 가지 신호들이 사용된다는 사실을 확인할 수 있었다. 여기에서 다른 신호로는, 정보출처의 이

해관계자로서의 지위(루머를 퍼뜨려서 무엇인가를 얻고자 하는가?), 보다 큰 패턴과의 일치 여부, 현재 나타나고 있는 데이터와의 일치 여부, 전문가 합의사항과의 일치 여부 등을 들 수 있다.

불확실한 상황을 인식하는 데 루머는 어떻게 도움이 되는가?

제5장에서는 개인의 수준 및 개인간의 수준에서 상황 인식 과정에 개입되는 심리학적 메커니즘을 살펴보았다. 개인의 수준에서 우리는 루머가 사회적 인지의 틀을 활용하여 상황을 인식한다는 사실을 밝혀냈다. 여기에는 설명 이론, 인과적 귀인, 환영 상관, 반회귀적 예측 등이 있었다. 루머는 어떤 사람의 관심을 특정한 사건이나 어떤 사건의 특정 부분으로 향하도록 하여 개인의 설명 과정에 영향을 미친다. 그리고 정보 추구 활동에 영향을 미칠 수 있는 지식 구조를 활성화시키고 불안감을 유발하는 루머 내용을 통해서 상황을 인식하려는 사람이 계속해서 충분한 설명을 찾도록 부추긴다.

인지 지식 구조는 설명 과정의 각 단계에서 중요한 역할을 한다. 그리고 원인에 대한 지식 구조는 루머가 어떻게 개인의 상황인식에 영향을 미치는지 이해할 때 특히 중요하다. 우리는 사람들이 상황을 인식할 때 루머가 도움을 준다고 설명했다. 이미 만들어진 지속적 원인 설명을 루머가 제공해주는 것이다. 여기에서 '이미 만들어졌다' 라는 말은, 대부분의 설명이 개인의 인과 분석에서 나오는 것이 아니라 사회적 환경에서 나온다는 뜻이다.

즉, 설명은 이미 루머 속에 구체적으로 나타나 있다. 예를 들어 사무실 개편이 곧 있을 것이라는 사실을 알게 되었다고 하자. 그리고 루머 유포자로부터 이 개편에 대해 이미 만들어진 설명을 들었다고 하자.

주된 내용은 회사가 조직개편을 할 것이라는 사실이다. 여기에서 '지속적' 설명이라는 것은, 원인이 되는 존재의 성격이 일시적이라기보다 지속적이라는 의미이다. 조직개편이 곧 있을 텐데, 그 이유는 경영진들의 지속적인 성향, 즉 탐욕 때문이라는 것이 된다. 우리는 대부분의 루머가 이와 같은 지속적 원인 귀인을 포함하고 있음을 알 수 있었다.

루머에 지속적 원인 귀인이 포함되어 있다는 사실은 매우 중요하다. 이 사실은 몇몇 익히 알려진 체계적 판단의 편향에서도 나타나고 있다. 우리는 이들 중 두 가지를 루머와 관련해서 살펴보았다. 첫째, 루머는 종종 인과관계를 잘못 판단하는 결과를 초래한다. 실제 현실에서는 존재하지 않는 관계를 믿도록 만드는 것이다. 주식 시장의 "투자자들"에게 주가 변동과는 아무런 관련이 없는 루머를 제시했을 때, 그들은 이들 루머가 주가 변동과 함께 변화한다는 강한 믿음을 보였다(DiFonzo & Bordia, 1997). 둘째, 루머는 사람들이 반회귀적 예측을 하도록 만들며(현재의 추세가 지속될 것이다), 예측에는 기본율 정보가 더 유리함에도 불구하고 이를 포기하도록 만든다. 주식시장의 루머는 오랫동안 이러한 반회귀적 매매행동에 영향을 미쳤다(Rose, 1951). 굿이어사의 순익이 증가한다는 루머를 듣게 되었을 때 투자자들은 주가도 상승하게 되리라고 예측한다. 우리는 실험 연구를 통해서 루머에 의한 반회귀적 투자 행위의 핵심에 지속적 원인 귀인이 있음을 밝혀내었다(DiFonzo & Bordia, 2002b). 여기에서 한 가지 흥미로운 사실은 우리 연구에서의 루머가 영향력을 발휘하지는 않았다는 점이다. 단지 그 루머들은 그럴듯한 논리를 가지고 있을 따름이었다.

우리는 집단적 루머의 상황 인식의 현상을 조사하였다. 이를 위해서 인터넷 루머 토론 중에 나타난 진술의 내용, 기능 및 흐름을 검토하였다. 먼저, 다음과 같은 질문을 제기하였다. "어떤 유형의 진술들이 루머 토론을 구성하는가? 그리고 전형적인 루머 에피소드에서 이러한 진술들은 상대적으로 얼마나 널리 퍼져나가는가?" 우리는 인터넷상의 루머 토론의 내용 분석을 위해서 루머 상호작용 분석 시스템(Rumor Interaction Analysis System)을 활용하였다. 그 결과 토론 내용의 상당 부분이 상황인식에 관한 것이라는 사실을 알 수 있었다. 참가자들은 어떤 루머가 진실인지를 확인하고자 노력했던 것이다. 참가자들은 정보를 제공하기도 하고, 질문도 제기하면서, 정보의 진위를 확인하고, 관련된 개인적 경험들을 공유하면서, 그리고 자신의 믿음과 믿지 않음을 피력하면서, 다른 사람들을 설득하고자 노력하는 모습을 보였다. 이러한 활동은 모두 상황인식이라는 집단의 목적을 뒷받침한다.

또한 우리는 다음과 같은 질문을 제기하였다. "루머 토론의 참가자들이 작성했던 진술의 전형적인 구성은 어떤 모습을 띄는가?" 다시 말해 사람들이 루머 토론에 참가할 때, 루머 토론 중에 작성하게 되는 진술이 어떤 구조와 모습을 갖게 되는가이다. 우리는 여기에서 참가자들이 작성한 진술 세트의 열 한가지 서로 구별되는 패턴을 확인했다. 우리는 이를 '커뮤니케이션의 자세'(communicative postures)라 이름 붙였다. 그리고 집단적 상황 인식의 틀 속에서 이들을 해석했다. 예를 들어 설명 전달 자세는 다수의 신중한 진술("이 이야기가 사실인지는 잘 모르겠지만, 내가 듣기로는…")과 정보 제공 진술로 이루어져 있다. 그 밖에 다른 자세로는 평가하고 입증하며, 반증하거나 설명을 받아들이는 것들이 포함되었고, 정보를 공유하거나 추구하는 자세, 행동의 방향을 제안하는 자세, 상황 파악 동기를 지속시키는 자세 등이 있었다. 이런 점에서 볼 때, 루머 토론 중에 취하게 되는 자세는 집단적 상황인식이라는 중요한 기능을 수행하고 있음을 알 수 있다.

마지막 질문으로 "루머 토론이 진행됨에 따라 일반적으로 자세와 진술들은 어떻게 변화하는가?"라는 문제를 제시하였다. 상황인식은 루머 토론의 전 기간에 걸쳐 자세의 변화와 발달을 이해하기 위한 핵심 개념이다. 우리는 일반적으로 상호작용이 다음과 같이 진행된다는 사실을 확인할 수 있었다. 설명 제공 및 지시의 자세는 루머 상호작용의 1/4 분기에서 가장 일반적이었다. 설명 평가는 3/4분기에 최고조에 달했고, 원인 참여(상황인식과 관련이 없는 자세)는 마지막 4/4분기에 가장 높았다. 루머의 전 기간에 걸친 진술 유형에 대한 유사한 분석을 통해서도 동일한 패턴을 발견할 수 있었다.

이와 같이 집단적 인터넷 루머에서 상황인식은 여러 단계를 거치면서 전개된다. 루머에 대해 어떤 집단이 관심을 갖게 되는 제1단계, 정보를 공유하는 제2단계, 설명을 평가하는 제3단계, 그리고 문제를 해결하는 제4단계이다. 루머 토론은 시간이 경과함에 따라 변하는 다양한 역할들로 구성되어 있다는 생각은 새로운 것이 아니다(Shibutani, 1966; R. H. Turner & Killian, 1972). 그러나 우리는 논의를 통해서 이러한 생각을 발전시키고 검증했다.

개인과 집단은 루머를 이용해서 상황을 인식한다. 그러나 상황은 때때로 매우 기이하고 이례적이며, 상황인식의 부정확성은 의문을 품게 한다. 루머는 얼마나 정확한가? 그리고 루머는 어떻게 해서 더 정확해지거나 덜 정확해지는가? 이 책의 제6장과 제7장에서 우리는 정확성 측면에서 루머의 내용변화와 관련된 몇 가지 질문을 제기하였다.

루머의 내용은 어떻게 변화하는가?

내용 변화의 네 가지 패턴을 확인하였다. 내용의 단순화(세부내용의 수가 감소), 내용의 추가(루머가 더욱 상세해짐), 내용의 예리화(특정 세부내용이 강조됨), 그리고 내용의 융합(단순화, 예리화, 추가를 통해서 인지적 스키마에 조응하도록 내용이 형성됨) 등이다. 일반적으로 학자들은 루머가 날마다 예리화되고 융합되어 간다는 사실에 동의한다. 그러나 루머가 단순화되는지 추가되는지에 대해서는 의견의 차이가 있었다. 현실에서 루머

는 점점 더 작아지는가, 아니면 점점 더 커지는가에 대한 의견 차이였
다. 우리는 이것이 상황적 모호함과 루머의 중요성으로부터 기인하는
전파의 패턴에 의해 좌우된다고 주장했다. 단순화가 발생하는 것은
루머에 대한 실험실 연구와 이식 루머를 통한 현장 연구에서였다. 실
험실 연구는 참가자들이 들었던 루머를 그저 다음 사람에게 순차적으
로 전파하는 상황을 만들었고, 루머를 이식하는 현장 연구에서도 루
머를 다른 사람에게 전파하되 루머에 대한 과도한 논의는 통제하는
상황을 만들었다. 단순화는 실제 루머 에피소드에서도 나타났다. 즉,
모호함이 상대적으로 낮은 상황 및 어떤 집단이 순차적으로 정보를
제공할 때 단순화를 찾아볼 수 있었다. 반대로 추가는 모호함과 중요
성이 높은 상황에서의 현장 연구에서 발생하는 것을 알 수 있었다. 이
때 집단의 구성원 상호간에 루머에 대한 논의가 적극적으로 이루어지
며, 루머에 대해 협동하는 모습을 보인다. 우리는 루머에 대한 사회학
적 입장과 심리학적 입장을 구분하는 데 역점을 두었다. 앨포트와 포
스트먼(G. W. Allport & Postman, 1947b) 이래로 심리학자들은 루머 활동이
정보를 한 사람이 다른 사람에게 순차적으로 전파하는 것이라고 보는
경향이 있었다. 또한 각 전파 단계에서 개인이 루머내용에 미치는 영
향에 초점을 맞추었다. 이와는 달리 사회학자들은 루머가 설명을 구
성하려는 집단의 목적을 위해서 순환적인 패턴으로 전파된다고 생각
했다. 그리고 전체적으로서의 집단이 루머 내용에 어떤 영향을 미치
는지에 초점을 맞추었다.

우리의 입장은 루머의 주된 기능은 주로 상황을 인식하도록 돕는 데
있지만, 이러한 상황 인식의 모습은 매우 다양하게 나타난다는 것이
다. 어떤 루머 에피소드는 순차적으로 전파되는 단순한 모습을 띄기
도 했다. 반면 다른 루머 에피소드는 상호작용적 논의가 포함되는 복
잡한 모습을 보이기도 했다. 이때 전자는 단순화를, 후자는 추가를 보
여준다.

루머의 정확성이란 무엇인가?

제6장에서는 '정확성'(accuracy)이라는 용어를 정의하였다. 우리는 두 가지 유형의 루머 정확성을 제시했다. 진실성과 정밀성으로, '진실성' (verity)은 현실과의 부합을 말하는 것이며 '정밀성'(precision)은 루머의 이전 버전과의 부합을 말하는 것이다. 루머의 정확성은 그 루머가 얼마나 진실인지에 따라 다양하다. 그리고 얼마나 정밀하게 전파되는지에 따라서도 다양하게 나타난다. 루머 진실성은 테스트 구성에서의 도구 타당성과 유사하며, 루머 정밀성은 도구 신뢰성과 유사하다.

우리는 루머의 진실성과 왜곡에 기반하는 분류 방식을 제시했다. 진실한 유머에는 세 가지 유형이 있다. '별'(stars)은 정밀하게 전파되는 진실한 루머이며, '개조'(converts)는 전파되면서 점점 진실해지는 루머이며, '불분명'(grainies)은 전파될 때 약간의 왜곡이 발생하는 루머이다. 어떤 경우에든 이 세 가지 유형은 대부분 진실한 내용을 담고 있는 루머이다. 거짓 루머에도 세 가지 유형이 존재한다. '위조' (counterfeits)는 정밀하게 전파되는 거짓 루머이며, '추락한 별'(fallen stars)은 시작은 좋았지만 끝이 좋지 않은 루머이며, '희망'(hopefuls)은 거짓으로 시작되었지만 약간의 개선의 조짐이 보이는 루머이다. 그럼에도 이들 루머의 내용은 대부분 거짓이다.

루머의 정확성을 어떻게 측정하는가?

정확성에 대한 현장에서의 관찰 연구는 각기 루머의 진실성에 대해 측정을 하였다. 이들 연구는 일반적으로 현장에서 회자되고 있는 루머를 수집하고, 어떤 루머가 진실인지를 확인하면서 그 중 진실인 것의 비율을 계산하였다. 실험실 및 현장 실험은 루머의 정밀성을 측정하는 경향이 있었다. 실험실에서의 실험은 일반적으로 실험 참가자들에게 그림과 같은 자극을 주고 이에 대한 설명을 순차적으로 전파할 때 나타나는 왜곡을 측정했다. 이 과정에서 논의가 개입될 수도 있고 개입되지 않을 수도 있었다. 이러한 방법론은 전화 게임과 유사했다. 현장 실험은 주어진 실험 환경에서 루머를 이식하고, 일정 시간이 지난 다음 떠돌고 있는 루머를 수집하여 그것과 최초의 버전을 비교하였다. 이때 루머의 정밀성이 루머의 진실성에 근접하는 것으로 인식되었다는 사실에 주목할 필요가 있다. 검증 진행자가 타당성에 영향을 미친다는 이유로 측정의 신뢰성에만 관심을 갖는 것과 같은 방식으로 정밀성을 측정하는 루머 연구자는 궁극적으로 루머의 진실성에 관심을 가졌다. 정확성에는 두 가지 서로 다른 유형이 존재함에도 불구하고 우리는 이들 두 용어를 널리 사용하도록 하는 것이 그다지 도움이 되지 않을 것이라고 생각한다. 루머 정확성 연구를 고려하고 디자인할 때에만 이 둘을 구분하는 것만으로도 충분하다. 따라서 우리를 비롯하여 다른 학자들이 루머 정확성에 대해서 언급할 때, 그것은 루머의 진실성을 의미하는 것으로 받아들이면 될 것이다.

전반적으로 루머는 얼마나 정확한가?

일반적으로 사람들은 루머를 거짓이라고 생각한다. 정말 이러한 생각이 옳은 것일까? 이 문제에 대해 대답할 수 있는 사실은, 루머 정확성은 매우 다양하다는 것이다. 어떤 환경에서는 일반적으로 정확한 루머가 만들어진다. 특히 조직에 관한 소문이 발생하는 경우 그것은 정확한 루머일 때가 많다. 우리는 루머 정확성에 관한 몇몇 현장 연구들을 검토했다. 정확성은 상당히 다양하게 나타났지만 조직에서 유포되고 있는 루머들은 대체로 높은 정확성을 보여주었다. 우리는 몇몇 조직에서 관리자와 커뮤니케이션 담당자를 대상으로 루머 정확성에 관한 인터뷰를 실시한 뒤 그에 대한 결과를 제시했다. 특정 루머의 정확성에 대한 그들의 평가는 매우 높았다. 특히 해당 루머가 한동안 유포되고 있었을 때 정확성이 높은 것으로 평가되었다. 우리는 추가적으로 두 가지 연구에 대해서 보고했다. 이들 연구에서 우리는 고용된 미국과 오스트레일리아의 학생들로부터 사무실에서 발생한 진실 루머와 거짓 루머를 수집했다. 그런 다음 그 정확성들을 평가했으며 정확성의 추세를 측정했다. 시간이 지남에 따라 루머가 점점 더 정확해지는지 아니면 덜 정확해지는지를 알아본 것이다. 진실 루머 혹은 거짓 루머를 연상해내는 옵션이 주어졌을 때, 거의 대부분의 사람들이 진실인 루머를 다시 생각해냈다. 엄밀히 말해 대부분은 개조 루머(시간이 지남에 따라 점점 더 정확해지는 루머)를 연상해냈다. 학생들에게 진실 루머와 거짓 루머를 모두 연상해보라고 했을 때, 진실 루머의 대부분은 개조 루머였다. 거짓 루머는 위조 루머 혹은 추락한 별 루머로 특이할 점은 없었다. 이 연구를 통해서 진실 혹은 거짓으로 판명이 된 조직의 루머는 정확성을 가지려는 경향이 있다는 사실을 알 수 있었다. 이와 같이 작업장에서 회자되는 루머는 부정확하다고 치부해버리는 것 자체가 부정확한 주장이었던 것이다. 이 연구를 통해서 우리는 '매튜 정확성 효과'를 확인할 수 있었다. 진실 혹은 거짓으로 판명된 루머들 중에서 진실 루머는 점점 "더 진실"이 되어가고, 거짓 루머는 제자리에 머물러 있거나 점점 더 거짓이 되어 가는 것이다.

무엇이 정확성과 부정확성을 초래하는가?

보다 구체적으로 정확한(혹은 부정확한) 루머 내용을 만들어 내거나 변화시키는 메커니즘은 무엇인가? 제7장에서 우리는 정확성과 관련하

여 루머 내용 변화를 다루었던 기존 연구 저작물들을 살펴보았다. 그
리고 다섯 가지 세트의 메커니즘을 제시했는데, 이 메커니즘에 의해
서 루머는 점점 더 정확해지기도 하고 더 부정확해지기도 한다. 이에
대해서 인지적, 동기적, 상황적, 집단 및 네트워크 과정을 제시했다.
인지 왜곡은 관심과 기억력의 한계 때문에 발생하는데, 스키마 활성
화가 원인이 되기도 한다. 어떤 루머가 아무런 논의 없이 순차적으로
전파되는 상황에서 청자가 관심을 제한하는 것은 부정확성으로 귀결
된다. 두드러진 정보나 중심 정보만을 강조하기 때문이다. 기억의 한
계 또한 논의 없이 순차적으로 전파되는 상황에서는 부정확성을 낳는
다. 쉽게 기억할 수 있는 정보만을 택하기 때문이다. 인지적 편견은
주어진 자극이나 정보를 스키마나 고정관념과 같이 이미 작동하고 있
는 인지 구조에 조응하도록 해석함으로써 발생한다.

동기적 메커니즘 또한 루머의 내용에 영향을 미친다. 루머 참가자가
갖는 정확성의 동기는 필요한 자원이 주어질 때 더욱 정확한 루머를
만들어낼 가능성이 높다. 관계 확장의 동기는 청자가 즉각적으로 받
아들일 만한 루머들만 선택적으로 전파하도록 한다. 이러한 루머는
더 정확한 것일 수도 있고 아닐 수도 있다. 자기 확장의 동기는 화자
의 자부심을 높여주고, 화자의 내집단을 우호적으로 보이게 하며, 외
집단에 부정적으로 작용할 수 있는 루머들을 전파하도록 한다. 이러
한 루머는 그다지 정확하지 못한 경우가 많다. 정확성에 영향을 미치
는 상황적 특성에는 고도의 집단적 동요, 루머 진실성의 검증 능력,
시간 등이 포함된다. 고도의 집단적 동요는 엄청난 부정확성으로 이
어진다. 왜냐하면 이때 사람들은 무슨 말이든 잘 받아들이면서 비판
력은 상실하기 때문이다. 그 결과 정보 수용에 대해서 매우 낮은 규범
을 채택하는 것이다. 루머 타당성의 검증 능력은 여러 방식으로 나타
난다. 논의가 없는 순차적 전파, 믿을 만한 정보출처로부터의 잘못된
정보, 새로운 커뮤니케이션 채널, 위협을 피하기 위해 신속하게 행동

해야 할 긴급성, 문제에 대한 확실한 정보의 부재, 타당한 정보 출처와의 거리, 루머를 다른 사람들과 비교할 수 없는 상황 등이다. 시간은 상당한 정확성으로 귀결되기도 하지만 엄청난 부정확성을 초래하기도 한다.

집단의 절차에는 일치(conformity), 문화, 지식 규범 등이 포함된다. 일치의 과정은 집단의 합의에 조응하도록 개인의 행동과 태도를 규정한다. 그 결과 정확성을 높이기도 하고 떨어뜨리기도 한다. 이것은 그룹 합의의 진실성 여하에 달려 있다. 마찬가지로 루머는 집단의 문화에 내재되어 있는 믿음, 가치, 행동 규범 등과 조응하는 모습을 보여준다. 이러한 문화의 한 부분이 지식 규범이다. 즉 어떤 증거에 대한 집단의 기준으로서, 그 기준이 높으면 루머 정확성의 확보 가능성 또한 높아진다. 네트워크 메커니즘에는 상호작용, 투명성 구조, 채널 연한(어떤 커뮤니케이션 채널이 지속되어 오고 있는 시간) 등이 포함된다. 상호작용은 루머 전파 과정에서 논의하는 것으로 정확한 루머를 만들어내는 경향이 있다. 여기에서 세 가지 전파의 구성을 확인할 수 있었는데, 상호작용이 있거나 혹은 없는 순차적 전파, 클러스터 전파(한 사람이 집단을 이루고 있는 사람들에게 이야기를 전하고 이 사람들 중 몇몇이 또 다른 클러스터에게 이야기를 전달하는 것), 그리고 다층적 상호작용(multiple interaction, MI; 루머에 대해 능동적으로 논의하고 재순환시키는 것) 등이다.

순차적 전파 및 클러스터 전파 패턴은 일반적으로 MI 패턴에 비해서는 그다지 활동적이지 못하다. 우리는 순차적 전파 및 클러스터 전파는 각각의 전파 단계에서 왜곡을 낳는다는 이론을 제시했다. 이러한 현상은 앞서 논의했던 인지적 과정 때문에 발생한다. MI 전파 패턴은 여러 가지 실책들을 완화시킬 수도 있고 두드러지게 만들 수도 있다. 테일러와 버크너가 말했던 '비판적 세트 성향'(critical set orientation)을 가진 집단은 보다 큰 MI를 가지고서 보다 정확한 루머를 만들어낸다. 반면 비판적이지 못한 세트 성향을 가진 집단은 상대적으로 정확하지 못한 루머를 만들어낸다(Buckner, 1965). 여기에서 '집단 성향'(group orientation)이란 어떤 집단이 사실을 추론해내는 능력이나 성향에 영향을 미치는 변수의 조합을 의미한다. 이 변수에는 검증 능력, 증거에 대한 높은 기준, 안정된 커뮤니케이션 채널의 존재 등이 포함된다.

끝으로, 커뮤니케이션 채널 연한은 정확성과 관련이 있다는 이론을 펼쳤다. 안정된 커뮤니케이션 채널을 통해서 전달된 루머는 보다 정확한 내용을 갖는다. 왜냐하면 화자의 신뢰성에 책임을 묻기 때문이다. 새로운 채널에 대한 신뢰 여부는 쉽게 확신할 수 없다는 것은 당연한 일이다.

제7장에서 우리는 동기, 집단, 네트워크 메커니즘 등을 검토하고 검증하기 위해 디자인한 새로운 연구를 제시했다. 커뮤니케이션 담당 직원들과의 인터뷰를 통해서 비판적 세트 성향이 루머 정확성과 상당한 연관성을 갖는다는 사실을 확인할 수 있었다. 비판적 성향에 대한 동기를 가지고 있을 때, 그리고 그 집단이 어떤 상황으로부터 사실을 추론해낼 수 있을 때, 루머의 정확성을 높일 수 있다. 고용된 학생들을 대상으로 한 서베이의 결과를 통해 채널의 연한과 집단의 회의론적 지식 규범이 더욱 정확한 루머를 만들어낸다는 사실을 확인할 수 있었다. 뿐만 아니라 MI는 회의론과 정확성 간의 관계를 중재했다. MI는 회의적인 집단에서는 보다 정확한 루머를 만들어낸 반면, 귀가 얇은 집단에서는 정확하지 않은 루머를 만들어내었다. 그러나, MI는 채널 연한과 정확성 간의 관계는 중재하지 않았다. 여기에서의 임시적 결과들은 버크너(Buckner, 1965)의 루머 정확성 이론의 핵심 성격과 대부분 일치하고 있다. 그러나 여전히 앞으로 연구해야 할 과제들이 많이 남아 있다.

신뢰는 루머 전파에 어떤 영향을 미치는가?

불신이 자라는 곳에서 루머가 흘러나온다. 이런 현상은 흔히 목격할 수 있다. 제8장에서 는 체계적으로 이 사실을 검토했다. 이를 위해 급격한 조직 축소를 경험하고 있는 한 조직을 대상으로 추적 연구를 실시했다. 신뢰에 대한 기존 연구가 제시한 틀에 기반하여(Dirks & Ferrin, 2001) 우리는 불신 ― 경영진의 의도가 악의적 성격을 갖는다는 생각 ― 이 모호한 사건을 부정적으로 평가 ― 부정적인 루머 ―하게 하며 이러한 평가에 따라 행동하도록 만든다고 가정했다. 실제로 우리는 예상했던 바를 확인할 수 있었다. 불신은 부정적인 루머의 전파 가능성을 높였으며, 불확실성과 불안감보다 더 강력한 예측 변수였다. 공식적인 정보 출처가 신임을 받지 못하면 사람들은 상황 인식 루머 논의에 의존하게 된다. 뿐만 아니라 경영진에 대한 신뢰가 없을 때 경영진의 행동은 잠재적인 위협으로 평가된다. 이는 어떤 상황을 이해하고 통제하고자 하는 필요를 증대시킨다. 그 결과 직원들은 이러한 필요를 충족시키기 위해서 루머 유포에 가담하게 되는 것이다.

신뢰는 중재변수의 역할도 했다. 즉, 불안감과 루머 유포 간의 관계에서 신뢰는 중재 역할을 했다. 신뢰가 높을 때 루머 활동은 불안감에 좌우된다. 그러나 신뢰가 낮을 때 루머 활동은 한결같이 높게 나타난다. 이와 같은 패턴은 다소 약하기는 했지만 불확실성에 대해서도 나타났다. 바꾸어 말하면 만일 어떤 사람이 경영진을 신뢰하지 않을 때 그 사람은 불확실성이나 불안감의 수준과는 상관없이 들었던 루머를 모두 전파하려는 모습을 보이게 된다. 경영진의 행동이 적대적인 것으로 인식될 따름이다. 그리하여 불안감과 불확실성이 매우 적다 하더라도 상황은 점점 확대된다. 물론 경영진을 비하하는 부정적인 루머 유포가 자기 확장을 위한 것일 수도 있다. 지금까지의 연구 결과를 종합해보면, 루머 전파와 관련하여 불확실성이나 불안감보다도 신뢰가 더 중요한 변수가 될 수 있음을 알 수 있다. 루머 전파에 대한 향후 연구 조사에서 신뢰의 문제는 지속적으로 검토되어야 할 것이다.

해로운 루머를 어떻게 관리할 수 있는가?

제9장에서 우리는 루머 진압 전략에 관한 기존 연구들을 검토하고, 루머 생성(불확실성 감소), 평가(루머 반박을 통한 믿음 감소), 또는 전파(법적 행동을 위협) 단계에서 이러한 전략들이 어디에 개입하는지에 대해서 정리하였다. 루머 관리를 위한 처방책에 관한 연구 저작들의 대부분은 루머의 생성 및 믿음을 감소시키는 전략을 제안했다. 우리는 루머 진압 전략의 효과와 적용을 파악하기 위하여 고위급 PR 베테랑들을 대상으로 한 연구 결과를 검토했다. 이 결과를 통해서 루머 방지 전략(조직 변화의 지침이 되는 가치와 절차를 설명함으로써 불확실성을 최소화함)이 가장 널리 활용되고 있음을 알 수 있었다. 반면 처벌 전략(루머 유포자를 밝혀내어 처벌함)은 사용되는 예가 드물었다. 또한 불확실성을 구조화하는 사전적 전략은 공식적 커뮤니케이션을 통한 사후적 루머 통제 방식(내부 혹은 외부 출처를 통한 루머 반박)에 비해 효과적으로 루머를 관리할 수 있다고 평가되었다. 그러나 모든 루머를 방지할 수 있는 것은 아니며, 루머 반박은 여전히 루머를 관리하기 위한 중요한 도구이다(Koenig, 1985).

반박은 루머의 믿음 감소에 얼마나 효과적인가?

우리는 루머 반박을 설득적 메시지로 간주했다. 루머 반박의 목적은 사람들을 설득해서 루머를 믿지 않도록 만드는 것이기 때문이다. 우리는 루머 반박에 대한 경험적 연구들을 검토했다. 그리하여 다른 설득적 메시지처럼 루머 반박도 다음과 같은 경우에 보다 효과적임을 알 수 있었다. 첫째, 루머의 범위와 일치하는 출처가 반박할 때, 둘째, 출처가 정직하다고 인식될 때, 셋째, 반박 메시지가 루머의 신임을 떨어뜨리고 루머의 주제에 관한 유용한 정보를 제공할 때, 넷째, 반박 메시지가 반박을 위한 정황을 제공할 때(반박 메시지가 이전의 혐의나 루머의 정황적 틀과 일치할 때) 등이다. 그리고 반박은 노코멘트 전략보다는 루머 진압을 위해 더 좋은 방법임을 알 수 있었다. 그러나 반박은 결코 만병통치약이 아니다. 어떤 루머는 반박으로도 제거되지 않는다. 이처럼 어떤 루머들이 반박에 저항력을 갖는 것은 믿음의 지속 현상으로 설명할 수 있다. 즉, 반박으로 인하여 루머에 대한 믿음이 약화된다고 하더라도 간직하고 있던 믿음은 그대로 유지되며 루머가 만들어낸 부정적인 인상도 지속된다. 루머를 반박할 때 확증적인 태도로 루머의 내용을 거부하고, 동시에 루머의 대상을 긍정적인 성격과 연관 짓는 것이 필요하다. 그럼으로써 루머 대상에 대한 긍정적인 태도를 복구시킬 수 있기 때문이다.

통합 모델

그림 10.1은 이 책에서 논의했던 주요 요소를 그림으로 표현한 것이다. 지금부터 이 모델의 개별 구성요소에 대해 알아보자. 먼저 루머에 대한 정의를 다시 생각해보자. 루머는 사람들 사이에 떠돌고 있는 정보에 관한 진술로서, 검증되지 않았고 도구적 유용성을 갖는다. 그리

고 루머는 모호성, 위험 혹은 잠재적 위협이 예견되는 상황에서 발생하며 사람들이 상황을 인식하고 위기를 관리하도록 돕는 기능을 수행한다. 루머 활동의 정황 — '환경적 특성'이란 이름의 배경으로 상징할 수 있음 — 은 모호성과 위협이다. 그와 같은 정황은 물리적 혹은 심리적 위협을 만들어낸다. 조직이라는 환경에서 변화는 모호성과 위협을 만들어내는 근거가 된다. 조직개편, 조직축소, 신기술, 인사 변동 등을 비롯한 여러 사건은 직원들 사이에서 의문을 만들어내고 잠재적으로 유해한 영향력을 발휘한다.

변화나 모호성 혹은 위협의 중심에 있을 때, 집단과 개인은 상황인식을 위한 활동에 참여한다. 이는 커다란 타원형으로 표현되어 있다. 루머는 상황을 인식하는 행위이다. 우리의 모델에서는 퍼즐 조각으로 표현하였다. 집단은 이 퍼즐 조각들을 모아서 맞추려고 노력한다. 상황인식 활동은 집단 수준 및 개인 수준 모두에서 발생한다. 따라서 '집단 상황인식'(Group Sense Making)과 '개인 상황인식'(Individual Sense Making)으로 이름을 붙였다. 집단 수준에서 루머는 루머 대중 사이에서 회자되고 있는 정보 진술이다. 두 개의 화살표가 서로 지시하고 있는 것은 이를 표현한 것이다. 이와 함께 집단의 특성은 집단의 상황인식 활동에서 중요한 역할을 수행한다. 이들 특성에는 집단문화 — 믿음, 가치 및 집단의 지식 규범 등이 포함 — 와 네트워크의 특성이 포함된다(네트워크의 특성과 루머의 전파에 관한 논의를 위해서는 DiFonzo & Bordia, in press 참조).

개인 수준에서 상황인식 과정은 동기, 심리 상태, 인지 등에 의해 영향을 받는다. 루머를 전파하려는 동기에는 사실확인, 관계 확장 및 자기 확장 등이 포함된다. 불확실성과 불안감은 회피하고 싶은 심리적 마음의 상태이다. 인지에는 어떤 개인이 공식적 정보 출치니 대상 집단에 대해 갖는 신뢰의 수준, 루머의 진실성과 중요성에 대한 믿음, 통제력 상실 등이 포함된다. 각각의 요소는 다른 요소들에게 영향을

그림 10.1

루머의 통합모델

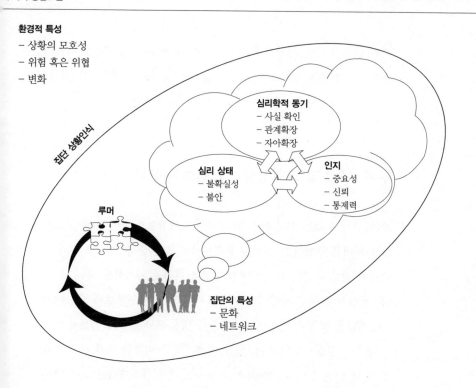

환경적 특성
- 상황의 모호성
- 위험 혹은 위협
- 변화

집단 상황인식

심리학적 동기
- 사실 확인
- 관계확장
- 자아확장

심리 상태
- 불확실성
- 불안

인지
- 중요성
- 신뢰
- 통제력

루머

집단의 특성
- 문화
- 네트워크

미친다. 예를 들어 불확실성은 사실확인 동기를 유발시킨다. 대상 집단에 대한 불신은 자기 확장 동기를 만들어내며 엄청난 불안감을 낳는다. 관계 확장 동기는 해당 집단이 인정한 루머를 높이 신뢰하도록 만들기도 한다.

향후 연구 어젠더

루머 연구의 다음 과제는 무엇일까? 여기에서 우리는 오늘날 새롭게 출현하는 추세를 강조하고, 지식의 갭을 해결하며, 구체적 조사에 대한 윤곽을 그려줄 수 있는 어젠더를 제시하고자 한다.

루머, 가십 및 도회전설의 개념화와 분류

제1장에서 우리는 정보측면척도(IDS)를 소개함으로써 가십 및 도회전설과 루머를 구별하고, 실험실 환경에서 이를 검증하였다. 그 결과 소규모의 정보 표본들이 예측한 대로 IDS 패턴과 일치함을 알 수 있었다. 실험실이 아닌 상황에서 커뮤니케이션이 되는 정보에서는 어떤 IDS 패턴을 얻을 수 있을까? 이 질문에 대한 해답을 찾기 위해서는 여러 연구 자료들로부터 루머, 가십, 도회전설을 비롯한 여러 가지 중간적 및 혼합된 형태의 이야기를 수집하고, 공공장소에서 오갔던 대화를 기록하거나 일지를 작성하여 IDS에 따라 평가하는 방법이 필요하다. 우리가 가정했던 기능적, 맥락적 차이점들의 패턴에 특별히 관심을 기울일 필요가 있다. 이를 통해서 일상적인 사회적 담론 속에서 커뮤니케이션의 각 형태가 발휘하는 역할을 파악할 수 있다.

커뮤니케이션의 형태에는 언제나 모호함이 존재하기 마련이다. 그러나 이러한 연구를 통해서 지속적인 모호함을 명확히 할 수 있다. 이러한 연구는 IDS를 확장시키고 정교화하며 실증하도록 해야 한다. 우리는 루머 토론에 참여하는 가장 주된 동기가 이해와 관련성, 그리고 자기 확장이라고 가정했다. 반면 가십과 도회전설의 주요 초점은 소속과 자기 확장이다. 우리는 루머의 생존에 관해 단순히 언급만 했다.

어떤 루머는 오랫동안 살아남지만, 또 어떤 루머는 그렇지 않다고 말이다. 그렇다면 '살아남는' 루머와 '살아남지 못하는' 루머 사이에는 어떠한 IDS의 차이점이 존재할까? 우리는 '가장 잘 살아남는' 루머는 인간 집단의 이해와 관련성 그리고 자기 확장에 가장 큰 도움을 주는 것이라고 생각한다. 끝으로, 우리는 허위를 증명할 수 없는 루머가 살아남을 가능성이 높다는 의견을 제기했다. 따라서 IDS를 확장시킬 때는 허위입증 가능성(falsifiability) 측면이 포함되어야 할 것으로 본다.

루머의 형태, 빈도, 효과 및 효과 메커니즘

제2장에서 우리는 루머의 유형, 루머의 유포 및 루머의 효과에 대한 연구들을 살펴보았다. 이때 주로 조직이라는 환경에 초점을 맞추었다. 그렇다면 다른 영역에서는 어떠한 루머의 형태와 빈도와 효과들이 존재하는 것일까? 예를 들면 종교 공동체나 인종적 종족적 갈등 지역, 건강에 악영향을 미치는 행동에 가담한 사람들, 환경 정책을 고려하는 지역 공동체, 공직자 선출을 위한 선거, 테러리스트 조직, 시위 군중, 자연재해를 입은 사람들, 인터넷 블로그 네트워크, 학생들의 친교 집단, 상품 구매를 고려하는 소비자 등을 꼽을 수 있다. 이와 같은 상황에서 발생하는 루머와 루머의 효과를 정리하고 조사함으로써 이들 영역에서 나타나는 루머의 상황인식 양상을 이해할 수 있을 것으로 본다. 아마 건강과 건강 감시 행동에 역효과를 미치는 루머와 종족 갈등을 부채질하고 자연 재해에 대한 대응에 개입하는 루머, 그리고 의도적으로 선전을 위해 이식한 루머들이 현실적으로 가장 큰 관심 사항이 될 것이다.

루머 청취의 누적 효과는 특별한 관심 사항이다. 우리는 추적 연구를 통해서 수개월에 걸쳐서 부정적인 루머를 들었던 것이 직업 만족도,

신뢰, 생산성 등에 영향을 미쳤음을 알 수 있었다. 이 연구를 반복해서 분석 내용을 긍정적 루머에까지 확대시킬 필요가 있다. 긍정적인 루머를 반복해서 들을 때 그것이 조직의 태도와 행동에 반대되는 방식으로 영향을 미치는지 확인할 필요가 있다는 것이다. 이 연구에서는 루머가 결과에 영향을 미치는 매개적 매커니즘에 특별히 관심을 가질 필요가 있다. 즉, 사회적 학습, 공평성 계산 또는 스키마 활성화 등에 의해 루머 효과가 매개되느냐 하는 점이다.

루머의 대상 및 루머의 전파자에 대한 루머의 선전 효과에 관해서 우리는 아직 제한적으로밖에 이해하지 못하고 있다('루머 선전'[rumor propaganda]이란 여론이나 대중의 행동에 영향을 미치기 위해 의도적으로 이식한 루머를 말한다: DiFonzo & Bordia, in press). 루머는 경쟁적 혹은 갈등적 집단이 존재하는 상황에서 유포되는 경우가 많다. A집단에 대한 부정적인 루머를 듣는 것은 B집단에 대한 평가에 어떤 영향을 미칠까? 사람들이 그러한 루머들을 믿지 않는 상황에서도 루머는 의도한 효과를 거둘 수 있을까? 이러한 문제에 대한 관심과 연구는 오늘날에 더더욱 중요해졌다. 9 · 11 테러 이후 양극화와 갈등이 고조된 세계는 이 문제에 대한 해답을 어느 때보다 갈구하고 있는 것이다.

루머 유포의 동기

제3장에서 우리는 루머 유포의 동기에 관한 세 가지 틀을 제시하였다. 사실 확인, 관계 확장 및 자기 확장이다. 루머 전파는 대부분 사실 확인 동기로 인해 발생했다. 여기에 흥미로운 몇 가지 흥미로운 질문이 남아 있다. 첫째, 사람들은 불안감을 감소시키기 위해서, 혹은 불리한 상황을 이해하고 해석함으로써 그에 간접적으로 대처하기 위해서 루머를 전파한다는 설명을 반복적으로 했다(사실 확인 동기). 그러나 우리

는 아직 불안감 감소 기능을 검증하는 연구에 대해 알지 못한다. 달리 표현하자면 루머가 불안감 감소에 얼마나 효과적인지를 밝혀주는 연구가 아직 없다는 것이다.

사실 확인과는 대조적으로 루머 전파의 관계 확장 목적에 대해서는 별로 알려진 것이 없다. 예를 들어 루머 전파는 루머 전파자에 대한 평가에 어떤 영향을 미치는가? 외집단에 대한 부정적인 루머를 외집단 구성원과 공유하기를 주저할 수도 있다. 왜냐하면 그것이 무례한 행동이라고 생각할 수 있기 때문이다. 둘째, 내집단-외집단의 갈등이 고도로 양극화된 상황에서 내집단에 대한 부정적인 루머를 내집단의 구성원과 공유하는 것은 내집단의 사회적 자본을 엄청나게 소요시키기도 한다. 이와 같은 질문들을 검토함으로써 관계 확장 동기를 더욱 완전하게 이해할 수 있을 것이며 루머 공유의 사회적 비용에 대해서도 파악할 수 있을 것이다.

루머 유포에서 자기 확장 동기에 대해서도 아직 연구되어야 할 사항이 많이 남아 있다. 첫째, 자기 확장이라는 말은 자기 이미지를 높이려는 욕심에 외집단에 대한 부정적인 말을 해서 다른 사람은 깎아내리고 자신은 추켜세우는 것을 의미한다. 이 주장에 대해서는 보다 체계적인 검증이 필요하다. 특히 관계 확장 동기에서 자기 확장 동기를 추려내는 것이 목적이다. 경쟁 학교에 대한 부정적인 루머를 다른 학교 친구와 공유하는 것은 자기 확장인 동시에 관계 확장의 동기를 갖는다. 실제로 대부분의 사람들이 자신이 쌓아온 사회적 이익을 위해서 이러한 종류의 루머를 전파한다. 자부심을 세우기 위한 것이 아니다. 이러한 목적은 일시적으로 실험 참가자의 자부심을 올렸다 내렸다 하면서 자기 확장이 아닌 동기를 인위적으로 심어주는 실험실의 조작과는 구별된다. 이를테면 낮은 자부심을 가지고 있는 실험 참가자들은 자기 확장 동기를 충족시키는 루머라면 즉각적으로 전파하려는 모습을 보인다.

둘째, 자부심에 관한 이론을 보면 그것이 다면적이라는 사실을 알 수 있다(Baumeister, Campbell, Krueger, & Vohs, 2003). 일반적으로 집단의 멤버십에 근거하여 비지속적이거나 자아도취적인 자부심을 가진 사람들은 부정적인 외집단 루머를 전파함으로써 자기 이미지를 보호하고 확장시키려는 경향이 있다. 반면 성취와 관계의 현실적인 평가에 기반하는 자부심을 가진 사람은 그렇지 않다. 자아도취자가 위협을 받게 되면 부정적인 외집단 루머는 공격적인 자부심 확장의 방편이 된다. 이러한 생각은 이제 충분히 검증할 필요가 있다.

셋째, 제3장에서 논의했던 것처럼 자기 확장 동기는 서로 다른 집단 사이를 이간질하기 위해서 의도적으로 이식한 루머를 퍼뜨리는 사람들 의해 종종 이용되었다. 그러나 이처럼 루머 선전을 유포하고 조정하는 동기에 대해서는 그다지 많은 관심이 쏟아지지 않았다. 루머 선전 노력의 정도와 효과는 어느 정도일까? 또 그 효과는 어느 정도로 방지하고 중화할 수 있을까? 흥미로운데다가 현실적으로 유용한 이 질문에 대한 논의는 다른 곳에서 다루었다(DiFonzo & Bordia, in press).

이 세 가지 동기들이 어떻게 작동하는지에 대한 몇 가지 흥미로운 가정이 있다.

첫째, 각각의 동기들은 일반적으로 어떤 환경에서 작용하는가? 관계 확장의 동기는 일종의 대화 규범이다. 그런데 사람들은 실제적 손해의 가능성이 두드러지게 높아지면 규범으로서의 관계확장의 동기로부터 일탈하려 한다. 그 결과 사실확인으로 귀결될 때도 있다. 또는 자신이 위협받는다고 느낄 때 관계확장 동기로부터 일탈하기도 한다. 이때에는 자기 확장으로 귀결된다.

둘째, 우리는 불안감, 불확실성 및 관련성이 사실 확인 동기를 낳으며 루머의 전파로 이어진다고 주장했다. 다시 말해 사실확인 동기는 불안감, 불확실성 및 연관성이 루머 전파에 미치는 영향력을 중재한다. 이러한 가정들은 지금까지 경험적으로 검증되지 못했다.

셋째, 우리는 관계 확장 동기가 믿음과 루머 전파의 관계를 중재한다고 주장했다. 장기적 관계를 확장시키고자 하는 동기를 가질 때, 사람들은 자신이 사실이라고 믿는 루머만 다른 사람에게 전달하려는 경향이 있다. 이러한 동기가 없을 때, 믿음은 루머의 전파와 그다지 밀접한 관련성을 갖지 않는다. 이 가정 또한 아직 경험적으로 검토되지 못했다.

더 넓은 시야에서 보면 각각의 동기가 어떻게 상호연관 되어 있는지를 개념화하고 검토하기 위해서는 아직도 연구해야 할 과제들이 많다. 서로 다른 유형의 부정적 사건은 서로 다른 동기를 만들어낸다. 행복을 잃을지도 모른다는 불안감은 사실 확인을 만들어내고, 관계악화 가능성에 대한 불안감은 관계 확장으로 이어지며, 자기 이미지에 대한 잠재적 손상에 대한 불안감은 자기 확장 동기를 낳는다. 그 결과 불안감은 동기의 목적을 제공한다.

좀더 깊이 생각해보면 불안감과의 관련성 및 믿음이 동기를 강화시킨다는 사실을 알 수 있다. 예를 들어 인력감축으로 인하여 직장을 잃을지도 모른다는 두려움은 사실확인 동기를 부추긴다. 그리고 경영진이 노코멘트 입장을 견지할 때(불확실성이 높음), 자신이 속한 부서가 조직 인력 감축 대상이 될 가능성이 높을 때(결과와의 관련성이 높음), 그리고 과거에도 비슷한 경제적 환경에서 경영진이 인력 감축을 했기 때문에 이번에도 인력 감축이 충분히 일어날 수 있다고 생각될 때(믿음이 높음) 이러한 동기는 매우 강해진다.

물론 대부분의 흥미로운 질문들은 각각의 동기가 루머의 선정, 믿음, 내용 변화에 어떠한 영향을 미치는지(특히 시간의 경과에 따른 누적 효과)에 관한 것이다. 즉, 외집단에 대한 부정적인 루머는 어떤 집단이 사실확인 동기보다 자기 확장이나 관계 확장의 동기에 의해 움직이는 상황에서 오랫동안 살아남을 가능성이 크다. 이 가정에 대해서는 더욱 광범위한 연구 패러다임에서의 검증이 필요하다. 말하자면 다양한 동기를 가진 실험 참가자들이 제각기 다른 내집단 — 외집단 긍정적 — 부정적 루머에 노출되면서 내집단 — 외집단 수용자에게 그 루머를 전파하게 될 가능성을 측정하는 것이다. 이때 실험 참가자들이 한번 이상 여러 사람에게 루머를 전파할 수 있도록 기회를 갖는다면 이러한 연구 방법론은 매우 큰 결실을 맺게 될 것이다. 동일한 집단에 속한 참가자 A, B, C, D에게 여러 차례의 상호작용을 통해서 서로서로 독립적으로 외집단의 긍정적 루머나 외집단의 부정적 루머를 공유할 수 있는 기회를 제공하는 것이다. 참가자들이 처음에 자기 확장이나 관계 확장의 동기를 갖게 되는 상황에서 이러한 동기들은 규범적인 사회의 영향력(개인적 의견의 일치)에 의해 강조될 것이며, 외집단에 관한 부정적 루머를 신속하게 선택(혹은 그 루머를 강하게 믿음)하는 것으로 귀결된다. 참가자들이 사실 확인의 동기를 갖는 상황에서 이런 패턴으로 결과가 나올 가능성은 더욱 낮다.

그러면 방법론적인 문제에 대해서 논의해보자. 제3장에서 살펴본 연구에서 우리는 다양한 루머 결합(긍정적 — 부정적), 루머 대상(내집단 — 외집단), 그리고 루머 수용자(내집단 — 외집단)에 의해 상대적인 동기가 영향을 받는다는 사실을 보았다. 예를 들어 관계확장 동기는 어떤 루머가 외집단에 대해 긍정적이면서 수용자가 외집단 구성원일 때 가장 높게 나타났다. 이 패러다임은 매우 유용하게 적용될 수 있다. 예를 들어 이러한 조작을 사용하여 루머 전파와 내용에 미치는 동기의 영향력을 검증해볼 수 있다. 그러기 위해서는 지금과 같은 연구 방법을 더욱 정교화시킬 필요가 있으며, 다른 시나리오를 통해 반복 적용하는 작업 또한 이루어져야 한다.

루머의 확신을 보여주는 신호

믿음에 대한 연구는 충분하지 않다. 그리고 믿음은 루머 현상의 흥미로운 부분이다. 이에 대해 몇 가지 질문에 대한 논의가 필요하다.

첫째, 설명적 질문으로, 일반적으로 떠돌아다니는 루머에 대해서 사람들은 얼마나 많은 확신을 갖는가? 우리는 인터넷 사이트 'snopes.com'으로부터 조직 외부의 루머를 선정해서 동료 학생들이 얼마나 믿고 있는지를 평가하도록 했다. 그 결과 전반적으로 믿음의 수준이 매우 낮다는 사실을 확인할 수 있었다. 우리가 수집한 루머 ― 그리고 실험 참가자 ― 의 샘플은 지나치게 협소했다. 향후 연구에서 더욱더 중요한 것은, 경쟁 집단에 관한 태도와 마찬가지로 이해관계가 개입된 구체적인 태도와 연관된 루머에 대한 확신을 평가하는 일이다. 예를 들어 에이즈 바이러스는 서구의 한 실험실에서 만들어졌으며 10만 명의 아프리카인을 대상으로 테스트가 이루어졌다는 거짓 루머에 대해서 아프리카계 미국인 기독교 신자들로 이루어진 샘플 중에서 3분의 1이 이를 믿는다고 대답했다(또 다른 3분의 1은 확신하지 못한다고 대답했다; "Black Beliefs," 1995). 이와 같은 높은 비율은 오늘날 미국에 있어서의 인종 관계의 상황에 대해서 시사하는 바가 크다.

믿음과 다른 결과 간의 관계에 대해서도 좀더 자세한 설명이 필요하며 이를 위한 연구 과제가 여전히 남아 있다. 루머가 전파되고 여타의 태도와 행동에 영향을 미치기 위해서는 어느 정도의 믿음이 필요한지에 대해서 궁금하지 않을 수 없다. 믿음과 전파 간의 관계의 본질은 1차원적일 수도 있으며, 재앙을 초래할 수도 있다(작은 믿음이 거대한 영향력을 발휘할 수 있다). 마찬가지로 부정적인 루머에 대해서 확신하는 정도가 낮다 하더라도 행동에 영향을 줄 수 있다. 발암물질이 함유되어 있다는 루머가 떠돌던 제품은 구매하기가 꺼려지는 것도 이 때문이다.

둘째, 왜 사람들은 자신이 말하는 루머는 믿는가? 제4장에서 우리는 브룬스위크의 사회적 판단의 렌즈 모델을 적용하여 이 질문을 체계화했다. 그리고 여기에는 특정한 신호들이 — 태도와의 일치, 출처의 신뢰성, 반복, 반박의 부재 등 — 작동하고 있다는 결론을 내렸다.

첫째, 처음 세 가지 신호(태도와의 일치, 출처의 신뢰성, 반복)에 대한 경험적 증거 부족은 루머의 확신 판단에서 실험을 통해 이들 신호의 사용 타당성을 보여주고 각 신호에 해당하는 상대적 비중을 이끌어냄으로써 해결할 수 있다.

둘째, 동기와 관련해 태도와 일치하는 신호는 다시 차가운 하위 신호와 따뜻한 하위 신호로 분류하는 것이 유용하다. 여기에서 차가운 하위 신호란 자기 정체성과 아무 관련이 없는 현재의 태도와 일치하는 루머를 말한다. 그리고 따뜻한 하위 신호란 자기 정체성과 밀접하게 관련되는 현재의 태도와 일치하는 루머를 말한다. 따뜻한 하위 신호와 차가운 하위 신호를 구분 짓는 핵심 요소는 그것이 인지된 위협에 대해 방어적 반응을 유발하느냐의 여부이다. 따뜻한 신호의 루머는 자기 확장의 동기를 갖게 한다. 2004년, 강한 정체성을 가진 민주당원들은 조지 부시(George W. Bush)가 성경 구절을 위선적으로 잘못 인용했다는 거짓 루머를 쉽게 믿는 경향이 있었다. 왜냐하면 이 루머는 자기 확장 동기를 충족시켜주었기 때문이다. 그것은 상대를 비방함으로써 인식된 위협을 공격할 수 있는 내용이었다. 마찬가지로 존 케리(John Kerry) 상원의원에게 위협을 느낀 공화당원들에 대해서도 똑같은 말을 할 수 있다. 이러한 신호에 대해서는 실험을 통한 검증이 이루어져야 한다.

자기 확장 신호는 어떤 사람의 태도에 단순히 일치한다는 것만을 보여주는 신호보다 훨씬 강력하다. 더욱 광범위하게 말하자면, 사람들은 자기 확장의 루머에 더 높은 믿음을 보여준다. 특히 그들이 불안정적이거나 자아도취적인 자부심을 가지고 있는 경우에 더욱 그러하다.

렌즈 모델의 용어로 말하면, 자기 확장의 신호는 어떤 사람의 루머에 대한 확신을 평가할 때 더 큰 비중을 갖는다고 말할 수 있다.

제5장에서는 개인 수준 및 집단 수준에서의 루머의 상황 인식에 대해 검토하였다. 개인 수준에서 우리는 수많은 루머들이 지속적 요인의 설명을 제공한다고 주장했다. 과연 그럴까? 이에 대한 검증은 맹목적 판단들을 동원하여 다양한 영역으로부터 수집된 루머의 샘플을 평가 하고, 지속적 원인 설명이 존재하는지의 여부에 대해 샘플을 부호화 함으로써 가능할 것이다. 실험 참가자에게 최근의 루머에 대해 질문 할 때 과거 지향성이 약한 접근법을 사용할 수도 있다.

> 최근에 당신이 들었던 정보들 중에 당신이 확신할 수 없는 정보를 생각해 보십시오. 꼭 당신이 아니어도, 당신이 속한 집단이나 지 인, 친구, 동료나 가족이 들었던 정보도 괜찮습니다. 그 정보와 그 것을 둘러싼 상황을 설명해 보십시오.(이 설명은 지속적 원인 설명으로 부호화될 수도 있다.) 그리고 이 설명이 현재 상황을 어느 정도 설명하 는지에 대해 평가하세요. 이 정보가 설명하는 상황이나 사건은 어 떤 것입니까? 정보에 따르면, 그러한 상황을 유발한 원인은 무엇 입니까? 끝으로, 이러한 원인의 지속성에 대해서 평가하십시오.

루머로 인하여 사람들은 미약하거나 존재하지 않는 변수들 사이의 강 력한 관계를 인식하게 된다. 이 사실에 대한 증거를 이미 제시했다. 이런 사실을 생각해 볼 때 어떻게 인종적 선입견이 확산되는지에 대 한 이해를 증진시킬 수 있다. 지속적 원인 설명을 포함한 루머로 인하 여 사람들은 특정한 행동과 인종적 문제를 연관시킨다. 이는 인종과 관련된 루머를 수집하는 것만으로도 알 수 있다. "당신이 최근에 들었 던 정보를 하나 생각해보세요. 물론 당신이 확신할 수 없는 정보이어야 합니다. 당신뿐만 아니라 당신이 속한 집단이나, 지인, 친구, 동료 혹은 가족들이 들은 정보도 괜찮습니다. 그리고 그 중에서 다른 인종 집단에 속한 사람에 대한 정보를 떠올려보시기 바랍니다." 이렇게 하면, 실험 참가자들은 자신이 들은 인종에 관한 정보와 그를 둘러싼 상황을 설명하게 된다. 이 설명은 지속적 원인 설명으로 부호화될 것이다. 이와 같은 연구는 아동이나 학생 집단을 대상으로 하면 더욱 흥미로울 것이다.

집단 수준에서 진술 내용, 커뮤니케이션 자세 및 인터넷상의 루머 상호작용 에피소드에 나타나는 역동적 흐름과 관련된 결과를 다시 확인해볼 수 있는 연구가 필요하다. 이들 조사 연구는 테이프 녹음과 스크립트를 통해서 면대면 상호작용에서의 동일한 환경을 검토해야 한다. 동일한 패턴이 분명히 드러나는지에 대해서 알아보아야 하는 것이다. 그 밖에 흥미로운 질문을 제기할 수 있다. 높은 불안감의 집단이나 절박한 위협을 느끼고 있는 집단에서 내용, 자세 및 흐름은 어떤 패턴을 보이는가? 상황인식 과정은 충분한 고려 없이 급속도로 이루어질 수 있다. 마찬가지로 높은 정체성을 가진 내집단이 외집단과 종족적 갈등을 겪고 있는 상황을 어떻게 바라볼 것인가? 상황인식 과정에는 내집단 비판이 허용되지 않는 순종 요구 자세가 포함될 수 있다. 끝으로, 보다 높은 응집력을 가진 실험 참가자 — 말하자면 매우 긴밀한 인적 관계를 형성하고 있는 사교 집단에 소속된 실험 참가자 —가 있는 상황에서 이러한 패턴들은 어떻게 변화될 것인가? 여기에서 밝혀두고자 하는 것은, 우리가 분석했던 인터넷 루머 토론과 비교했을 때 상황인식 과정이 보다 신속하게 진행된다는 사실이다.

루머 정확성

제6장과 제7장에서 우리는 루머 내용 변화, 정확성 근거 평가, 루머의 정확성과 관련된 메커니즘 등에 대한 몇 가지 질문과 루머 내용 변화에 관한 기존 연구 저술을 검토하였다. 그 결과, 단순화(상세 내용의 삭제)는 대부분 모호성이 낮은 실제 생활의 루머 에피소드에서 나타나며, 이때 집단은 단순히 정보를 전달하는 일에만 개입하게 된다는 사실을 알게 되었다. 한편, 추가(상세 내용의 획득)는 모호성과 중요성이 높은 상황에서 주로 나타나며, 이때 관련된 집단은 고도로 상호작용적이며 협조적인 모습을 보여주었다.

그런데 이 가정은 루머가 항상 단순화를 겪는다는 지금까지의 과학적 믿음을 불식시키기 위해서 실험을 통한 검증을 필요로 한다. 이 문제에 대한 연구는 사회심리학이 커뮤니케이션 활동 상황에서의 사회적 과정에 대한 이해를 강조하는 것과 일치한다.

루머 정확성의 근거 평가와 관련해서는 자연적 환경에서의 정확성 연구를 재현해냈다. 컴퓨터 메시지 아카이브의 확산으로 이러한 연구들은 1960년대와 1970년대에 수행된 연구들에 비해서 훨씬 더 적은 노력으로도 가능하게 되었다. 인터넷을 통해서 유통되는 루머들은 여러 웹사이트를 통해서 수집하며 다양한 상황 유형으로 샘플링한다. 상황 유형을 예로 들면 높은 참여 협동, 낮은 참여 협동, 최소한의 순차적 전파 등이 있다. 이와 함께 이들 두 상황 유형의 상대적 빈도에 대한 확인도 필요하다. 수집이 이루어진 다음에는 진실인 루머의 비율을 확인해야 한다. 물론 이때 제7장에서 논의했던 루머 정확성에 영향을 미치는 메커니즘을 측정할 수 있다면 더 바랄 것이 없다. 그러한 데이터는 자연스럽게 소급하여 수집하기가 매우 힘들기 때문이다. 일련의 일지 형식의 웹 기반 연구들은 현장 환경에서 이러한 유형의 정보를 가장 손쉽게 수집할 수 있는 방법을 제공해준다. 실험 참가자들은 매일매일 자신이 들은 루머를 작성하고 인지적, 동기적, 상황적, 집단 및 네트워크 데이터를 측정하기 위한 각 아이템에 매일 답변을 작성해야 한다. 만일 정확성 추세도 기록한다면 매튜 정확성 효과(Matthew accuracy effect)가 얼마나 확산되었는지에 대한 평가도 가능할 것이다.

제7장에서 검토했던 정확성 메커니즘은 검토하고 검증해야 할 이론적 명제들이 많다는 사실을 보여준다. 여기에서 각 메커니즘 세트에 관한 몇 가지 아이디어를 제시하고자 한다. 인지적 메커니즘과 관련해서는, 화자 ― 청자 ― 양극단 효과 패러다임을 채택함으로써 많은 것을 얻을 수 있다. 여기에서는 순차적 전파가 이용되지만 각 전파 단계에서 논의(상호작용)를 허용할 수도 있다(Baron, David, Brunsman, & Knman, 1997). 논의를 허용하게 되면 전파에서의 정밀성이 매우 높아지므로 정확성이 증가된다. 이와 함께 우리는 불안감이 전파 중에 인지 과정에 대한 의존도를 증가시킨다는 사실을 제시했다. 이 가정은 각 실험 참가자들이 가지고 있는 암묵적, 명시적 고정관념의 정도를 평가하고, 화자 ― 청자 ― 양극단 효과 패러다임에 관련된 과제를 수행하기 전에 피실험자들의 불안감을 조작함으로써 검증할 수 있다. 실험 참가자들이 전파 과정에서 논의를 할 수 있고 불안감이 낮다면 극단적이지 않은 판단을 하게 된다. 이러한 효과는 적절한 인지 구조가 실험상 잠재의식에서 형성되어 있을 때 더욱 분명하게 표출된다.

정확성의 동기 메커니즘에 관하여, 라이언즈과 캐쉬마(Lyons & Kashima, 2001)가 사용한 방법론을 확장할 필요가 있다. 이를 위해서는 각 전파 단계에서 논의를 허용하는 실험이 필요하다. 그 이유는 첫째, 관계 확장 및 자기 확장 동기와 비교했을 때 사실 확인 동기 또한 정확성을 증가시키기 때문이다. 둘째, 동기에 대한 개념화와 측정 및 효과에 대한 연구는 지금까지 충분히 이루어지지 못했다. 그저 "이미 알려진" 것으로 치부되었으며 루머를 "효과적으로" 전파시키는 것으로만 말했다(Shinha, 1952). 따라서 우리는 동기가 루머 정확성에 얼마나 강력한 영향력을 미치는지에 대해서 의문을 가져야 한다. 셋째, 자기 확장 동기가 정확성에 미치는 효과에 대해서는 검토가 필요하다. 우리는 앞서 루머 동기를 다루었던 부분에서 여기에 대해 이미 개략적으로 살펴보았다.

상황적 특성과 관련하여 우리가 아는 한, 터너와 킬리언(R. H. Turner & Killian, 1972)의 연구 이후에는 별다른 실험 연구가 이루어지지 못했다. 터너와 킬리언은 특히 긴밀한 관계가 형성되어 있는 집단에서, 집단적 동요가 높으면 정보 수용 여부에 관한 규범이 엄격해지지 못한다는 주장을 내놓았다. 뿐만 아니라 루머의 진실성을 검토하는 집단의 협동 능력은 상당한 개념적 명확성과 측정이 필요한 부분이라고 주장했다.

이 연구의 목적은 어떤 루머 에피소드가 발생했을 때 집단의 진위 검토 능력을 정확하게 측정하고 이를 전반적 루머 정확성의 수준과 연관시키는 것이다. 여기에서 한 가지 흥미로운 질문을 제기할 수 있다. "집단의 검토 능력이 반정확성의 동기에 대해서 어떻게 기능할 수 있는가?" 다시 말해 루머의 진실성 검토에는 뛰어난 능력이 있지만, 그것을 믿거나 또는 믿지 않으려는 강한 동기를 가진 집단에서의 루머는 얼마나 정확한가? 이 질문은 실험하기에 매우 용이할 것 같다. 우리는 갈등적 상황에 있을 때 검증 능력이 동기보다 우세할 것이라고 생각한다. 그러므로 명백하게 거짓인 루머는 그 루머가 진실이기를 열망하는 집단 사이에서도 살아남지 못할 것이다. 루머를 객관적으로 검토할 수 있는 상황에서는 관계 확장 및 자기 확장 동기도 정확성에 따라 발휘되기 마련이다. 왜냐하면 진실한 정보를 보내는 것은 사회적으로 깊이 각인된 법칙이기 때문이다. 이러한 연구는 중요한 현실적 의미를 갖는다. 앞에서도 논의했던 것처럼 많은 문제점을 야기하는 루머의 효과는 갈등적 상황에서 출현한다. 사람들이 경쟁 집단에 대한 최악의 상황을 믿고자 하는 강한 동기를 가질 때 나타나는 것이다.

집단 메커니즘과 관련하여 적합성에 관한 기존 연구를 루머 현상에 적용시키는 것이 가장 현명한 연구 방법일 것이다. 어떤 경우에 검증되지 않은 정보가 상황인식 활동을 중단시키고 영향력을 행사하는 수단이 되는가? 외부에서 어떤 루머를 수용해야 하는 때는 언제인가? 구체적으로 적합성에 영향을 미치는 것으로 잘 알려진 요소(만장일치, 대중 선거, 집단 응집력, 낮은 자기 감시, 집단 크기)는 루머의 외부적 수용에 어떻게 영향을 미치는가? 이러한 종류의 연구에서는 "인종화된 설화"(Maines, 1999)는 공동체 내에서 순환되고 있는 일반적인 믿음일 뿐만 아니라 강제적 의무사항이 된다는 사실에 대해서도 검토를 해야 한다.

집단 메커니즘으로서 문화는 사회심리학에서 중요성이 부각되고 있다. 라이온스와 캐쉬마(Lyons & Kashima, 2001)는 문화를 통해서 루머의 순차적 전파에서 나타나는 내용 변화를 알 수 있다는 사실을 밝혀냈다. 시부타니(Shibutani, 1966)가 제시했던 것처럼 루머는 어느 정도로 "문화적에 뿌리를 두고" 있는가? 이 질문에 대한 답을 찾기 위해서는 먼저 '문화적 뿌리'(cultural anchoring)에 대한 보다 정밀한 개념화 및 측정이 이루어져야 한다. 이 질문은 집단주의와 개인주의와 같은 문화적 차이점들이 적절하게 개발되어 있는 상황에서 검토하는 것이 가장 좋다. 바론의 화자 — 청자 — 양극단 효과 연구(Baron et al., 1997)에서 나왔던 술취한 풋볼 선수에 대한 이야기는 미국인 실험참가자에 비해 중국인 실험참가자 사이에서 개인주의적 주제라기보다 집단적인 주제로 부각되지 않을까?

끝으로, 네트워크 메커니즘에 대한 검토는 정확성 연구에서 현존하는 가장 유망한 방법 중의 하나이다. 이에 대한 연구는 버크너(Buckner, 1965)가 제시한 집단의 성향 및 MI의 개념이 매우 유용한 지침으로 자리매김했다. 학자들은 버크너가 제시한 구조를 더욱 정교화함으로써 버크너의 가정을 체계적으로 평가하였다. 여기에서 한 가지 질문을 생각해볼 수 있다. "네트워크 전파 구성 — 네트워크의 정보흐름 구조 — 이 루머 정확성에 어떻게 영향을 미치는가?"라는 질문이다. 이 질문을 통해 위대한 연구 성과를 이루어낼 수도 있는데도 지금까지 제대로 된 연구가 이루어지 않고 있다. 제7장에서 우리는 서로 다른 구성이 정보 전달자의 위력에 각기 다른 영향력을 미친다고 주장했다. 순차적 전파 및 클러스터 전파는 정보 전달자에 대해 MI 구성보다 더 큰 영향력을 행사하는 것이다. 이 가정은 네트워크 전파 구성을 실험적으로 조작하고, 각 전파단계에서의 내용 변화를 기록함으로써 평가할 수 있을 것이다. 그 결과 MI 조건에서는 정보 전달자가 내용에 미치는 영향력이 적게 나타날 것이다.

버크너에 따르면 MI는 다른 구성 요건에 비해서 루머의 내용 변화를 가속화시킨다. 그러나 집단 성향은 루머의 내용 변화 — 더욱 정확해지는 변화이든 아니면 더욱 부정확해지는 변화이든 — 의 방향을 중재한다. 예를 들어 정확성의 동기를 가진 집단은 관계 확장 동기를 가진 집단보다 더 정확한 루머를 만들어낸다. 뿐만 아니라 다층적인 상호작용을 통해서 순차적 전파 구성이나 클러스터 전파 구성일 때보다 신속하게 정확한 정보를 만들어낸다. 그러나 관계 확장의 동기를 가진 집단은 정확성의 동기를 가진 집단보다 덜 정확한 루머를 만들어낸다. 그리고 MI의 조건에서 순차적인 전파나 클러스터 전파보다 신속하게 정보를 만들어낸다. 이는 실험을 통해서 검증되지 않았으며, 이들 가정에 포함되어 있는 메커니즘들에 대한 조사도 필요하다. 순차적 전파 패턴 및 클러스터 전파 패턴과 비교했을 때, MI는 정보를 검토할 수 있는 여지가 더 많다. 다시 말해 A와 B로부터 동시에 각각 변형된 루머를 C가 들을 때와 같이 정보 출처에 대한 교차 검토가 가능하다. 또 A에게서 루머를 들을 때 그것에 대해 A와 충분히 논의함으로써 C가 루머의 정확성을 확신할 수 있을 때와 같이 정밀성의 정확성을 검토할 수 있다. MI는 집단적 힘에 대해서도 더 많은 기회를 갖는다. 이를테면 적합성, 문화, 공통된 인식 편향 등인데, 이들은 집단적 동요에 의해 최고조에 달하며, 검토 능력이 매우 낮은 상황에서 작동한다.

우리는 정보 흐름의 구성 — MI, 순차적 전파, 클러스터 전파 — 이 루머의 정확성에 어떤 영향을 미치는지에 대해 논의했다. 우리는 이러한 구성을 '네트워크 전파 구성'(network transmission configurations)이라 불렀다. 여기서 한 가지 명확한 것은 이러한 구성들이 실제의 사회적 네트워크 상황에서 발생하며, 이러한 사회적 네트워크들은 각기 다른 구조를 갖는다는 사실이다. 우리는 네트워크를 '사회적 공간 구성'(social space configurations)이라 부르겠다. 다른 연구에서 우리는 사회적 공간 구성을 검토하고, 이들이 시간과 공간에 따라 루머 전파에 어떤 영향을 미치는지에 대해서 살펴보았다(DiFonzo & Bordia, in press). 여기에 세 가지 사례가 있다. '토러스'(torus) 구성의 일반적인 모습에서, 각 개인은 가장 가까운 네 명의 "이웃"(neighbors)과 — 동, 서, 남, 북 — 격자와 유사한 2차원의 단일한 분포로 관계를 형성하고 있다. '리본'(ribbon) 구성은 자신의 오른 쪽에 두 명, 왼쪽에 두 명을 두는 직선 형태로 네 명의 이웃과 연결될 때 나타난다. 전형적인 '가족'(family) 구성은 어떤 사람과 연결된 사람들이 상호간에도 연결되어 하나의 공동체를 구성할 때 나타난다(Latané & Bourgeois, 1996). 이 개념들은 정확성 연구에서 매우 적절한 개념이다. 이론가와 연구가는 네트워크 전파 구성이 특히 루머 정확성과 관계를 가질 때 사회적 공간 구성과 어떤 관계에 있는지 조사할 수 있다. 사회적 공간 구성은 특정한 네트워크 전파 구성을 유발시키고 제약하는 것으로 보인다. 예를 들어 MI는 리본 구성보다는 가족 구성에서 나타날 가능성이 높다. 왜냐하면 가족 구성은 공동체 내의 상호관계를 유발시키기 때문이다. 이 연구에 대한 또 다른 흥미로운 질문으로 "사회적 공간 구성은 시간이 경과함에 따라 루머 정확성의 공간 분포에 어떠한 영향을 미치는가?"에 대해 생각해볼 수 있다. 정확한 루머와 부정확한 루머 들 중의 어떤 특정 부류는 가족과 같은 "덩어리 형태의"(clumpier) 사회적 공간 구성에서 많이 발생한다(시간의 지속에 따른 루머의 공간적 분포에 대한 가정들에 관해서는, DiFonzo & Bordia, in press 참조). 여기에 대해서는 아직 연구하고 밝혀내어야 할 부분이 무궁무진하다.

신뢰와 루머 전파

제8장에서 우리는 신뢰가 루머 전파에 미치는 영향을 살펴보았다. 이를 위해서 급속한 조직 축소를 겪고 있는 조직을 대상으로 실시했던 추적 조사 결과에 대해 설명했다.

한 가지 주요한 결과로, 경영진에 대한 불신은 루머 전파를 조장하는 예측 변수라는 사실을 들 수 있다. 이 결과에 대해서는 다른 조직 환경에서도 동일한 현상이 나타나는지 재현해볼 필요가 있다. 루머에 대하여 지금까지의 실험 연구들이 밝혀낸 지식은 단순히 신뢰만을 논한다. 루머 전파 연구에서 신뢰에 관한 문제는 불안감, 불확실성, 믿음, 통제력 상실, 중요성 등과 함께 정기적으로 측정해야 할 주요한 이력(antecedent)이 되었다. 상황 인식(퍼즐 풀기)의 경우과 함께 루머는 집단간의 갈등 및 위협의 상황에서도 정기적으로 검토되어야 한다. 이 또한 신뢰에 대한 인식이 개입되기 때문이다.

이와 같이 연구를 확대시키면 더욱 많은 사실들을 밝혀낼 수 있을 뿐만 아니라 현실적으로도 매우 유용할 것이다. 경영진과 실무진에 대한 신뢰에 한정시키지 말고, 갈등을 일으키는 집단과 관련된 부정적인 루머의 전파에 신뢰가 어떤 역할을 하는지에 대한 연구가 필요한 것이다. 이따금 집단 간의 관계에서 루머의 역할에 대한 체계적 연구가 이루어졌다(Kakar, 2005; Knapp, 1944).

향후의 연구는 각 집단 속에 내재하는 두려움과 믿음, 태도 등을 진단하는 것과 더불어 경쟁적 집단에서의 신뢰를 측정할 수 있어야 한다. 불신은 부정적인 루머에 대한 믿음 및 전파와 강한 관계를 가지고 있다. 불안감과 불확실성을 고려하더라도 불신의 영향력은 대단하다. 뿐만 아니라 근본적인 불신, 아노미, 권력부재 와 같은 일반적인 태도들은 모든 부정적 루머의 믿음 및 전파와 상호관련성을 가지고 있다. 이에 대해서는 추적 연구를 통해 제2장에서 우리가 분석한 것과 유사한 방식으로 인과관계의 방향을 검토할 수 있을 것으로 본다. 즉, 불신이 부정적 루머의 전파를 야기하고(스키마의 활성화나 인지 부조화의 과정을 통해서) 부정적 루머 전파가 불신을 만드는 두 가지 상황이 모두 발생할지도 모른다. 악의적 의도는 불안감을 만들어내기 때문에 둘 중에 불신 → 불안감의 관계가 더 크다 하더라도 불안감과 불신이 서로가 서로를 만들어내는 것은 아닌지 하는 의문이 든다. 이런 점을 감안할 때 루머 개입에 대한 연구에서는 신뢰를 실험적으로 조작할 필요가 있다. 뿐만 아니라 신뢰를 높이는 것은 불확실성과 불안감을 감소시키기 위한 루머 관리 노력에 힘을 보탤 수 있다.

연구 확대에 따라 개념적 명확성에 대한 필요가 제기되고 있다. 우리는 추적연구에서 경영진에 대한 신뢰를 측정하였다. 이 경우, 경영진은 공식적 정보의 출처인 동시에 조직축소라는 상황을 안고 있으므로 외집단이기도 했다. 루머 내용을 관찰한 결과 그 속에서 '우리와 그들' 식의 사고방식을 쉽게 찾아볼 수 있었다. 그렇다면 외집단과 공식적 정보의 출처가 각기 다른 존재인 경우로 어떤 상황을 들 수 있을까? 이에 대한 해답을 찾기 위해서는 먼저 각각의 존재에 대한 신뢰(경쟁집단에 대한 신뢰와 언론에 대한 신뢰)를 측정해야 할 것이다. 부정적인 루머의 생성과 생존에서 각각의 존재는 어떤 역할을 하는가? 우리는 둘 중에서 언론에 대한 불신이 더 중대한 것으로 본다.

제2장과 제8장에서 우리는 루머 전파와 관련된 몇 가지 새로운 종속

변수를 소개하였다. 여기에는 청취한 루머의 수, 전달한 루머의 수, 전파의 가능성(청취한 루머 중에서 전파한 루머의 비율) 등이 있다. 이들 변수에 대해서는 향후 검증 및 입증이 더 필요하다. 데이터 수집의 일지 작성법을 이용하여 청취한 루머 및 전달한 루머를 면밀하게 기록하고, 루머 전파의 에피소드를 상세히 기록하는 일 또한 중요하다. 뿐만 아니라 친구나 동료로부터 듣게 된 보고사항과 이들 변수에 대한 자신의 보고 내용을 비교해야 한다. 이와 함께 다른 측정 사항으로, 루머를 듣게 된 서로 다른 상황의 수 및 자신이 루머를 전파했던 사람 수 또한 고려되어야 한다. 이 모든 과정에서 개념적 명료화는 필수 사항이다. 각각의 사항이 무엇을 의미하는지 명백히 밝혀야 하는 것이다. 우리는 전파 지수의 가능성이 실제 루머에서 표준 루머 전파 결과 변수가 된다고 생각한다. 이러한 연구를 통해 얻은 결과는 실험실 연구 상황에서 행위적 의도의 동일한 측정과 개념적으로 비교될 수 있다(예를 들어 "0% 가능성에서부터 100% 가능성을 척도로 할 때, 당신이 이 정보를 다른 동료와 공유할 가능성은 어느 정도인가?")

루머 관리

해로운 루머를 효과적으로 관리하는 것은 현실적으로 매우 유용한 문제이다. 이는 다양한 영역에서 필요로 하는데 공중보건, 자연재해 및 위기관리, 일반 행정 및 군사 행정, 조직 커뮤니케이션, PR 등을 들 수 있다. 제9장에서는 이에 관한 기존 연구들을 검토하였다. 이를 위해서는 상당한 연구와 검토가 필요할 것이다. 현직 종사자들의 저작에서 필요한 정보와 조언을 찾을 수는 있으나 이 문제에 대한 체계적인 경험적 연구는 거의 이루어지지 않은 상태이다.

루머를 방지하기 위한 방법에 대해서는 더욱 많은 연구가 있어야 한다. 집단 간의 불신(경영진과 직원들 사이의 불신 혹은 경쟁적 인종 집단 간의 불신 등)은 루머의 유포에서 중요한 역할을 한다. 불신이 높을 때 모호한 사건은 위협으로 해석된다. 이와 같은 현상이 벌어질 확률을 어떻게 하면 낮출 수 있을까? 경쟁 집단들(경영진과 직원 대표로 구성된 위원회 혹은 다양한 종족 대표가 참여하는 시민 포럼) 간에 잦은 접촉을 갖게 된다면, 상호간 신뢰를 형성하고 동기에 대한 불확실성을 줄이면서 외집단을 폄하하는 루머가 견인력을 가질 가능성을 낮출 수 있다. 변화가 일어나는 과정에서 불안감과 불확실성을 관리하는 것은 쉬운 일이 아니다. 불확실성을 구조화하는 전략은 루머를 방지하는데 매우 유용할 것이다. 이에 대해 우리는 루머방지 전략의 효과를 평가하기 위해서 실험 조건 및 통제 조건을 가진 실험실 연구 및 현장 연구를 수행해야 한다고 주장하였다.

루머 반박의 효과에 대해서도 더 많은 연구가 필요하다. 반박의 출처는 매우 중요한 역할을 한다. 여기서 몇 가지 질문을 생각해 보자. 정보 출처에 대한 신뢰는 반박의 효과에 어떤 영향을 미칠까? 높은 신뢰는 반박으로 하여금 엄청난 효과를 갖게 할 것이다. 그런데 이것은 직선적 관계에 있는가? 단순하게 볼 수 있는 문제인가? 이때 어느 정도의 신뢰가 필요할까? 반박의 출처에 대한 인식은 반박이 제기된 이후에 어떻게 변할까? 내집단 출처는 신뢰할 수 있는 것으로 인식되어 큰 효과를 가질 수 있다. 내집단의 정보 출처가 외집단을 폄하하는 루머를 반박한다면 어떻게 될까? 항상 진실을 말하는 자세를 굳건히 지킨다고 존경을 받겠는가? 아니면 배반자로 인식되어 존경과 권위를 잃겠는가? 반박 출처의 동기적 상황은 그 효과에 어떤 영향을 미치는가? 만일 반박론을 제기한 사람이 뭔가 얻을 것이 있다면 그 반박의 효과는 떨어질 것이다. 또한 루머 대상의 동기는 반박론의 수용에 이떠한 영향을 미칠까? 사실 확인 동기를 가진 사람은 믿을 만한 주장에 쉽게 설득되는 반면, 자기 확장의 동기를 가진 사람은 자부심에 입은 상처를 어루만져줄 수 있는 전략에 설득당한다. 이러한 생각을 평가하기 위해서는 동기를 조작하고 서로 다른 반박의 효과를 검증하는 연구가 필요하다. 그러면 반박의 장기적인 효과는 어떠할까? 슬리퍼 효과(루머에 대한 믿음의 정도가 반박론이 제기되면 바로 떨어지지만 시간이 지나면 다시 수면 위로 떠오르는 현상)가 존재할까? 반발의 장기적 효과에 관한 기억의 역할을 검토하기 위해서는 추적 조사 연구가 필요하다.

반박에 대한 많은 연구가 실험실 환경에서 실시되었다. 그러므로 현장 연구가 필요하다. 게다가 루머 관리에 대한 연구는 학계간 접근이 필요하다. 인지 심리학, 사회 심리학, 수사학 및 커뮤니케이션 등의 이론적 관점을 통해서 마케팅, 위기관리 및 PR 등과 결합하는 작업이 필요하다. 이렇게 할 때, 정황을 생각하여 루머 관리를 이해하고 루머 관리를 위한 전략을 개발할 수 있을 것이다.

결론

루머는 우리가 살아가는 사회와 조직에 존재하는 하나의 확고한 속성으로서 지속되고 있다. 우리는 루머의 명확한 개념, 루머의 효과, 루머 전파 이면의 동기, 루머의 상황인식 기능, 루머의 정확성, 루머 전파에서의 신뢰의 역할, 그리고 루머의 관리 등에 대해 보다 명확한 입장이 제시되었기를 희망한다. 우리는 루머 현상에 대한 통합 모델을 제안했다. 그리고 루머 연구를 위한 포괄적 어젠더에 대해서도 대강의 윤곽을 제시했다. 우리는 이 책이 루머를 둘러싼 오래된 질문과 새로운 질문을 부각시켜줄 것으로 기대한다. 그리고 이 책을 통해서 루

머 현상의 중심적 측면에 관한 유용하고도 새로운 분석틀을 제공할
수 있었기를 기대한다. 끝으로, 이 책에서 논의했던 루머 연구를 위한
심리학적, 사회학적 통합 접근법과 사회적, 조직적 분석틀, 그리고 현
재의 연구 방법론 및 질문을 통해서 미래의 루머 연구가들에게 도움
을 줄 수 있으리라 생각한다.

옮긴이의 말

발 없는 말이 천 리를 간다고 했다. 이 말은 비단 사람이 말을 할 때 조심하고 삼가야 한다는 교훈을 담고 있을 뿐만 아니라 사회적 관계 속에서 구전되는 말이 가지는 파급력과 그 사회적 영향 또한 엿볼 수 있는 구절이기도 하다. 우리는 일상생활 속에서 타인들과 무수한 말들을 주고받는다. 여기에는 단순히 유희를 위한 지인들 간의 농담 섞인 대화도 있을 수 있고, 때로는 자신의 미래와 운명에 지대한 영향을 미칠 수 있는 중요한 이야기가 될 때도 있다. 인간 사이의 사회적 대화는 여기에서 머물지 않는다. 대화에 참여한 개인의 수준에서만 그 영향력이 머무르지 않는다는 것이다. 사람들 사이에서 이루어지는 대화는 때때로 막강한 파급력을 가지면서 개인의 유기적 집합인 사회 전체의 운명에 영향을 미치기도 한다. 이렇듯 우리의 일상적인 대화는 다양한 영향력의 스펙트럼을 가지면서 개인을 비롯하여 집단으로서의 사회의 활동에 핵심적 독립변수로 작용하고 있는 것이다.

이 책의 주제인 '루머'는 모든 사람들의 흥미를 불러일으킨다. 그것은 아마도 우리가 일상적으로 접하게 되는 루머의 대부분이 매우 흥미로운 주제이기 때문일 것이다. "혹시 그 이야기 들어봤어?"라는 식으로 시작되는 대화는 청자의 주의를 끌기 마련이다. 이 책에서는 '루머'를 흥미 위주의 가십이나 사회적 교훈을 담은 도회전설과 구별한다. 그리하여 불확실한 상황을 인식하고 미래의 잠재적인 위협에 대비하기 위한 정보로서 루머의 개념을 정의한다. 이렇듯 루머의 개념을 정의하게 되면, 개인 및 집단의 행동에 영향을 미치고 나아가 사회에 파급력을 가지게 되는 루머를 보다 체계적으로 접근할 수 있다. 그리하여 이 책은 조직심리학의 입장에서 루머가 어떻게 만들어지고 어떻게 유포 및 확산되며, 그리고 개인 및 집단에 대해 어떠한 영향을 미치는지를 광범위하게 논의하고 있다.

주어진 상황이 불확실할 때, 공식적으로 인정된 정보가 충분하지 않을 때, 그리고 그 상황이 개인의 삶에 중요한 것일 때, 우리는 루머에 더욱 의존하게 된다. 이와 같은 현상이 발생하는 가장 흔한 예로 주식 시장을 생각해볼 수 있다. 수많은 변수들로 인하여 가까운 미래조차 예측하기 어려우며 관련된 이해 당사자들 모두 각자 고유의 이해관계를 가지고서 고군분투하는 곳이 다름 아닌 주식 시장이다. 그러나 주식 시장의 향방에 대해서는 어떠한 공신력 있는 예측 정보도 존재하지 않는 것이 현실이다. 이렇게 볼 때 주식 시장은 루머가 자라나기 매우 비옥한 토양을 가지고 있다고 할 수 있으며 실제로도 수많은 루머들이 난무하는 곳이기도 하다.

어떤 기업의 인수 합병에 대한 입증되지 않은 소식, 이것이 주식 시장에 미칠 영향, 그리고 이를 고려한 매수 혹은 매도 의견 등을 주식 시장에서는 흔히 찾아볼 수 있다. 실제로 많은 투자자들이 투자 행위를 할 때 이처럼 근거 없는 루머가 지대한 영향을 미치는 것이 사실이다. 어떤 경우에는 루머와 주가 변동이 교묘히 맞아 떨어지면서 적시의 투자자들에게 행운을 가져다주기도 하고 또 다른 경우에는 풍문으로만 홀연히 사라져버리기도 한다. 사후에 사실로 확인된 루머가 정작 아무런 영향도 미치지 못했을 때도 있고, 허위였던 정보가 시장에는 지렛대로 작용했던 사례도 어렵지 않게 찾아볼 수 있다. 이와 같은 현상은 결코 주식 시장에만 국한되지는 않을 것이다. 개인 간의 관계 및 집단 간의 관계, 그리고 사회적 상호작용 속에서 우리는 루머가 출현하고 활동하는 모습을 흔히 보고 겪고 있다.

미래는 언제나 불확실하다. 정보의 양은 범람하고 있지만 실제로 불확실한 미래를 위해서 가용할 수 있는 정보는 부족하기 마련이다. 미래에 대한 기대를 가진 자일수록 발전과 향상을 꿈꾸는 사회일수록 현재에 대한 관심과 미래에 대한 계획이 더욱 충만할 것이다. 이 책은 지금을 이해하고 미래를 대비하기 위한 한 가지 방편으로서의 루머를 다루고 있다. 비록 학술 연구서임에도 불구하고, 수많은 루머들의 소용돌이 속에서 살아가고 있는 오늘날의 현대인들에게

이 책은 훌륭한 지침으로서 새로운 안목과 식견을 갖도록
해줄 것이다.

2008년 3월 신영환

옮긴이 신영환

고려대학교 정치외교학과를 졸업하였으며, 동대학원에서 국제정치학 석사학위를 취득하였다. (주)케이티 및 세종연구소에서 근무하였다. 역서로는 소설 ≪푸른 꽃≫을 비롯하여 경영서 ≪프로젝트 관리의 해법≫, 인문 서 ≪아시아적 가치와 미래≫ 등이 있으며, 다수의 해외 리포트 번역 및 여타 번역 프로젝트에 참여하였다. 현 재 전문 번역가로 활동 중이다.

루머 심리학

초판 1쇄 인쇄 | 2008년 4월 20일
초판 1쇄 발행 | 2008년 5월 10일

지은이 | 니콜라스 디폰조 & 프라샨트 보르디아
옮긴이 | 신영환
책임편집 | 황금괴물
디자인 | 유정화
펴낸이 | 박경일
펴낸곳 | 한국산업훈련연구소(KITI)

주소 | 서울시 동대문구 신설동 104-30(우편번호 130-812)
전화 | 02-2234-4174~5
팩스 | 02-2234-6070
전자우편 | kiti@chol.com
출판등록 | 1978년 6월 24일(제1-256호)

ISBN 978-89-7019-159-1 03180

값은 뒤표지에 표시되어 있습니다.
잘못된 책은 바꾸어드립니다.